사회복지학

김 영 모

고헌 출판부

머 리 말 (3차 개정)

사회복지는 이론과 실천으로 구성되어 있다. 사회복지의 이론과 실천의 원리가 사회복지학이다. 이러한 사회복지학의 기본원리는 사회변화와 정권의 교체에 따라 많이 변화되기 때문에 전면 개정하지 않을 수 없다.

지난 5년간 사회복지이론은 거의 변화가 없으나 특히 IMF 이후의 복지환경은 많이 변화되었다. IMF 이후 자본시장이 개방되어 우리나라 상장 주식의 4할 이상(대기업은 6할 이상)이 외국인의 수준에 넘어갔고, 이제는 자유무역협정(FTA)으로 소비시장을 스스로 개방하고 있다.

이렇게 되면 우리나라 경제는 쉽게 선진국에 예속화, 식민지화 되고 이것이 정치, 사회, 복지, 문화 등에 큰 영향을 미친다. 최근 론 스타(Loan Star)의 외환은행 매각사건에서 보듯이 개인의 이익을 위한 매판관료들이 득세하고 빈곤, 비정규직 등 사회문제가 심화되고 있다.

정부는 최근 긴급복지제도, 퇴직연금, 노인수발보험(안) 등을 도입하였다. 그리고 아직도 논쟁중인 국민연금, 실질적으로 분립된 건강보험 등이 정부의 보수성과 정치인의 무지로 사회보험제도가 개악될 가능성이 크다.

이번 개정판에 신설된 내용은 긴급복지제도, 퇴직연금제도, 노인수발보험제도 등이고, 마지막 장은 새로운 복지패러다임으로 전문 교체되었으며, 또한 사회복지 전 영역에 있어서 통계수치는 최근 자료로 모두 대치하였다.

그간 해마다 바뀌어지는 사회복지 관련자료를 즉시 교체하지 못해서, 본 서를 이용하여 주시는 교수님과 학생들에게 큰 불편을 끼쳐 매우 송구스럽게 생각합니다.

2006년 7월 1일

저 자

머 리 말 (2차 개정)

최근 정부는 생산적 복지를 민주주의, 시장경제와 함께 3대 국정지표로 설정하고 있다. 생산적 복지의 개념과 전략에 대하여 다양한 견해가 피력되고 있으나 金대통령은 ① 최저 수준의 사회보장프로그램, ② 인적 자원개발, ③ 생활의 질 향상을 말하고 이에 대한 광범위한 전략을 주장하고 있다. 매우 포괄적인 사회복지의 개념이다.

정부는 최저 수준을 보장하기 위한 사회보장 프로그램으로 국민기초생활보장, 의료보험 통합, 사회보험의 확대를 기하였으나 아직도 그 효과는 불투명하다. 최근 복지부에서 민간 의료보험을 실시하겠다는 발언을 스스로 하는 것을 보면 신자유주의 세계화 기구의 입김이 크게 작용하고 있는 것 같다. 복지부가 영리를 목적으로 한 민간보험을 주장할 성질이 아니다.

한편, 사회복지 실제에 있어서도 최근 커다란 변화가 일어나고 있다. 과거 전통적인 시설보호사업 보다도 시설이용사업(사회복지관, 주간보호소 등)과 재가복지사업이 매우 발달하여 있고, 이것을 자원봉사자 등 비전문인력에 크게 의존하고 있다. 더욱이 종사자들은 사회복지의 전문적 개념과 방법에 대한 이해가 매우 부족하다. 잘못된 개념과 방법 및 이론이 곧 다가올 사회복지사의 자격고시와 부실한 대학교육에 의하여 더욱 악화되지 않을까 걱정된다. 장차학문을 위한 대학교육이 아니라 자격고시를 대비한 학원교육으로 전락될까 우려된다.

최근 급변한 사회복지의 법령, 정책 및 서비스로 말미암아 새로운 자료에 의한 '사회복지학'의 개정작업이 불가피 하였다. 그래서 가능한 한 최신 자료에 의하여 기존의 자료를 수정하였으며, 또한 본문을 한 포인트 줄였다.

2001년 10월 1일 저 자

머 리 말 (1차 개정)

지난 해 IMF 사태로 온 국민은 경제위기의 시름에 잠겨 있다. 이 경제위기를 이겨 내기 위하여 100조원 이상의 국민부담이 가중되었고 '금모으기 운동'을 전개하였지만 이 위기상황에서도 선진 독점자본가와 있는 자는 부(富)를 축적하는, 소위 사회불평등이 심화되고 있다.

최근 정부는 IMF와의 합의서에 따라 소위 경쟁력 강화를 위한 구조조정 등을 실천하여 약 2백만 명의 실업자를 양산하였다. 이를 구제하기 위하여 약 10조원을 투입하였으나 그 실효성이 의문시 되고 있다. 실업보험(고용보험)을 일찍 실시하였으면 이러한 일이 없었을 것이다.

다행히 의료보험이 통합되었고 자영자 연금의 확대, 기초생활보장법과 사회복지공동모금법 등이 이루어졌으나 아직도 그러한 제도의 내용이 부실하고 심지어 복지이론에 역행하는 경우를 많이 볼 수 있다. 그간 우리 나라의 복지교육과 사회행동이 대단히 미흡하였다는 것을 알 수 있다.

한편, 최근 IMF 사태를 빌미로 복지연기나 후퇴를 주장하는 기득권자들의 이기주의적 반동이 일어나고 있는 것을 보면 매우 한심한 생각이 든다.

지금까지 주장되어 온 경제성장론자들의 파이론이 최근 IMF 사태로 무색하게 되었다. 오히려 빈부격차와 국가재정 위기를 초래하였다. 이것은 경제성장이 복지를 약속해 주는 것은 아니고, 오히려 반복지(불평등과 낭비)와 국가재정위기를 조성할 뿐이라는 것을 가르쳐 주었다. 최근 IMF 사태로 이전 정부 부채 규모가 국내 총생산(GDP)의 5% 미만이었으나 올 연말에는 45%(약 200조원)를 초과할 것이라고 한다. 이 많은 빚을 우리는 차세대에 넘겨주게 되었다. 참으로 서글픈 일이다.

이러한 경제 위기를 대처하기 위한 노력은 사회복지제도에서 찾아 볼 수 있다. 고용보험 뿐만 아니라 연금, 의료보험 등 건실한 사회보장 제도가 확립되어 있으면 지난번 외환위기, 경제위기는 쉽게 극복 할 수 있는 것이다.

최근 많은 사회복지 관련 법령이 제정 또는 개정되었고 정부의 정책도 많은 변화가 있었다. 이러한 변화에 따른 새로운 자료를 보완할 필요성이 있어서「사회복지학」의 개정작업을 하였다. 또한 본서를 애용하는 독자들로 부터 그것을 요청하는 내용들이 있어서 보완하였다. 특히 일본의 복지제도를 추가하였고 사회복지의 방법 Ⅱ(사회복지서비스)를 전통적인 분류 방식에 따라 사회복지의 분야로 변경하고 그 내용은 보완하였으며, 또한 사회복지의 이론과 이념에서도 최근의 동향을 보완하였다. 통합방법론 소위 사회복지실천론은 전문 수정하였다.

이번 개정 작업에 있어서 자료 수집과 전산 입력을 다시금 해준 중앙대학교 대학원 재학생들과 이 책을 편집하여 준 한국복지정책연구소 유경숙·윤은실양에게 깊은 감사를 드린다.

1999년 2월 20일

저 자

머 리 말 (초 판)

우리 나라에 사회복지라는 개념이 도입된 지 얼마 되지 않았다. 그동안 사회사업, 구호사업, 자원봉사, 사회봉사, 공공정책, 사회정책, 사회복지서비스 등, 이러한 개념은 널리 사용되었지만, 이것과 사회복지와의 관계성에 대하여 제대로 밝혀진 적이 없었고 오히려 각각의 개념과 사회복지를 동일시 하는 경향이 있었다.

우리 나라 대학에서 사회복지학과가 나타난 것이 1976년 이후이다. 그전에는 사회사업학과였다. 그리하여 아직도 사회복지의 개념을 사회복지서비스 또는 사회사업, 특히 전문사회사업과 동일시 하려는 경향이 있다. 이것은 아주 잘 못된 것이다. 1970년 말까지만 하여도 사회사업의 실제는 구호사업 중심이었고 정부의 복지정책은 주로 복지 5법에 명시된 요보호자에 대한 시설보호사업이 그 특징이었다. 이러한 현실적 조건을 무시하고 대학에서는 전문사회사업이론을 강의하여 왔다해도 과언이 아니다. 이 얼마나 교육적 낭비인가?

이러한 현실적 문제를 해결하기 위한 노력이 1970년대 들어와서 정부와 일부 교수들에 의하여 이루어졌다. 특히 교수들의 정책자문과 사회복지정책의 확대로 말미암아 대학교육에 새로운 분위기가 조성되었다. 이제는 모두들 우리 나라에 알맞은 사회복지이론과 정책을 개발하여야 되고 이것에 기초한 전문성을 강조하고 있다.

저자가 사회복지에 관심을 가지고 교육한지도 벌써 30여 년이 되었다. 60년대 초부터 우리 나라 사회사업 및 사회복지에 대하여 매우 비판적인 글을 많이 썼다. 그 뿐만 아니라 사회사업 및 사회복지가 학문뿐만 아니라 실천이론으로서의 과학적 지위를 부여받기 위한 노력을 경주하여 왔다.

저자는 이러한 노력을 경주하면서 이제는 사회복지에 대한 체계적인 이론 구성과 그 문제점 및 방향을 제시할 필요성을 절실히 느꼈다.

그리하여「사회복지학」이라는 개론서를 집필하기로 하였다. 이 개론서를 집필하면서 놀라운 것은 이제는 우리도 사회복지개론을 구성할 만한 사회복지의 실제와 그것에 대한 자료가 풍부하구나 하는 생각이 들었다. 그러한 발전도 사회복지정책, 특히 사회보장의 영역이고 사회사업의 이론과 실제는 너무 소홀히 되어 있다는 것을 느꼈다. 또한 사회사업의 영역에서도 다른 나라에 비하여 우리 나라에 발달되어 있는 자조사업(구호사업)과 시설보호사업에 대하여 너무 무관심하다는 것을 알게 되었다. 사실 이것은 최근 국가 정책화 되어 가고 있다. 그리하여 이것을 체계화 하는 작업도 시도하여 보았다.

우리 나라의 사회복지가 비록 선진국가의 경험을 많이 도입하여 발달되고 있지만 이것이 우리 나라의 현실에 맞지 않아서 많은 문제, 특히 사회복지의 기본원리인 상호부조와 기회균등 및 재분배 효과를 나타내지 못하고 오히려 불평등과 역진성을 조성하고 있다. 그리하여 선진국의 이론과 제도에 대한 비판적 수용, 그리고 창의적인 제도와 프로그램 및 서비스를 개발할 필요성이 있다.

이러한 노력을 통하여 비로소 우리 사회에 알맞은 자주적인 사회복지 및 사회복지학을 모색할 수 있다. 저자는 이러한 시각에서 이번에「사회복지학」을 집필하였으나 여러 가지 미비한 점이 많으리라고 생각한다. 독자 제현의 기탄 없는 비판을 바라마지 않는다.

이번에 사회복지학을 집필하면서 많은 분들의 도움이 있었다. 특히 김연명 주임연구원은 사회정책이론, 그리고 나동석 교수는 사회사업이론, 그리고 김성천 교수는 통합방법론에 관한 자료를 주었고 본서의 교정 및 색인을 작성하여 주느라고 수고한 정일교 연구원과 심재호 연구원 및 김진이(연세대 대학원생)에게 깊은 감사를 드린다.

1992년 3월 1일

저 자

목 차

제 1장 사회복지의 개념

1. 사회복지의 정의

사회복지라는 말은 서양에서 주로 사용되었다.[1)] 서양에서 사용된 사회복지의 개념은 일반적으로 인간의 사회적 욕구에 대한 서비스를 말한다. 인간의 사회적 욕구라는 것은 의·식·주와 같은 민생문제, 즉 소득·보건·교육·주택과 같은 기본적 욕구가 결핍되어 있는 사람을 도와 주는 것을 말한다. 이와 같이 욕구가 결핍되어 있는 사람에 대한 정부 및 민간단체의 서비스는 인간으로 하여금 기존 사회구조에 통합(적응)시키는 것을 목적으로 한다.

한편, 우리 나라에 있어서 사회복지의 개념은 사회문제를 해결하기 위한 방법으로 본다. 사회문제는 범죄·비행과 같은 좁은 의미의 반사회적 행위(일탈)도 있지만 빈곤·실업·가족해체·지역해체와 같은 넓은 의미의 사회구조적 문제(불평등과 사회해체)도 있다.

사회복지의 개념이 오늘날 서구 뿐만 아니라 동양에서도 보편적으로 사용되고 있지만 각국의 역사적 사회적 배경에 따라 사회복지의 개념이 나라마다 다르게 나타나고 있다. 우리나라에서 사회복지의 개념은 인간의 사회적 욕구에 대한 서비스인 동시에 사회문제를

---

1) 옥스포드 소사전에 의하면, 복지 *welfare* 의 뜻은 행운·행복·번영의 의미와 동일하다고 한다. 행복은 실제로 만족·즐거움·행운과 다르고 복지의 개념과도 다르다. 복지는 행복의 상태 *well-being* 라기 보다는 오히려 행복을 고려한 행동의 의미를 지니고 있다.

해결하기 위한 노력을 말한다.

사회복지는 사회봉사, 사회정책, 사회보장, 사회사업 등과 같이 매우 유사한 개념으로 사용되고 있지만 이러한 개념을 포괄한 것이라고 할 수 있다.

일반적으로 사회복지는 다른 개념에 비하여 넓고 사회문제를 해결하기 위한 제도적 시책을 의미하고, 사회사업은 인간관계의 문제를 조정하는 전문적 기술로 인식하며, 사회정책은 사회적 욕구와 문제를 해결하기 위한 국가정책으로 인식하고 있다.

이러한 용어에 대한 정의로서 널리 알려진 프리랜더의 견해를 본다[2].

사회복지는 법령, 프로그램, 급여 및 서비스의 제도이고 그것은 인간의 복지와 사회질서의 기능을 위하여 기본적인 것으로 인정된 사회적 욕구를 해결하기 위한 대책을 강화 시키거나 보증하는 것이다. 사회사업은 인간관계에 있어서 과학적인 지식과 기술에 기초한 전문적 서비스이고 이것은 개인, 집단 또는 지역사회로 하여금 개인적인 만족과 독립을 성취하도록 도와 주는 것이다. 전문사회사업은 처음 사적 또는 공적 기관에 의하여 수행되었지만 오늘날 사적 기관과 다른 장소에서 다양한 상담서비스에 의하여 행하여지고 있다. 국제연합이 인정한 정의에 의하면, 사회복지는 개인이나 지역사회의 기본 욕구를 해결하기 위하여 도와 주고 그들의 행복을 추진하기 위한 조직적인 활동을 말한다.

사회복지의 개념은 과거에 비하여 많은 변화를 보여준다. 사회복지의 개념도 사회변화에 따라 변화되고 있다. 초기 산업사회에 비하여 후기 산업사회의 사회, 경제적 특성은 매우 심한 차이가 있는 것이다. 특히 고도의 소비수준, 열망수준의 상승, 욕구에 대한 사회

2) Walter A. Friedlander & Robert Z. Apte, *Introduction to Social Welfare*, 5th Edition, Prentice Hall Inc., N.J., 1955, 1980, p.4

개입의 확대는 종래의 사회복지제도와 서비스로서는 도저히 해결할 수 없는 것이다. 이와 같이 사회복지의 개념은 점차 사적 복지에서 공적 복지로 변화·확대되어 가고 있다. 최근 신자유주의 세계화 정책으로 복지의 민영화, 즉 민간에 위탁하거나 복지시장을 개방하는 현상이 나타나고 있다.

2. 사회복지의 구성

사회복지의 원초적 형태는 인간의 공동생활에 있어서 필요한 상호부조에서 나왔고, 사회가 점차 불평등하여짐으로 말미암아 부자(가진 자)가 빈자(안 가진자)에게, 또는 자본가가 노동자에게 도움을 주는 전통적인 박애사업, 자선사업, 인보사업, 기업복지 또는 사회봉사와 같은 복지제도가 나타났다. 이러한 복지제도가 산업사회에 있어서 사회의 통합과 연대를 조성하는데 미흡하였기 때문에 적극적인 국가 개입과 민간단체에 의하여 근대적인 복지제도(예컨대 사회보장)가 발달하게 된 것이다.

< 그림 1-1 > 사회복지의 구성

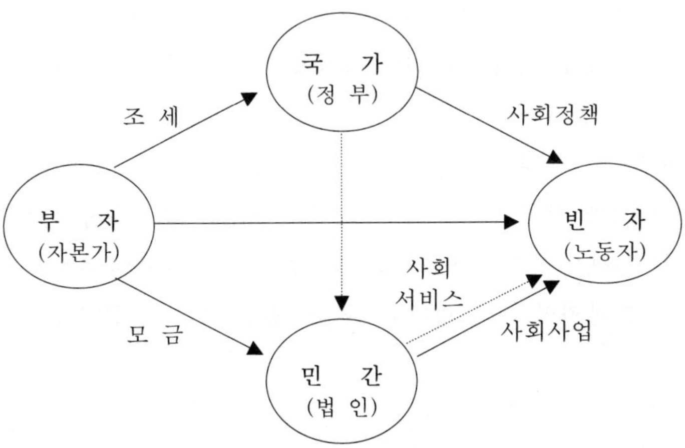

사회복지는 주체, 객체, 기능, 재원 등으로 구성되어 있다. 이러한 구성요소 이외에도 이것을 구속하는 이데올로기나 전달체계도 매우 중요하다.

사회복지는 일반적으로 주체와 객체간 원조관계라고 말할 수 있다. 이것은 과거에는 일방적 지원관계였으나 오늘날 쌍방적 협조관계이다. 일방적 관계는 주로 능력 있는 사람(예컨대 부자)이 욕구가 있는 사람(예컨대 빈자 또는 요보호자)을 물질적으로 도와주는 것이었으나 오늘날 잘 사는 사람도 정서적 사회적 욕구가 있을 수 있고 사회보험제도에서 볼 수 있는 바와 같이 상호부조적, 재분배적 성격이 매우 강해서 쌍방적 부조관계를 형성한다. 따라서 요보호자 뿐만 아니라 능력 있는 사람도 사회복지의 대상이 된다.

이러한 원조관계를 형성하고 조정하여 주는 사람 또는 집단이 사회복지의 주체이다. 즉 전자는 사회복지사라 하고 후자는 정부기관 또는 사회복지법인 등이 있다.

1) 주　체

사회복지의 운영주체는 가족으로 부터 국가에 이르기까지 여러 가지의 형태가 있을 수 있다. 다시 말하면 민간의 자발적 활동으로부터 국가의 강제적 활동, 그리고 이 양 활동의 중간형태로 다양한 사회기관이 있다. 이러한 주체의 성질에 따라 사회복지의 형태도 달라진다.

사회복지의 운영주체는 그림 1-1에서 볼 수 있는 바와 같이 가족에서 국가로 점차 발전되어 왔다. 전통적인 사회일수록 사회복지의 책임이 개인, 가족, 부락, 교회에 있었기 때문에 상호부조와 자조사업을 사회복지의 기본 형태로 간주하였다. 그러나, 현대사회에 올수록 시민권의 발달과 더불어 사회권=복지권이 발달하게 되어 복지의 책임이 사회와 국가에 있다는 인식이 높아지게 되었다. 그러한 결과 민간의 자발적인 복지활동으로서 사회사업이 나타나게 되었고 국가의 강제적인 복지활동으로서 사회정책이 나타나게 되었던 것이다. 오늘날 사적 복지활동에서 공적 복지활동으로 전환되는 경향이 있다.

< 표 1-1 > 사회복지의 주체별 형태

주체	복지 형태
개인	상호부조, 박애사업
가족	가족복지, 재가복지
부락	혼상계, 인보사업
교회	자선사업
직장	공제회, 기업복지
지역사회	공동모금, 지역사회복지
국가	사회보장, 빈곤정책

이러한 복지활동은 각각 따로 제공될 수 있지만, 자유주의 사회에 있어서 가끔 함께 제공되는 경우가 많다. 예컨대 정부의 지원(보조금, 행정 등)을 받는 사회복지 법인은 그러한 기능을 수행한다. 민간의 사적 복지활동이 활발한 경우는 자유방임 또는 자유주의 사회에서 찾아 볼 수 있지만 사회주의 사회에 있어서는 정부의 공적 복지활동이 강력히 존재한다. 정부의 역할이 강조되는 사회주의 사회에서는 복지서비스가 각자의 욕구에 따른 서비스와 무료의 원칙이 적용되지만 자유주의 사회일수록 능력과 유료서비스를 강조하는 경향이 있다.

2) 대 상

사회복지의 대상은 일반적으로 불행한 자나 낙오자를 도와주는 것으로 생각한다. 그래서 사회사업, 사회복지라고 하면 고아, 미망인, 장애자, 빈민 등이 사회복지의 주요한 대상인 것으로 생각하였다. 그러나, 현대사회에 있어서 사회복지는 그러한 대상에게 일차적 관심을 보여 주지만 그 보다는 국민의 사회적 욕구와 사회적 문제에 관심이 많다.

일반적으로 욕구에 대한 서비스를 사회복지로 보는 경우는 주로 개인주의 이념과 기능주의적 이론에 기초하여 있고, 사회문제를 해결하는 것을 사회복지로 보는 경우는 주로 집단주의적, 갈등이론에 기초하여 있다. 다시 말하면 욕구결핍이나 그것으로 인한 반사회적 행위(탈선, 일탈, 부적응 등)는 대개 성격상 결함(동기부족, 게으름, 의타심 등)이나 기능상 장애(노령, 질병, 불구 등)로 생기는 것으로 생각하고 사회불평등이나 빈곤과 같은 사회문제는 자본주의제도의 결함이나 소유관계 및 독점상태(재산, 권력, 자원, 기회 등)에서 비롯되는 것으로 생각하는 경향이 있기 때문이다. 이러한 욕구와 문제를 효과적으로 예방, 치료하려면 이러한 이론적 관점과 접근방법에 대한 올바른 이해가 필요하다.

사회복지의 주요한 대상인 사회적 욕구와 사회문제가 어떠한 것이 있는 가를 본다.

사회적 욕구는 물질적 욕구와 정서적 욕구로 나눌 수 있다. 물질적 욕구는 1차적 욕구로서 소득, 보건, 교육, 주택 등이 있고, 2차적 욕구는 스포츠, 예술 등 문화적 욕구와 사회참여 등 사회적 욕구, 정치적 욕구가 있다. 최근 교통 및 환경을 1차적 욕구로 간주하는 경향이 있다. 그리고 정신적 욕구는 정서장애, 성격해체에서 비롯된 애정결핍과 정신질환 등을 주로 말한다.

한편, 사회문제는 일탈(탈선)과 같은 반사회적 행위 이외에 사회불평등과 사회해체와 같은 것으로 크게 나눌 수 있다. 탈선은 범죄, 비행, 자살, 알코올중독, 마약중독 등을 말하고 불평등은 빈곤, 실업, 소외, 지역격차, 계층갈등, 박탈, 분배문제 등을 말하며 사회해체는 결손가정, 빈곤가정 등 가족해체와 홍등가, 환락가, 빈민촌 등 지역사회해체를 지적할 수 있다.

3) 방 법

사회복지의 대상을 인간의 사회적 욕구로 보는 경우 이것이 자본주의 사회제도의 결함에서 비롯되었는지 아니면 인간의 기능적 장애로 인한 사회 부적응이냐에 따라 그 접근방법이 매우 다를 수 있다. 전자의 경우 갈등론적 관점에서 그것을 주로 해결하려고 노력하여야 될 것이고 후자의 경우 기능론적 관점에서 주로 접근하여야 될 것이다. 한편 사회복지의 대상을 사회문제로 보는 경우 사회불평등에 대한 갈등주의적 접근방법과 사회 부적응에 대한 기능주의적 접근방법 그리고 사회해체에 대한 통합주의적 접근방법으로 나누어 볼 수 있다.

사회문제도 이러한 세 가지 형태가 존재하며 이러한 사회문제에 대한 접근방법도 정책적 접근방법과 기술적 접근방법 및 통합적 접근방법으로 구별하여 볼 수 있다. 사실 앞서 지적한 사회문제와 그 접근방법에 대한 3가지 이론적 관점은 상호 관련성이 높다. 그리고 사회복지의 정책적 방법은 중앙 및 지방정부가 직접적으로 수행하는 것이지만 사회복지의 기술적 방법은 민간단체나 개인이 주로 수행하는 것이며 통합적 접근방법은 대개 민간단체를 통한 지방정부의 간접적 기능이라 할 수 있다.

(1) 정책적 접근

사회복지의 정책적 접근은 사회문제와 사회복지를 역사적·사회적 존재 형태로서, 사회제도의 결함으로 생긴 사회문제를 해결하는 사회정책으로 보는 견해이다. 이러한 관점에서는 사회문제가 개인의 책임이라기 보다는 사회·국가의 책임으로 간주한다. 따라서 국가정책에 의하여 사회복지가 이루어져야 한다고 생각하고 있다. 이것은 사회복지의 법령적 대책을 말한다.

이러한 관점의 사회복지는 주로 빈민 및 노동자계급의 복지에 관심을 두고, 자본주의제도의 결함으로 생긴 빈민, 노동자, 불우한 자, 국민을 위한 사회보장, 사회봉사, 단체교섭과 같은 제도가 이에 해당한다.

(2) 전문적 접근

사회복지의 전문적 접근은 사회복지를 인간관계의 조정기술로 보는 견해이다. 인간의 욕구를 위기 또는 문제 상황으로 규정하고 문제의 소재를 부적응이나 욕구불만에서 일어난다고 말한다. 이러한 관점은 문제 해결에 있어서 환경조건의 개선과 퍼스낼리티의 개발에 주로 관심을 둠으로써 개인의 일탈행위(정신병, 자살, 이혼, 매춘, 중독. 비행 등)에서 그 원인을 찾는다. 따라서 심리요법이나 사회요법(환경조절)에 의하여 개인의 퍼스낼리티를 치료하려고 하는 것이다. 이러한 것을 전문사회사업이라 하고 그 원조의 내용은 사회심리적 서비스를 특징으로 한다.

그리하여 오늘날 사회복지사업은 고도의 전문적 지식과 기술을 지닌 사회사업가(사회복지사)의 원조 하에 이루어지고 전문적 기술과 지식은 특히 근대적 사회사업의 주요한 방법인 개별사회사업, 집단사회사업, 지역사회사업, 사회행동 등을 말한다. 오늘날 이러한 방법의 통합론을 사회사업 실천이라고 한다.

(3) 통합적 접근

사회복지의 통합적 접근은 중간적 의미의 사회복지인 것이다. 이러한 접근방법은 주로 사회해체(가족해체, 지역사회해체 등)의 결과로 생긴 사회문제(가출, 이혼, 홍등가, 빈민지역 등)를 예방 · 치유하기 위한 것이다.

사회해체로 인하여 생긴 사회문제는 정책적 접근 방법이나 전문적 접근방법 중 한가지에 의해서 해결 될 수 있는 것이 아니고, 이 두 가지의 방법이 동시에 적용되어야 해결이 가능한 것이다.

사회복지의 정책적 접근방법은 국민을 대상으로 하고, 전문적 접근방법은 개인을 강조하며, 통합적 접근방법의 경우는 사회(개인과 집단)를 중요시 하고 있다. 그러므로 사회의 기본단위인 가족을 비롯하여 지역사회, 직장 등의 복지를 위한 방법(제도)에 관심이 많은 것이다.

4) 재 원

사회복지의 재원은 사회복지의 성격에 따라 다양하다. 사회정책의 재원은 주로 국고(조세)에서 나오겠지만 사회사업의 경우 주로 헌금에서 나온다.

사회복지에서 있어서 공공비용의 재원은 조세인데 그 조세의 원천은 ① 소득세, ② 소비세, ③ 사회보험 기여금, ④ 지방세, ⑤ 벌과금 등이다.

한편, 민간사회복지활동의 재원은 ① 유지의 헌금(현물), ② 기관의 회비, ③ 교회의 십일조, ④ 사찰의 보시, ⑤ 기관의 수익금, ⑥ 자원봉사 등이 있다.

사회복지의 재원은 주로 금품이지만 이것 이외에 인적 자원(노동력 등)도 훌륭한 재원(자원)이 될 수 있다. 현재 우리나라의 조세(담세율)은 총 국민소득의 약 20%이지만 서구의 경우에 비하면 약간 낮다. 이러한 담세가 국민복지로 되돌아 오는 비율(공공 지출비)은 서구의 경우 국민총생산의 30% 이상이지만 우리나라의 경우는 약 10%에 불과하다.

이러한 것을 본다면 우리나라 국민은 세금을 많이 내고 급여를 적게 받는 결과가 된다. 일반적으로 자유주의국가에서는 공공지출이 적지만 민간모금에 의한 사적 복지 즉, 사회사업과 지역사회복지가 발달되어 있어서 공공지출에 의한 사회정책의 역할을 대신하고 있다. 미국에 있어서 재원 마련은 4가지의 방법이 있다. 즉, 첫째는 정부의 기금형성이고, 둘째는 민간기관의 기금형성 *fund-raising* 이며, 셋째는 연합재정 투쟁이고 넷째는 공공예산이다.

3. 사회복지의 모형

사회복지(정책)의 모델을 보완형 residual model 과 제도형 institutional model 으로 나눈 것은 윌렌스키와 르보의 책에서 일찍이 발견할 수 있지만 티트머스와 미쉬라는 그것 이외에 각각 산업성취형 industrial performance model 과 규범형 normative model 을 추가하고 있다.

윌렌스키는 미국에 있어서 지배적 사회복지의 개념은 보완적인 것과 제도적인 것이 있다고 한다. 보완적 모델은 가족과 시장이 정상적인 기능을 수행하지 못할 때 이의 보충적 기능을 담당하고 있는 경우이고 제도적 모델은 사회복지서비스가 일차적 기능으로서 제도적으로 수행되는 경우를 말한다. 다시 말하면 인간의 복지가 가족과 시장 및 자유로운 경제활동으로 이루어지지 못하는 경우 일시적으로 개입하는 경우가 보완적 모델이고, 반면 국가가 적극적으로 개입함으로써 복지가 구현될 수 있는 경우는 제도적 모델이다[3].

일반적으로 보완적 모델은 초기 산업사회 및 자유주의 국가에서 많이 볼 수 있지만 후기 산업사회의 복지국가에서는 오히려 제도적 모델이 많다. 예컨대 가족해체의 결과로 고아가 생겼다면 이를 수용하기 위한 시설보호는 보완적 모델이고 사회보험제도와 같이 퇴직 및 생활의 위험을 예방하기 위한 연금제도는 제도적 모델에 속한다.

한편, 티트머스는 사회정책의 모형을 ① 보완적 복지모델 ② 산업적 성취수행모델 ③ 제도적 재분배모델로 나누었다[4]. ①과 ③의 모델은 윌렌스키의 견해와 유사하지만 ②의 모델은 사회복지제도의 주요한 역할을 경제의 부산물로 생각한다. 이것은 사회적 욕구가 업적, 노동수행 및 생산성에 기초하여 해결된다는 것이다. 따라서 이러한 모델은 동기, 자극, 노력과 보수, 계급형성과 집단의 충성심과 관련된 다양한 경제적 · 심리학적 이론에서 나온다는 것이다.

미쉬라는 복지의 세 가지 형태로서 연속선상에 보완적-제도적-규범적인 것이 있는 것으로 구분하였다. 보완적 형태는 구빈법 형태의 사회규범으로서 완전히 시장에 기반한 분배가 이루어지는 것이고

---

3) H.L. Wilensky and C. N. Lebeaux, *Industrial Society and Social Welfare*, Free Press. N. Y., 1958, p. 138
4) R.M. Titmuss, *Social Policy*, Allen & Unwin, London, 1974, pp.20~21

규범적인 형태는 '각자의 욕구에 따라 각자에게'라는 말과 같이 완전히 욕구에 기반한 분배를 말한다. 제도적 형태는 이 양자간 중간형태를 나타낸다. 이와 같이 규범적 복지는 사회의 중심적 가치로서 욕구에 의한 분배이지만 제도적 복지는 실용적이며 복지국가는 유용한 사회제도로서 나타난다.5)

4. 사회복지의 프로그램

사회복지의 프로그램은 사회복지의 개념을 어떻게 규정하느냐에 따라 달라질 수 있다. 이미 그림 1-1에서 사회복지의 접근방법을 사회정책, 사회서비스 및 사회사업의 3가지로 나눈 바와 같이 이러한 방법이 사회적 욕구와 문제를 어떻게 해결하느냐에 따라 사회복지의 많은 프로그램이 나타날 수 있다.

이러한 프로그램은 그 나라의 역사적 문화적 배경에 따라 다양할 수 있다. 예컨대 사회정책의 개념도 영미권에서는 복지정책으로 간주하고 있으나 독일과 일본에서는 노동정책으로 간주하는 경향이 있다. 사회사업의 경우도 미국에서는 전문사회사업 또는 사회사업실천으로 규정하는 경향이 있지만 우리 나라에서는 아직도 구호사업으로 보는 경향이 있다. 복지정책으로 보는 경우는 최저수준에 결핍된 욕구를 해결하기 위한 국가의 개입을 말하는데 영국에서는 ① 사회봉사, ② 재정급여, ③ 직업복지를 말하고, 미국에서는 인간서비스 *human service* 를 위한 정책을 형성하고 평가하며 그것의 전달체계를 말하는 경향이 있다.

오늘날 사회봉사의 개념이 점차 전체 국민의 최적 욕구를 해결

---

5) R. Mishra, *Society and Policy*, Macmillan Press, London, 1977, P.70

하기 위한 정부의 노력으로 발전하는 경향이 있다. 이러한 것이 오늘날 사회보장의 개념인데 이것은 연금보험, 의료보험, 산재보험, 가족수당과 같은 사회보험제도와 생계보호, 의료보호, 교육보호, 주거보호와 같은 사회부조를 말한다. 반면 사회정책을 노동정책으로 보는 경우 노사관계에 있어서 노동조건(임금, 노동시간, 작업환경)의 개선과 고용정책 및 근로자 복지 등을 생각할 수 있다. 그리고 재정급여도 가족수당, 아동수당, 노인수당 등으로 점차 확대되고 직업복지도 퇴직금 등이 근로기준법에 의한 법정제도가 아니면, 그것은 사회사업의 영역이 될 것이다. 그런데 우리 나라에 있어서 사회봉사의 개념은 주로 자원봉사, 사적 서비스의 개념과 동일시 하고 있다. 사실 영국의 법적 사회봉사의 개념이 미국에 건너가서 사적 서비스의 개념이 추가되고 우리 나라에 와서는 법적 대책이 없어지고 사적 서비스의 개념으로 변용 되었다.

사회복지서비스는 우리 나라와 일본 등에서 발전되어 있는데 그것은 요보호자를 위한 복지 14법과 10개의 프로그램에 기초한 대인서비스(*personal service*)를 말한다. 다시 말하면 아동복지법, 노인복지법, 장애인복지법, 모자복지법, 영유아보육법, 윤락행위 등 방지법, 정신보건법, 성폭력 범죄처벌 및 피해자 보호법, 입양법, 사회복지공동모금법 등에 명시된 사회복지사업과, 사회복지상담, 부랑인보호, 직업보도, 무료숙박, 지역사회복지, 모자복지, 의료복지, 재가복지, 사회복지관 운영, 정신질환자 및 나완치자 사회복귀사업 등과 이와 관련된 자원봉사활동 및 복지시설의 운영 또는 지원을 말한다.

그리고 사회사업도 미국식 전문사회사업 이외 전통적인 사회사업(구호사업)이라고 볼 수 있는 상호부조(혼상계, 축의금, 부의금, 공제회 등)과 재민구호사업 및 자원봉사 등이 있으며 오늘날 급진사회사업

등도 나타나고 있다.

한편, 사회문제를 해결하기 위한 정부의 개입(사회정책)과 민간의 개입(사회사업)을 위한 프로그램도 많다. 예컨대 일탈문제(범죄, 비행, 자살, 마약 및 알콜중독 등)를 해결하기 위한 형사정책과 교정사업, 그리고 사회불평등 문제(빈곤, 실업, 지역격차, 문화적 박탈 등)를 해결하기 위한 분배정책, 재분배정책, 조세정책, 실업대책, 사회교육정책, 주택정책 등, 그리고 사회해체 문제(결손가정, 이혼, 홍등가, 빈민촌, 환락촌 등)를 해결하기 위한 가족정책, 지역사회복지, 재개발정책 등을 지적할 수 있다.

< 참고 문헌 >

구자헌,「사회복지론」, 한국사회복지연구소, 1970

김성이 · 김상균, 「사회과학과 사회복지」, 나남출판, 1996

김만두, 「현대사회복지총람」, 홍익제, 1982

김영모 · 남세진 · 신섭중 공편,「현대사회복지론」, 한복연 출판부, 1982

김영모,「사회복지의 자주적 모색」, 평민사, 1976

김영모,「한국사회복지론」, 법문사, 1973

김영모,「자주적 사회복지론」, 한복연 출판부, 2003

김학묵, 「사회사업개론」,한국사회사업연합회, 1959

노창섭,「사회사업개론」, 새글사, 1962

손준규 편저,「사회복지개론」, 대학출판사, 1992

송정부,「사회복지학연구」, 법지사, 1988

장인협,「사회복지개론」, 한국사회개발연구원, 1981

정길홍, 「사회복지개론」, 홍익재, 1998

전재일,「사회복지론」, 형설출판사, 1996

岡村重夫, 송정부 역「사회복지학」, 법지사, 1986

Burden, T., *Social Policy and Welfare, A Clear Guide,* Pluto Press, London,

1998

Dinitto D. M. & Dye T. R., *Social Welfare Politics & Public Policy,* Prentice-Hall, 1983

Dolgoff, R. & Feldstein, D., *Understanding Social Welfare,* San Francisco, Harper & Row Publishers, 1980

Johnson, L.C and Schwartz, *Social Welfare : A Response to Hunam Need,* Allyn and Bacon, Boston, 1988

Romanyshyn, J. M., *Social Welfare ; Charity to Justice,* New York, Random House, 1971

Richard M. Titmuss, *Introduction to Socail Policy,* George Allen & Unwin, 1974, 김영모 역, 「사회정책 개론」, 일조각, 1980

Weinberger, P. A., *Perspections on Social Welfare,* Macmillan Co, 1969

Wilensky, H. L. & Lebeaux, C. N., *Industrial Society and Social Welfare,* Free Press, N. Y., 1958

제 2장 사회복지의 이론

1. 이론적 관점

사회복지는 이론적 관점에 따라 다양한 접근방법이 존재할 수 있다. 이론적 관점의 차이에 따라 사회현상과 사회문제에 대한 인식도 달라지고 그것에 대처하는 방법도 달라진다.

사회과학에 있어서 이론적 관점은 여러 가지가 있으나[1] 기본적으로 ① 기능이론 *functionalism* 과 ② 갈등이론 *conflict theory* 이 양립하여 있다. 이러한 관점과 그것의 통합에 의하여 사회문제의 원인과 대책, 즉 사회복지에 접근할 수 있다.

여기에서는 이러한 이론적 관점이 무엇인지를 간략히 먼저 소개하고, 그러한 관점에서 사회복지의 접근방법이 어떠한 것이 있는가를 보기로 한다.[2]

1) 기능이론

기능론자[3]는 사회를 구성하는 사람들의 역할이 서로 의존되어

---

1) Jonathan H. Turner의 *The Structure of Sociolgical Theory,* Dorsey Press, 1974에서는 ① 기능이론 ② 갈등이론 ③ 상호작용이론 ④ 교환이론 ⑤ 현상학 ⑥ 민속학에 대한 여러 학자의 견해를 소개하고 있다.

2) 김영모, 복지사회학의 이론적 배경, 「사회복지연구」, 제 13집, 1979
김영모, 「사회정책」, 한국복지정책연구소 출판부, 1999, 제4,5,8장 참조
T.J. Sullivan et al., *Social Problems*, John. Wiley, N.Y., 1980, Chap.1 참조

3) 꽁트 *Comte*, 뒤르껭 *Durkheim*, 파슨스 *Parsons*, 머튼 *Merton*, 스멜서 *Smelser*

있는 체계(system)로 보고 역할분화를 사회발전으로 본다. 사회의 각 부분은 서로 의존적 역할을 수행하며 체계의 기능에 기여하고, 따라서 전 체계는 조화를 이루어야 가능할 수 있다는 것이다. 이것은 생물학적 유기체의 유추에서 나온 이론이다.

기능론자는 사회체계가 그러한 기능을 지속하지 않으면 사회는 해체되고 변화된다는 것이다. 그렇기 때문에 사회체계는 사회의 기능적 필요조건(적응 · 의사소통 · 사회화 · 통제 등)이 있고 이러한 기능적 필요조건의 요구를 해결하기 위하여 기관이나 제도가 창조되어야 한다는 것이다. 예컨대 가족제도는 사회성원의 성적 재생산을 보증하는 기능을 하고 경찰과 법률제도는 사회질서의 안정을 위협하는 분열적 행위를 통제하는 기구이라는 것이다.

한편, 기능론자는 사회에 있어서 기능적 양자택일 *functional alternative* 이 있다고 한다. 즉 같은 기능을 수행하기 위하여 개발된 상이한 제도나 사회적 대책이 있다는 것이다. 예컨대 가족에 의하여 수행되는 옛날의 기능이 오늘날 교육과 같은 제도에 의하여 수행되고 있다. 이와 같이 사회는 생존을 위한 필수적인 기본적 기능을 수행하는 사회적 대책을 개발하여야 된다는 것이다. 이러한 기능도 현재적 기능과 잠재적 기능으로 구별될 수 있다고 한다.

기능론자는 사회를 성원들간 가치 및 재화가 협동에 의하여 합의되고 조직되는 안정되고 통합된 체계로 본다. 이러한 사회조건이 체계의 기능을 파괴하거나 위협할 때 사회문제가 생긴다는 것이다. 따라서 사회를 통합시키고 안정시키기 위하여 분열적 요소(예; 갈

등 많은 미국 사회학자들이 여기에 속한다. 기능주의를 다른 말로 체계이론, 구조기능주의, 행태이론, 균형이론이라고도 한다. 넓게 보면 상징적 상호작용주의(낙인이론)도 여기에 속한다.

등·불만)를 제거하고 그러한 성원으로 하여금 사회에 적응시키도록 하는 것이 가장 중요한, 사회복지의 기능론적 접근방법이다. 예컨대 사회사업의 전통적 방법이나 심리요법은 여기에 속한다.

다른 한편, 사회(체계)의 기능을 제한적으로 확대시키려는 노력이 사회복지의 기능론적 접근방법이다. 예컨대 사회정책에 있어서 공업화 및 분업 등에 의한 고용정책(완전고용·실업보험 등)은 여기에 해당한다.

이와 같이 기능론적 사회복지는 ① 체계의 기능을 확대시키거나 ② 안정을 위한 구조적 적응을 그 핵심으로 한다.

2) 갈등이론

갈등론자[4]는 사회가 이해관계에 의하여 형성되어 있고 이러한 이익 또는 자원의 차이가 갈등을 일으킨다고 한다. 이러한 갈등이 사회발전·사회복지를 증진시킨다는 것이다.

오늘날 재산·권력·권위·욕구·기회·이익과 같은 자원의 불평등한 배분은 사회 성원들간 갈등·투쟁을 조성한다. 이러한 갈등은 분명히 기능과 더불어 사회의 중요한 과정이다. 사회의 집단은 노동자이든 자본가이든 자기의 지위를 개선하고 유지하며 자신의 이익을 추구하기 위하여 사회의 법률제도를 이용한다. 예컨대 노동자의 파업은 항상 노동자가 마음대로 행동할 수 있도록 자본가들이 방치하지 않는다. 그들의 기업행위를 방해하는 이러한 폭력을 막을 수 있는 합법적 권리를 자본주의사회는 마련하고 있다. 이와 같이 갈등을 통하여 노동조건의 개선 등 사회변화가 일어나고 동시에 집

---

4) 마르크스 *Marx*, 짐멜 *Simmel*, 다렌돌프 *Dahrendorf*, 코저 *Coser*, 록우드 *Lockwood* 등 유럽 사회학자 중에 많다.

단간 희소자원의 분배가 재조정된다는 것이다.

갈등이론도 여러 가지의 종류가 있다. 마르크스주의자와 같이 폭력갈등을 통한 혁명이 복지사회를 성취할 수 있다고 주장하는 견해가 있고, 다렌돌프와 같이 산업사회의 갈등은 잠재성이 강하기 때문에 오히려 사회갈등의 제도화, 즉 입법과 정책에 의하여 폭력을 예방하고 평화적으로 복지를 추구할 수 있다는 견해가 있다. 이러한 갈등이론을 신갈등이론이라고 한다.

갈등론적 관점은 이익집단의 대립·갈등이 심하면 집단행동에 의하여 자원배분을 재조정한다는 것이다. 예컨대 사회정책에 있어서 갈등론적 접근방법은 다수(노동자)의 이익을 보장하는 방향으로 소득정책(최저임금제, 법정 노동시간제 등)이 이루어진다는 것이다. 사회사업에 있어서 갈등론적 접근방법은 종래의 전통적·심리적 요법을 비판하고 오히려 사회행동이나 급진적 모델에 의존하려고 한다.

3) 통합이론

통합이론은 다렌돌프 또는 코저와 같이 기능적 갈등이론 또는 갈등적 기능이론의 입장을 취하는 견해이다. 이러한 경우를 신갈등이론이라고도 한다.

통합론자는 갈등을 사회악으로 보는 기능론자의 태도와는 달리 갈등은 사회화의 한 형태이고 사회를 분열시키는 것이 아니라 재통합시켜 준다고 주장한다. 또한 사회는 고전적 갈등론자의 견해처럼 일면성을 지니는 것이 아니라 다원성을 지니고 있으며 따라서 갈등의 원천도 다양하다는 것이다. 통합론자는 이익의 대립성만을 주장하는 것이 아니라 이익의 조화성을, 이해관계도 생산관계에서만 나오는 것이 아니라 분배관계 또는 다양한 자원(재산·권력·욕구·기회

등)의 불평등한 배분에서 찾고 있는 것이 특징이다.[5)]

이러한 신갈등론적 관점은 사회갈등의 제도화, 즉 입법과 정책 수립을 통하여 갈등을 수용하려는 것을 주장한다. 예컨대 사회정책에 있어서 사회보장제도와 노사간 단체교섭권을 통한 이익 추구는 여기에 해당되고, 사회사업에 있어서 개혁적 모델이나 지역사회조직 사업은 여기에 해당될 것이다. 이와 같이 주요한 사회복지제도와 사회이론과의 관계성을 도식화 하면 표 2-1과 같다.

< 표 2-1 > 이론적 관점에 따른 사회복지의 접근방법

관점	사회정책	사회사업
기능이론	고용정책 (완전고용 · 실업보험)	심리모델 (기족치료 · 상담사업)
갈등이론	소득정책 (최저임금제 · 법정근로시간제)	급진모델 (사회행동 · 혁명)
통합이론	사회입법 (사회보장 · 노사협의)	개혁모델 (지역사회복지 · 직업복지)

(비고) ( )내는 사례임.

지금까지 이러한 이론적 관점에서 복지문제를 다룬 분은 많지 않다.

한편, 미쉬라는 복지에 대한 이론적 관점으로서 ① 경험학파(사회행정), ② 시민권, ③ 수렴이론(기술이론), ④ 기능이론, ⑤ 마르크스주의로 나누어 설명하고 있다.[6)] 반집합주의와 수렴이론은 사실상 기능이론에 편입시킬 수 있고, 마르크스주의는 갈등이론에, 시민권과 경험학파는 통합이론에 포함시킬 수 있을 것 같다. 여기에서 독특한 것은 마샬이 주장한 시민권(공민권 · 정치권 · 사회권의 통합)의 발

5) 김영모, 「현대사회계층론」, 한복연 출판부, 1982, 제2장 참조

6) R. Mishra, *Society and Social Policy : Theoretical Perspectives on Social Welfare*, Macmillan, London, 1997, 제 1권 참조

달과 더불어 사회권, 즉 복지권이 발달하여 사회복지가 증진되었다고 하는 것인데 이것은 욕구에 의한 갈등의 제도화 산물이라고 볼 수 있다.

2. 사회정책이론

사회정책이론은 사회정책제도에 비해 상대적으로 연구가 별로 진척되어 있지 않는 편이다. 이것은 사회정책의 연구가 상대적으로 짧은 기간의 탓도 있지만, 사회과학이나 정책과학에서 발전되고 정교화된 이론들의 도움이 있었기 때문에 부각되지 않은 탓도 있다. 이러한 이유 때문에 사회정책이론이라고 뚜렷하게 제시할만한 독자적인 이론은 거의 없는 편이다. 물론 사회양심이론 혹은 사회통제(음모)이론 등 사회정책 분야에서 발전되고 있는 몇 개의 이론은 있으나 이것은 아직 체계적인 이론으로 정립되지 못하고 있다.

여기에서는 사회정책분야에서 많이 언급되고 사용되는 사회양심이론, 사회통제(음모)이론, 산업화이론, 다원주의론, 조합주의론, 시민권론, 사회민주주의 그리고 마르크스주의 등 대표적인 8가지 이론의 내용을 소개한다. 사회양심이론과 사회통제이론, 산업화이론 그리고 마르크스주의 이론은 사회정책의 발달을 설명하는 이론으로 볼 수 있지만 다원주의론은 사회정책의 형성과 발달을 동시에 설명하는 이론이다.

이러한 이론들을 관점에 따라 분류해 본다면, 사회양심이론과 산업화이론 그리고 다원주의이론은 기능주의적 관점의 속성을 갖고 있는 이론이고 사회통제이론과 마르크스주의는 갈등이론적 관점의 속성을 갖는 이론이라고 볼 수 있다. 조합주의와 시민권론은 분류하기가 애매하나, 미쉬라의 견해와 같이 집단간 이해관계의 차이와 갈등을 인정하면서 이를 체제내화 하려는 규범성을 적극적으로 강조하는 경우 신갈등이론으로 분류할 수 있다.

1) 사회양심론

사회정책학에서 흔히 '사회양심이론' *social conscience thesis* 으로 불리는 이 이론은 1940~60년대 영국 사회정책의 문헌에서 그 기본 가정이 되어 왔지만 체계적으로 정식화된 것은 베이커에 의해서이다. 베이커는 영국 대학의 사회행정학과에서 많이 사용되는 교과서를 분석한 결과, 이들 교과서의 대부분이 사회정책의 발달과 성격에 대한 이념형적 해석을 공유하고 있다고 주장하였으며 이를 사회양심이론이라고 명명하였다. 베이커에 의하면 이 접근방법의 주요 내용은 다음과 같은 5가지 명제(thesis)가 있다고 한다.7)

① 사회정책은 인간 상호간 갖고 있는 사랑을 국가를 통해 표현한 것이다. 또한 사회정책은 자비로운 성격을 갖고 있으며 전체 공동체와 복지 수혜자의 이익을 위해 제공된다.
② 사회정책은 사회적 의무감의 확대·심화 그리고 욕구에 대한 지식의 향상이라는 두 가지 요인에 의해 변화된다.
③ (사회정책의) 변화는 누적적이며, 균등하지는 않지만 보다 관대한 방향으로, 그리고 다양성을 띠면서 계속적으로 발전한다.
④ 개선된 것들이 개선 이전의 상태로 회귀될 수는 없으며, 그 시대의 복지서비스는 역사적으로 가장 최고의 형태이다.
⑤ 현재의 서비스 제도가 불완전하고, 결함이 있다 하더라도 사회복지의 중심적인 문제는 이미 해결되었으며, 보다 나은 개선을 기대할 수

---

7) J. Baker, Social Conscience and Social Policy, *Journal of Social Policy*, Vol. 8, No. 2, 1970, p.178

있도록 사회가 구성되어 있다.

이와 같은 5가지 명제는 일종의 이념형이며 이 범주에 포함시킬 수 있는 모든 학자들이 이를 완전히 공유하는 것은 아니고 일부 명제만을 공유 한다.

한편, 설리번도 사회복지에 대한 사회개혁적 접근방법 중 하나로서 사회양심이론을 소개하고 있다. 그는 국가복지의 발달을 일반 국민들 사이에서 사회적 양심이 성장한 결과로 설명하고 있다. 즉, 집단적 양심은 누적적이고, 자비스러우며 이전 상태로 되돌아 갈 수 없는 성격을 갖고 있는 사회정책을 수립하고 집행하는 정부와 국가에게 합리적이고 도덕적인 대응을 하도록 촉진시킨다.[8]는 것이다. 예컨대 국가온정주의(state paternalism)가 있다.

결국 사회양심이론에서는 사회적 양심(인간의 이타심)이 성장하고 국민들의 열악한 사회, 경제적 상태에 대한 지식이 알려지면 이를 개선하기 위해 사회정책이 발달한다는 것이다. 이러한 발달은 마치 보다 높은 단계로 진화해 가는 생물체처럼 보다 좋은 사회정책으로 변해 가는 진화적 성격을 갖고 있으며, 사회정책의 의도와 결과는 항상 복지수혜자에게 이익을 주는 순기능을 갖고 있다는 것이다.

그러나, 사회양심이론은 현실에서 벌어지는 사회정책의 발달과 그 성격을 이해하고 설명하는데 많은 한계점을 지니고 있다.

첫째는 사회문제의 발전이 곧 바로 사회정책의 수립 내지는 기존 사회정책의 개선으로 이어진다는 것은 순진한 가정이다. 역사적으로 보면, 사회문제를 해결하기 위한 정책이 수립되는 과정은 수많은 이해집단의 정치적 갈등을 수반하는 것이 일반적이다. 예를 들

---

8) M. Sullivan, *Sociology and Social Welfare*, Allen & Unwin, 1987, p.68

어, 저임금을 해결하기 위한 최저임금제도의 시행에 대해 노동자들은 찬성하지만 경영자는 반대하고, 또한 국가는 국가경제의 상태를 생각하지 않을 수 없고 여기에서 갈등이 발생한다. 즉 사회양심이론에서는 사회정책 수립을 둘러싸고 벌어지는 계급, 계층간 갈등과정을 거의 설명할 수 없다는 것이다.[9)]

둘째, 사회정책이 인간 양심의 발로라면 인간이 존재하는 어느 사회나 비슷한 수준의 사회복지가 발달해야 한다. 그러나 현실적으로 나라마다 복지 수준이 엄청나게 차이가 나며, 또 사회복지가 발달하지 않은 국가를 사회적 양심이 부족한 국가라고 말하기는 힘들다. 또한 사회정책의 변화가 항상 일직선적으로 좋은 방향으로 진화하는 것은 아니며 미국 레이건 행정부의 사회복지예산의 삭감처럼 축소될 수도 있다.[10)]

셋째, 사회정책의 의도와 결과가 항상 수혜자에게 이익을 가져다 주지는 않는다. 예를 들어, 과거 우리 나라 직장의료보험처럼 저임금근로자가 불이익을 받는 소득역진 현상이 발생될 수 있다.

이러한 사회양심이론은 사회복지의 일부 측면, 즉 사회복지의 자비스러운 성격을 너무 강조한 나머지 사회복지의 다른 측면들에 대한 이해와 설명을 거의 제공하지 못하고 있다.

2) 사회통제(음모)론

사회통제이론 *social control theory* 은 음모이론 *conspiracy theory* 으로도 불리는데 히긴스에 의해 사회정책학에서 체계화가 시도되었다.

---

9) *Ibid.*, p.134

10) J. Hoggins, *States of Welfare*, 최선화 · 이혜경 역,「비교사회정책론」, 대영문화사, 1985, p.40. 김상균,「현대사회와 사회정책」, 서울대 출판부, 1989, p.89 참조

히긴스가 사회통제이론의 주요 근거로 삼았던 것은 고프 등 신 마르크스주의자들의 저작과 피븐 및 크로워드의 유명한 저서인「빈곤규제」*Regulating the Poor* 이다. 이 책은 미국 공적 부조제도의 발달과정을 다룬 것으로 사회복지가 인도주의 혹은 이타주의의 산물이라는 전통적인 설명, 즉 사회양심론적 설명을 정면으로 반박하면서, 구빈정책은 시민적 무질서(폭동, 소요 등)를 완화시키기 위해 의도된 것이며 노동규범을 강화하기 위한 억압적인 것[11]이라는 주장을 실증적으로 증명하였다.

히긴스는 이러한 피븐과 크로워드의 주장을 주요 근거로 하여 통제(음모)이론의 주요 내용을 다음과 같이 정리하였다.

피븐과 크로워드의 많은 주장은 복지에 대한 음모이론이다. 음모이론의 주 명제는 사회정책이 인도주의나 동정에 의해 생성되는 것이 아니라 사회안정을 위협하는 것에 대한 엘리뜨의 반응에서 그 기원을 찾을 수 있다는 것이다. 지배엘리뜨는 어떤 예측 가능한 행동유형에 근거하여 행동하고 그들의 이익을 방어하며 그리고 그 결과는 대개 비엘리뜨들에게 해로운 것이라는 가정이 들어 있다.[12]

여기서 알 수 있듯이 사회통제이론에서는 사회정책이 발달하게 되는 동기가 사회통제 혹은 노동규범을 강화하기 위한 엘리뜨의 음모로 설명되며, 사회정책의 성격은 복지수혜자에게 자비스러우며 이익을 주는 것이 아니라 해로운 것이라는 가정이 전제되어 있다. 즉 사회양심이론과 정반대 되는 주장이 사회통제이론의 핵심이다.

사회복지가 갖고 있는 부정적 측면을 강조한 이 이론은 사회양

---

11) F. F. Piven & R. Cloward, *Regulating the Poor* ; *The Functions of Public Welfare*, Vintage Books, 1971, p.8

12) J. Higgins, Regulating The Poor Revisited, *Journal of Social Policy,* Vol. 7, Part2, 1978, p.190

심론적 전통이 전혀 파악할 수 없었던 측면을 부각시켰다는 점에서 사회복지에 대한 이해를 한 단계 증진시켰으나 동시에 많은 문제점을 노출하고 있다.

첫째, 사회양심이론의 문제점과 동일한데, 현실에서는 지배층의 의도(음모)가 사회정책에 그대로 관철되지 않으며 피지배층 등 여타 집단의 견제를 받아 정책의 내용이 변경될 수 있다. 즉 지배층이 의도한 정책결과가 빗나갈 수도 있고 의도하지 않은 결과를 초래할 수도 있다는 점이다.[13)]

둘째, 지배층이 왜 음모를 꾀하고 왜 통제를 하는가에 대한 이론적 설명이 부족하다. 예를 들어 마르크시즘에서는 자본축적과정의 모순 때문에 혹은 민중의 계급투쟁이 지배계급으로 하여금 사회정책을 실시하게 한다고 설명하나 통제이론에서는 이러한 설명이 전제되지 않고 사회적 안정의 위협이라는 용어로 이 부분을 설명하고 있다.

셋째, 히긴스가 통제이론이라고 한 피븐과 크로워드는 자신의 이론이 통제이론으로 불리우는 것을 거부한다. 즉 이들은 사회정책이 발전하게 되는 동인이 지배층의 음모가 아닌 노동자와 빈민의 투쟁이라고 설명하면서 통제(음모)이론이 자신들의 주장을 잘못 이해하고 있다고 주장한다.[14)]

---

13) 김상균, 상게서, p.98.

14) 이점에 대해서는 김연명, Joan Higgins의 사회통제이론에 대한 비판적 고찰, 「한국사회복지학」, 통권 12호, 1988, pp.192～201. 그는 Higgins의 사회통제이론은 마르크시즘의 왜곡이라고 주장한다.

3) 산업주의

산업주의 *industrialism* 또는 산업화 이론은 산업사회에서 발생하는 욕구에 대한 합리적 대응이 산업화로 생긴 자원을 통해서 이루어진다는 사회정책의 발전이론이다. 여기서 사회정책은 사회문제의 해결을 위해 합리적 이성을 지닌 인간이 고안해낸 것이라는 점에서 합리이론이라고 하며, 사회정책의 결정요인은 산업화이므로 산업화의 진전에 따른 사회문제에 대처하기 위한 사회정책은 비슷한 형태가 된다고 하여 수렴이론으로 불리기도 한다.

산업화 이론은 산업화와 사회정책을 어떠한 인과관계에서 설명하느냐에 따라 다른데 이러한 논의들을 경제적인 관점과 비경제적인 관점으로 나누어 볼 수 있다.[15]

먼저 경제적인 관점에서는 다음과 같은 논리를 전개한다.

첫째, 산업화는 경제성장을 가져와 국가가 사회복지에 필요한 자원을 축적시킨다. 즉 산업화로 인한 경제성장으로 개인의 소득이 올라가면 국민들의 조세부담 능력이 신장하여 정부가 사회복지에 사용할 자원이 커진다는 것이다. 사회복지에 대한 국민들의 객관적 욕구가 증가하더라도 그것을 해결하기 위한 경제적 자원이 없으면 사회정책은 발달할 수 없으며, 반대로 분배할 자원이 풍부해질수록 사회정책은 발달한다는 것이다.

둘째, 산업화는 노동인구의 속성을 변화시킨다. 즉 산업화는 농촌경제를 붕괴시키면서 대규모의 노동자를 생성시켰는데 그들은 자

---

15) 산업화이론을 체계화한 연구는 Wilensky & Lebeaux, *Industrial Society and Social Welfare,* N.Y.:Russell Sage Foundation, 1965 ; Kerr et al, *Industrialism and Industrial Man*, N.Y.:Oxford Univ. Press, 1964

신의 노동력을 팔아야만 생계를 유지할 수 있는 사람들이다. 이들의 소득이 산업재해, 질병, 노령, 실업, 사망 등으로 중단되면 국가가 사회정책을 통해서 이러한 문제들을 해결할 수밖에 없다는 것이다.

셋째, 산업사회는 건강한 노동력의 재생산이 필수적인데, 이러한 기능을 산업화 과정이 심화되면서 해체된 가족제도가 감당하기에는 한계가 있으므로 국가가 사회정책을 통해서 그러한 기능을 제공한다는 것이다.

넷째, 자본주의 체제가 위기에 처하면 사회적 불안과 불평등이 높아지게 되는데 국가는 체제의 안정을 위해서 사회정책을 실시할 필요성을 요구받게 된다는 것이다. 즉 사회보장제도는 호황기에는 경기가 과도하게 팽창하는 것을 예방하고, 불경기 시에는 유효수요를 창출하여 경기회복에 기여할 수 있다는 것이다.

다섯째, 산업사회에서 첨예화 되는 노동-자본의 대립적 갈등관계가 사회정책을 통해서 제도화 된다. 즉 노동자계급과 자본가계급의 이해관계가 국가가 강제하는 사회정책으로 양보 또는 타협점에 이르게 되어 사회복지가 확대된다는 것이다.

한편, 비경제적 관점에서 보면, 산업화는 전통사회의 붕괴를 가져와 새로운 사회문제를 야기시켜 사회복지의 대상을 증가시켰다. 이러한 변화 가운데서 가족구조와 인구구조의 변화는 대표적이라고 할 수 있다. 즉 도시화가 진전되면서 전통적인 가족구조가 붕괴하고, 과학기술이 발전하면서 의료보건 수준이 향상되어 사망률이 감소하면서 노령인구가 증가하게 되었다. 이러한 변화는 서로 기능적으로 상반된 현상이므로 국가가 이에 대응해야만 하는데 그러한 국가의 활동이 사회정책으로 나타난다는 것이다. 이러한 가족구조와 인구구조의 변화와 사회정책간 관계는 다음과 같이 설명될 수 있다.

가족구조의 변화는 전통적으로 수행하던 기능(성원의 재생산, 사회화, 성의 통제, 심리적 안정과 보호 등)에 변화를 가져 왔고, 산업사회에서 처하기 쉬운 사회적 사고에 대처하는데 취약하였다. 출산율과 사망률의 감소, 노인인구의 증가, 여성의 노동시장 참여의 확대 등과 같은 인구구조의 변화는 가족구조의 변화와 더불어 사회적 욕구를 증가시켰다. 그리하여 사회정책은 발전하였다는 것이다.

산업화의 논리는 선진산업사회로 하여금 공통된 제도적 유형으로 수렴시킨다. 즉 산업화와 사회구조간 기능적 관계에 기초한 이 이론은 사회복지의 발전은 경제성장만 이루어지면 자동적으로 그리고 결정적으로 이루어진다고 본다. 따라서 이러한 기능주의적 관점에서는 정치적인 변수 또는 계급들간 힘의 관계라는 측면을 무시하고, 단지 기능적 필요성에 의해 사회복지를 설명하고 있다는 비판을 받는다.

4) 다원주의

다원주의 *pluralism* 는 원래 정치학에서 생성된 이론으로 사회정책의 결정과정 연구에서 많이 이용되며 엘리뜨주의 *elitism* 와 대비되는 이론이다.16)

다원주의론의 주 명제는 서구 산업사회에서는 권력이 여러 집단들 사이에 넓게 분배되어 있고, 권력이 없는 집단은 정책결정과정에 어떤 영향을 미칠 수도 없고, 또한 어떤 집단도 배타적 권력을 소유한 지배집단이 될 수 없다는 것이다. 즉 지배계급이 존재하지 않는

16) 다원주의론과 엘리트론에 대한 개괄적 이해와 평가는 G. Ponton, *Pluralist and Elitist Theories of Political Process*, A. Forder, T. Caslin, et. al., *Theories of Welfare*, RKP, 1984, PP.132~159 참조

다는 것이다. 이러한 견해는 달 *Dahl* 의 책에서 가장 잘 나타나는데, 그는 미국 뉴 헤이번시의 주요한 정책결정과정을 분석한 결과, 권력이 특정 집단에 한정되어 있는 것은 발견되지 않으며 오히려 권력이 여러 집단에게 공유되고 있다고 하였다.17)

반면, 엘리뜨주의는 권력이 여러 집단에게 분산되어 있는 것이 아니라 몇몇 지배집단에게 집중되어 있다고 본다. 대표적인 논리는 밀스 *Mills* 의 저서인「권력지배층」에서 볼 수 있는데 그는 미국사회에서 권력은 기업가, 군인 그리고 고급관료에게 집중되어 있어 이들이 권력공동체를 형성하여 정책결정에 막대한 영향을 미친다고 주장하였다.

다원주의자들은 사회정책을 지배집단 혹은 몇몇 엘리뜨의 이익만이 배타적으로 관철된 것이 아니라 여러 집단, 심지어는 복지수혜자 조직까지 포함한 여러 이익집단간 민주적 타협의 결과로 이해한다. 따라서 통제이론에서처럼 사회정책이 그 성격상 지배층의 이해관계가 담긴 음모라는 것을 부정하며 또한 국가가 지배계급의 도구가 아니기 때문에 국가를 통한 점진적 사회개혁이 가능하다고 본다.

5) 조합주의

조합주의 *corporatism* 는 70년대 중반 이후, 의회민주주의를 통한 다수 이익집단의 민주적, 경쟁적 합의라는 틀로 설명하기 힘든, 소수의 힘 있는 이해집단이 국가와 비공식적, 비의회적 타협을 통해 이루어지는 정책결정과정을 설명하기 위한 이론이다.

조합주의는 정책결정모델로서의 다원주의의 부정이라는 점과 서

---

17) R.A. Dahl, *Who Governs? Democracy and Power in the American City,* Yale Univ. Press, 1961

구에서 복지국가 위기론 이후의 새로운 사회체계의 모색이라는 두 가지 측면에서 주목을 받고 있다.

조합주의가 무엇인가에 대해서는 여러 가지 정의가 있지만 가장 고전적인 것은 슈미터의 정의이다.[18)]

조합주의란 하나의 이익대표 체계이다. 그 구성 단위는 제한된 수의 위계적, 기능적으로 분화된 범주로서 이루어지며 단일적이고 강제적이며 비경쟁적인 특성을 갖는다. 그것은 국가에 의해 인정되거나 허가를 받음으로서 각 개의 독자적 대표성을 확보하는 대신, 지도자의 선출이나 또는 특정 사안에 대한 요구와 지지의 표명에 있어서 국가의 통제를 받아들인다.

조합주의는 이익집단의 대표성을 인정한다는 점에서 다원주의와 유사한 점을 갖고 있으나 이익집단의 수가 제한적이고, 집단간 경쟁보다는 타협과 협조 등 비경쟁적이며, 대표자가 이익집단의 대표권을 독점한다는 점에서 차이가 난다. 특히 국가, 노동자, 자본가집단이 경제, 사회정책의 주요 부분을 협의, 결정하는 삼자연합 *tripartism* 으로 불리우는 정치구조는 조합주의의 전형적인 형태이다.[19)]

산업분야와는 다르지만 사회정책 분야에서도 조합적 영향력을 볼 수 있다.[20)] 영국의 경우 사회정책 분야에서 영향력 있는 조합집단은 전문가(예; 의료인)와 준전문가(예; 사회사업가) 그리고 공공부분의 노동조합(예; NHS 노동조합)이며 이들은 사회정책의 형성, 운영과정에서 복지수혜자 보다 강한 영향력을 발휘하고 있다. 주택정책의 운영

---

18) P.C. Schmitter, Still the Century of Corporatism?, 최경구, 「조합주의 복지국가 연구」, 고려대 박사학위논문, 1991
19) 마르크스주의자들은 자본축적의 위기시 국가와 자본이 노동자집단을 체제내화시켜 통제하기 위한 정치적 전략으로 삼자연합을 인식하기도 한다.
20) 이하의 내용은 D. Clapham, P.Kemp, et. al. *Housing and Social Policy,* Macmillan, 1990, pp.9～19를 참조한 것임

에서도 주택생산자나 주택전문가가 주택의 소비자보다 강한 영향력을 발휘한다.

조합주의에서는 사회정책이 요구에 의해 발전한다. 이것은 다원주의에서 처럼 대의민주주의를 통해서가 아니라 조합의 엘리뜨들에 의한 요구에 의해 이루어지는 것으로 본다.

한편, 서구에서 70년대 후반 복지국가 위기론이 본격화된 이후 복지국가의 위기에 대응하는 이데올로기, 또한 사회체제로서 조합주의는 사회정책학에서 주요한 관심을 끌기 시작하였다.

서유럽과 미국에서의 스태그플레이션 현상, 높은 실업률 등으로 경제가 위기에 처하면서 보수정권(영국의 대처정권, 미국의 레이건 행정부)이 등장하고 이들은 공공연히 사회복지비의 삭감과 복지의 민영화 정책을 들고 나왔으며 우파 경제학자들은 복지국가의 해체를 강도 높게 주장하였다. 또한 좌파들도 복지국가의 모순을 지적하며 사회복지의 확대에도 불구하고 불평등한 자본주의의 본질은 전혀 변하지 않고 있다고 주장하였다. 이러한 상황에서 조합주의적 사회체제가 경제성장과 사회복지의 증진을 동시에 꾀할 수 있는 체제라는 것에 주목한 학자들이 복지국가 위기론에 대한 대안으로서 조합주의 복지국가를 주장했고 이 체제의 모델을 스웨덴과 오스트리아 및 브라질에서 찾았다.

6) 시민권론

시민권 *citizenship* 은 마샬의 유명한 저서「사회계급과 시민권」을 통해서 확립된 이론으로서 서구의 사회복지 발달을 설명하는데 있어서 타당한 이론으로 받아 들여지고 있다. 그는 시민권을 사회구성원으로 인정 받는 일종의 지위로 보고, 이것을 사회에서의 기본적

평등으로 간주하였다. 마샬은 경험적 관점에서 영국 근대사에 있어서 시민권과 그 밖의 사회적 힘이 어떻게 사회적 불평등의 유형을 변화시켜 왔는지를 보여 주려고 하였다. 즉 사회복지라는 것이 인간의 욕구, 사회적 욕구로 형성, 발전된 것이라면 이것은 시민권의 발전과 더불어 발전되었다고 볼 수 있다는 것이다.

그의 분석은 시민권적 권리 *citizenship right* 의 발전과 그것이 사회적 평등에 미친 영향에 관심을 두고 있다. 그는 시민권의 요소가 공민적 ***civil,*** 정치적 *political,* 사회적 *social* 권리의 세 가지로 구성되어 있으며 현대 민주국가에 있어서 시민권의 구성 요소로서 사회서비스를 다루었다[21].

첫째, 공민권은 법 앞에 개인적 자유와 평등이 보장되는 것과 관련된 것으로서, 예컨데 개인의 자유, 언론·사상·신앙의 자유, 재산과 계약의 자유 그리고 정의에 대한 권리와 같은 것이다. 이는 영국의 경우 18세기에서 19세기에 걸쳐 확립되었고 기본적으로 법 제도에 부여되어 있다.

둘째, 정치권은 투표권과 공공기관에 접근할 권리와 같은 정치적 참정권을 의미한다. 이는 영국에 있어 19세기와 20세기 사이에 형성되었고 기본적으로 정치제도에 부여되어 있다.

셋째, 사회권은 사회에 있어서 지배적인 기준에 의하여 시민화된 생활을 누릴 수 있고 사회적 상속에 있어서 충분히 분담할 수 있는 권리에 대한 소량의 경제적 복지와 보장에 대한 권리이다. 사회권의 기반은 20세기 중반에 이르러 조성되었으며 사회서비스에 부여되어 있다.

이러한 시민권의 발전은 초기에 비하여 점차적으로 모든 사람들에게 확대되어 영국에서도 귀족에게 국한되었던 정치적 권리가 중

---

21) 영국에서는 사회복지라는 말대신 사회서비스라는 말을 사용하며, 이것은 법적 대책을 말한다.

간계급에게 확대되었고 나중에는 노동자계급과 부녀자에게 확대되었다. 사회권도 초기에는 요보호자에게 제한되었던 구빈법이 나중에는 사회서비스의 형태로 노동자계급에 확대되었으며 마침내 전 국민에게 확대되었다. 이러한 과정에서 볼 때 시민권은 공동체의 성원에게 제공하는 일종의 신분이다. 즉 현대사회에 있어서 사회연대성을 직접 제공하는 것이다.

또한 시민권은 사회적 공동체, 즉 현대 국민국가 *nation-state* 의 성원으로서 균등한 신분의 형태이다. 시민권은 국민의 자격임을 표시하고 동시에 국민으로서 권리와 의무를 지니고 있음을 말한다. 공민권과 정치권은 사회권의 발전을 도와 주고 동시에 사회권이 다른 양 권리의 완전하고 적절한 행사를 가능하게 한다. 최소한의 교육과 소득, 그리고 보건과 주택이 공민적 권리의 행사를 위한 필요조건이다. 사회권은 공민권과 정치권을 완성시킨다.

마샬은 시민권의 성장을 자본주의의의 발전과 일치시키고 있는데 이것은 잘못된 것이다. 왜냐하면 시민권이라는 균등한 신분은 다른 측면에서 보면 사회불평등과는 아주 모순된 것이기 때문이다 예컨대 자본주의의 시장기능과 다른 구조로부터 초래되는 보상의 차이, 즉 불평등은 더욱 심화될 수 있는 것이다.[22)]

또 다른 비판으로 웨더번은 복지는 기본적으로 평등제도가 아니라고 하였다.[23)] 사회봉사의 확대가 소득을 평준화 하는 기본적인 수단은 아니며 사회정책의 일차적 목적과 결과, 또한 계급갈등을 감소시킨다는 의미에서 볼 때 평등의 개념으로 볼 수 없는 것이다. 그러

---

22) 김영모,「현대사회정책론」, 한국복지정책연구소 출판부, 1982, p.119

23) D. Weddburn, Facts and Theories of the Welfare State, *The Socialist Register,* London, 1965, p.139

나, 마살은 시민권의 평등과 자본주의의 불평등간 긴장을 인식하였다. 그는 전후 영국에 대하여 언급하면서 시민권의 확대로 경제적 불평등은 유지되기가 더욱 어렵게 되었다고 하였다. 1970년 대에서도 공민권과 정치권과 같이 사회권은 자본주의 및 계급구조와 매우 모순된다는 것을 보여 주었다.

그러면, 시민권론의 특성과 문제점이 무엇인지 정리해 보자.[24)]

첫째, 시민권론은 법률적 복지와 상관되어 있기 때문에 사회서비스 이외의 복지형태를 포괄하기는 어려울 것 같다. 이것은 마샬의 사회권 분석이 사회서비스에 제한되어 있어서 그것으로 사회구조와 복지제도의 관계를 설명하기에는 미흡하다.

둘째, 마샬의 연구는 영국 복지국가의 발달과 관련되어 있었기 때문에 이와 유사한 서구 산업사회에서는 유사한 발전에 대한 틀이 되겠지만, 공산주의 국가에서는 그것이 적용되기 어렵다. 그것은 공민권과 정치권이 관련되어 있기 때문이다.

셋째, 사회변동의 진화론적 접근은 집단행동과 갈등의 영향을 등한시하기 때문에 영국 역사의 다른 시기 또는 그와 유사한 나라에서는 사회권의 변화 성질에 대한 설명이 되지 못한다. 간단히 말하면 현대 산업사회의 성질과 발전을 이해하기 위한 사회학적 분석 틀이 되지 못한다. 그러나, 그의 분석이 사회와 복지의 관계를 탐구하는데 있어서 개척적인 기여를 하였다.

7) 사회민주주의

사회민주주의 *social democracy* 는 정치적으로 민주주의(대의제), 경제적으로 국가개입을 통해 시장의 실패를 극복하려고 한다. 사회민

24) Ramesh Mishra, *Society and Social Policy*, Macmillan, London, 1977, pp.29~30. 김영모, 상게서. p.121에서 재인용

주주의는 자유의 가치를 보다 수용하는 수정자유주의에서 평등의 가치를 보다 추구하는 사회주의에 이르는 이념선상에 존재하고 있다. 사회민주주의는 복지이데올로기로서 페비안 사회주의에서 그 주류를 찾을 볼 수 있으며, 서구 복지국가의 출현과 성장에 기반을 제공하였던 이론인 동시에 이데올로기이다. 사회민주주의는 자유에 대한 가치 보다도 평등에 대한 가치를 상대적으로 중요시하고 있다. 왜냐하면 인간이 누리는 자원이나 권익이 대부분 불평등하다면 인간은 다른 사람에 예속되거나 자유를 누리지 못하기 때문이다. 그래서 불평등한 기회와 부자유로 부터 인간을 해방시키기 위하여 국가(정부)가 개입하여 사회복지를 추구하여야 한다는 것이다.

사회민주주의자가 주장하는 정부개입의 필요성은 자유시장제도의 실패에서 찾고 있다. 기본적으로 정부의 일은 평등·자유·우애·민주주의와 복지를 위하여 시장제도를 교정하고 보완하고 대신한다는 것이다.

사회민주주의자들은 무엇보다도 시장제도 자체를 사회적 목적이 있는 것 보다도 오히려 개인적 권리에 일차적으로 관심이 있는 것으로 보았다. 이러한 것 때문에 시장제도는 본질적으로 비민주적 제도라는 것이다. 사회민주주의자들은 산업이 사적 자기 이익보다도 오히려 사회적 욕구의 측면에서 기능하는 것을 보증하는데 정부의 책임이 있다고 주장한다. 이와 같이 사회민주주의자들은 공유권과 사회목적 및 공공이익 때문에 자유 시장제도를 비판하고 이것을 발전시키기 위한 정부의 역할이 필요하다는 것이다.[25] 예컨대 주택, 주거의 합리적인 기회를 제공하고 임대 이용자를 보호하기 위한 임대차보호법이나 양도소득세, 임대주택의 공영화 등은 여기에 속한

25) 김영모, 「현대사회정책론」, 한국복지정책연구소 출판부, 1982, p.154

다.

이와 같이 사민주의자는 평등을 기회균등 이상으로 간주하고 평등이 실현되어야 참된 자유가 보장된다고 주장하지만 불평등의 해소를 소득의 균등 등 분배관계에서 추구하려고 하는 한계를 지니고 있다.

사회민주주의 이론은 복지국가의 형성과 발전을 통해서 구체화 될 수 있는 이론임으로 사회정책의 발달과 사민주의를 일반적으로 적용할 수는 없으며, 또한 그것이 민주주의가 정착된 서구사회에서는 적용 가능하지만 민주주의가 아직 토착화 되지 않은 많은 개발도상국의 사회정책 발달에 적용시킬 수는 없다는 비판을 받고 있다. 또한 사민주의 이론은 노동자계급의 계급의식이 강해서 그 조직력이 정치세력화 된다는 전재에서 출발한다고 하지만 현실적으로 노동자 계급을 대변하고 있는 정당은 없으며, 이념적으로 전통적인 계급구분이 불분명한 상태에 이르고 있다고 비판한다. 그리고 또 다른 비판은 사회복지의 확대를 통해서 정치권력을 획득한 정당은 노동자계급만을 대변하는 정당이 아니며, 그들의 집권을 위해서 사회복지가 누적적으로 확대되어 온 것으로 보는 이들도 있다.

8) 마르크스주의

마르크스주의적 입장에서 사회정책, 혹은 복지국가에 대한 연구는 70년대 중반 이후 신마르크스주의 *Neo-Marxsim* 로 불리우는 일련의 서구학자들에 의해 활발하게 진행되었고, 대표적인 저작은 고프의「복지국가의 정치경제학」, 오페의「복지국가의 모순」을 들 수 있다.

여기서는 사회정책에 대한 정치경제학적 접근법의 의의 그리고 사회정책의 생성·발전과 사회정책의 성격문제에 대한 신마르크스주의자들의 견해를 중심으로 다루기로 한다.[26)]

먼저 마르크스주의자들은 정치경제학적 접근방법이 다른 이론에 비해 복지국가와 사회정책의 생성, 변화 그리고 그 본질을 가장 잘 설명할 수 있는 이론이라고 주장한다. 사회정책의 생성·변화는 넓게 보면 인간의 주관적인 집합적 행위와 객관적 사회구조에 의해 영향을 받는다. 다원주의이론은 인간의 주관적 행위(이익집단의 행동)가 사회정책에 영향을 주는 측면을 설명할 수 있고 기능주의이론은 객관적인 사회구조의 필연성(전체 사회유지에 필요한 사회정책의 기능적 필요성)에 의해 사회정책이 발달한 과정을 개념화 할 수 있다. 그러나 이 이론들은 각각 반대의 측면들에 대한 설명을 할 수 없는 한계점을 지니고 있다.

이에 반해 마르크스주의는 인간의 주관적 행위는 계급투쟁이라는 개념으로 이해되고 객관적인 사회구조는 자본의 운동법칙이라는 개념으로 설명할 수 있는 이론적 도구가 되기 때문에 사회정책의 생성·변화에 영향을 주는 두 가지 측면을 보다 설득력 있게 설명할 수 있다고 주장한다.[27)]

마르크스의 계급투쟁론과 자본의 운동법칙은 그가 주장한 ① 잉여노동가치설과 노동소외이론에서 찾아 볼 수 있다. 전자는 상품생산에 투하된 노동가치(임금) 중에 자본가가 그 일부를 착취한다는

---

26) 사회정책에 대한 마르크스주의적 접근법의 의의와 개요 그리고 구미 연구자와 국내 연구자들의 연구성과에 대해서는 아래 문헌이 참조된다.
I. Gough, *The Political Economy of the Welfare State*, 김연명·이승욱 역, 「복지국가의 정치경제학」, 한울, 1989
원석조, 「한국의료보험의 정치경제학적 연구」, 중앙대 박사학위논문, 1991

27) I. Gough, *Ibid.*, pp.18~26

것이고, 후자는 자본의 유기적 구성의 고도화 즉, 기계화, 자동화로 노동자의 일거리를 빼앗아감으로서 실업화, 빈곤화 된다는 것이다. 그리하여 노동자는 단결하여 노동 3권을 통해 계급적 이익을 향상시키고 노동소외를 예방해야 한다는 것이다.

한편, 자본주의하에서 사회정책의 생성·발전 그리고 사회정책의 성격에 대한 신마르크스주의 입장은 크게 세 가지로 분류할 수 있다.[28]

첫째, 계급투쟁론으로 사회정책 발달의 주요 동인은 노동자계급이 주도하는 계급투쟁이며 사회정책을 계급투쟁의 결과로서 이해한다. 따라서 사회정책은 노동자계급이 쟁취한 전리품이라는 것이다.

둘째, 자본논리론으로서 사회정책을 자본주의가 유지되기 위해 필요한 건강한 노동력을 재생산하고, 유효수요를 창출하기 위해 국가와 자본의 주도하에 형성된 것으로 보는 입장이다. 그리하여 자본주의하 사회정책의 성격은 노동계급의 쟁취물이 아닌 자본가의 자본축적을 돕는, 본질적으로 자본을 위한 것으로 인식한다. 다시 말하면 사회복지는 자본의 필요성에 의해 발달한다는 것이다.

셋째, 위의 두 입장을 통합한 '계급투쟁-자본논리론' 혹은 통합주의론이다. 이것은 고프 등이 주장한 것으로, 자본주의의 전개는 끊임없이 새로운 욕구를 발생시킨다고 한다. 즉 임금노동자가 성장하면 사회보장제도가 필요하고 분업의 확대는 교육제도를 필요로 한다. 그러나 이러한 욕구가 자동적으로 사회정책제도에 나타나지 않으며, 자본의 필요물이 국가기구에 매개되는 과정 그리고 계급투쟁이 사회정책을 결정하는 측면을 동시에 인식해야 한다고 주장한

---

28) 김연명, 마르크스주의자의 사회정책발달이론, 「사회정책연구」, 제 10집, 한복연, 1988, pp.182~228

다.

이렇게 보면, 사회정책의 성격도 노동의 요구라는 긍정적 측면과 자본의 요구라는 부정적 측면이 결합되어 있는 모순된 성격으로 인식하게 된다. 따라서 계급간 힘의 관계에 따라 기존 사회정책이 노동계급에게 유리하게 변하거나 혹은 자본가 계급에게 유리하게 변할 수 있다는 점을 지적하고 있다.[29]

이러한 계급투쟁, 또는 자본의 기능적 필요성이라는 용어에서 볼 수 있듯이 발달요인 규명에만 집중하여 추상적 논의를 전개함으로써 자본주의의 구체적인 발전과정에 따른 역사적 논의를 하지 못하고 있다는 것이다. 또한, 사회주의가 자본주의 사회정책의 형성에 영향을 준 점을 올바르게 해명할 수 없다는 점이 비판을 받고 있다.

3. 사회사업이론

사회사업이론은 실천을 설명하기 위한 것이다. 이것은 체계화되어 있고 포괄적인 가정이며 변수간 공식적 설명 개념이다.

사회사업이론은 미국에서 발달한 정신분석학, 심리학, 사회학 등 행동과학의 영향을 많이 받았다. 행동과학은 인간의 퍼스낼리티와 행태에 관한 학문이다. 미국의 전문사회사업이 주로 인간의 성격교정과 행동수정 즉 재사회화(re-socialization)를 통하여 인간을 환경에 적응시키기 위한 심리사회적 지원이기 때문에 이에 대한 과학적 지식과 이론이 대단히 발달되어 있다. 사실 사회사업이론은 사회사업실천(방법)에 있어서 기초가 된다. 미국에서 발달한 기능주의 이론도 이러한 학문적 배경과 연관되어 있는 것이다.

---

29) I. Gough, *op. cit.* p.30

사회사업에 관한 저술과 그 역사가 서구문화에서 유래되었기 때문에 비서구문화에 적용되지 않을 수 있다. 더욱이 미국 사회사업이론과 제 3세계 국가에 대한 유럽의 식민지 영향은 선진국가에 적절한 기술이 완전히 다른 문화(국가)에도 적절할 수 있다는 인상을 주었다. 이러한 것은 논쟁을 증가시키고 있지만 어떤 점은 서구 사회사업이론이 비서구에도 적용될 수 있다.30)

최근 우리 나라에서도 소개되고 있는 사회사업이론은 주로 미국의 전문사회사업이론 *professional social work theories* 이다. 이러한 이론이 우리 나라에서도 적용가능성에 대한 의문을 가진 분이 많으나 최근 산업화의 결과 이러한 사회사업이론이 현실적으로 적용 가능한 부분(욕구와 문제)이 증가되고 있다.

전문사회사업이론은 인간(욕구)과 환경(상황)간 조정의 필요성에서 발달하였고 이러한 조정은 사회사업가의 기능(방법)이다. 따라서 사회사업이론은 주로 사회사업가의 역할(기능)에서 찾아 볼 수 있다.

사회사업은 서구문화에서만 존재한 것이 아니고 비서구 문화에서도 존재하였다. 또한 사회사업의 종류가 전문사회사업 이외에도 자조사업, 구호사업, 급진사업 등 많이 있다.

오늘날 전문사회사업이론이 매우 발달하였기 때문에 여기에서는 서구에 발달한, 기능이론, 행동과학, Freud 정신분석학에 기초한 사회사업이론을 주로 소개하고자 한다.

그러면, 사회사업실천, 특히 전문사회사업에 있어서 가장 중요한 이론이라 볼 수 있는 정신역동이론, 행동이론, 체계이론, 교류분석이론, 위기개입론, 급진이론 등을 소개한다.31)

---

30) Malcolms. Payne, *Modern Social Work Theory, A Critical Introduction*, Macmillan, 1991. p.4

1) 정신역동이론

정신역동이론 *Psychodynamic model* 은 프로이드 이론에 기초하여, 행동이 사람들의 정신내 상호작용과 활동에서 기인한다고 가정하고 있다. 이 이론의 기본 가정으로는 무의식적 동기와 정신결정론을 두고 있다. 무의식적 동기란 인간의 정신활동은 바로 의식과 무의식, 본능 id 과 초자아 *super-ego* 사이에 일어나는 갈등의 결과로 간주하는 것을 말한다. 마음의 무의식적 활동과 이를 지배하는 법칙은 정신분석에서 가장 중요한 발견이다. 그러나 무의식적 정신과정은 직접적으로 관찰할 수 없는 것이고, 단지 꿈 분석, 환상, 그리고 연상을 통해서 추론할 뿐이다. 정신결정론이란 '초기 사건이 이후의 사건을 결정한다'(만 5세전 결정)는 것을 말하며, 프로이드는 '현재는 과거의 축적물에 불과하므로, 현재를 바꾸기 위해서는 과거를 변화시켜야 한다'는 가정하에 정신치료에서 개인의 기본적 성격구조를 변화 시키고자 한다. 그 중에서 초기 아동기의 경험을 재구성하는 것이 필수적이라고 보고 있다.

Lacan은 마르크스주의와 관련지어 우리의 의식행동에 의해 나타난 상징구조로서 무의식을 재 해석했다[32]. 또 하나의 급진이데올로기로서 페미니즘은 심리역동이론을 통해 가부장제를 설명하고 있다.

저항은 일부 생각과 감정이 우리가 강하게 가지고 있는 기존의

---

31) Malcolm, Tayne, *Modern Social Work Theory, A Critical Introduction*, Macmillan, London, 1991 참조
F.J. Turner, ed., *Social Work Treatment, Interlocking Theoretical Approaches*, The Free Press, N.Y. 1979 참조

32) Jacques Lacan, *The Four Fundamental Concepts of Psychoanalysis Harmondsworth*, Middlesex, Penguin, 1979, p.75

믿음과 불일치할 때 발생하며, 심리역동이론의 전개에 따르면 아동들은 일련의 발달단계를 경험하고, 각각의 단계는 이전의 단계와 관련되어 일어나며, 일부 사람들은 무의식적으로 특정한 단계와 관련된 행위에 묶이게 된다. 따라서 정신기능과 성숙에 지장을 초래하게 된다. 예컨대 구순기때 유아는 젖을 빨면서 음식에 대한 욕구를 충족하지 못하면, 나중에 성인이 되어 성적 행위나 담배, 사탕 등으로 남아 있게 된다는 것이다.

Freud의 후기 작업은 자아와 대상관계이론 *object relations* 에 초점을 두고 있으며 오늘날 심리분석적 사상의 기반과 위기개입, 체계이론에 많은 영향을 끼쳤다.

신프로이드주의는 프로이드가 인간을 수동적이고 무의식의 본능에 의해 결정된다고 본다. 반면, 에릭슨은 인간을 합리적이고 창조적이며 이성적인 존재로 규정하고 자아를 일생동안 신체·심리·사회적 발달과정에서 외부 환경에 대처하고 적응하는 과정에서 형성되는 역동적인 힘으로 규정하고, 정신적인 면 뿐만 아니라 사회적인 측면까지 강조한다. 따라서 개인을 이해하기 위해서는 문화 및 사회적 요인이 행동에 미치는 영향을 파악하여야 한다고 주장한다.

자아심리학은 Freud이론의 제한점을 인식하고 전통적 정신분석이론에 수정을 가한 이론이 바로 자아심리이론이다. 자아심리학의 영향으로 사회사업실천에서는 클라이언트가 자신의 환경을 지배하는 방법을 어떻게 학습하게 되는가에 초점을 두게 되었으며, 성격과 상황적 요인 사이의 균형을 이루는데 다시 관심을 갖게 되었다. 이러한 영향에 대해 Hamilton[33]은 자아심리학이 자율적이고, 분리되며 그

---

33) Gordon Hamilton, *A Theory of Personality: Freud's Contribution to Social Work*, New York, Family Service Association of America, 1957, p.15

리고 특징적인 성격구조인 자아에 다시 초점을 두게 함으로써 사회사업실천이 근본적으로 재구조화 되었다고 평가하고 있다.

대상관계이론은 유아의 환경 중에서 어머니와의 최초의 환경을 가장 중요시 하고, 유아 때 왜곡되고 방어적인 반응은 후에 심리적 질환이나 부적응을 야기하고 성인생활에 영향을 준다는 것이다. 이것은 유아와의 관계발전을 통한 자아의 초기 성장에 관심을 둔 것으로 최종적으로 자아의 개별화를 강조한다.

사회사업의 역사를 고려해 볼 때 이것은 정신치료의 중요성을 강조해 왔고[34], 정신분석이 사회사업에서 지배적인 힘을 가졌던 시기에 사회사업이론에서 우위를 차지했으나 그것은 과장되지 않아야만 한다.

1930~60년대 까지는 사회사업의 핵심으로서 사회문제 보다는 정서적인 비정상 *mental abnormality* 을 강조하였다. 심리역동에 관한 문헌은 많았으나 이것은 일상의 실천에 있어서는 훈련받은 워커나 좋은 복지기관에 제한되어 있었다.

정신분석이론은 본질적으로 성격이론이며 정신내적 이론이지만 최근 가족과 집단의 행동을 이해하는데 정신역동이론의 확충에 큰 기여를 하였다. 또한 정신역동이론은 인간발달에 관련해 사회사업에 널리 적용되고 있으며, 더구나 사회사업 역사에 있어 그 당시나 오늘날에도 특별하고 강력한 영향력을 끼치고 있다.

2) 행동이론

행동이론 *Behavior theory* 은 심리학이론에서 차용한 것으로서, 대

---

34) Kathleen Woodroofe, *From Charity to Social Work*, London, Profession in India, 1962

뇌피질의 생리를 연구한 Pavlov가 개를 통한 조건반사의 연구로 부터 Watson이 그것을 모든 행동의 설명원리로 활용하면서 부터 시작하였다. 그후 Wolpe, Lazarus, Eysenck 등이 이러한 방법을 공포증 치료에 적용하여 불안을 감소시키는 체계적 탈감법(systematic desensitization)을 발달시키게 되었다.

행동이론은 자극과 반응에 의해 학습 또는 수정되는 직접 관찰 가능한 인간행동이 연구의 초점이 되어 있다. 또한 이것은 인간행동과 환경적 사건이 상호간 영향을 미치는 방식에 초점을 두며 인간의 본성은 가변적 속성을 지니고 있다고 본다.

Skinner는 인간의 행동은 환경적 자극에 의해 동기화 되고, 행동에 따르는 감화에 의해 전적으로 결정된다고 본다. 그리고 욕구가 있으면 활동하고 보상이 없으면 행동을 중지한다는 것이 그의 행동이론이다. 이러한 반응은 강화물(reinforcement)에 의해 좌우되는데, 부정적 기법 보다는 긍정적 기법을 주로 사용한다. Skinner와는 달리 Bandura는 인간행동은 외적 환경의 자극과 인간 내부의 사건이 상호작용한 결과라고 보고 있다.

여기서 사회사업가는 문제행동을 유지하거나 새로운 행동에 대한 학습을 방해하는 환경과 개인간의 상호작용에 대한 사정으로부터 시작해 문제의 개입시 행동의 선행 요인과 결과를 수정해 내담자의 환경적 조건을 내담자에게 도움이 되는 방식으로 수정하게 한다. 또한 사회사업가는 내담자가 목적을 설정할 수 있도록 원조하며, 치료자와 내담자는 구체적 목표와 관련된 조건 뿐만 아니라 변화과정에서 나타날 수 있는 기대하지 않았던 결과에 대해 정기적이고 체계적인 점검을 해야만 한다. 이러한 접근방법을 행동수정이론이라 한다.

행동주의의 대표적 기법으로는 Lazarus[35]가 주장한 기본적 본능 *basic Id* 이 있는데 이것은 인간의 성격 기능을 행동, 정서반응, 감각, 상상, 인지, 대인관계, 생물학적 기능이라는 7가지 기능으로 구분한다. 이것이 상호작용함으로써 인간의 기능수준이 결정된다고 본다. 따라서 기본적 본능조사를 통해 문제가 되는 기능 영역에 효율적으로 대처할 수 있는 치료를 실시하며, 이때 활용되는 치료기법은 행동연습, 모의실험 같은 유관 계약과 최면, 명상, 역설적 기법, 긍정적 상상, 이완 효과, 사회적 기술훈련, 빈의자 기법, 자기 주장 훈련 등을 실시한다.

3) 체계이론

생태이론은 1970년대 이후 사회사업에 큰 영향을 끼치고 있는데 이것은 일반체계이론과 생태체계이론 *eco-system theory* 으로 나눈다. 또한 세번째 분류체계로서 Parsons가 사회학적 분석에 기초한 사회체계이론으로 분류한다[36].

생태 체계적 관점의 전제는 인간은 사회제도, 문화적 힘, 환경의 물리적 공간 뿐만 아니라 타인과의 상호작용, 인간간 연결성을 중요시 한다.

먼저 일반체계이론은 대상을 체계라는 구조 속에서 사고한다. 이 이론은 개인이 속해있는 환경을 하나의 체계로 보고 그 속에서 개인과 체계의 관계성을 중요시 한다. 또한 생태학이론에 의해 환경 속의 개인이 그 환경에 어떻게 적응하며 환경을 어떻게 변화시키는

35) R.S. Lazarus, *The Stress and Coping paradigm,* in L. Al Bond and J.C. Rosen, 1980, p.32

36) Genevieve de Hoyos and Claigh Jensen, *The Systems Approach in American Social Work,* 1985, p.1349

가 하는 상호적응의 문제가 중요시 되며, 개인과 타인 혹은 개인과 집단, 개인과 환경이 그 개인의 성장발달에 어떠한 영향을 미치고 개인이 그에 대해 어떻게 적응하고 대응해 나가는가 하는 것이다. 따라서 생태체계 관점에서 인간에 대한 기본 철학은 환경과 개인이 체계로서 상호 연결되고 개인의 생존 및 성장발달은 보다 상위체계에 개인이 적응하고 대처하면서 균형을 통해 기능 한다고 보는 것이다.

한편, 사회체계이론은 유명한 사회학자 파슨스(Tarcott Parsons)의 구조기능이론이다. 그는 '사회행동의 구조'라는 책에서 사회적 사실을 관찰할 때 개념을 사용해야 하고, 관찰은 증거와 대조하여 확인해야 한다고 말하였다. 그는 사회학에 있어서 필요한 개념은 행동의 준거틀(action frame of reference)이 포함되어야 한다는 것이다. 그가 말한 행동의 준거틀은 어떠한 행동이라도 다음의 5가지 기본 요소를 내포하고 있다고 한다.37)

① 행동가(actors); 실제로 행동을 수행하는 인간
② 결과(ends); 이러한 인간이 추구하는 목표
③ 수단(means); 이러한 결과를 성취할 수 있는 자원
④ 조건(conditions); 행동이 수행될 수 있는 특수한 정황
⑤ 규범(norms); 인간이 그들의 결과와 수단을 선택하는 것과 관련된 기준

파슨스는 사회학자들이 상기한 요소들을 사용하는 행동의 모형을 구성해야 하고 그들이 행동가로 나타나는 바와 같이 사물과 사건을 이해해야 한다고 주장한다. 사회학적 설명에서 사용되는 다양한 이념형과 일반적 개념은 이러한 행동의 준거틀의 기본 원리와

37) 김영모, 「현대사회학」, 고헌 출판부, 2001, pp.47~48

일치되어야 한다는 것이다. 행동의 준거틀은 1940년대 파슨스와 그의 제자 머튼 등이 설립한 구조기능주의(structural functionalism)의 기본이 되었다.

그는 사회와 모든 종류의 사회집단을 사회체계(social systems)로 간주하였고 이것은 서로 의존적인 부분, 즉 역할, 제도 및 조직으로 구성되어 있다는 것이다. 이러한 부분이 함께 사회구조를 형성한다는 것이다. 그리하여 사회학적 분석의 과제는 이러한 부분을 발견하고 그러한 부분이 전체 체계로서 수행할 수 있는 기능을 보여 주는 것이라고 한다.

이와 같이 체계이론은 체계가 상호의존적이고 상호작용 하는 부분들로 구성된 전체, 즉 부분들간 관계를 맺고 있는 일련의 단위인 즉 가족, 소집단, 조직, 지역사회, 사회 등 여러 사회체계가 구성된 방법과 그 체계들의 유지와 변화과정을 연구대상으로 한다. 체계이론은 체계내 고도의 조직력이 있다고 보고 사회체계간 상호작용과 상호의존성 및 각 체계내 조직을 전제로 한다. 그러므로 체계간 파급효과를 가져온다는 것이다. 이 이론은 체계의 변화 보다 안정에 일차적 초점을 두고 있다.

Evans[38]는 모든 생태체계이론, 모든 체계는 상호의존적이라는 가정이 숨겨져 있다고 한다. Siporin[39]는 체계이론에 대한 마르크스주의 관점에 따라 생태체계이론은 자본주의 사회내 계급이익의 불일치를 고려하지 않으며, 사회내 통합을 어떻게 방해하는지를 고찰하지 않는다고 비판한다.

---

38) Roger Evans, Some Implications of an Integrated Model of Social Work for theory and Practice, *British Journal of Social Work*, 1976, p.150

39) Siporin, Ecological Systems Theory on Social Work, *Journal of Sociology and Social Welfare*, 1980, p.152

체계이론에 대한 비판은 환경이 개인에 적응하기 보다는 개인이 환경에 적응해야만 한다는 가정인데 행동이론과 같이 이것은 클라이언트가 원하지 않는 사회적인 압력을 인정하는 경향 때문에 도덕적인 비판을 받고 있다.

4) 교류분석이론[40]

교류분석이론 *transactional analysis* 을 1950년대 초에 형성되어 인간의 약점이나 결함 보다는 인간의 강점에 초점을 두는 이론으로서 이러한 면에서 사회사업실천에 적합하다. 교류분석이론의 창시자는 Eric Berne으로서 초기에 정신과 신체간 관계, 특히 인간의 직관에 흥미를 가졌고, 프로이드이론에서 분리되어 자아의 상태를 어버이 자아, 어른 자아, 어린이 자아로 나누었으며 이 자아상태를 관찰 가능한 현상으로 보았다.

① 어버이 자아는 프로이드에서 초자아와 비슷하여 일련의 삶의 방식에 대한 규칙과 안내도이며, 문화적으로 결정되고 부모로부터 유전되거나 부모의 형태에 의해 습득된다.
② 어른자아는 심리분석이론에서 자아와 비슷하며, 현실 지향적이고 사고와 합리적 행동이 특징이며 내적 욕구와 외적 욕구를 중재하는 중재자 역할을 한다.
③ 어린이 자아는 본능과 비슷하며, 나이와 상관 없이 실제적인 행동과 사고가 어린이와 비슷하다.

상호교류는 2사람간 6개의 다른 자아상태가 상호 교류하며, 교류분석이론 실천가는 부정적인 각본 *negative scripts* 은 긍정적으로 변할 수 있다고 믿으면서, 내담자가 자신의 초기 결정 및 교류, 게임

---

40) *Encyclopedia of Social Work,* 18th edition, 1987, pp.770～775

유형을 인식하고 새로운 결정을 스스로 내릴 수 있도록 원조한다는 것이다.

교류분석이론에 있어서 기본적인 치료적 기법은 구조분석, 교류분석, 게임분석 등이 있다.

① 구조분석은 내담자 스스로 자아상태의 내용 및 기능을 인식할 수 있게 해주며 경계선을 가진 자아상태내에서 경계선에 문제가 생겼을 경우, 손상장(3가지 자아상태 중 어느 것이 완전히 성장되지 못했을 때 발생), 배타성사(3가지 자아상태중 한 개나 두 개만 사용될 때 발생), 혼입성(자아상태끼리 혼합되어 존재함으로서 각각의 자아상태가 독립적으로 기능하지 못하는 상태) 등의 문제가 생길 수 있으며, 자아상태의 구조적 분석을 통해 이러한 문제를 해결할 수 있다.
② 교류분석은 자기 자신이나 타인에게 행하고 말하는 것을 분석하는 것으로서 자아상태간 대화인 내면적 교류와 두 사람간 타인과의 교류로 나눌 수 있다.
③ 게임 및 라켓감정 분석은 개인이 자신의 인생 각본과 자신의 결정을 정당화 하기 위해 타인을 조작하는 과정으로, 게임분석을 통해 접촉과 친밀도, 거리감 등을 구성하는 방법을 관찰해 게임의 속성을 이해한다.

5) 위기개입론

위기개입론 *crisis intervention* 은 위기상태에 있는 클라이언트를 도와 주는 치료적 실천론이다. 이 이론은 클라이언트로 하여금 문제를 인식하고 그 영향을 인정하며, 유사한 예견된 경험을 위하여 새롭거나 보다 효과적인 행동을 학습함으로써 긍정적인 성장과 변화를 인도하는 것이다. 이것은 정신분석학적 자아심리학에 기초해 있다.

사회사업에 있어서 위기개입론은 클라이언트의 문제(특히 위기상태)를 다루는 일반적인 기술로 간주될 수 있다. 이 이론은 주로 정신보건서비스에서 사용되어 왔다. 이 이론은 의사, 간호사 그리고 사회사업가의 다학제적 팀을 사용하는 아이디어와 관련되어 있다. 특히 사회사업가는 클라이언트의 가정을 방문하여 정신병원에서 해로운 불필요한 입원을 피하도록 한다. 예컨대 죽음과 같은 심각한 반응을 지닌 사람을 도와 주거나 이혼이나 아동보호문제가 가족해체를 일으키는 경우 적용되는 기술이다.

정신보건서비스에 있어서 큰 기여를 한 고란 Naomi Golan 의 위기개입 이론을 소개하면 다음과 같다.41)

- 모든 사람, 집단 그리고 조직은 자기들의 생활기간에 위기를 가진다.
- 위험한 사건은 위기를 초래하는 주요한 문제이다.
- 위험한 사건은 예측되거나(예컨대 사춘기, 결혼, 이사) 예측되지 못한다.(예컨대 사망, 이혼, 화재 등)
- 공격 받기 쉬운 상태는 위험한 사건이 인간 실패의 원인이 될 때 존재한다.
- 균형은 사람에게 일어날수 있는 일을 처리하는 능력이다.
- 균형이 혼란스러울 때 문제를 다루는 방법은 일상적인 방법이 효과적이다. 만약 실패하면 새로운 문제해결 방법을 시도한다.
- 긴장은 실패와 더불어 발생한다.
- 해결되지 못한 문제와 함께 돌연한 요인은 긴장을 만든다.
- 해체적인 상태는 적극적인 위기가 그 원인이다.
- 돌연한 요인은 클라이언트의 주요한 문제와 마찬가지로 워커에게도 나타날 수 있다. 그러나 이것은 위기가 아니고 하나의 결과이다.
- 과거문제가 성공적으로 해결되면 될수록 문제 해결전략은 더욱 유용하고, 또 적극적 위기의 상태는 더 적은 것이다. 그 반대도 마찬가지이다.

---

41) Naomi Golan, *Treatment in Crisis Situations*, Free Press, N.Y., 1978
M. Payne, *Modern Social Work Theory, A Critical Introduction*, Macmillan, 1991, pp.104～105

- 모든 위기는 6~8주내 해결된다.
- 위기에 있는 사람은 그렇지 않은 사람보다 도움을 받도록 더 개방되어 있고, 또 위기개입도 더욱 성공할 수 있다.
- 적극적 위기 후 재통합42)에 있어서 사람들은 문제해결의 새로운 학습된 방법을 가지게 되고, 위기 동안 효과적 문제 해결을 학습하면 미래의 처리 능력도 개선된다.

사회사업가는 이러한 것을 클라이언트에게 제시하고, 또 위기를 사용하는데 적절한 개념인가를 계획할 필요가 있다.

6) 급진이론

오늘날 영·미에서 전문사업에 대한 비판이 일고, 특히 급진주의적 문헌은 70년대에 많이 출간되고 있다. 영국의 경우 19세기와 20세기초에 있었던 사회사업의 전통 즉 빈곤에 대한 투쟁과 사회개혁에서 사회사업의 기원을 찾으려 하고 마르크스주의의 입장에서 사회사업의 이론을 구성하려고 한다. 이러한 경향은 미국의 경우에서도 찾아 볼 수 있다. 뉴딜시대에 있어서 사회개혁과 빈곤을 감소시키지 못하는 복지자본주의에 대한 환멸과 현실을 기피하는 전문사회사업에 대한 불신에서 사회사업의 비판이 일고 있다. 이러한 비판은 사회사업의 역사적·사회적·정치적 인식 즉 사회과학적 관점에서 인식하려는 노력에서 비롯된 것이다. 이러한 관점은 학자들에 따라 차이가 있으나 이것을 통칭하여 급진적 사회사업 *radical social work* 이라고 부른다.

급진사회사업의 개념은 최근 영·미학자들의 글에서 찾아 볼 수

42) 재통합의 단계는 정확한 인지지각, 감정관리, 새로 시작하는 행동개발을 말한다.

있다. 급진적 사회사업의 목적은 인도주의적·평등주의적 사회의 구현이고, 결국 사회사업에 있어서 가장 중요한 실천인 계급주의, 인종주의, 남녀 차별주의를 없애자는 것이다. 전통적 사회사업은 이러한 목적을 수행하는데 역행되는 것이다. 그러나 급진적 사회사업은 인간의 설명 또는 인간내 심리적 설명을 구하기 보다는 오히려 인간문제의 원천으로서 사회경제적 제도의 중요성을 강조하는 것이다. 이것은 적응 대신에 변화를 강조하고 급진사회사업가가 직면하는, 많은 문제와 긴장의 제도적 원천으로서 인간의 의식을 제고시키자는 것이다. 이러한 문제를 집단적으로 해결하려는 노력은 타인을 위한 것이 아니고 그들과 함께 찾으려는 것이다.

사회사업은 급진적이든 전통적이든간 정치적 행동이다. 급진적 입장은 현상유지를 위협한다. 왜냐하면 그것은 전문가로서의 역할을 비신비화 하고 현재 불평등한 사회경제제도에 도전하고 권력과 자원의 기본적 재분배를 유도하기 때문이다.[43] 그리고 베이리 *Bailey* 와 브레크 *Brake* 는 급진적 사회사업을 본질적으로 억압자들이 살고 있는 사회경제적 구조의 원리에서 그들의 지위를 이해하는 것이라고 하였다. 예컨대 우리들의 목적은 개별지도사업을 없애려는 것은 아니고 지배계급의 주도권을 지지하는 개별지도사업을 없애려는 것이다. 사회사업가는 억압적인 결과를 수행하기 위해서는 이중적 과정, 즉 억압의 측면에서 사람들의 소외를 이해하도록 도와 주고 그들이 스스로 자신을 존경할 수 있도록 쇄신할 필요성이 있다는 것이다. 급진적 사회사업의 형태는 개발되지 않으며 사회사업가는 스스로 경제적 착취로부터 고통을 받는 것이다. 그리고 급진적 비판의

43) J. Galper, *Social Work Practice ; A Radical Perspective*, Prentice-Hall Inc., 1980, p.6

발전은 정치적 행동프로그램에 스스로 참여함을 의미한다.[44]

여기에서 전문적 사회사업이 개인으로 하여금 사회제도에 적응시키려는 심리적·사회적 원조방법이고 급진적 사회사업은 사회의 불평등과 차별 및 특권을 없애고 이것을 조성하는 지배계급과 억압자에 대한 투쟁을 강조하고 있음을 알 수 있다. 갈퍼 *Galper* 는 급진적 사회사업은 사회봉사와 자기 노력에 의하여 사회주의에로의 전환운동에 기여하는 사회사업이라고 한다.[45] 그리고 사회주의적 분석방법의 핵심적 개념은 마르크스주의 방법론에서 발견할 수 있는 유물론적 분석과 변증법적 분석이라고 한다. 유물론적인 분석은 어떠한 사회라도 그 자체가 신체적 유지 및 성장과 관련된 기본적인 물질적 욕구를 충족시키기 위하여 조직되어 있다는 방법이고, 변증법적 분석은 제도내에 있어서 내적 및 적대적 세력의 상호작용에 의하여 제도의 성격, 성장 및 변화를 분석하는 모델이다.

이러한 사회주의적 또는 마르크스주의적 사회사업은 전문적 사회사업가의 직업성을 지니고 있으면서, 동시에 정치적 개입이 되어 있다. 정치적 개입은 마르크스주의의 성향을 지니고 있기 때문에 사회사업이 어디까지나 사회변혁의 수단이 되고 그것은 폭력성을 지니고 있다. 따라서 급진적 사회사업은 잠재된 사회갈등을 양성화 하여 대자적 계급의식을 사회행동화 하는 과정이라고 볼 수 있다. 사회의 피지배계급이나 박탈된 인간이 가진 유일한 장점은 다수와 폭력이기 때문에 이들의 의식화, 조직화, 행동화를 도와 주는 것을 사회사업이라고 보는 것이 급진적 사회사업이다. 이러한 사회사업 이론은 사회적응과 사회통합의 이념적 배경을 지닌 종래의 사회사업

44) R. Bailey and M. Brake, *Radical Social Work*, Pantheon Book, N.T. 1975, p.9
45) J. Galper, *op.cit.*, p.10

과는 대조적인 것이다.

< 참고 문헌 >

김영모, 「현대사회학」, 고헌 출판부, 2001

김영모, 「현대사회정책론」, 한국복지정책연구소 출판부, 1982

Forder, A. T., Caslin, G. Ponton, S. Walklate, *Theoies of Welfare,* Routledge & Kegan Paul, 1984

Gough, I., *Political Economy of the Welfare State*, London, Macmillan, 1979, 김연명 · 이승욱, 「복지국가의 정치경제학」, 한울, 1994

Dahrendorf. R., *Class & Class Conflict in Industrial Society,* Rourledge and Kegan 1958

Dorfman, Rackelle A, ed., *Paradigms of Clinical Social Work*, Brunner/Mazel publishs, N.Y., 임상사회사업연구회 역, 「임상사회사업기술론」, 홍익제, 1991

Immergut, E.M., *Health Politics : Interests and Institutions in Western Europe*, Cambridge University Press, 1992

Turner, J., *The Structure of Sociological Theory,* The Dorsey Press Illinois, 1974

Mishra, R., *Society and Social Policy,* London, The Macmillan press, 1977

Skidmore, William, *Thinking in Sociology*, Cambridge University Press, London 1975

Tayne, Malcolm, *Modern Social Work Theory ; A Critical Introduction,* Macmillan, London, 1991

Turner, Francis J. ed., *Social Work Treatment, Interlocking Theoretical Approaches*, The Free Press, N.Y., 1979

제 3장 사회복지의 이념

1. 복지이념의 정의

이데올로기는 아이디어를 규범화한 것이다. 예컨대 부르조아(자본가 계급)의 권익을 최대한 보장하기 위하여 헌법과 민법 등 하위 법령에 의하여 그것을 규범화한 것이 자본주의이고 프로레타리아(노동자 계급)의 경우는 사회주의가 될 수 있다. 그리고 자유 또는 복지를 최대한 구현하기 위하여 규범화한 것도 자유주의 또는 복지주의라고 할 수 있다. 그러나 이것은 반드시 누구를 위한 것이라는 가치 전제가 필요하기 때문에 결국 자본주의 또는 사회주의가 주요한 이데올로기가 된다.

사회복지의 이념은 일반적으로 사회복지의 주체, 대상, 기능 및 재원 등을 구속하는 이데올로기를 의미하지만 이것 외에 사회복지의 동기나 그 원리를 말하는 경우도 있다. 일반적으로 사회복지의 이념은 자유주의, 사회민주주의, 마르크스주의 등을 말하고 있으나 이것 이외에 인도주의와 민주주의, 개인주의와 집합주의, 자선사상과 박애사상, 자발주의와 협동주의, 선택주의와 보편주의, 심지어 탈시설화, 민영화, 노말리제이션(정상화) 등을 지적하는 경우도 있다.

여기에서는 이데올로기를 중심으로 한 사회복지 이념의 특징을 지적하고 각 이데올로기에 따른 사회복지 또는 사회정책의 원리(이념)가 무엇인지를 지적하고자 한다.

2. 복지 이데올로기

사회복지의 이념적 모델은 최근 파커, 조오지와 윌딩, 룸 등의 견해에서 찾아 볼 수 있다. 이들이 소개한 복지이념의 모델[1]은 궁극적으로 개인과 사회, 또는 자유와 평등이라는 양 축의 조합에 의하여 구분할 수 있다. 즉, 사회복지 이념은 개인과 자유를 강조하는 자유주의형과 집단연대와 평등을 강조하는 사회주의형으로 크게 나눌 수 있다. 자유주의형의 대표격으로는 자유방임주의가, 그리고 사회주의형의 대표격으로는 마르크스주의(신마르크스주의 포함)가 존재하고 그 중간 형태로서 수정자유주의, 사회민주주의가 지적되고 있다. 그리고 1970년대 후반 이후 등장하게 된 신자유주의와 1980년대 이후 사회복지에 대한 새로운 시각으로서 페미니즘과 그린이즘이 나타났다. 우선 사회복지 이념의 4대 큰 주류인 자유방임주의, 수정자유주의, 사회민주주의, 마르크스주의 복지모형의 차이점을 살펴 보도록 한다.

자유방임주의형은 개인 및 가족의 능력에 따른 서비스를 시장에 의하여 유상의 자원에 의하여 해결하려는 것을 말하고, 수정자유주의형과 사회민주주의형은 개인 및 가족의 욕구에 따른 서비스를 국가가 개입하여 최저 수준을 보장하여 주려고 하며, 마르크스주의형은 개인 및 가족의 욕구를 각자의 욕구를 계획경제에 의하여 무상으로 제공하려고 한다.

---

1) J. Parker, *Social Policy and Citizenship*, Macmillan, London, 1975
G. Room, *The Sociology of Welfare,* Basil Blackwell, Oxford, 1979
V. George, & P. Wilding, *Welfare and Ideology*, Harvester Wheatsheaf, London, 1994

일반적으로 자유주의 복지모형은 미국, 일본 등에서 전형적인 형태를 발견할 수 있고 사회민주주의형은 영국, 북구 등의 복지국가에서 발견할 수 있으며 자유방임주의형은 후진국가에서, 그리고 마르크스주의형은 구 러시아 및 북한 등에서 찾아 볼 수 있다.

자유방임주의 모형은 개인주의에 기초하고 있다. 자유방임주의 모형은 경제성장과 부의 극대화에 큰 가치를 부여하며, 모든 종류의 계약과 합의에 의한 개인적 선택을 강조한다. 그러나 마르크스주의 모형은 정치적, 경제적, 사회적 활동에 참여하는 평등과 공동체의 가치를 강조하고 욕구에 따른 최대의 생활기회를 보장하려고 한다. 이러한 대조적인 형태의 중간적 형태로서 수정자유주의형은 기회와 개인적 자유 및 사회적 배분방법으로서 시장의 중요성을 인정하고 자신을 부양할 수 없는 사람에 대한 최저기준을 보장한다. 그리고 사회민주주의의 복지정책은 수정자유주의와는 다르다. 예컨대 수정자유주의자들은 절대적 빈곤의 해결에 관심이 많고 빈곤의 원인이 동기 결함에 있거나 개방사회의 주변적 역기능에 있다고 하면서 그에 대한 대책으로 선택주의적 구빈사업을 선호한다. 그러나 사회민주주의자들은 자산조사와 같은 선별주의는 낙인을 찍기 때문에 보편주의적 복지정책을 실시하여야 한다고 주장하고 시민의 이타주의적 의무감을 조성하는데 관심을 둔다. 그리고 마르크스주의는 각자의 욕구에 따라 계획경제를 수립하기 때문에 별도의 복지정책이 필요하지 않다는 것이다.

그러면, 이러한 4가지 주요 복지이데올로기인 자유방임주의, 수정자유주의, 사회민주주의, 마르크스주의와 70~80년대 새로운 사회복지이념으로서 대두된 신자유주의, 페미니즘, 그린이즘의 특징을 좀 더 구체적으로 살펴 본다.

1) 자유방임주의

자유방임주의는 개인주의의 단순한 형식에 기초하여 있고 경제성장과 부의 극대화에 큰 가치를 부여하며 모든 종류의 계약과 합의에 있어서 개별적 선택을 강조한다. 소득과 부, 교육, 의료서비스 및 그 밖의 보호형태는 생산제도에 의하여 좌우되고 그것이 약자를 보호하든 강자를 보호하든 최소의 국가개입하에서 개인적 교환력에 의존하고 있다. 이러한 모델에서는 빈곤이 다수를 차지하고 생활수준이 생계비 이하로 떨어지거나 다른 사람들을 위협할 때 한해서만 정부의 개입을 요청한다. 이러한 모델은 빈곤의 상대적 개념 보다도 절대적 개념과 관련되어 있다. 이것은 빈곤에 대한 개인주의적 접근인데 빈곤의 원인을 퍼스낼리티나 인간의 통제를 넘어선 상황에서 찾는다.

2) 수정자유주의

수정자유주의는 기회와 개인적 자유 및 사회적 분배 방식으로서 시장의 중요성을 인정한다. 이것은 최저수준의 보증에 정부의 책임을 인정할 뿐만 아니라 사람들의 생활수준과 관련되어 있다.

수정자유주의는 빈곤의 만족스러운 대책으로서 최저생계비 기준을 거부할 뿐만 아니라 평등주의적 목적과 이상을 또한 거부한다. 수정자유주의자는 시장을 생활기준의 중요한 결정요인으로 받아들이고 선택 자유의 중요성을 인정한다. 수정자유주의자는 자기가 개별적으로 선택한 만큼 높은 수준의 복지에 대하여 책임을 지고 사적으로 대처한다. 이러한 관점에서 공공봉사의 주요한 일은 자신을 부양할 수 없는 사람에 대한 최저기준을 보증하는 것이다. 이러한 의미에서 수정자유주의자는 시장을 생활기회와 기회구조의 배분자로서 인정하고 있다.

자유방임주의와 수정자유주의적 태도에 있어서 공통된 핵심적 요소는 자기가 벌어들인 임금이나 자기가 소유하는 부(富)에 의하여 결정되는 인간의 사회경제적 지위를 허용하는 것이다. 이것은 마르크스주의와 다른 태도이다. 자유방임주의와 수정자유주의는 보편적 국가대책이 부도덕하고 비효과적이며 선택의 자유를 파괴한다고 보고 있다.

3) 신자유주의

1960년대 부터 1970년대 중반까지 대부분 산업사회의 복지국가는 꾸준하고, 때로는 급격한 확대 시기를 경험하게 되었다. 그러나 1970년대 후반에서 초반까지 다수 국가들은 경기침체로 인해 복지국가의 확대에 제동을 걸었으며, 현대 복지국가의 적절한 영역, 기능 및 후원에 대한 기본적 의문을 제기하였다. 이른바 복지국가 위기에 대한 논쟁이 대두된 시기라고 할 수 있다. 이 시기 복지국가를 비판하면서 대두된 이념으로 크게 신자유주의(neo-liberalism)와 신마르크스주의가 있다. 신마르크스주의에 대해서는 제 6절에서 살펴보도록 하고 여기서는 먼저 신자유주의에 대해 살펴 본다.

신자유주의는 1970년대 후반 이후 세계자본주의가 불황에 빠지고 자본축적의 위기가 도래하자, 이 위기의 주 요인인 복지국가를 비판하면서 대두된 이념이다. 이 이념을 실현한 대표적인 예로, 80년대 초 영국의 대처정권과 미국의 레이건정권이 신자유주의적 이념에 입각한 사회정책을 수행해 왔고, 90년대에 들어서는 자본주의 경제의 세계화 *globalization* 를 통하여 세계적인, 하나의 흐름으로 확대되었다.

신자유주의자들은 경제위기를 극복하기 위한 방안으로 경제에의 국가개입을 축소시키고, 자유주의적 시장경제의 원리를 복원시켜야 한다고 말한다. 신자유주의자들은 국가개입의 팽창과 공공지출을 부정적으로 보는데, 그 이유는 복지국가 프로그램의 지나친 확대는 노동 동기를 약화시키고 저축과 투자를 감소시켜 경제성장을 둔화시킨다는 것이다. 그리고 국가개입은 문제를 해결하기 위한 전통적 방법을 붕괴시킴으로써 가족, 동료집단, 이웃 등의 구조를 약화 시켰으며, 국민의 기대수준을 끊임없이 증가시키고, 또한 사회정책 그 자체가 해결할 수 없는 새로운 문제를 양성시킨다는 것이다. 그리고 민주적 자본주의 사회에서 이익집단과 관료제의 이기적 요구가 복지국가의 팽창을 야기 시켰다는 것이다.

이러한 국가개입의 활동은 정부의 과중한 부담을 낳는 결과를 초래하게 되었는데, 정부의 과중한 부담을 해결하기 위해서는 경제적·사회적 자유주의와 자원주의 *voluntarism* 그리고 최소한의 국가개입으로 복귀하는 길 뿐이라는 것이다. 그러나 시장에 대한 최소한의 간섭만을 허용하도록 고안된 한정적이고 온건한 형태의 사회복지는 반대하지 않는다. 이러한 관점에서 신자유주의자들은 '시장자유화', '탈규제', '민영화', '노동의 유연화', '시장개방화', '복지지출 제한' 등을 수행하는 것을 원칙으로 삼고 있다.

4) 사회민주주의

사회민주주의자들은 사회정책(복지)을 시민권으로 파악한다. 그들은 욕구거래 *needs nexus* 의 실현과 시장을 이상적 분배제도로 주장하고 사회권을 업적에 의한 것으로 간주하지 않고 욕구에 의한 것으로 간주한다. 욕구거래의 실현이 증가됨으로써 현금거래는 본질적으로 소멸된다는 것이다. 사회민주주의자는 사회정책의 도구와 제도는 개인적 자유를 유지하고 확대시키는데 잠재적 역할을 갖고 있다고 하며 계급, 소득, 인종의 구별 없이 무차별적 서비스(보편주의)를 베풀 것을 주장한다. 이러한 사회적 통합에 의하여 조화롭고 합리적인 사회질서가 형성되는데 이러한 사회통합은 도덕적 의무로 혼합되어 있다고 한다. 따라서 사회정책은 개인적 이익 보다는 집합적 이익, 즉 사회적 연대에 기초한 도덕적 질서의 수단인 것이다.

5) 마르크스주의

마르크스주의는 정치적, 사회적, 경제적 활동에 참여하는 평등과 공동체의 가치를 강조한다. 개인적 자유는 강조되지만 다양하게 해석되고 있다. 정부는 누구에게나 심한 궁핍을 예방하는 활동을 제한하기 보다는 적극적인 선택을 하기 위한 기회를 허용하고 쾌적성의 상대적인 기준을 마련하는 환경을 조성하는데 책임이 있다는 것이다. 분배는 완전한 경제제도에 있어서 빈곤이 존재할 수 없을 정도로 욕구에 따른다는 것이다. 마르크스주의는 기본적으로 자원분배를 능력 보다도 욕구에 기초해야 한다고 주장하는 점에서 자유주의와 반대되는 것이다. 공급이 유효수요에 의하여 지배되는 시장제도는 수요가 욕구와는 아주 다른 것으로 간주되기 때문에 거부되고 있다.

이러한 모델의 빈곤 대책은 최저 욕구와 관련되어 있지 않고 현금에 의하여 표현되지도 않는다. 빈곤은 다른 사람의 생활과 관련되어 있고 그것은 교육, 의료보호, 주택, 그리고 전체적인 외형적, 사회적 환경의 질과 관련되어 있다. 마르크스에 의하면, 복지는 '각자의 욕구에 따른 각자에게' 최대의 서비스를 제공하는 것을 말한다.

마르크스주의자들은 자본주의 사회의 속성상 소수가 생산수단을 독점하고 다수는 자기의 노동을 팔아야만 하는 생산관계가 기본적으로 착취적이기 때문에 자본주의 사회에서는 다수의 복지가 보장될 수 없다고 본다. 마르크스주의자들에게 있어서 복지국가가 사회경제적 구조상 근본적인 변화를 억제하고 지배계급의 권한을 유지하려는 사회통제에 불과하다. 따라서 복지국가는 빈곤 및 소득이나 주택 또는 정치권력상 불평등을 해결하지 못하기 때문에 자본주의 사회에서 발생하는 여러 사회문제들을 해결하기 위해서는 사회혁명을 통한 자본주의의 붕괴가 그 해결책이라고 한다.

6) 신마르크스주의

1970년대 후반 이후 복지국가 위기 논쟁에 있어 복지국가에 대해 비판적인 입장을 가지고 대두된 이념 중의 하나가 신마르크스주의이다. 신마르크스주의자들은 사회정책 성장의 주요한 요인으로 세 가지를 들고 있다.

첫째, 사회정책은 노동자계급의 투쟁의 성과물로 발달했다는 계급갈등론 (예, 영국의 공장법)
둘째, 자본주의의 유지를 위해 필요한 건강한 노동력 확보와 유효수요 창출을 위해 국가와 자본의 주도하에 형성된 것으로 보는 자본의 필요성(예, 비스마르크의 사회보장 개혁),
셋째, 효율성의 증진을 위한 자본주의 체제의 필요성 등이다.

세 번째 주장은 자본주의적 생산 및 분배체계는 그 자체가 과소소비, 이윤율의 저하, 주기적인 위기에 직면하게 되는 내재적인 경향성을 가지고 있다는 견해에 기초하고 있다. 국가는 자본주의 체제가 이러한 내재적 경향성을 극복할 수 있도록 하기 위해, 그리고 체계의 효율성을 증진시키기 위해 개입할 수 밖에 없다는 것이다.

사회정책의 기능과 역할에 대한 분석에서 신마르크스주의자들은 선진 자본주의사회에서 점증하는 국가개입주의의 본질 및 한계를 마르크스주의 경제이론에 입각해서 분석을 하고 있는데, 그 대표적인 학자들로는 제임스 오코너, 이안 고프, 클라우스 오페 등이 있다. 이들은 신자유주의자들의 주장 즉, 정부의 팽창과 과중한 부담으로 복지국가의 위기가 발생한다는 점에서는 의견을 같이 하지만, 그러한 정부의 과중한 부담이 자본주의 모순에서 발생한다고 보는 점에서 신자유주의자들과는 근본적인 다른 의견을 가지고 있다.

오코너는 독점자본주의 단계에서는 국가가 반드시 수행해야만 하는 두 가지 기능 즉, 자본축적의 기능과 정당화의 기능을 해야하는데, 이 두 가지 기능은 모순적인 기능이라고 보고 있다. 자본의 축적을 위한 사회적 자본과 정당성의 유지를 위한 사회적 비용이라는 두 가지 측면에서 정부 지출은 증가하게 되는데, 이윤은 사적으로 축적되기 때문에 결국 세입과 지출 사이의 구조적인 격차가 발생하고 국가의 재정적 위기를 초래하게 된다는 것이다.[2)]

고프는 오코너에 의한 국가지출의 범주를 발전시켜 복지국가를 노동력의 재생산을 위한 국가권력의 활용(소득보장, 교육, 주택, 국가의 의료서비스 등) 및 비노동인구를 유지하기 위한 국가의 활동(노령연금, 산재보험 등)에 의해 특징 지워지는 것으로 간주하였다. 따라서 복지국가는 노동력 재생산과 노동인구 유지라는 관점에서 국가 개입의 확대가 이루어진다고 보고 있다.[3)]

오페는 복지국가의 확대는 자본주의 발달단계, 특히 고도의 독

---

2) J. O'Conner, 우명동 역, 「현대국가의 재정 위기」, 이론과 실천, 1990
3) I. Gough, 김연명 · 이승욱 역, 「복지국가의 정치경제학」 한울, 1994

점자본주의하에서 경제적 모순으로 발생하는 위기를 관리하기 위하여 이루어진 것으로 간주한다. 이것은 '위기관리의 위기'로 묘사된다. 즉, 국가는 자본주의 경제와의 관계에서 재생산을 계속할 수 있도록 관리하면서, 또 한편으로는 시민사회와의 관계에서 대중의 지지와 정당성을 획득해야 하는 부담을 갖고 있어 이 두 가지 조직원리 사이에 균열이 생긴다는 것이다.4)

7) 페미니즘

여성의 권리를 주장하는 견해는 일찍이 19세기 부터 있어 왔다. 그 대표적인 것으로 Mill과 같은 자유주의적 견해와 Engels와 같은 사회주의적 견해가 있다. Mill은 당시 성의 본질적 차이라고 할 수 있는 여성적인 것과 남성적인 것은 교육과 환경의 차이에서 나온 것이라고 하였다. 여성의 무능력은 출생시 획득되는 법과 제도 안에 존재하고 여성의 사회적 예속은 현대 사회제도와는 관계가 없으며 남녀간 정신적 차이는 자연적이고 매우 인위적이라는 것이다.5)

한편, 여성의 직업적, 기능적 불평등은 독점적인 강력한 성에 의하여 유지되어 있다고도 하였다.6) 그리하여 정치·경제·가족제도의 근본적인 변혁 보다는 평등한 정의에 입각하여 법의 개혁과 교육에 의한 여성의 의식과 도덕적 권유, 가족성원간 완전한 평등을 통하여 여성의 항구적 노예화를 완화시킬 수 있다고 생각하였다.7)

---

4) C. Offe, 한상진 편, 「국가이론과 위기분석」, 전예원, 1998
5) J.S. Mill, *The Subjection of Women,* Oxford University Press, London, 1954, p. 448, p.449, p.507
6) *Ibid.*, pp.484~485
7) 정의숙, 여성해방운동의 이념, 「여성학신론」, 이화여대 한국여성연구소, 1978, p.12

그러나, 사회주의자인 Engels는 그렇게 보지 않고 기존의 가족제도를 포함한 사회제도의 근본적인 개혁, 즉 혁명을 통하여 성취할 수 있다고 보았다. Engels는 여성 억압의 근본 원인을 자유주의 제도하 사유재산제도와 부권상속제에서 보았다. 그는 일부일처제 결혼의 유일한 목적은 가족 내에서 남성이 우위를 차지하고 남자중심으로 재산을 상속시키는데 있으며, 따라서 남녀불평등의 원인인 부권제의 일부일처제 결혼이 변화되어야 여성해방이 가능하고, 또한 여성이 사회적 대규모의 생산에 참여할 때 비로소 여성해방이 가능하다는 것이다.[8] 자본주의 사회에 있어서 생산과 소비구조가 공장과 가정으로 분리되어, 남자는 직장에 예속되고 여자는 가정에 예속되어 남녀간 불평등이 이루어진다는 것이다. 왜냐하면 여성은 생산에서 제외되어 경제권이 없으며 소비적인 가정생활에 얽매여 일부일처제하 남편에 예속되기 때문이다. 따라서 Engels와 같은 논자들은 자본주의적 가족제도의 폐지를 주장하고 여성이 공공산업의 생산활동에 참여하여야 여성해방도 가능하다고 주장한다.

자유주의적 견해와 사회주의적 견해를 종합 또는 통합하려는 입장도 있는데, 그 대표적인 학자가 Gardiner와 Wilson이 있다. 이들은 복지국가주의자의 입장에서 여성의 활동을 주장하고 있다. 그들에 의하면 복지국가에서는 여권주의자와 사회주의의 여성해방운동이 가능하다는 것이다. 복지국가는 여권주의자가 관심을 갖는 가족의 발전에 관심을 가져서 그것을 강화시키고 유지하여 왔으며, 또 사회주의자가 관심을 갖는 여성의 사회참여를 지원한다. 다시 말하면 복지국가의 여성은 임금소득과 주부 및 모성의 이중 역할을 동시에 지속할 수 있기 때문이다.[9]

---

8) J.S. Mill, *op. cit.*, p.569

이러한 여성의 역할을 산업사회에 있어서 여성의 현실적 조건의 변화에서 찾고 있다. 그것은 후기산업사회가 중간계급사회이고 그들의 노동조건, 여가 및 복지서비스가 발달하였기 때문에 120년의 사회변화에도 불구하고 Victoria 시대의 이상적인 여성다움과 오늘날 요구되는 생산적 노동에 종사하는 여성의 이중역할이 가능하다고 한다.[10] 그리하여 복지국가에 있어서 여성해방운동의 6가지 요구, 즉 유산의 자유, 피임, 24시간의 유아보호, 교육균등과 취업기회, 법적·재정적 독립, 동성연애의 인정, 여성의 자율적 성행위 및 동등한 신분 등이 이루어져야 한다는 것이다.[11]

80년대 이후 새로운 사회운동의 시각으로 대두된 페미니즘은 복지국가 논의에 많은 기여를 한 이념 중의 하나라고 할 수 있다. 페미니즘은 사회복지 혹은 복지국가에 대해 다양한 관점으로 접근하기 때문에 종합적으로 말할 수는 없지만 페미니즘의 일치된 견해를 살펴 보면 다음과 같다.

페미니스트들은 복지국가가 성을 차별화 시킨다는 것을 인식하였으며, 복지국가는 대체로 여성에 의해 생산되고 여성에 의해서 소비되는 것으로 보았다.

페미니스트들은 복지국가가 여성의 희생을 바탕으로 성립하며 남성과 자본의 이익을 위해서 구성되어 있다는 점에 대해서는 일치한다. 마르크스주의적 페미니즘은 복지국가를 가부장제와 자본주의적 억압의 표현이라고 보고 있다.

---

9) E. Wilson, *Women and The Welfare State*, Tavistok Publications, London, 1977, p.63
10) *Ibid.*, pp.7~26
11) *Ibid.*, p.41

8) 그린이즘

환경논의가 대중의 주목을 받게 된 것은 산업사회 이후의 일이다. 이데올로기로서의 환경론은 맬더스식 인구억제로 부터 마르크스주의적 혁명론, 혹은 신자유주의적 무정부주의에 이르기까지 매우 다양하다. 녹색주의자들은 신사회운동이라 불리는 행동 양태 즉, 단일 이슈를 중심으로 활동한다.12)

녹색주의의 주장이 매우 광범위함에도 불구하고 이들에게 공통적인 논리들이 있다. 즉, 환경문제를 야기 시킨 것은 산업사회와 자본주의적 경제체제라는 것이다. 이들의 비판을 간략히 정리하면 다음과 같다.

첫째는 선진 산업사회의 기본 가정인 '끊임없는 경제성장과 소비는 가능하고 바람직하다'로 인해 경제성장에 주력한 결과 환경파괴라는 결과를 초래한다는 것이다.
둘째는 낭비적이며 과소비적인 거대 산업에 반대한다.
셋째는 제 1세계와 제 3세계의 문제이다. 제 3세계의 빈곤은 심각한 상태이며 이들은 경제적 난국을 타개하기 위해 자원을 파는 방식으로 환경을 파괴한다. 이들에 대한 제 1세계의 태도는 자신들의 생활수준을 수출하는 정도로, 실제로는 환경식민지화 하고 있다.
넷째는 선진 산업사회는 인간 중심적인 가치관을 견지한다는 것이다. 현재의 인간중심주의는 인간이 주체가 되고 이외의 모든 것은 객체로 보아 자연을 착취하는 것에 대해 정당성을 부여하고 있는 것이다.13)

녹색주의자들의 현대 산업사회 비판은 선진 산업사회의 국가의

12) 1972년 발행된 세 가지 책이 환경논의를 촉발시켰는데 그 책들은 「로마클럽보고서」, 「인간환경에 대한 미국위원회 보고서」, 잡지 "환경"이다.
13) V. George & P. Wilding, *Welfare and Ideology.*, 1994, pp. 166-170

요체를 이루는 복지국가의 비판으로 이어진다.

첫째, 복지국가는 원인의 해결 보다는 사후 대책적이다.
둘째, GNP의 1/3에 달하는 복지비용은 사후 대책적인 성격 때문에 절감이 어려우며 성장의 한계 앞에서 파산할 것이라는 점이다.
셋째, 전문가의 서비스로 이루어진 복지국가의 급여체계를 비판하면서 복지전문가들의 관료성, 권위성으로 인해 수혜자가 받는 고통과 관료적인 처우를 비판한다.
넷째, 특히 의약품과 관련하여 고기술의 적용분야를 비판하며 거대기업을 싫어하는 것처럼 거대 관료제를 비판한다.[14)]

생태사회주의자들은 자본주의 경제에서 생산조건의 위기에 대한 논의를 한다. 즉, 생산조건들을 재생산하기 보다는 훼손시키거나 파괴하는 자본주의의 자기 파괴적인 방식에 주로 관심을 둔다. 이들이 말하는 생산조건들에는 자연 뿐만 아니라 도시자본, 혼잡비용, 물리적인 하부구조들 즉, 교육, 복지, 기술발전, 보건의료 등이 포함되는데 이는 결국 자본주의에 고유한 위기 담보적이며 위기 의존적이라는 것이다.[15)]

녹색주의자들의 주요 명제는 성장에는 한계가 있다는 것이다. 즉, 선진 산업사회의 자본주의적 생산과 소비양식에 근본적인 문제를 제기하고 있으며 그에 조응하는 정치체계인 복지국가에 대한 비판을 가하고 있는 것이다. 즉, 현재의 생산체계와 소비체계의 구조조정이 필요하다는 것이다.[16)] 물론 환경문제 그 자체를 해결하는 데는 기술적인 해결 부터 녹색소비자 운동 혹은 대안적 생활태도의

14) *Ibid.*, pp.170～171
15) J. O'Conner, 이강원 역, 자본주의, 자연, 사회주의 - 이론적 서설,「공간과 사회」, 1993년 12월 통권 제3호, pp.46～50
16) V. George & P. Wilding, *op. cit.*, pp.185～187

확산 등 다양할 수 있다. 그러나 이들이 주장하는 것은 환경파괴의 복구가 아니라 복구와 동시에 환경을 파괴하는 현재의 사회구조 그 자체를 비판하며 대안적인 사회구조를 지향하는 것이다. 이들은 정치적인 힘에 대한 희망을 가지고 있으며 사회구조의 변화를 위해 현존하는 다양한 사회운동들을 포괄하는 단일 세력을 조직하고자 한다. 그리고 이를 통해 환경 파괴적인 방식으로 작동하는 선진 산업사회의 자본주의적 생산과 소비양식을 변화시키고자 하는 것이다.[17)]

3. 복지권과 복지원리

1) 복지권

현대국가에 있어서 사회복지의 개념은 종래처럼 자선이나 박애 및 온정에서 비롯된 것이 아니라 인권, 시민권 또는 복지권 *welfare right* 으로서 인식되고 있다. 이것은 인간의 기본적 권리로서 소득, 보건, 교육, 주택 등과 같은 기본적인 최저 욕구를 정부가 보장하여 주는 것을 국민의 기본권으로 인식하고 있다. 이러한 권리를 생존권이라 하기도 하고 다른 말로 사회권 또는 복지권이라고 한다.

사회권 또는 복지권이라는 말은 마샬 *Marshall* 이 일찍이 주장하였다. 즉 사회복지가 시민권의 발달에서 비롯되었다고 한다. 그는 시민권은 공민권과 정치권 및 사회권으로 구성되어 있다고 지적하고 사회권을 복지권이라고 하였다. 그는 공민권은 법률에 개인적 자유·평등을 보장하는 것으로, 예컨대 개인의 자유, 언론·사상·신

---

17) O'Conner, J., Is Sustainable Capitalism Possible?, in ed by Martin O'Connor. *Is Capitalism Sustainable? : Political Economy and the Politics of Ecology,* Guilford, New York, 1994, pp.171～173

앙의 자유, 그리고 정의에 대한 권리와 같은 것이라고 말하고, 정치권은 투표권과 공공기관에 들어갈 수 있는 권리와 같은 참정권을 말하며, 사회권은 사회에 있어서 지배적인 기준에 의하여 시민화된 생활을 누릴 수 있고 사회적 상속에 있어서 충분히 분담할 수 있는 권리에 대한 소량의 경제적 복지와 보장에 대한 권리이고 이것과 밀접히 관련된 제도는 교육제도와 사회서비스라고 말하였다.[18]

이러한 공민권은 기본적으로 법적 제도에 부여되어 있고, 정치권은 정치제도에 부여되어 있으며 사회권은 사회제도에 부여되어 있다. 다시 말하면 복지권은 가난의 책임이 국가에 있다는 정신에서 나온, 빈민법의 전통을 지닌 사회서비스 *social service* 의 발달에서 찾아 볼 수 있는 것이다.

마샬은 시민권 중에서 공민권이 먼저 발달하였고 그 다음으로 정치권이 발달하였으며 마지막으로 최근에 사회권이 발달하였지만 이 3가지 권리가 상호 작용하여 시민권을 더욱 발달시켰다고 한다.

이러한 복지권이 제대로 발달되어 있는 나라가 서구의 복지국가라고 말할 수 있다. 오늘날 자유민주주의 국가에 있어서도 복지권이 국민에게 기본적으로 인식되어 가고 있는 경향이며, 이것이 헌법을 비롯한 하위법에 명시되어 있다. 특히 사회주의 국가에 있어서는 이러한 국민의 기본권 이외에도 노동자를 위한 휴양권이 매우 강화되어 있는 것이 특징이다.

우리 나라에 있어서도 사회권 또는 시민권이 국가의 기본권으로 9개의 헌법 조항으로 명시되어 있다. 주요한 것은 행복추구권, 평등권, 재산권, 교육권, 근로권, 노동 3권, 사회보장권, 환경권, 남녀 평등권, 보건권 등이다.

---

18) T.H. Marshall, *Sociology at the Crossroads*, Heinemann, London, 1963, p.74

이 가운데에서 좁은 의미의 복지권으로서 사회보장권(헌법 제34조)을 지적할 수 있는데 그 내용은 다음과 같다.

① 모든 국민은 인간다운 생활을 가진다.
② 국가는 사회보장, 사회복지의 증진에 노력할 의무가 있다.
③ 국가는 여자의 복지와 권익의 향상을 위하여 노력하여야 한다.
④ 국가는 노인과 청소년의 복지향상을 위한 정책을 실시할 의무를 진다.
⑤ 신체장애자 및 질병, 노령 기타의 사유로 생활능력이 없는 국민은 법률이 정하는 바에 의하여 국가의 보호를 받는다.
⑥ 국가는 재해를 예방하고 그 위험으로 부터 국민을 보호하기 위하여 노력하여야 한다.

이러한 사회보장권은 아직도 사회복지의 이념이 요보호자를 우선 보호하기 위한 자유주의적 성격이 강하나 능력이 없는 자를 위한 사회부조와 능력이 있는 자를 위한 사회보험제도를 실시하겠다는 것은 수정자유주의적 성격을 지니고 있다. 다시 말하면 사회복지의 보충적, 제도적 모델 그리고 선별적, 보편적 모델의 성격을 동시에 지니고 있다.

한편, 우리 나라 국민의 복지의식도 자유(방임)주의적 성격이 매우 강하다. 즉 보완적 자유주의형은 전체의 53.8%이고 제도적 자유주의형은 20.9%이며 자유방임형은 16.7%이다.[19)]

앞에서 지적한 사회보장권은 제 6공화국의 헌법을 보완한 것이다. 그 이전의 헌법에 나타난 사회보장권은 주로 ①과 ②항이었다. 제 4공화국의 경우는 인간다운 문화적인 생활을 보장한다고 되어 있으나 제 5공화국 이후에는 문화적이라는 말이 제외되었다. 이것은 사회보장의 수준이 하향 조정되었음을 의미한다. 왜냐하면 인간적이

---

19) 김영모, 「한국인의 복지의식」, 일조각, 1980, p.54

라는 말이 최소의 생계비 보장을 의미한다면 문화적이라는 말은 최저 이상의 생활보장을 의미하는 것이라고 말할 수 있기 때문이다.

2) 복지원리

자유주의 국가에 있어서 사회복지는 가족과 시장제도의 복지기능에 의존하는 것을 이상으로 생각하고 있다. 그런데 이러한 기능이 제대로 수행되지 못할 때 국가가 개입하여 국민의 생존권을 보호하려고 한다. 그러나 사회주의 국가, 특히 마르크스주의에 있어서 사회복지는 경제와 분리되어서 다루는 것이 아니고 국민의 수요에 따른 국가 경제계획의 일환으로 사회복지를 다루는 것이다.

이와 같이 국가의 개입이 어느 정도, 그리고 어떠한 방식에 의존하는가 하는 것은 그 나라의 복지 이데올로기에 의하여 좌우되는 것이다. 만약, 그것을 자유주의적 이데올로기라 한다면, 사회복지의 정책과 서비스는 자유주의적 복지원리에 의존하게 된다.

자유주의적 사회복지의 기본 원리는 모든 국민에게 ① 사회적 최저수준이 보장되어야 하고 ② 기회균등이 제공되어야 하며 ③ 소득의 재분배 기능이 있어야 한다.

사회최저 *social minimum* 의 개념은 일반적으로 경제학에서는 생존에 필요한 최소한의 생계비 또는 열량의 개념으로 파악하는 경향이 있으나, 이것 보다는 오히려 기본적인 생활욕구 즉, 소득, 보건, 교육, 주거 등의 최저수준을 의미한다. 또한 이 최저의 개념도 법률상 규정된 국민최저 *national minimum* 의 개념 보다 현실성에 기초한 사회최저 *social minimum* 의 개념이 되어야 한다.

기회균등의 개념은 수단으로서의 평등을 의미하는 자유주의적 개념이다. 사회주의적 개념은 생산관계의 평등(모두 소유권자 또는 비권자)을 의미한다. 따라서 자유주의적 평등의 개념은 분배과정(조세, 임금 등)이나 재분배(기여금, 복지서비스 등)의 과정에 있어서 기회와 참여의 평등을 의미한다. 이와 유사한 개념으로서 분배정의라는 것도 생산과정에 있어서 정의를 구현하려는 것이 아니라 분배 및 재분배 과정의 정의를 의미한다.

그리고 재분배적 기능의 개념은 임금 및 조세정책을 통한 평등 또는 공평성을 기하려는 분배적 개념이 아니고 분배과정에 의하여 획득된 소득(자원) 중 일부를 이타심에 의하여 기여하고 그것을 재원으로 필요한 자, 예컨대 사회보험 수급권자에게 급여를 제공하는 것을 말한다. 그러한 결과 수직적 재분배가 과연 이루어졌느냐하는 것이 문제이다.

자유주의적 기본원리는 주로 사회보장정책에 적용될 수 있지만 그 밖에도 모든 복지제도에 적용될 수 있는 것이다. 다시 말하면 그러한 원리가 적용되지 못함으로서 나타난 일탈행위에 대한 형사정책도 그것을 고려하여 감형하여야 될 것이다.

자유방임주의 사회에 있어서는 사적 복지제도는 상호부조의 효과만 있어도 되고, 또한 최저수준과 기회균등이 적용되지 않아도 되지만, 공적 복지 즉, 사회정책은 반드시 재분배 효과가 있어야 한다.

한편, 마르크스주의자들은 경제적 평등을 매우 중요시 하기 때문에 기본적으로 자본주의 시장제도를 부인한다. 시장제도는 불평등과 불의를 조성하기 때문에 생산수단의 국유화와 계획경제를 주장한다. 그래서 기업의 국유화와 산업민주주의의 실현에서 인권과 자유와 평등을 구현할 수 있다는 것이다.

이러한 마르크스주의의 복지원리는 ① 각자의 욕구에 따른 최대 *maximum* 의 서비스를 제공하고 ② 생산 뿐만 아니라 분배과정의 평등을 추구하는 것이다.

그러나, 사회민주주의자들은 비록 시장제도의 문제(불평등과 낭비, 부도덕 등)가 많지만 시장제도를 인정하고 그것의 폐해를 최소화 시키려고 한다. 그리하여 사민주의자들은 시장의 분배제도를 개선하여 복지국가를 실현하려는 것이다. 이것은 주로 토지의 공유권, 자본소득의 조세, 부유세, 증여세, 상속세, 가격 및 소득정책 등에 의존하려고 한다. 그리하여 사민주의 복지원리는 ① 인간의 기본욕구에 따른 최적 *optimum* 의 서비스를 제공하고 ② 분배정의를 실현하려고 한다.

< 참고 문헌 >

김영모, 「한국인의 복지의식」, 일조각, 1980

칼 웰만저 · 김만두 역, 「복지권론」, 홍익재, 1989

현외성 외, 「복지국가의 위기와 신보수주의적 재편」, 대학출판사, 1992

Pierson. P, *Dismantaling The Welfare State? Reagan, Thatcher, and The Politics of Retrenchment*, Cambridge University Press, 1997

Engels, F., The Origins of the Family, Private Property and the State, *Selected Works*, Lawrence & Wishart, London, 1970

George, V. & Wilding, P., *Welfare and Ideology*, Harvester Wheatsheaf, 1994

Gough, I., 김연명 · 이승욱 역, 『복지국가의 정치경제학』, 한울, 1994

Mill, J. S., *The Subjection of Women,* Oxford University Press, London, 1954

O'Conner, J., Is Sustainable Capitalism Possible?, in ed by Martin O'Connor. *Is Capitalism Sustainable? : Political Economy and the Politics of Ecology*, Guilford, New York, 1994

Parker, J., *Social Policy and Citizenship*, Macmillan, London, 1975

Pierson, C., *Beyond the Welfare State?*, Polity Press, 1991

Room, G., *The Sociology of Welfare*, Basil Blackwell, Oxford, 1979

T. H. Marshall, *Social at the Crossroads*, Heinemann, London, 1963

Wilson, E., *Women and The Welfare State*, Tavistok Publications, London, 1977

제 4장 사회복지의 발달

1. 영국의 복지제도

영국의 사회복지사는 구빈정책의 발달에서 찾아 볼 수 있다. 구빈정책은 16세기 산업혁명과 봉건제도의 몰락으로 많은 부랑인, 노동자, 빈민을 구제하기 위한 국가의 책임, 소위 내쇼날리즘의 발달에서 비롯하였다.

이러한 구빈정책의 수정과 개혁이 그후 300여년간 계속되어 오다가 20세기에 들어와서 자유당 정부는 구빈법의 개혁과 실업자와 노동자의 보호책을 강구하는 일련의 사회입법을 제정하였다. 그후 제 2차 세계대전을 치르면서 전승을 위한 국민의 사회적 통합을 위한 청사진인 베버리지 보고서가 나타났고 집권 노동당은 그것에 기초하여 복지국가를 탄생시켰다.

그런데 이러한 복지국가로 인한 국가재정의 위기를 극복하기 위하여 80년대 신우파의 복지축소론, 소위 대처리즘이 나타났다. 그러나 90년대 말 노동당이 재집권하면서 제 3의 길이라는 중도파의 복지론이 제기되고 있다.

1) 구빈법 시대

(1) 엘리자베드 구빈법

유럽에서 가장 발전된 구빈정책은 영국에서 찾아볼 수 있다. 영국의 조직적 구빈사업은 1601년 엘리자베드 구빈법 *The Elizabethan Poor Law* 에서 찾아 볼 수 있다. 물론, 애슐리 *Ashley* 는 1536년의 법령을 영국 구빈법의 발단으로 보고 있지만, 일반적으로 1601년의 법령이 빈민구제를 위한 제 법령을 집대성한 것이고, 또한 1834년 까지 영국 빈민구제를 위한 기본 원칙이 되었다. 이 법령의 특징은 빈민구제에 대한 가족(부모 · 조부모)의 일차적 책임을 강조하고 그렇지 못한 경우 교구(parish)와 같이 지방당국의 지원 책임을 강조하였다.

1601년 구빈법이 영국에서 나오기 까지는 우연한 일이 아니었다. 이러한 법령이 제정되기 까지는 사회적 · 역사적 배경을 지니고 있는 것이다.[1)]

그 사회적 배경은 ① 가내공업의 발달, ② 종획운동 *enclosure movement,* ③ 봉건제도의 몰락으로 인한 경제적 무질서-사회적 혼란, ④ 종래 자선사업의 실패로 인한 16세기 초 빈민 증가, ⑤ 종교개혁에 수반한 영국 수도원의 해산, ⑥ 내쇼날리즘의 대두에서 찾아 볼 수 있다. 여기에서 영국의 국가 권력은 빈민구제를 국가의 주요 기능으로 생각하게 되었다. 영국에서는 위에서 지적한 제 조건이 동시적으로 일어남으로 빈민구제의 문제가 대단히 시급하게 제기되었다.

16세기 초 일어나기 시작한 산업혁명은 종획운동을 일으켰다. 이 시기는 자본주의의 성립을 위해 봉건제의 신분구조가 자본가와 노동자로 계급이 분화되는 시기이다. 따라서 자영농민이 자본가가 되거나 또는 임금노동자가 되어 사회적으로 양극화 되었다. 이와 함께 급속한 인구 증가는 양모 수요의 증가를 가져 왔는데 이로 말미암아 종획운동 *enclosure movement* 이 일어났다. 종획운동으로 인해 경

---

1) Stuart A. Queen, *Social Work in the Light of History*, 1922, part 5

작지로 사용하던 토지가 양을 키우기 위한 목초지로 변화되었고 많은 자작농들은 토지로 부터 추방되어 대규모의 부랑인이 되었다. 대규모의 인구 증가, 종획운동과 더불어 계속된 흉작으로 인해 빈곤문제, 부랑인의 문제가 심각하게 되었다. 영국의 경우 부랑인의 급증은 바로 도시집중으로 이어져 사회에 대한 중대한 위협으로 대두되었다. 더욱이 교회에서 구제를 받을 수 있었던 부랑인이 종교개혁으로 수도원이 해체되면서 교회가 소유했던 토지와 수도원이 국왕의 것이 되는 바람에 쫓겨나 많은 부랑인, 빈민들이 더 이상 기숙할 곳이 없어졌다.

이런 상황에서 1547년 영국에서 제정된 부랑인 억압 대책은 노동능력이 있는 빈민과 노동능력이 없는 빈민을 구별하고 후자에게는 음식허가장을 주는 대신 전자가 걸식을 하였을 경우 부랑인으로 규정되어 채찍형 후에 태어난 고향이나 최근 3년간 거주지로 강제소환되었다. 이런 부랑인 억압대책은 계속되었다. 이런 상황에서 1572년 제정된 법은 노동능력이 있는 부랑민에 대한 억제 및 처벌, 다른 한편으로 노동능력이 없는 빈민에 대해서는 보호를 규제하였다. 이 법이 1601년 제정된 엘리자베스 구빈법의 모체라고 할 수 있다.

엘리자베스 구빈법은 300년 이상 영국이나 심지어 미국에 있어서 구빈사업의 기본법이 되었다. 이 법률은 수혜자를 세 범주로 나누었는데 ① 노동 가능한 빈민 *the able bodied poor,* ② 노동 불가능한 빈민 *the impotent poor,* ③ 피부양 아동 *the dependent children* 으로 구분하였다. 노동이 가능한 빈민에 대하여 일자리를 제공하고, 만약 이를 거절할 시 교수형에 처하거나 투옥하였다. 노동이 불가능한 빈민은 구빈원에 수용하였고, 부모 또는 조부모의 보호를 받지 못하는 아동인 경우 남자는 24세 까지, 여자는 21세 또는 결혼할 때 까지 도제로 보냈다.

이러한 법률상 규정을 집행하는데 필요한 재원은 교구의 토지, 가옥 및 1/10조의 과세에서 충당하고, 개인의 자선적인 토지 및 재산과 같은 유산에서 보충하기도 하였으며 법률 위반의 벌금을 이용하기도 하였다.

1601년 구빈법의 역사적 의의는 ① 구빈의 책임이 국가에 있다는 것이고, ② 비로소 통일된 구빈 행정기구가 설립되고, ③ 운영재원이 과료 및 세금 등 국가재원이라는 것, ④ 무차별적인 자선과 징벌을 가하는 것이 아니라 빈민을 구분하여 대책을 강구하였다는 것이다.

이리하여 어느 정도 빈민구제가 행하여지자 이러한 혜택을 쉽게 받을 수 있는 지구로 빈민이 모여들어 큰 혼란을 빚었다. 이것을 막고자 1662년 정주법을 제정하였고 이것은 노동자를 토지에 정착시켜 북부지방은 노동력의 부족으로 산업발전이 저지되기도 하였다.

1834년 신구빈법이 제정되기 전 가장 중요한 법은 공장법과 스핀햄랜드제도이다. 공장법(작업장)의 경우 빈민의 노동이 국부를 증대시킨다는 관념의 전환을 의미하며 스핀햄랜드제도는 신구빈법 탄생의 직접적인 배경이 되었다. 작업장은 국가의 구제신청을 억제하면서 노동의욕을 선서케 하는 곳으로 규정하였다.

18세기 농촌지역은 경제적 상황변화로 인하여 방적공업과 가내공업의 쇠퇴, 제 2차 엔클로저 운동 등으로 가장 심각한 영향을 받고 있었으나 작업장은 농촌지역에 보급되지 않아 새로운 구제방식이 필요하게 되어 생계유지를 위한 빵을 구입할 정도로 수입이 유지되지 않는 경우 그 부족분을 교구가 구빈세에서 지급해 주는 스핀햄랜드제도가 도입되었다. 그러나 이 구빈세는 고용주인 대지주가 부담하는 것이 아니라 교구의 전 주민이 지고 있었기 때문에 영세 토지소유자는 저임금노동의 이익을 보지도 못하면서 무거운 구빈세를 부담하여 경제적으로 어려움에 직면하게 되었다.

이런 상황에서 산업혁명의 결과로 중산층인 부르조아지가 형성되어 수적으로 증가하고, 종래 지주 부농에 의하여 좌우되던 의회가 부르조아지에 의해서 대체하게 되었다. 이런 신흥자본가계급들은 최저임금제를 반대하고 구빈비 지출의 증가에 반대하여 좀더 억압적인 정책을 요구하게 되었는데 이것이 바로 1834년 신구빈법의 도입이라고 할 수 있다.

1832년 경제학자인 Nassau W. Senior 를 위원장으로 하는 왕립위원회가 생겨 2년간 조사한 결과 ① 공업발달을 저해하며 ② 무분별한 결혼에 보상금을 주어 인구증가를 자극하고, ③ 이러한 인구증가는 노임에 영향을 미치며, ④ 근면한 자와 정직한 자를 퇴락 시키고, ⑤ 품행이 좋지 못하고 분별이 없는 자를 보호하는 국가제도라고 지적하였다. 또한 빈민구호가 빈민을 자조적 시민보다도 영원한 빈민으로 만들고 빈민세는 농민, 지주, 상점주인, 수공업자 등의 보조금으로 사용되었다고 한다.

이 보고서의 주요한 6가지 내용은 다음과 같다.

① Speenhamland 제도하에 마련된 부분적 구제의 폐지
② 능력이 있는 구제 신청자의 작업장 배치
③ 질병자, 노령자, 폐질자 및 자녀가 있는 미망인에 대한 원외구제
④ 수개 교구로 된 구빈법 연맹이 구빈행정의 조정
⑤ 저임금노동자 보다 낮은 빈민구제 수혜조건(최하 자격 원칙)
⑥ 왕이 지명하는 중앙통제위원회의 설립

이러한 건의가 1834년 8월 14일 신구빈법으로 제정되어 그후 약 100년간 효력을 지녔다. 이 법령으로 영국의 구빈사업은 1834~1837년간 약 1/3이상 감소하였으며 구빈원과 작업장이 한 건물내에 마련되었다. 또한 이 제도로 노인과 젊은이, 건강한 자와 질병자 및 장애자 등이 같은 시설에 수용되었으며 가족이 작업장내에서 다른 병동으로 분리되어 해체되었다. 사실 이 제도는 1601년 구빈법의 엄격하고 억압적인 또 다른 형태였다.

1834년 제정된 신구빈법의 가장 중요한 3원칙은 ① 최하 자격의 원칙 ② 작업장제도의 재설립 ③ 통제의 중앙집권화이다.

최하자격의 원칙은 빈민의 조건을 자기가 생업에 종사하여서 획득한 수확물로서 생계를 유지하는 최하층의 조건 보다도 더 좋지 않도록 하는 것을 의미한다. 작업장제도는 노동능력이 있는 자에 대한 부조를 작업장 이외에서는 행하지 않고 작업장에서의 숙식을 거절할 시 어떠한 원조도 없을 뿐만 아니라 원외 구조도 아주 최소한으로 줄이는데 있었다. 중앙집권화된 통제는 구빈법의 운영을 효과적으로 하기 위하여 중앙정부는 구빈행정을 지도, 조정하고 각종 규칙의 시행을 감독하기 위하여 중앙통제기관을 설치할 필요가 생겼다.

이 중앙통제기관에서의 구빈행정은 새로운 3가지 원칙하에 나타나게 되었다.

첫째, 치료조치의 원칙으로서 요구호자를 사회에 적응키 위한 신체적 정신적 개선을 행하는 것이고,

둘째, 보편적 대책의 원칙으로서 가난이라는 것은 개개인의 것이 아니고 사회성원 전체의 복지와 상관되어 있으므로 사회 전체에 직접적으로 영향을 미치는 교육, 위생, 보건 등의 향상을 기해야 하며,

셋째, 강제의 원칙으로서, 이것은 개인에게 좋고 나쁨에 관계없이 지역사회의 복지를 위한 것이라면 강제적으로 추진하는 것을 의미한다. 예를 들면 전염병자와 정신이상자의 격리, 아동노동의 제한 및 의무교육 등을 말할 수 있다.

(2) 공장법

19세기 초 영국의 사회정책은 지주와 수공업자 및 상인의 이익을 위하여 노동자계급을 억압하는데 사용되었다. 19세기 방직업의 발전은 빈민의 자녀들을 이용할 수 있는, 전례 없는 기회를 제공하였다. 이들은 방직공장의 저렴한 노동력이 되었고 아동들의 운명은 비참하였다. 심지어 4세 아동이 노동을 하는 경우가 있고, 노동시간의 법적 제한이 없어서 때때로 16시간에서 18시간의 노동을 하였다. 이들은 식사시간, 화장실 가는 것, 물 마시러 가는 것 이외는 작업장을 떠나지 못하도록 되어 있었다. 이와 같이 잠자기, 신선한 공기와 햇살 및 휴식 · 휴가의 결핍은 이들 아동들이 영양실조 및 질병의 상태에 놓이게 하였다. 많은 아동이 10대에 사망하였다.

이들을 보호하기 위한, 1802년 건강 및 도덕법이 Robert Peel경에 의하여 통과되었다. 이 법은 아동들의 노동시간을 1일 12시간으로 제한하고 야간 노동을 금지시켰다. 그러나 이 법은 빈곤가정의 아동에게만 적용되었고 일반가정의 아동을 고용한 면방직업자는 그들을 계속 착취하였다. 그리하여 Peel과 동료는 1833년 공장법을 만들어 대우와 과잉노동의 아동을 보호하도록 하였다. 즉 방직산업에 있어서 9세 이하의 아동을 고용하지 못하게 하고 아동의 1인 노동시간을 제한하였다. Edwin Chadwick의 제안에 따라 전국 중앙사무국에 의하여 공장감독관이 임명되었다. 마침내 1847년 공장법의 수정이 나타났는데 이것은 부녀자와 18세 이하의 아동에게 최대한 하루 10시간 이상이 노동을 못하게 하였다.

2) 사회개혁운동과 자선조직

(1) 사회개혁운동

19세기 영국 빈민구제의 사회철학과 실제에 가장 큰 영향을 미친 주요한 3가지 요인은 ① 사회개혁운동 ② 자선조직협회 ③ 사회조사이다. 이 3가지 발전은 개인으로 하여금 박애정신과 인간 진보에 헌신할 수 있는 주도권을 갖도록 하였다. 영국의 급속한 공업화에서 비롯된 사회개혁의 발전에 있어서 주요한 요인은 차티스트 *Chartist,* 기독교사회주의자 및 노동조합운동이었다.

1800년경 결사금지법 *Combination Laws* 은 노동자로 하여금 벌금을 물게 함으로써 높은 임금과 노동조건을 개선하기 위한 노동조합의 결성을 금지시켰다. 이러한 법령들이 Francis Place의 주도하에 1824년 폐지되었지만 노동자계급에 대한 정치적 차별은 존재하였다. 참정권과 같은 시민적 특권이 1832년 중산층과 전문직에게 까지 확대되었지만 여전히 노동자계급은 제외되어 있었다.

1930년대 노동자의 정치적 관심을 대변하는 차티스트운동이 시작되어 모든 시민에게 공민권과 비밀투표권을 갖도록 하는 노력을 시작하였으나 실패하였다. 그 후 실망한 노동자들은 그들의 관심을 정치적 목적에서 경제적 조건의 개선방법으로 돌렸다. 1844년 차티스트들은 Rochdale에서 노동자 자신이 소유하는 협동조합 상점을 개설하였으며 가난한 소년으로 생애를 시작한, 자선사업가인 Robert Owen이 New Lanark가에 있는 자기의 방직공장에서 소비자 협동조합을 개설하였다. 이 조합은 노동자와 그들 가족에게 저렴한 정원주택, 위생시설, 운동장, 협동조합상점, 도서관 및 오락실을 마련하여 성공적으로 진행되었다. 이는 하나의 산업공동체의 모델을 설립하게 되었으며 이는 다른 수공업자에게 확대되었다.

노동자의 사회조건을 개선하기 위한 다른 접근방법은 노동조합이 상조회 *mutual benefits plans* 를 조직한 것이다. 이 상조회는 질병, 사고, 실업, 폐질 및 노령의 경우 도움을 제공하였다. 이러한 협동조합과 상조회 기업의 성공은 전국적 연맹으로서 노동조합회의를 탄생하게 하였다. Richard Cobden과 John Bright의 지도하에 이 회의는 노동자의 참정권 확대를 위하여 투쟁하였고 이것은 1867년 개혁법에 의하여 의회가 도시노동자들에게 그것을 인정하게 하였다. 또한 1894년 수정된 구빈법으로 인해 선출된 빈민구제 직원을 다스리는 감독관 이사회의 회원으로서 노동대표 뿐만 아니라 부녀자도 자격을 가지게 되었다.

이러한 사회운동의 영향은 노동자로 하여금 지속적 궁핍의 위협으로 부터 해방시켰고, 노동조합운동은 노동자를 동정과 구빈의 단순한 대상이 아니라 오히려 정부의 새로운 참여세력으로 만들었다.

1848년 차티스트들의 몰락이후 F.D. Maurice, C. Kingsley 및 J.M. Hudlow의 지도하에 일단의 종교적, 지적 개혁가들이 교육을 통한 노동계급의 사회적 조건을 개선하기 위한 아이디어를 추구하였다. 이들은 대중의 문화적, 사회적 해방을 위한 열망을 지원하도록 교회에 호소하여 기독교사회주의자들은 다양한 단위노동자들의 협동조합연맹을 후원하였고 그들은 성인교육을 위한 야간학급을 개방하였다. 기독교사회주의운동은 아직도 영국의 전통이 되어 있는 노동과 교회간 동정적 이해를 위한 기반이 되어 있다.

영국의 사회주의는 이러한 사회개혁가들, 특히 Robert Owen의 아이디어에 뿌리가 있다. 오웬은 농민과 노동자, 특히 농업과 공업 생산품을 자급자족할 수 있도록 교환하는 협동조합 농촌공동체를 성립하기 위한 일반 계획을 가지고 있었다. 그는 이러한 조직에 교육적 문화적 시설을 갖추도록 제안하였고 잘사는 시민들에게 노동자 계급의 자존, 교육 및 독립을 획득하기 위한 계획을 지원하도록 호소하였다.

사회주의 철학은 마르크스와 엥겔스에 의하여 더욱 발전되었다. 마르크스의 영향은 이론적 철학으로서 심오하였지만 그의 정치적 경제적 아이디어는 영국 노동자에게 광범위하게 수용되지 못하였다. 사회개혁에 관심이 있는 집단 중 가장 영향력 있는 집단이 페비언 협회 *Fabian society* 이다. 이 협회는 1883년에 설립되었는데 지도적 인사는 버나드 쇼, 웹부처, 오리버 및 왈라스 등이다. 이들은 마르크스의 철학과는 대조적으로 무계급사회를 성취하기 위한 혁명적 사회주의 행동을 대변하지 않았다. 이들은 부녀자의 참정권, 임금 및 노동시간 입법, 주택사업 그리고 교육과 같은 실천적 개혁을 주장하였다. 그러나 빈민구제의 실제와 법적 배경에 대한 영향은 20세기초 사회입법이 기본 개념으로 수용될 때까지 연기되었다.

(2) 자선조직과 인보사업

1834년 구빈법 개혁은 수공업자와 제분업자 및 대량으로 증가하는 산업 노동자간 교량역할을 하지 못하였다. 박애사업가들은 개인적으로 알고 있는 개인을 구조하거나 구빈원의 아동과 맹인, 장애자와 같이 빈민집단을 구조하는데 관심이 있었다.

경제적 위기와 실업기간에 대한 공공 관심은 특히 강하여 많은 자선협회가 다양한 목적을 지니고 조직되었다. 신문도 빈민을 위한 헌금을 요청하였고 많은 자선기관이 설립되었다. 1860년대 런던에서는 거의 모든 교회와 약 100여 개 자선기관이 돈, 음식, 의복, 연료표를 빈민들에게 나누어 주었다. 그러나 사적 자선사업은 빈곤을 빈민의 개인적 문제로 생각하였다.

1868년 Henry Solly는 교회와 박애기관에 의하여 조성된 혼란을 극복하기 위하여, 그리고 사적 및 공적 자선사업을 조정하기 위하여 이사회의 설립을 건의하였다. 그리하여 1869년 런던에서 '자선구제와 걸식박멸조직협회'가 설립되었고 이 협회가 자선조직협회로 개칭되었다.

영국의 자선조직협회는 독일의 Elberfeld제도를 모방하였다. 이 협회는 도시를 소구역으로 나누고, 각 구역은 자원봉사자위원회로서 봉사하는 시민집단에 의하여 구제사업을 배분한 것이다. 이 사업은 부유한 자원봉사자에 크게 의존하는데 돈, 의복 및 식량을 빈민가족에게 원조하였고 빈민의 생활양식을 변화시키는 도덕적 영향을 강조하였다. 이 협회는 공적 빈민구제의 확대를 반대하였고 빈민을 위한 정부지출을 감소하는 것을 지지하였다. 그 대신 사적 자선사업, 헌금 및 유산을 조장하였고 재앙시 가족에 대한 개인적 원조를 하도록 자원봉사자의 주도권을 강조하였다. 런던의 자선조직협회는 다른 대도시에 확대되었고 그 후 이러한 운동은 미국에까지 전파되었다. 이것은 빈민구제와 사적 자선사업간 협조를 발전시켰고 부정한 기구를 감소시켰으며 빈민의 자활 개념을 강화시켰다. 또한 이것은 개별원조로서 개별사회사업의 기반이 되었고 다른 한편으로 지역사회조직의 기반이 되었다.

한편, 기독교사회주의자 중에 Edward Denison은 비특권층이 교육을 획득하도록 하는 새로운 접근방법을 사용하였다. 1867년 그는 런던

재난구제회의 자원봉사자로서 단순한 구호물품이 무익한 것임을 확신하였다. 그는 안락한 생활을 포기하고 동런던의 빈민지역에 이사해서 빈민들과 함께 살았다. 이와 같은 인보사업 *settlement work* 은 빈민지구를 실지로 조사하여, 그 지구에 대한 생활실태를 자세히 파악하고, 구제의 필요가 있는 사람들에게 부조하여 주는 것을 말한다. 이것은 인도주의의 정신에서 상류계급의 사람들이 빈민지구에 이주하여 자선을 베푸는 활동을 말한다. 다시 말하면, 이주자 *settler* 는 부유한 가정의 쾌락을 버리고 가난한 사람들의 친구가 되며, 여가를 이용하여 빈민구제사업에 헌신하고 빈궁과 죄악의 실태를 보고서 배우고 가르치고자 하였다.

이러한 생활을 하게 된 동기는 종래의 자선사업의 업적과 기관을 믿지 못하고, 또한 사회문제를 이론적으로 해결하려고 하는 입법적 행정적 방법에 대한 실망에서 나오고 있다. 그래서 이들은 한 사람의 친구로서 빈민과 접촉하여 얻게 된 자기 경험에서 복지활동을 실천하려고 하였다.

이러한 인보사업은 여러 가지 사회적 기능을 행하고 있다.

첫째는 사회조사를 실시하게 되므로 말미암아 거기에서 나온 여러 가지 통계자료가 법률제도에 커다란 도움이 되었고,

둘째는 교육적 사업으로서 지역주민에 대한 아동위생, 보건교육, 소년소녀들에 대한 기술교육, 문맹퇴치 및 성인교육 등을 행하고 있다.

셋째로는 체육관을 설치하여 실외운동을 장려하거나 Girl Scouts, Boy Scouts, 무용회, 연예회, 피크닉 등을 통한 오락 · 예술활동을 행하고 있다.

넷째로 인보관을 설립하여 주택 · 도서관 · 시민회관 등으로 이용케 하였다.

이와 같은 사회적 기능을 가지고 있는 인보사업의 기원은 영국

에서 찾아 볼 수 있다. 영국의 기독교사회주의자들에 의해서 이 운동이 창도되었지만, 적극적인 인보사업을 행한 것은 옥스퍼드와 캠브리지대학의 학생들이었다. 이들은 런던의 빈민굴에 들어가서 실제로 체험하였다. 그리하여 1880년대 10개의 인보사업단체가 창설되었고, 1890년대 22개가 나타나게 되었다. 1884년 영국의 Toynbee Hall이 세상에서 제일 먼저 인보관으로 나타난 것이다. 이 토인비 홀의 경험은 Stantoncoit 박사에게 영향을 주어서, 마침내 그는 1887년 미국에서 최초로 뉴욕시에 근린조합 *neighborhood guild* 을 창설하여 인보활동을 행하였다. 그 후 1889년 Tane Adams와 Starr이 시카고시에 Hull House를, 그리고 Jean G. Fine이 대학인보관 *college settlement*을 설립하였고, 1891년 보스톤시에 William J. Jucker교수가 Andover House를 창설하였다. 이와 같이 미국에서도 인보사업은 주로 대학생들에 의하여 활발히 수행되었다.

이러한 인보사업의 발달은 ① 전국적인 인보사업연맹을 조직시켰고 ② 사회센타로서 공민학교가 발달하였다.

(3) 사회조사

사회조사는 영국에 있어서 사회개혁, 특히 빈민구제의 사회철학과 실제에 영향을 미친, 주요한 요인이었다. 첫째 일련의 장기적 사회연구는 빈민법위원회의 사무국장인 Edwin Chadwick이 수행하였는데 그는 노동계급의 건강 및 위생조건을 다루었다. 이 보고서가 1842년 간행되었는데 공중보건운동의 시작이 되었다. 또 다른 공공관심에 자극을 준 것은 1849년 Henry Mayhew가 쓴 '런던 노동과 런던빈민'의 논문인데 이것은 사람들에게 깊은 인상을 주었고 사회적 양심을 일깨웠다. 이들이 또한 기독교사회주의 운동의 생성에 기여하였다. 그러나, 가장 중요한 사회조사는 1886년 부자기업가인 찰스 부스가 행하였는데 그는 1908년 '런던시민의 생활과 노동'(10권)이라는 보고서에서 교역, 생활 및 노동조건, 노동시간, 노동임금, 실업을 다루었다.

이 보고서는 런던 인구의 2/3가 빈곤선 이하에 살고 있다는 것을 지적하였다. 또한 빈곤이 인간 자신의 결함이라는 오랫동안 인정된 이론을 반대하였고 빈궁으로부터의 인간고통은 불충분한 임금, 환경, 부적절한 주택, 불건강한 위생시설에 의하여 나타난다는 것이다. 이러한 연구결과는 1901년 간행된 R. Seebohm Rowntree가 York시에서 조사한 빈곤, 읍민생활의 연구에서도 지지를 받았다. 그는 요오크 읍민의 27.8%가 빈곤한 생활을 한다고 지적하였다. 이러한 조사결과가 사회개혁의 필요성을 제기하였다.

3) 서비스국가와 자유당의 사회입법

20세기 접어들면서 영국에서는 빈곤에 대한 태도가 변화하였다. 이런 변화의 첫째 요인은 1880년대 노동자 세력의 강화에 있었다. 숙련되지 않은 노동자들이 조직화 됨으로 뚜렷한 사회세력으로 등장하였고 1890년 드디어 노동당이 결성되기에 이르렀다. 힘을 얻게 된 노동자들은 자연히 빈곤층의 권리를 주장하게 되었으며 구빈법의 재고를 요청하였다. 둘째 요인은 온정주의적 인도주의의 확산이다. 풍요 속에서 여전히 존재하는 빈곤에 대한 죄의식을 느끼게 하는 것으로 주로 부유한 지식인과 전문직들로부터 나왔다. 셋째 요인은 산업화에 따라 노동자들에 대한 생활임금의 지급과 구제 또는 교육 및 보건서비스의 제공이 자본가와 기업에 위협이 되기보다는 경제적 번영의 촉진제가 된다는 인식의 확산이다. 넷째 요인은 빈곤에 대한 실증적인 연구이다. 이런 요인들로 인해 빈곤은 사회의 경제구조에 그 뿌리를 두고 있으며 제도적 변화 즉 정부활동을 통해서만 해결될 수 있는 문제로 인식되기 시작하였다.

20세기 초 영국인은 탄광지역에서 특히 무서운 실업의 위험에 직면하였다. 그것은 미국 광업의 기술적 우수성과 생산량 증가 및 유럽 석탄산업의 교통조건으로 인하여 많은 영국의 탄광이 문을 닫게 되었기 때문이다. 그러한 결과 많은 탄광산업자와 그 가족이 구제를 요청하게 되었다.

1905년 자유당은 구빈법의 개혁과, 실업자에 대한 원조를 약속하였다. George Hamilton이 '구빈법과 재난구제 왕립위원회'의 의장으로 임명되었다. 18명의 위원중 Beatrice Webb부인(페비언협회의 대표), George Lansbury(노조와 노동당), Francis Chandler(노조) 그리고 Prebendary목사, 후에 H. Russell Wakefield 주교 등이 있었다.

왕립위원회의 다수파와 소수파의 견해는 기본적 차이가 있었다. 다수파는 舊구빈법의 온건한 개혁을 원하고 사적 자선사업과의 긴밀한 협조를 대변하였지만 소수파는 구빈법의 폐지를 요구하였다.

여기서 소수파의 의견은 무시되고 다수파의 권고가 수용되었다. 그 내용은 다음과 같다.

① 구빈법 연맹과 감독자위원회는 군위원회 *County Councils* 로 대치되고 지방 구제당국의 수를 3/4까지 감소한다.
② 빈민구제의 징벌적 성격을 인간적인 공공부조사업에 의하여 폐지한다.
③ 혼합 구빈원은 폐지시킨다. 정신적 결함이나 정신적 질환자는 병원에서 치료를 받고 아동은 양연 가정이나 거주지역 학교에 보낸다.
④ 노인을 위한 국민연금, 빈민을 위한 무료 병원치료, 무료의 공적 취업서비스, 그리고 실업과 폐질급여의 사회보험 프로그램이 도입되어야 한다.

이러한 위원회의 활동 결과로 사회입법의 기본적 발전의 길이 열리게 되었다. 이미 이 기간에 왕립위원회의 사회입법이 시작되었다. 1926년의 교육법은 학생들을 위한 의료검사를 제공하였으며 1908년의 노령연금은 70세 이상 빈민노인을 위하여 매주 5실링 연금을 보장하였다.

한편, 대규모의 실업이 의회로 하여금 1905년 실업노동자법을 통과하게 하였고 1909년 직업소개소법, 1897년 노동자 보상법이 제정되었으며 D. Lloyd George가 독일 질병보험계획에 자극을 받아 실업과 건강급여의 보험을 건의하여 1911년 국민건강보험법이 제정되었다. 이 법은 임금 노동자를 위한 강제 건강보험제도였고 그 사업은 고용주와 보험가입 노동자의 기여금과 의회의 지원금에 의하여 재원이 마련되었다. 그리고 노조, 상조회, 고용주 또는 상업보험회사가 설립한 비영리조직이 행정을 맡았다. 이와 같이 맡게된 것은 국민건강보험법이 노동자계급의 영향력은 별로 없었지만 의사집단, 공제조합, 기업보험회사 그리고 관료, 즉 국가와 이익집단간 타협(협상)의 산물이었기 때문이다.

또한 1925년 미망인, 고아 및 노령기여 연금법이 마련되어 65세 이상의 남자, 60세 이상의 부녀자, 과부, 고아 및 14세 이상의 부양아동에게 사회보험의 원리가 확대되었다. 이와 같이 사회보험의 프로그램은 기본적으로 빈민구제와 다르고 기여와 급여는 법에 의하여 결정되었다. 개인의 재정적 상황과 관계없이 위험(노령, 질병, 실업 등)의 발생시 지급되었다.

4) 복지국가 시대와 베버리지 보고서

영국의 사회정책은 실업자를 다수 흡수하였던 양차 대전으로 많은 변화를 겪게 되었다. 그 주요한 것은 1929년 지방정부법에 의하여 공적 구호조직의 기본 개혁이 있었고 (구빈법 연맹과 감독자위원회 폐지, 군구위원회에 이양 등) 1931년 국민경제법은 실업부조 지불을 하였으며 1934년의 실업법으로 부조행정처로 귀속되었다. 1933년에는 아동 및 청소년 연금법이 포괄적인 아동보호제도를 도입하였다. 이것이 1948년 개정되어 전문적, 예방적 서비스 및 현대 아동보호방법에 의하여 보완되었다. 1939년 제 2차 대전으로 실업부조위원회는 전쟁희생수당을 지급하였으며 이것이 국민부조위원회로 개칭되었다. 1940년 노령연금법이 마련되어 개인적 욕구 특히 의료보호에 기초한 부가연금을 실시하였다.

한편, 제 2차 세계대전 기간 영국에 많은 심각한 문제가 있었다. 즉 대도시로 부터 수 많은 부녀자, 아동, 노인 및 질병자를 소개할 필요성이 있었고 공습보호, 식량배급, 피난처, 전재보상, 군인가족수당, 임대통제, 조세 등에 관한 많은 규정을 이해하기 어려웠다. 또한 구빈제도 등 문제로 말미암아 사회경제적 복지제도가 매우 혼란 되어 있었다.

이러한 문제를 해결하고 제 2차 대전을 이기기 위하여 처어칠경은 미래의 청사진을 제시할 필요가 있었다. 1941년 7월 영국은 사회복지 프로그램의 혁명적 개혁을 시작하였다. 노동당출신 A.Greenhood 재건상은 의회의 만장일치로 '사회보험 및 관련서비스에 관한 부처간 위원회' 위원장에 베버리지경을 임명하였다. 그는 영국 사회봉사의 구조와 효율성을 조사하고 필요한 개혁을 건의하게 하였다. 이 위원회에는 공적 부조, 사회보험, 연금, 보건 및 경제문제에 관한 모든 조직의 대표들이 포함되었다. 그리고 이 위원회는 상업, 수공업자협회, 상업보험회사에서 노동조합, 소비조합 및 폐비언협회에 이르는 많은 시민집단들의 수많은 청문회를 개최하였다. 그의 보고서는 현대 산업사회에 있어서 개인적 경제적 고통이 일반적으로 소득력의 혼란이나 상실에서 그 원인이 있다는 것을 고려하면서 결핍으로부터 자유를 획득하는 방법을 발견하려고 하였다. 그는 이러한 결핍 이외에 질병, 무지, 불결, 나태와 같은 5가지 거한 *giants* 이 인간의 행복을 저해한다는 것을 강조하였다.

베버리지 보고서는 몇 가지 대책 중 가장 중요한 사회보험 프로그램인 사회보장제도를 고안하였다. 사회보장의 목적은 모든 시민들이 자신의 노력으로 기본적인 소득수준을 보장하려는 것이었고, 따라서 최저생계 이상을 보장하기 위한 시민의 주도권이 억제되지 않도록 하려는 것이다. 이 보고서는 5가지의 프로그램에 기초한 사회보장의 포괄적인 제도를 제시하였다.

① 사회보험의 통일적, 포괄적 및 적절한 프로그램.
② 사회보험 급여에 의하여 충분한 보호를 받지 못하는 사람을 지원하기 위한 전국적 프로그램인 공적 부조.
③ 첫 아이 후 병든 아이들에 대한 주당급여의 아동수당(후에 가족수당이라함).
④ 전 인구에 대한 무료의 포괄적인 건강 및 재활서비스.
⑤ 경제위기에 있어서 대중실업을 예방하기 위한 공공사업에 의하여 완전고용의 유지.

이와 같은 제안은 노동계급만이 아닌, 전체 인구를 보호하는 것을 목적으로 하고 있다. 과거에 많이 있었던 모습은 조정되지 않고 중복된 노력을 통합하기 위하여 하나의 전국적인 기관(지금은 연금 및 국민보험성)에 의하여 관리되는 통일된 계획으로 인식되었다. 이러한 계획의 실천을 위하여 6가지 기본원칙이 제안되었다. 즉, ① 통합된 행정관리, ② 포괄적 범위, ③ 정액기여율, ④ 정액급여율, ⑤ 수혜자의 기본욕구를 해결하기 위한 적절한 급여, ⑥ 피보험자의 계층 분류이다.

베버리지는 자기 계획의 기본 사회철학이 영국인들로 하여금 결핍과 사회악으로부터 보호하려는 것이고 또 사회보장이 개인의 자유, 기업, 그리고 가족에 대한 개인의 책임감을 보존하면서 실현될 수 있음을 강조하였다. 이 보고서는 영국에 있어서 현대 사회복지의 초석이 되었고 다른 나라의 모델이 되었다.

일반적으로 베버리지 보고서가 영국 복지국가를 만드는데 결정적인 것처럼 많이 지적하고 있으나 저자가 볼 때는 이것 이외에도 영국의 노동당 집권과 페비언협회의 정강정책이 크게 기여했다고 생각한다. 왜냐하면 영국 노동당의 정강정책이 페비언협회의 것을 모방하였으며, 특히 사회보장제도를 실현하기 위하여 베버리지 보고서를 이용하였던 것이다.

제 2차 세계대전 후 영국은 노동당이 1945년~1950년간 집권하면서 사회보장 프로그램을 베버리지 보고서의 건의에 따라 국민보험성이 조정하였다. 그 주요한 부문은 노령, 폐질 및 건강 보험을 위한 포괄적인 사회보험(1946년의 국민보험법)과 노동자보상(1946년 산업재해법) 제도이다.

가족수당제도는 1945년 가족수당법에 의하여 설립되었다. 공적부조는 내무성의 국민부조위원회에 의하여 1948년 국민부조법에 따라 마련되었다. 공공보건성은 1946년 국민보건서비스에 의하여 광범위한 공공보건서비스를 관리하였다. 국민보건서비스는 노동자들 또는 그들의 이익을 대변하는 노동당이 노조 TUC 와 함께 20여 년간 요구한 것이기 때문에 쉽게 성취될 수 있었다. 가족수당은 1946년 8

월 부터 시작되었고 다른 프로그램은 1948년 7월 부터 시작되었다.

사회보장계획 중에서 가장 중요한 것이 사회보험제도이다. 이 제도 중에서 1959년 국민보험법이 수정되었는데 그것은 통일된 정액 기여율제도와 퇴직근로자 연금을 위한, 기여와 급여의 부가적 누진프로그램의 원리이다. 누진기여제는 피보험자의 보수와 관련되어 있고 근로자 및 고용주가 지급하였다. 그 다음은 가족수당인데 이것은 가족의 재정조건과 관계없이 16세 이상 2자녀 또는 3자녀 가족에게 지급되었다. 가족수당은 전 아동양육비를 포함하지 않고 무료학교급식, 레크리에이션 및 보건서비스를 제공하였다. 그리고 1948년 국민 부조법에 의하면, 공적 부조는 경제적 욕구가 있는 사람에 대한 재정부조와 시설 및 개별서비스에 의하여 구빈법을 대치하였다.

1948년 7월 5일 시작된 국민보건서비스는 보건에 대한 국민의 기본적 태도를 변화시켰다. 이것은 무료의 의료서비스였고 아파서 일할 수 없는 환자에게 재정적 급여를 행하였다. 그 재원은 조세에서 나왔다.

그 밖에도 1950년 입양법, 1944년의 폐질자 고용법 등이 마련되었고 고아, 기아의 보호는 지방위원회의 책임이 되었다. 이러한 사회보장 및 사회복지 관련제도는 그 후 여러 번 개정되었다.

이와 같이 노동당이 집권한, 전후 5년간 소위 요람에서 무덤까지 생명을 보장하는, 영국의 복지국가가 탄생한 것이다.

5) 80년대 신우파와 대처리즘

1979년 집권한 대처 *Datcher* 정권은 영국의 사회복지 역사에 있어서 하나의 전환점을 이루고 있다. 전환점이라는 것은 2차 대전 이후 이루었던 복지국가제도와는 단절된 새로운 체제를 지향하였기 때문이다.

70년대 2번의 오일쇼크와 불황기의 도래로 그간 케인즈주의를 기반으로 한 복지국가, 사회복지제도는 여러 가지 공격을 받게 되었으며 영국에서는 신우파 또는 신보수주의라는 이름으로 대처가 집권하게된 것이다. 신보수주의는 자유방임적 자본주의를 옹호하고 있는데 이것의 가정은 다음과 같다.

① 여러 선진 제국에서 보여지는 경제침체의 주된 원인은 복지국가체제의 실패, 국가의 실패에 있다.
② 복지정책이 출범하였던 당초의 전제는 복지정책에 의한 원조를 필요로 하는 소수의 사람과 그들을 지원하는 많은 납세자의 존재였으나 복지정책이 지나치게 확대되어 누구나 국가급여의 수급자가 되어 있으므로 국가재정은 파탄에 이르고 근로의욕이 상실되어 경제를 침체시키는 것은 당연한 귀결이다.
③ 케인즈주의에 입각한 복지정책은 본질적으로 특히 인플레와 노동의욕의 상실로 인한 경제침체로 말미암아 국가재정이 파탄에 직면할 운명을 가지고 있었다. 따라서 국가재정의 건전화를 기하기 위해서는 '작은 정부'를 지향해야만 한다.
④ 많은 사람들은 공공부문의 지원. 보호 없이도 위의 여타 부문을 활용해서 충분히 생활할 수 있다. 따라서 국가의 부조를 받는 사람은 진정으로 생활이 곤란한 자에 한정되어야만 한다.
⑤ 따라서 모든 개혁은 지금까지 국가가 맡아 오던 것을 시장경제에 이전하는 것에 주안점을 두어야 한다.
⑥ 근로의욕을 떨어뜨리는 공적인 관여는 철폐되어야 하고 세제 또한 이러한 노선에서 개혁되어야 한다.

이러한 가정하에서 진행된 신보수주의 정책은 ① 전 국민의 복지에 대한 국가의 책임이라는 베버리지의 원칙을 자조와 개인책임의 원칙하에서 진행되었다. ② 베버리지의 보편주의 원칙을 부정하는 선택주의적 원칙으로 선회, ③ 전 국민의 최소한의 생활유지라는 원칙이 최하자격의 원칙으로 대체되었다.

이런 원칙에서 진행된 대처의 개혁은 지출 면에서 볼 때 복지지출은 대처의 의도만큼 성과를 거두지 못했다. 그러나 실제적인 복지재편에 있어서 각각 사회계급들에게 상이한 결과를 미쳤다. 국민보건서비스, 연금은 크게 삭감되지 않았고 실업급여와 보충급여, 교육비, 주택지출은 삭감과 통제의 강화라는 변화를 겪었다. 특히 복지재정지출을 감소하기 위한 민영화 *privatization* 정책이 실시되었다. 즉 지방정부의 공공주택이나 병원의 불하 등을 의미한다.

현재 영국은 노동당이 집권을 하고 있고 노동당 집권에 따른 복지개혁에 대한 논쟁은 무성하게 진행되고 있다. 또한 유럽통합의 진행과 유럽내 거의 대부분의 국가에서 좌파가 집권한 상황에서 현 영국수상 브레어는 제 3의 길, 즉 시장의 효율성과 사회적 연대를 조화시키겠다고 한다.

2. 미국의 복지제도

미국의 사회복지 발달은 몇 단계로 나누어 설명할 수 있다.

첫째 시기는 17세기 초 부터 독립하기 이전 까지를 말한다. 이 시기는 여러 가지 이유로 영국을 떠나 신대륙을 개척했던 시기이다. 따라서 영국의 구빈법을 많이 모방하고 있다.

둘째 시기는 미국 독립 이후 부터 남북전쟁의 시기를 들 수 있다. 이 시기는 인구가 팽창하고 영토가 확장 되었으며 근대 민주주의 정치가 실현 되었다. 이 시기의 사회복지는 벌칙적 제도가 그대로 존속 되었으며 일부는 종교적이고 인도주의적인 입장에서 빈민들을 인도적으로 대우해야 한다는 주장이 있었다.

셋째 시기는 1차 세계대전 전후부터 대공황 이전의 시기를 들 수 있는데 이 시기에 미국은 국내외적으로 급성장 하였다. 이 당시에는 부의 편중현상이 극심하였는데 사회복지사업은 빈민지역에서의 인보사업과 자선조직화 운동의 시발이 있었다.

넷째 시기는 세계 대공황의 시기이다. 이 시기는 실업, 빈곤, 이로 인한 불만이 급증한 시기이다. 또한 민간단체는 이런 빈곤과 실업을 해결하기에는 무능력 했다. 이에 연방정부는 빈민정책에 대한 그 책임을 인식하고 이에 적극적으로 개입하게 되었다.

다섯째 시기는 세계 제 2차 대전부터 1950년대로서 2차 대전 이후 막대해진 영향력으로 선도적인 위치를 확립했다. 사회사업 분야에서는 전문사회사업 교육이 시작되었고 지역사회조직과 개발 및 지역사회계획 분야에도 사회사업가들의 참여가 활기를 띠기 시작했다.

여섯째 시기는 1960년대 부터 1970년대의 시기이다. 이 시기에 세계는 양극화 되어 있어 미국은 많은 전쟁에 참여하게 되었다. 이 시기의 사회복지는 아동 및 청소년 복지에 대한 관심이 증대했고 사회보장법에 의료복지제도인 의료부조제와 의료보호제가 제정되어 포함되었다.

마지막으로 현대기를 들 수 있다. 레인건노믹스 *Raeganomics* 와 신연방주의로 대표되는 신자유주의의 등장과 좌우 양극 세계체계의 붕괴가 그 특징이다.

1) 구빈원 시대

1620년 영국 스튜아트 왕조의 전제정치와 종교적 탄압을 피하기 위하여 일단의 청교도들이 대서양을 건너 매사추세스 주를 개척하게 되었다. 이 당시의 산업은 1760년 까지 주로 농업이었으며 신앙과 사상은 청교도주의와 자유주의 정신이 지배적이었다. 이 때의 청교도주의는 칼빈정신에 입각한 것으로 자기 억제와 금욕적 생활을 이상적인 인생관으로 보고 근면, 절약, 검소한 합리적인 생활을 하는 것이 신의 영광을 위한 것이며 은총을 누리게 되는 것이라고 생각했다.

한편, 노동을 혐오하는 자는 신앙생활이 결여된 징후로 보고 나태를 죄로 여겼다. 이런 사상은 복지에 많은 영향을 주어 빈곤이란 나태로 부터 오는 것이고 나태란 부도덕한 것이므로 그 책임도 당사자인 개인이 담당해야 하며 개인의 잘못으로 인한 것이 아닌 빈곤자나 무능력자는 구제를 해 주되 그것은 벌칙적인 성격을 띠어야 한다고 생각하였다.

미국은 식민지시대에 있어서 엘리자베드 구빈법이 빈민구제를 위한 기본이 되었다. 읍마다 빈민을 위한 식 · 의 · 주의 문제를 해결하기 위한 대책을 마련하였다. 빈민구제는 주로 현물을 제공하거나 최저 경매자에게 맡기는 형식이었다.

1766년에서 1865년의 미국은 혁명의 시기로 불린다. 이는 미국이 자주 독립국가가 되었으며 남북전쟁을 치뤄 노예를 해방하고 민주, 공화 두 정당이 대두되어 근대 민주정치를 실현하였을 뿐만 아니라 영토를 확장하고 산업이 발달했기 때문이다. 독립전쟁으로 미국은 유럽과의 통상이 단절되자 국내 공업발전이 촉진되어 산업혁명이 일어나 경제적으로 자립할 수 있게 되었고 미국인의 국민의식이 뚜렷이 나타나고 미국의 국제적 지위가 높아졌다. 또한 남북전쟁으로 미국의 자본주의와 민주주의의 완성을 이루었다.

17세기 초에서 18세기 까지 영국과 미국의 빈민법 실천에 있어서 기본적인 차이는 두 가지가 있다. 하나는 영국에 있어서 일반적인 빈민구제 방법은 빈민을 구빈원이나 작업장에 보내는 것이고 미국에서는 대도시에만 구빈원과 교정원이 설립되었다. 다른 것은 영국에는 유산 및 기부금이 구빈원, 보호소, 고아원의 빈민을 지원하기 위한 기금이 되었지만 미국에서는 사적 자선사업이 18세기 말까지 중요한 역할이 되지 못하였다.

미국 동부 대도시에 설립된 구빈원은 빈민을 보호하기 위한 가장 경제적이고 효과적인 수단으로 간주하였다. 이에 1821년 메사추세스의 주의회가 영연방의 구빈법을 조사하기 위해 위원회를 지명하였고 이 위원회는 5가지 원칙을 입법부에 제안하였다.

① 원외 구제는 낭비적이고 비싸며 빈민의 도덕성을 파괴한다.
② 구빈원은 가장 경제적인 구호방식이다.
③ 빈민은 농업에 고용되어야 한다.
④ 시민위원회가 구빈원을 지도 · 감독해야 한다.
⑤ 폭주는 가장 중요한 빈곤 원인이다.

2년 후, 1823년 뉴욕 입법부는 Yates 국무상으로 하여금 구빈법의 비용과 기능에 관한 정보를 수집하여 빈민을 2가지 종류(영원한 원조 대상과 일시적 빈민)로 구별하여 그 대책을 건의하였다.

① 각 군에 농업종사와 자녀교육을 위한 고용원 *house of employmemt* 을 설립한다.
② 건강한 걸인과 부랑인 등을 위하여 작업장을 주선한다.

③ 빈민 구제기금 등을 위한 위스키 제조업에 소비세를 징수한다.
④ 뉴욕주에 1년간 거주는 법적 거주라는 것을 규제한다.
⑤ 이동의 명령과 빈민법 소송을 폐지한다.
⑥ 18세~50세간 건강하지 못한 남자는 빈민 명부에 기입한다.
⑦ 길거리 걸인을 벌하고 빈민을 주에 넘긴다.

이러한 보고서에 따라 메사추세스, 뉴욕 및 많은 다른 주가 구빈원과 작업장 및 보호소를 설립하였으나 이러한 구빈원 보호가 빈민의 조건을 개선하는데 별 효과가 없었다. 이런 19세기 구빈원의 나쁜 조건은 사적 자선회는 고아원과 보호소를 설립하는데 주도적 역할을 하게 하였으며, 또 구빈원에는 병원과 같은 시설이 구비되었거나 이것이 사적 자선시설로 설립되기도 하였다.

2) 남북전쟁 이후 복지

19세기 미국은 세계의 부강국으로 부상하게 되는 경제적인 바탕이 마련되었던 시기이다. 이를 바탕으로 많은 발명가들이 출현해서 과학을 발달시켰고 교통과 통신이 발달하면서 산업이 발전하였다. 국내적으로 정치적 통일을 이루어 근대 민주정치를 실현하므로 공업화가 신속히 진전되었으며 대규모의 기업들이 속출하는 등 강인한 자본의 축적에 바탕을 둔 독점자본주의가 성립하게 되었다. 이러한 독점자본의 발달에 따라 부의 편재현상이 일어났으며 제 2의 산업혁명으로 일자리를 잃은 실업자가 늘어나고 도시의 슬럼화가 발생했다. 이 당시의 사회복지는 도시의 슬럼지역을 중심으로 인보사업이 발전하기 시작했다. 민간 자선단체들이 자선활동을 적극적으로 하게 되었는데 이런 움직임은 민간 자선단체들간 상호교류와 조정의 필요성으로 자선조직협회가 발전하게 되었다.

식민지 시대이래 정신질환자는 가족에 의하여 폐쇄되어 있거나 걸인과 죄수와 같이 감옥에 있었으나 1732년 이후 필라델피아의 구빈원, 펜실바니아 병원에서 병원보호를 받게 되었다. 의회는 산업화에 의하여 정신병이 점차 증가되어 정신이상자의 보호에 연방기금을 주었다. 맹인도 오랫동안 사적, 공적 자선사업의 대상이었고 구빈원에서도 많은 맹인을 보호하였다. 맹인보호소는 1784년 파리에서 먼저 시작되었지만 미국에서도 1832년 메사추세스 주에도 맹인보호소가 설립되었고 1935년 사회보장법이 시행되기 전 29개주에 맹인구제 특별 법령이 제정되었다.

농아의 보호는 맹인과 마찬가지로 가족에 맡겨졌거나 구빈원에 수용되었다. 농아에 대한 과학적 훈련은 18세기 프랑스에서 먼저 수행되었으나 미국에서는 1810년 뉴욕에서 실시되었고 1815년 그들에 대한 교육의 필요성이 있었으며 1817년 Hartford에서 미국 농아보호소가 처음으로 문을 열었다. 그리고 1869년 뉴욕에서 농아를 위한 학교가 처음 개설되었다.

지방 빈민구제가 법적 거주자에 한정되었으나 먹는 것과 의료보호에 대한 긴급 욕구는 거절되기 어려웠다. 그래서 1675년 메사추세스의 식민지 의회는 이러한 주 빈민을 위하여 필요한 비용을 주도록 하였다.

미국의 사회봉사는 19세기말 까지 사적, 공적 보호하에 지방적 성격을 지니고 있었지만 20세기에는 사회복지 경향이 전국적 수준으로 확대되었다. 1930년대 불황시 연방정부의 참여는 반 정도였으나 전국적 수준의 사적 조직에 의하여 지도력이 발휘되고 있었다. 사실 연방정부의 헌법은 사회복지 측면에서 연방정부의 책임을 강조한 특수한 원칙이 없었다. 그러나 연방정부는 미국 인디언을 위한 교육, 보건 및 주택서비스 뿐만 아니라 복지서비스 때문에 주요한 역할을 수행하였다.

그 밖에 1920년대 이민들을 보호하기 위한 사회봉사가 나타났고 (1921년 할당제법, 1924년 이민법 등) 1948년 피난민 및 나치즘의 희생자 그리고 전사자를 보호하기 위한 법령이 나타났다.

20세기 사회복지 분야에 있어서 매우 중요한 계기는 1909년 시작된 소위 백악관회의 *The White House Conferences* 이다. 이 회의는 사회봉사 및 사회정책의 지방적 노력 대신 전국적 정책의 필요성을 인정하였고 단편적인 주 입법이 아동복지 분야에서 나타나게 한 것이다. 1909년 백악관회의는 전국아동노동위원회, 전국소비자연맹 그리고 Kellogg, F. Kelly, E. Devine과 같은 사회사업가들의 제안에 따라 T. Roosevelt 대통령이 전국적인 수준에서 아동복지의 지도적 인사들을 피부양아동보호에 관한 백악관회의에 초대하였다. 이 회의는 아동은 가난의 이유로 가족과 떨어져서는 안되고, 떨어져야 하는 정상아동은 아동시설 보다도 오히려 양연가정에 입양되어야 한다는 선언을 채택하였다. 만약 특수한 이유로 아동이 고아원이나 다른 아동시설에 들어간다면 이것은 큰 기숙사 대신에 소규모의 가옥제도 *cottage plan* 의 보호를 받아야 하며, 아동기관은 그 사업을 할 수 있는 자격이 있어야 하고 주정부에 의하여 감독을 받아야 한다는 것이다. 이 회의의 중요성은 ① 주가 미망인과 버림받은 부녀자로 하여금 아동보호를 할 수 있게 모성연금법을 제정하고, ② 연방정부가 연방아동기관을 설립해야 한다는 것이다.

1909년 백악관회의의 건의로 1912년 의회에 의하여 아동국이 설립되었다. 이 아동국은 아동복지와 관련된 모든 계급의 아동생활에 관한 조사와 보고를 하였다. 특히 그것은 유아사망률, 출생률, 고아,

소년원, 아동노동 및 아동에 관한 사업입법에 관한 것이었다. 1969년 이래 이 아동국은 보건, 교육 및 복지성의 아동개발국이 되었다. 또 다른 건의는 아동보호의 기준을 개발하기 위한 전국적인 민간조직의 설립이었다. 이것은 1920년 미국아동복지연맹이라는 이름으로 조직되었고 민간 및 공공 아동복지기관 및 시설, 그리고 개인이 그 회원이 되었다. 이 연맹은 '아동복지'라는 월간 잡지를 간행하였다.

1930년 제 3차 백악관회의는 Herbert Hoover 대통령에 의하여 아동보건과 보호를 위한 회의가 소집되었고 특히 신체적, 정신적 장애아동, 교육, 의료보호, 보건보호를 강조하는 아동의 건강욕구에 집중되었다. 이 회의는 '아동헌장'을 발표하였다.

1940년 백악관회의는 유럽의 전쟁기에 그리고 1950년 백악관회의는 한국전쟁기에 개최되었는데 전자는 민주주의 아동, 후자는 아동발전의 정서적 요인이 강조되었다.

1960년 제 6차 백악관회의는 변화하는 세계속의 아동 및 청소년의 연구가 주제였는데 자유와 존엄의 창조적 생활을 실현하기 위한 아동 및 청소년을 위한 기회가 강조되었다. 1970년 백악관회의는 청소년회의가 분리되었다. 이와 같이 매 10년마다 개최되는 이 회의는 사회복지 분야에 많은 영향을 주었다.

남북전쟁 이후 사회복지 발달의 특징은 ① 제 2차 산업혁명과 네 차례 경제공황의 결과가 독점자본가와 대량의 실업자를 탄생시켜 부의 편재현상을 초래하게 되자 노동운동이 활성화 되었다. ② 대량의 실업자나 빈민을 구제하려는 사설 자선단체들이 난립하게 되자 이들을 조정하고 상호 연락을 위한 자선조직협회가 발달했다. ③ 인구의 도시집중 현상으로 도시에 슬럼지역이 생겼으며 이들 지역의 문제해결을 위한 인보사업이 발전했다. ④ 사회사업 전문교육이 발전하기 시작했고 전문단체들이 조직되어 발전했다. ⑤ 연방정부가 서서히 빈곤문제와 사회문제의 해결을 위해 참여하기 시작했다.

3) 대공황시기 사회복지

(1) 세계 대공황

1929년 10월 뉴욕 증권거래소에서 발단이 된 경제공항은 미국 사회복지의 원리와 실제에 커다란 변화를 일으켰다. 공황전에는 공적 구제가 주로 시 또는 군에서 정치적 지명자에 의하여 관리되고 빈민의 감독자가 관리하였다. 그들은 빈곤을 나태와 일치시켰고 기아상태에서 구제를 하였다. 공적 구제기관의 요원으로 사회사업가가 있는 경우 40개 대도시에 불과하였고 사적 가족복지기관은 약 400개 대도시에 존재하였다.

그러나, 불황으로 말미암아 실업자가 1929년 286만 명에서 1930년에는 500만 명으로 증가하자 실업자, 빈민을 구제하기 위한 사적 공적 기관은 그 기능을 거의 상실하였다. 또한 후버 대통령은 원조를 신청하는 주정부에 대한 연방의 원조를 거절하였다. 그는 긴급구호는 사적 자선사업이나 자발적 헌금에 의하여 지원하는 것이 미국식 방식이고 조세에 의존하지 않는다고 생각하였다. 그리하여 1930년 8월 주지사회의를 소집하고 고용을 위한 긴급위원회에 A. Woods를 임명하여 보았으나 결국 실패하였다. 1930년 실업자가 더욱 증가하고 농민의 54.1%가 농토를 내놓게 되자 군과 구호사무소는 실업자 가족을 지원하지 않을 수 없었고 1931년 주요한 주는 이들의 기아를 면하기 위하여 실업구제책을 펴지 않을 수 없었다. 그리고 이 긴급구제를 위하여 사적 박애사업, 정부 및 기업의 자원이 요청되었다.

그리하여 뉴욕에서는 임시 긴급구호청이 설립되고 그 책임자로 사회사업가 출신인 Harry I. Hopkins가 임명되었다. 그는 전체 주를 위한 단일한 정책과 구제의 기준을 마련하였고 1993년 말 24개의 주가 실업자를 위한 긴급구호대책을 인정하였다. 이와 같이 의회와 주 정부가 긴급구호를 인정함으로서 Hoover 대통령은 1932년 '긴급구호 및 건설법'을 동의하게 되고 연방정부는 주, 군 및 도시에 구호계획을 위하여 3억불을 대여하였다.

1932년 루즈벨트 대통령이 당선되었을 때도 1,500만 노동자가 실업상태였고 많은 가족이 가정과 농장을 상실하고 희망 없이 빈약한 구호에 의존하여 살았다. 어떤 주는 전체 인구의 40%가 구호를 받았고 어느 주의 경우 90%에 이르렀다. 그리하여 일찍이 실험보험이 발달하였다.

(2) 뉴딜정책과 사회보장제도

이러한 절망기에 뉴딜정책 *The New Deal* 은 국민경제제도에 있어서 새로운 신뢰와 균형을 재건할 수 있도록 하였다. 이것은 부당 이득과 투기를 안정과 인간주의적 대책에 의하여 대치하였다. 이러한 불황, 실업 및 경제적 무관심과 싸우기 위하여 루즈벨트 대통령은 1933년 연방 긴급구호법을 입법하였다. 이것은 연방 구호정책의 급진적 변화를 의미한다. 또한 이것은 주에 대한 단기 대여 원칙을 폐지하고 인간복지를 위하여 연방정부의 새로운 책임으로 대치하였다. 이 새로운 법의 관계기관은 연방 긴급구호청 FFRA 이었고 그 책임자로 Harry I. Hopkins를 임명하였다. 이 기관은 대통령하에 있는 독립된 기관이었다. 그리고 의회로 부터 대책비는 5억불이었다. 이 기관의 주요한 기능을 첫째는 주가 공적 기관에 의하여 실업구호를 하도록 기금을 관리하고 실업자의 이익을 위하여 만족스러운 구호기준을 설정하고 연방기금의 적절한 사용을 통제하는 것이다.

한편, 루즈벨트 대통령은 실업자에게 적정한 기회를 제공하기 위하여 1933년 시민사업청 *Civil Work Administration* 을 설립하였다. 이 기관은 4백만 실업노동자들이 적정한 임금수준의 고용을 할 수 있도록 하기 위한 것이다. 그리고 공황기에 대통령은 청년들이 만족스러운 고용을 준비하는 것을 도와 주기 위하여 시민자원보존대 *Civilian Conservation Corps,* 또 나태와 불행을 예방하기 위한 전국 청년청 *National Youth Administration* 이라는 사업을 개발하였다. 1939년 NYA와 CCC사업은 미국 학교의 교육프로그램에 노동경험의 도입이라 할 수 있다.

세계 대공황 시기 사회복지제도의 발달 특징은 ① 자유방임주의 경제사상이 퇴색하고 연방정부의 통제경제가 대두 되었으며 빈곤의 책임이 개인의 책임이라는 사상이 변화되었다. ② 연방정부의 적극적인 사회복지에의 참여가 있었다. ③ 국민생활안정을 위하여 사회보장법이 최초로 제정 공포되었다. ④ 민간사회사업기관을 중심으로 사회사업방법들이 발전하고 전문화 되었다.

1934년 6월 국민생활보장의 제도를 연구하는 경제안정위원회가 설립되었다. 이 위원회는 노동·농업·재무의 장관, 검찰총장 및 긴급 구제기관의 장관을 위원으로 하였으며, 이 위원회가 조사 연구한 보고서를 근거로 1935년 8월 14일 소위「사회보장법」이 통과되었다. 이 법은 미국에 있어서 사회복지 분야의 연방 기본법이다. 사회보장법은 3가지의 주요한 프로그램으로 구성되어 있다. 하나는 연방

노령보험제도와 실업보상의 주 제도이고, 다른 것은 노령부조, 맹인원조, 피부양아동원조, 폐질원조에 대한 연방정부의 기본 원조를 받는 공적 부조이며, 나머지는 모성 및 아동보건서비스, 장애아동서비스, 아동복지서비스, 직업재활 및 공중보건서비스를 위한 보건 및 복지서비스이다. 이것은 1943년 직업재활법과 1944년 공중보건서비스법의 기반이 되었다.

이와 같이 뉴딜정책은 공항기 미국경제를 부흥시키게 되었고 사회개혁 프로그램을 실시하는 계기가 되었다.

한편, 1964년 존슨 대통령은 '경제기회법'을 마련하여 소위 빈곤과의 전쟁 *War on Poverty* 이라는 것을 실시하였다. 이 빈곤전쟁은 국민총생산의 1%를 투자하여 직장 조성(60%), 지역사회행동(33%), 자원봉사활동, 새로운 기회의 제공 등 5가지 기회를 마련하기 위한 대책이었다. 이러한 대책의 목적은 누구에게든지 교육과 훈련의 기회를 개방하고 일할 기회와 품위 및 위엄을 갖추고 살 수 있는 기회를 제공하려는 것이었다. 그러나, 이러한 대책이 빈곤을 감소시키지 못하였다고 비판을 받고 있으나 미국식 사회복지의 개념(인간봉사, 공공복지 등)과 전달체계를 발달시키는데 크게 기여하였다. 특히, 저소득 아동들의 보건과 영양등에 관한 서비스인 Head Start 프로그램(아동보호센터, 식권제 등)이 발달하였다.

1965년 사회보장법의 개정은 노령 및 유족보험과 실업보상을 받은 사람을 증가시켰다. 수정 내용은 노령건강보험사업을 조정하였고 노령, 유족 및 폐질수당의 급여가 7%까지 증가되었다.

미국의 사회보장제도는 ① 연방정부가 직접 관리 운영하는 노령유족폐질보험 *OASDI,* ② 각주가 운영하는 실업보상제도에 대한 연방보조금제도, 그리고 ③ 각주가 운영하는 각종의 공적 부조 및 복지사업에 대한 연방 보조금제도를 그 특징으로 하고 있다.

노령유족보험 *Old-Age & Survivors Insurance*은 연방정부가 직접 운영 관리하는 강제 기여보험이다. 이 제도의 목적은 노동자의 생활에 필요한 노동수입이 노동자의 퇴직이나 사망으로 중단된 경우, 노동자의 가족을 이로 인한 경제적 불안으로부터 건져 주려는데 있다. 최초의 노령보험은 1939년 유족보험에서 취급하였고 1956년의 개정으로 의사와 특정제도의 적용을 받는 공무원 및 철도 종업원을 제외한 피고용자 · 자영업자 · 농민 및 가정부 등 모든 국민이 적용될 수 있다. 오늘날 직업인의 92%가 연금제도에 가입하고 있다. 이 제도의 피보험자와 부양가족 및 유족은 일정한 자격조건에 따라 각종의 보험급여를 받는데, 여기에는 ① 노령연금, ② 배우자연금, ③ 자녀연금, ④ 유아연금, ⑤ 과부연금, ⑥ 양친연금 ⑦ 폐질연금 등이 있다.

실업보상제도는 위스콘신 주에서 1932년 처음으로 시작된 것으로, 실업보험의 수급 내용은 각 주에 따라 다르다. 이 보험의 수급자격이 상실되는 조건은 ① 정당한 이유 없이 수급자격을 상실한 자, ② 업무상 과실로 해고된 자, ③ 정당한 이유 없이 본인에게 적합한 직업에 취업하지 않은 자, 그리고 ④ 노동쟁의의 결과 퇴직 실업한 자이다.

공적 부조제도는 ① 노령부조, ② 맹인부조, ③ 피부양모자부조, ④ 질병부조, ⑤ 일반부조 등 다섯 가지가 있다. 이 다섯 가지 중에 일반부조 이외에는 연방정부로부터 보조금을 받고 있다. 피부양모자부조 *AFDC* 는 후에 요보호가족에 대한 일시부조 *TANF*로 전환되었다.

미국의 사회보장제도 중에서 가장 발달되어 있는 것은 노령유족

폐질건강보험 *OASDH* 이고 그 다음은 복지개혁 이전에는 피부양모자부조 *AFDC* 이다.

미국에서는 사적 의료보험이 발달되어 있다. 이것은 임의로 가입하는 보험자와 요양기관간 계약에 의하여 의료혜택을 받고 있는데 전체 봉급생활자의 약 6할이 가입되어 있다. 그리고 65세 이상의 노인을 위한 무료 의료보호 *Medicare* 와 빈민을 위한 무료 의료부조 *Medicaid* 가 발달되어 있다.

4) 신연방주의와 복지개혁

미국에 있어서 1935년 이후 1950년대 까지 복지프로그램은 크게 변화하지 않았다. 그러나 1960년대에 들어와서 대부분의 미국인에게는 번영의 시대가 왔으나 250만 명에게는 빈곤이 존재하였다. 그리하여 앞서 빈곤대책에서 지적한 바와 같이 케네디 대통령의 뜻에 따라 존슨대통령은 '위대한 사회'를 건설하기 위하여 소위 '빈곤전쟁'이라는 정책을 강구하였다. 이 정책이 치료적 성격을 지녀 성공한 부분도 있으나 그 전략이 많이 실패하여 1970년대 닉슨 대통령은 그것을 없애기 시작하였다. 그는 대신 빈민들을 위하여 연간소득을 보충하는 소득보장 *supplemental security income* 프로그램을 도입하였다. 한편, 아동학대를 도와주고 지역사회 정신건강서비스를 마련하여 노인사회서비스 프로그램을 개발하는 법령이 제정되었다.

이 당시 사회복지정책의 특징은 ① 미국의 경제가 월남전쟁이나 세계적인 석유파동 등으로 인해 침체되었고, 따라서 실업과 빈곤대책을 강구하기 위한 많은 정책들이 나왔다. ② 흑인의 민권운동, 반전운동, 학생운동, 복지권 시위 등 시민의 권익옹호운동이 대두되었으며 사회사업도 사회개혁과 권익옹호 프로그램에 관심을 갖고 이러한 프로그램을 발전시켜 나갔다. ③ 연방정부는 사회복지에 관한 많은 법령을 새로 제정하거나 개정하였고 관대한 복지정책을 펴 나갔다.

그러나, 1980년대는 1960년대의 자유주의적 사상이 더욱 보수적인 정치사상에 의하여 변화되었다. 이러한 사상은 ① 정부의 복지비용이 최소화 되어야 하고, ② 특히 연방정부는 복지정책과 프로그램에 있어서 그 역할을 최소화 하며, ③ 극단적인 조건 즉 절실한 욕구결핍자만이 복지부조를 받아야 하며, ④ 복지부조는 가능한 한 장기간 보다도 단기간 제공되어야 한다는 것이다.

그리하여 레이건 대통령은 최소정부를 지향하면서(즉 *Reaganomics*) 사회보장의 주요한 재원인 소득세와 법인세 등을 감소시켰다. 이러한 세금의 감소로 연방정부가 운영하는 OASDI와 재정지원을 받는 AFDC 등의 축소가 불가피 하였다. 그러한 결과 그것의 급여혜택을 받은 중산층 이하, 특히 빈민들의 복지를 저하시켰다. 실제로 레이건 시절의 복지비는 카터 대통령 시절에 비하여 그 절대액은 감소하지 않았지만 전임 대통령의 요구액에 비하여 적었던 것이다. 이와 같이 연방정부의 복지기능을 축소시키면서 기업인의 이익을 증대시킨 정책(감세 등)을 신연방주의 *new federalism* 라고 한다.

한편, 미국에 있어서 가장 주요한 공적 부조인 AFDC가 폐지되고 1988년에 1935년 사회보장 입법 이래 최대 개혁이라는 가족지원법 *Family Support Act* 이 제정되었으며, 또 이것이 부적절하다하여 1997년 7월 1일 부터 AFDC(1997년 예산이 252억 달라임)는 폐지하고, 요보호가족에 대한 일시부조 *Temporary Assistance for Needy Families* 로 대치되었다. 미국 가족지원 프로그램의 기본 원리는 의존성 *dependency* 에서 자기 충족성 *self-sufficiency* 을 강화하려는 복지 *welfare* 보다 노동연계

복지 *workfare* 를 추구하는 것이다. 이 프로그램은 각 주마다 약간 상이하지만, ① 모자가정은 5년 이내 취업을 해야하고 ② 그 아버지는 찾아서 그간 모자가정에 대한 정부지원액을 갚도록 한다는 것이다. 이것은 철저한 신자유주의 복지정책이라 할 수 있다.

3. 일본의 복지제도

일본의 사회복지제도를 시대적으로 살펴 보면 자본주의의 생성기인 메이지(明治) 유신 부터 1880년대 전반까지 자선구제의 시대, 산업혁명기 부터 1910년대 까지를 특징 짓는 감화구제의 시대, 그리고 제 1차 세계대전 부터 제 2차 세계대전 까지 사회사업의 시대를 거쳐, 제 2차 세계대전후 전후 복지 개혁기에 사회복지의 골격을 형성하였다고 할 수 있다.

제 2차 세계대전 이후 사회복지제도는 1950년대 말까지 사회복지의 기초적 형성기, 1960년 부터 1970년대 말까지 사회복지의 급격한 발전 및 억제기, 1979년 부터 1980년대 중반기 까지 사회복지개혁과 새로운 모색기라고 특징 지울 수 있다.

그리고 1980년대 중반이래 현재까지 사회복지제도는 소자녀 · 고령사회의 도래, '노말라이제이션'(정상화) 이념의 보급으로 지역복지 이념이 사회복지의 주요한 이념으로 자리를 잡았다. 이를 중심으로 한 사회복지제도의 개혁이 활발하게 모색되고 있다는 점이 특징이다. 특히 이러한 변혁 속에서 고령사회에 대비한 행 · 재정개혁, 복지개혁의 논의, 전통적인 시설보호에 대한 비판으로서 시설복지와 재가복지의 연속성을 강조하는 지역복지, 재가복지 사상이 정착하고 있다. 또한 선별에서 선택, 중앙집권에서 지방분권, 조치에서 이용 ·

계약, 복지에서 인권보장이라는 주요한 흐름이 현재 일본의 사회복지 개혁의 중심이 되고 있다. 사실 일본의 사회복지개념은 사회복지서비스와 같이 좁은 것이다.

1) 제 2차대전 이전 생활보장체계; 구제사업과 사회사업

메이지유신 후 자본주의 맹아기에 있어서 구빈시책을 보면 1871년 기아보호에 대한 미곡의 급여와 1874년 3명이상 자녀를 둔 빈민에게 양육비 급여 등 1874년에는 전국적으로 빈민구제책이 필요하게 되어 구휼규칙이 제정되었다. 이 구휼규칙은 친족 및 공동체에 의한 상호부조를 전제로 ① 폐질자, ② 70세 이상의 중병 또는 노쇠자, ③ 질병자, ④ 13세 이하의 독신으로 노동 능력이 없는 빈민을 대상으로 한 제한적 부조책[2]으로서 가부장적, 자선적 시책이라고 할 수 있다.

1877년에 들어서면서 자본의 본원적 축적과정과 더불어 농민층, 직인층, 상인층의 궁핍화, 몰락 토족의 궁핍화가 나타나고, 1883년경 전 국민의 6할이 하층의 빈곤생활에 처하게 되었다. 이러한 상태에서는 주민의 상호부조만으로는 한계가 있어 본격적인 구빈책이 필요하게 되었다. 그리하여 1890년 제 1회 제국국회에 규휼규칙 개정안으로 궁민구조 법안이 제출되었다. 이 법안은 재앙으로 인한 자활불능의 노동 능력 있는 빈민도 대상으로 시정촌의 구조 의무를 인정한 것이었지만, 현 시점에서는 사회불안이 그렇게 심각하지 않으므로 자선으로 충분하다는 의견이 많아 결국 폐지되었다.

빈민구조책이 존재는 하였지만 국민의 6할이 하층의 빈곤생활을 하였던 당시의 사회적 상황에서는 대응할 수 가 없었기 때문에

---

2) 仲村優一외,「社會福祉教室」有斐閣, 1993년, p.27.

1887년 전후 빈민아동을 대상으로 하는 오카야마 고아원(1887년)과 같은 민간육아(고아)시설이 많이 설립되었다.[3] 이러한 시설들은 재정적 기반의 취약 때문에 해체될 위기에 놓여 있었지만 1909년 민간자선시설에 국고 장려금, 조성금이 교부되었다.

청일, 러일전쟁 후 일본은 산업혁명을 거쳐 비약적인 발전을 하게 되었지만 자본주의의 발전에 따른 빈곤, 실업, 과밀주택 등 사회문제에 직면하게 되었다. 이에 1889년 궁민구조 법안, 1897년 구빈세 법안, 1898년 궁민법안 등 여러 구빈시책이 도입되었다. 이러한 법안들은 모두 주민의 상호부조를 특징으로 하는 전통적 미풍양속인 유교적 구제사상과 구미의 구빈법 비판의 영향을 받은 것이다. 이것은 현실의 사회적 상황과는 역방향의 시책들이었다. 그러나 이러한 일반 국민을 대상으로 하는 제도와는 달리 군인 및 그 가족에 대한 처우는 특별히 우대되어 여러 제도가 마련되어 왔다. 즉, 1876년 일본에 있어서 최초의 공적 연금제도인 육군은급령(陸軍恩給令)이 제정되었으며, 1883년 해군은급령이 제정되었고, 1890년 군인은급법으로 통합되었다.

제 1차 세계대전 후 실업 및 빈곤의 확대, 이에 따른 노동운동, 쌀소동을 계기로 사회사업이 성립하게 되는 기반을 갖추게 되었다. 1897년 내무성에 구호과를 설치, ① 진휼구제(賑恤救濟-빈민구호), ② 군사구호,③ 도부현립(道府縣立)이하의 자선구제시설을 관장하였다. 이것은 1899년 사회과로 개칭되었고, 1900년에는 사회국으로 승격되어, ① ②에 ③ 실업구제 ④ 아동보호 ⑤ 기타 사회사업이 포함되어 5가지 업무를 다루었다. 또한, 자선을 대신하여 사회사업이 국가의 법령에 명시되었다. 쌀 소동을 계기로 1898년 오사카에서 방면위원

3) 仲村優一외, 상게서, p.28.

제도가 창설되어, 각 방면에서 초등학교 통학구역을 1구역으로 민간의 독지가 등을 담당자=방면위원으로써 위촉하고, 구역내 구제여부를 조사하여 적당한 구제를 도모하였다. 이 제도는 전국으로 파급되어, 그후 일본의 구호행정에서 무시할 수 없는 명예직 위원제(후에 민생위원)로 정착되었다. 또한 이것은 제 2차 세계대전 후 설립된 복지사무소[4]의 전신이었다.

1900년 사회방위의 목적과 불량청소년에 대한 보호를 실현코자 하는 감화법의 보급을 목표로 하는 감화사업강습회의 개최 등을 계기로 일본에 있어서 구빈방책의 과제는 구빈에서 국민의 감화에 의한 방빈으로 전환하게 되었다[5]. 1907년에서 1908년의 공황으로 인해 방적산업의 부진, 쌀값의 폭등 등으로 구휼적 궁핍층, 실업자가 많이 나타나게 되었고, 불량소년, 범죄소년의 증가도 사회 문제화

---

4) 복지사무소는 1951년의 사회사업법에 의해 사회복지행정 제일선기관으로써 창설 되었다. 당시에는 생활보호법, 아동복지법, 신체장해자복지법의 3법을 담당하기 위하여 출발하였지만, 현재는 이후 제정된 정신박약자복지법, 노인복지법, 모자 및 과부복지법이 추가되어 복지 6법이 정하는 업무를 행하고 있다. 이외에 민생위원 관계사무, 아동부양수당, 특별아동부양수당, 특별장해자수당, 전상병자전몰자유족원호, 생활복지자금 등 6법 외의 복지 제시책도 담당하고 있다. 복지사무소의 설치 주체는 도도부현,(都道府縣) 시, 특별구 및 정촌(町村)이며, 이중 정촌(町村)만이 임의 설치이고, 이외에는 의무설치이다. 기구도 설치 주체 및 인구 규모에 따라 다르지만 대부분 생활보호 부문 및 복지 5법 부문, 총무부로 나누어져 있다. 이전에는 생활보호 부문이 차지하는 비중이 높았지만 현재 노인·장애인 등을 위한 재가복지시책의 충실과 함께 상대적으로 이 부문이 차지하는 비중이 높아지고 있다.

1990년 사회복지사업법의 개정으로 인하여, 1993년도 부터 도도부현,(都道府縣)과 시정촌(市町村)이 설치하는 복지사무소의 기능이 나뉘어지게 되었는데, 노인복지법 및 신체장애자복지법이 정한 조치권이 정촌(町村)으로 이관되었기 때문에 도도부현(都道府縣)이 설치하는 복지사무소는 4법이 정하는 사무만 담당하게 되었다. 시정촌(町村)이 설치하는 복지사무소의 기능은 최근 개호보험 업무도 보조하고 있다.

5) 古川孝順「社會福祉論」有斐閣, 1993, p.98.

되어, 1920년 감화법, 1921년에 직업소개법, 1922년 건강보험법이 제정되었다.

타이쇼우(大正) 말기 금융공황을 계기로 1929년 본격적인 구빈시책으로 구호법이 제정되었다. 이 구호법은 공적 부조를 기본으로 하여, 구휼규칙에서는 분명하지 못하였던 ① 구호기관(시정촌장 및 보조기관으로서의 명예직 위원), ② 구호내용(생활, 의료, 조산, 생업, 매장), ③ 구호방법(재가보호 원칙), ④ 구호비 부담(국가1/2이내, 도부현1/4, 시정촌 1/4이상) 등을 명시하였다. 그러나 구호의 대상은 ① 65세이상 노쇠자, ② 13세 이하 아동, ③ 임산부, ④ 폐질·상병·심신장애로 인하여 근로에 지장이 있는 자에 한정한 제한적 부조였으며, 이 법에 의해 보호를 받는 자에게는 선거권, 피선거권이 주어지지 않았다[6]. 더욱이 이 법은 국가의 제정난을 이유로 그 실시가 연기되다가, 1932년에 이르러 방면위원회를 중심으로 하는 구호법 실시조성동맹회의 적극적인 운동에 의해 경마법을 개정하여, 그 이익금의 일부를 재원으로 하여 실시하게 되었다. 또한 구호법의 실시에 의해 민간시설도 구호시설로서 국가보조를 받게 되었으며, 재정으로도 안정되어 국가제도의 보완적 역할을 하게 되었다. 이것이 생활보호법의 기초가 되었다.

이러한 사회사업은 쇼우와(昭和) 공황 이래 만주사변, 중일전쟁 등 전쟁수행을 위한 건민건병정책(健民健兵政策)의 일환으로써 인적자원의 보호육성을 목적으로 하는 전시 후생사업으로 변질하였으며, 1937년 모자보건법과 군사부조법, 1941년 의료보호법이 제정되었다. 특히 1938년에는 국민의 체력향상과 국민의 복지증진을 목표로 하여 후생성이 신설되었고, 사회사업의 지도, 통제의 강화를 위한 사

6) 仲村優一외, 상게서, p.32.

회사업법(1938년)도 제정되었다. 이 사회사업법에 규정하고 있는 사회복지시설로는 사회사업 일반을 포함하여 ① 양로원, 구호소 기타 생활부조를 위한 사업, ② 육아원, 탁아소 기타 아동보호를 위한 사업, ③ 시료소(施療所), 산원(産院) 기타 시약, 구료(救療) 또는 조산보호를 위한 사업, ④ 수산장(授産場), 숙박소 기타 경제보호를 위한 사업, ⑤ 기타 칙령에 따라 지정하는 사업 그리고 전 각호(各號)에 들고 있는 사업에 관한 지도, 연결 또는 조성을 위한 사업이 있다.

2) 미군정기 사회복지사업의 형성기

제 2차 세계대전 패전 후 전쟁으로 인한 고아, 기아, 전재민, 귀환자, 부랑민, 상해자, 장애인 등 생활곤궁자들의 생활보호 문제와 매춘, 범죄 등이 만연하여 이에 따른 사회불안의 문제를 어떻게 해결하여 갈 것인가가 전후 처리에 있어서 우선적 과제였다. 이러한 과제에 대한 사회복지의 전후 개혁은 연합국 총사령부(GHQ-총사령관은 미국의 Macathur원수)의 점령정책과 그 범위 안에서 자주적 개혁이라는 간접적 통치방식에 의해 추진되었다.

연합국 총사령부 GHQ 는 일본 사회사업의 비군사화와 민주화를 목표로 1945년 12월 8일 구제 및 복지계획의 건(Scapin 404)에서 무차별 평등, 최저생활 유지의 원칙을 내 세우고, 일본 정부에 대하여 이를 실현하기 위한 구체적인 계획을 제출할 것을 요구하였다. 이에 일본정부는 구제복지에 관한 건을 GHQ에 제출하고, 국민원호에 관한 종합적 법령을 목표로 하는 생활보호법의 제정을 계획하였다. 이러한 일본정부의 회답을 GHQ는 일정한 조건을 내세워 조건부로 받아들인다는 각서「사회구제」(Scapin 75)라는 문서를 통하여 승인하였다. 그 조건이란 무차별 평등의 원칙, 공적 책임의 원칙, 구제비 비제한의 원칙 3원칙이었다. 이것이 소위 GHQ 3원칙이며, 이후 전후 사회복지개혁에 있어서 지도원리가 되었다[7].

GHQ 3원칙 중 무차별 평등원칙이란 일반적으로는 일본 헌법 제 14조(국민의 평등성) 즉, 근대 시민사회의 보편적인 평등원리를 사회복지에 적용하는 것으로 해석되었지만, 그것은 실제로 GHQ의 일본에 대한 복지정책이었다. 즉, 구군인 및 그 가족에 대한 우대 조치의 배제를 요구하였던 것이었다.

두 번째로 공적 책임의 원칙이란 구제문제에 대해서는 중앙정부가 책임을 질 것을 명시하고, 동시에 이것을 민간에 전가시키는 것을 금지함으로써 공사 분리 원칙을 제시한 것이었다. 이 공적 책임의 원칙을 제시하게 된 직접적인 동기는 일본 정부의 '구제복지에 관한 건' 가운데 국민의 생활보장을 위한 종합적인 법령을 제정하는 것과 더불어 법령에 의한 원호를 확충·강화하기 위하여 새로운 유력한 민간 원호단체의 설립을 준비하고 있다는 부분이었다. 즉, 관민유착, 공적 구제책임의 민간 전가라는 전전(戰前)이래 일본 정부의 전근대적인 체질을 그대로 신제도에 계승하려 하는 일본 정부의 계획에 대하여 강하게 비판하는 의미를 지니고 있었다.

세 번째로 구제비 비제한의 원칙이란 제 2차 세계대전 이전 일본의 구제정책에서는 최저 생활보장의 사상이 존재하지 않았던 것에 대하여 GHQ는 생활곤궁자에 대한 구제는 최저 생활보장이라야 한다는 것을 시사하였던 것이었다.

이러한 GHQ 3원칙에 의해 1946년 9월 구생활보호법, 1947년 12월에 아동복지법, 1949년 신체장애자복지법의 제정으로 소위복지 3법이 성립되게 되었다. 즉 사회구제(Scapin 75)의 제 원칙은 이러한

7) 高川孝順외, 상게서, p.103.

복지 3법, 특히 구생활보호법을 통하여 구체화 하게 되었다. 구생활보호법은 노동능력 유무를 불문하고 빈곤한 상태에 있다면 보호를 받는 일반 부조주의를 취하였으며, 보호비의 국고 부담율이 8할이라는 점에서는 획기적이었다. 그러나, 태만·소행 불량한 자의 배제, 부양의무자에 의한 부양의 우선, 보호청구권의 불기명, 쟁송권(争訟權)의 부정 등 많은 문제점을 남겼다.

아동복지법은 이념상 요보호아동으로 대상을 한정하지 않고 모든 아동의 적극적인 복지증진을 목표로 하며 아동의 권리승인, 아동양육에 대한 공적 책임의 승인을 전제로 하여 비약적 발전을 보이게 되었다. 또한 신체장애자복지법은 대상을 상이군인만이 아니라 신체장애인 일반으로 확대한 보편적인 복지서비스의 입법이 되었다.

이러한 GHQ 3원칙과 함께 새롭게 제정된 일본 헌법 제 89조 공적 재산의 지출 이용의 제한은 전후 민간사회복지시설의 재정면에 많은 제약을 가져오게 하였다. 이렇게 재원에 어려움을 겪고 있는 민간 사회복지시설을 구제하기 위하여 고안된 것이 공동모금의 도입이라 할 수 있다[8].

GHQ는 전후 사회복지개혁이 어느 정도 궤도에 오르게 되자 1949년 11월 후생성과 합동회의의 석상에서 '사회복지행정에 관한 6항목'을 제안하였다. 이 제안은 생활보호법의 실시 이후 여러 국면에서 나타나고 있는 전후 사회복지의 조직 및 운영에 관련된 현안사항을 해결하려 하는 것이었다.

---

8) 현재 일본에서는 도도부현(都道府縣)을 단위로 조직되어 있는 공동모금회가 매년 1회 후생대신이 정하는 기간(10월 부터 12월 까지 3개월간)에 한하 여 공동모금을 실시하고 있다. 공동모금의 배분에 대해서는 사회복지협의회의 의견을 물어 각 지역에서 기부금을 필요로 하는 사회복지시설에 배분하고 있다. 秋山智久, 「社會福祉施設運營論」,1995년, p.7.

이 GHQ의 6조항 제안에 대처하는 조치로서 1951년 사회복지법이 제정되었다. 이 법은 사회복지사업의 범위, 사회복지법인제도, 복지사무소, 공동모금회, 사회복지협의회 등에 대해서 규정하였다[9]. 특히 이 법 안에서 GHQ 3원칙 중 공적 책임의 원칙-공사책임 분리의 원칙은 법 제 5조에서 사업경영의 준칙으로서 다시금 명문화 되었다. 더욱이 제 5조 제 2항에서는 현재의 민간사회복지의 최대 자원으로서 조치비(措置費)지출의 법적 근거가 규정되었다.

조치권이란 관계법령에 의하여 복지서비스의 급여의 적합 여부, 개시, 폐지 등을 결정하는 행정 권한을 의미한다. 조치 산정의 근거가 되고 있는 것은 마켓 바스켓 방식으로 비용을 계측하는 최저 기준제도이다. 이 방식은 현재에도 기본은 변화가 없다. 또한 이 조치의 의미는 정부의 사업을 민간에게 위탁한다는 의미였으며, 이 위탁이란 정부와의 대등한 관계의 계약을 통해 정당한 대가를 지불, 그 책임을 다 할 수 있는 서비스를 구매한다는 의미였다[10]. 이러한 조치권과 조치비의 개념이 일본 사회복지 사업의 특징이다.

샌프란시스코 평화조약(1952년)에 의해 피점령상태가 종결한 후 수개월 동안 전후 사회복지개혁의 근간을 바꾸려는 몇 개의 법률이 제정되었다. 1952년 전상병자 전몰자유족 등 원호법 및 모자복지자금의 대여 등에 관한 법률, 1953년의 은급법 개정(군인은급의 부활) 등이 그 예이다. 이것은 일본이 주권을 회복하였다는 것에 상응하는 조치였다. 그러나 결과적으로 이러한 상황은 전후 사회복지의 기본구조에 직접적인 영향을 미치지 못하였다. 또한 무엇보다도 이 시기 GHQ의 대일점령정책의 일부였던 복지정책의 내용, 특히 GHQ 3원칙

9) 高川孝順외, 상게서, p.110.
10) 秋山智久, 상게서, p.9.

은 처음에는 외압적 요소로 시작하였지만 미국의 근대적 사회복지 이념이 도입되어, 일본의 사회복지의 근대화와 민주화를 가져 왔다고 평가한다.

1950년대에 들어서서 10년 동안 일본의 사회복지는 사후 구제적인 공적 부조(생활보호)의 중심에서 방빈시책인 사회보험을 중심으로 크게 전환하게 된다. 즉, 한국전쟁 등으로 경제성장이 급속히 이루어져 안정된 국민생활을 위한 사회보험이 요구되었던 것이다. 또한 이것은 생활보호와 사회복지사업을 보완하는 새로운 생활보장체계의 구축이 기대 되었기 때문이다. 1950년 10월 사회보장제도심의회는 사회보장제도에 관한 권고 소위 '50년 권고'를 제출하여, 사회보장의 중심이 되어야 할 제도는 스스로 필요한 경비를 기여하는 사회보험이 되어야 한다고 권고하였다. 이 권고에 따라 사회보험제도의 정비가 급속하게 이루어져, 우선적으로 직역보험의 확충이 이루어졌으며, 각 종의 공제조합보험이 신설되었다. 사회보험의 적용을 받는 국민의 범위는 점차로 확대되어, 1958년에는 농업자 및 상업자, 자영업자 등을 대상으로 하는 지역보험의 제도로서 국민건강보험법이 재건되었다. 또한 다음 해 1959년에는 피용자를 위한 국민연금법이 제정되었다.

현재 일본의 사회보험제도로는 의료보험, 연금보험, 고용보험 및 노동재해보험이 있으며, 피용자를 대상으로 하는 직역보험과 피용자 이외의 자영업자 등을 대상으로 하는 지역보험의 2원체제로 이루어지고 있다. 즉 직종별 분립주의와 직장·지역별 조합 방식이 일본 사회보험의 특징인데 이것은 독일의 사회보장제도의 모방에서 비롯되었다.

보험료는 사업주가 부담하고 있으며, 또한 국가로부터의 조성도 이루어지고 있다. 지역보험의 경우, 보험료에 관해서 사업주의 부담 등이 없기 때문에 국가의 조성에 크게 의존하고 있다. 보험료 산정에 있어서는 평균 보험료주의가 채용되고 있는데 예를 들어 건강보험료에 대해서는, 전년도의 수진회수 등 가입자의 개별 위험도와는 관련 없이, 수입의 10%라는 일률적인 보험료가 징수되고 있으며, 월 액 3000엔이라는 정액제의 보험료가 징수되고 있다. 또한 사업주의 부담비율은, 의료보험, 연금보험, 고용보험 중 실업급여에 대해서는 노동자와 사업주가 보험료를 50%씩 부담하고 있다. 실업급여를 제외한 고용보험 및 노동재해보험에 대해서는 보험료는 전액 사업주의 부담으로 되어 있다.

3) 고도 경제 성장기의 사회복지

1960년 이케다(池田) 내각이 내세운 경제계획 '국민소득 배증계획'에 의하여 10여년 동안 급속하게 고도 경제성장을 달성하게 되었지만 농촌의 생활붕괴, 인구의 도시집중, 가족형태의 변화, 생활환경의 변화, 정신장애인의 증가 등에 따른 문제가 많이 대두되었다.

이에 대응하기 위해 이전의 복지 3법에 추가하여 정신박약자복지법(1960년), 노인복지법(1963년) 및 모자복지법(1963년)이 제정되어, 소위 복지 6법의 체제가 정비되었다. 소득보장의 측면에서는 1961년 아동부양수당법, 1964년에 중도정신박약아부양수당법(66년 특별아동부양수당법으로 개정・개칭)이 제정되었다.

그러나, 경제성장이 초래한 공해, 생활환경의 파탄, 생활관련 사회자본의 부족, 과밀・과소지역, 및 지역・가족해체의 문제 등이 더욱 심각하여 사회문제화 되었으며, 사회복지시책의 확충을 요구하는 각종 운동 즉, 진정운동, 시민운동, 주민운동, 노동운동, 선거운동이 일어나게 되었다. 이러한 상황의 타개는 지방자치단체의 역할로서 기대 되었고, 이에 혁신 지방자치단체들이 생기게 되었다.

혁신 지방자치단체들은 경제성장에 따른 비교적 윤택한 재원을 배경으로 국가의 사회복지에는 없는 주민생활과 밀착된 구체적인 지방자치체의 독자적인 서비스를 실시하게 되었다. 아동수당제도의 창설, 노인의료 및 영유아의료의 무료화에 관련된 제 시책이 이러한 단독사업의 대표적 시책들이다. 동시에 지방자치단체가 주민에게 책임을 가져야 할 범위를 기준화 하려는, 주민 최저 생활보장 기준 *civil minimum* 을 책정하게 되었다[11].

이러한 지방자치단체들의 사회복지 단독사업들이 여러 가지 형태로 국가 시책에 영향을 미치게 된다. 우선 자방자치단체의 단독사업으로서 전국적인 규모로 발전한 시책의 일부분을 흡수하여 국가 시책으로 제도화 한다. 1971년 아동수당제도[12]와 1973년 노인의료비 지급사업이 그 대표적인 시책이다.

또한, 국가는 지방자치단체 단독사업의 확대를 이용하여, 지방자치단체의 사회복지 단독사업에 대하여 보조금을 교부하는 새로운 사회복지사업 방식을 정착하게 되었는데 이것이 소위 '예산 조치사업'이다.

이러한 동향에서 1970년 사회복지시설 긴급정비 5개년 계획이 책정되어, 사회복지시설을 증설하게 되었다. 이 시기 사회복지비용은 대폭 증액 되어, 일반 회계의 평균 신장율 22.7%에 비하여 47.6%의 신장율을 보였으며, 그 중에서도 큰 발전을 보이게 된 것

---

11) 岡本榮一외「社會福祉原論」,1993년, p.6.

12) 아동수당의 경우 현재 일정한 소득제한은 있지만 대부분 가정의 3세 미만 1자녀, 2자녀의 아동 1명당 월 5,000엔씩 지급되고 있으며, 3자녀 이상은 월 10,000엔씩 지급되고 있다.

은 보육소 행정이었다.[13] 특히 보육시설의 수는 1960년도 9,782개소였던 것이 1975년에는 18,009개소로 증설되어, 사회복지시설의 5할 이상을 차지하게 되었다. 이 시기의 양적 확충의 결과로 보육소는 복지시설로부터 탈피하여 지역사회의 자녀양육기관으로써 독자적인 길을 걷게 된다. 즉 보호자의 취업과 육아의 양립을 위한 시설뿐만 아니라, 아동을 건전 육성하기 위한 자녀양육 지원시설로써 자리를 잡아간다. 현재 전국의 보육소는 22,635개소(2003년)가 있으며, 이중 6할이 공립이다.

1973년은 복지 원년이라 불리어질 만큼 고도 경제성장을 배경으로 많은 재정을 복지에 사용하도록 복지서비스의 무료화, 소득 제한의 완화, 금액의 인상 등 시책을 전개하려 하였지만, 동년 말 제1차 오일쇼크에 의해, 일본의 경제는 저성장·안정 성장이 목표로 되고 복지 수정이 주장되었다. 즉 오일 쇼크에 의한 지방재정의 경직화를 지방자치단체의 무원칙한 선심복지, 선취복지, 인기쟁취복지에 의한 것이라고 강하게 비판하고 '일본형 복지사회론'을 제창하게 되었다. 일본형 복지사회론이란 개인의 자립·자조의 정신에 입각한 가정, 근린, 직장 및 지역사회에서의 연대를 기초로 하면서, 간소한 효율적인 정부에 의한 적정 부담하에 복지의 충실을 목표로, 최소 복지의 수준을 유지하면서, 국민의 자립·자조의 활동, 자기 책임의 기풍을 최대로 존중하고, 관계행정의 축소, 효율화를 도모하는 것을 말한다. 이것은 일본의 전통적 가치인 가족주의와 국가온정주의의 연대성과 시장경제의 효율성에 기초하고 있다.

이에 일본 정부는 1979년 책정된 신경제사회 7개년 계획의 정책 구상속에서 긴축재정, 행·재정개혁, 그리고 일본형 복지사회의 건

13) 仲村優一외, 상게서, p.37.

설에 의한 재정위기의 극복을 제언하고, 교육비, 사회보장· 사회복지비 등을 중심으로 재정지출의 대폭적인 삭감과 행정기구·사무의 간소화·효율화·민영화가 단행되었다. 이것은 영국과 미국의 신자유주의 정책의 영향이다.

4) 80년대 이후 사회복지개혁

이 시기 사회복지의 가장 큰 변혁은 지금까지 조치제도 실시에 따라 국가의 재정부담이 커져왔던 사회복지제도에 대해 개혁을 단행하였다는 것이다. 즉 이것은 지방자치단체에 대한 부담의 증가를 가져오게 하였으며, 재가복지를 중시하여 시정촌이 지역의 시설복지를 적극적으로 전개하기 어렵게 하는 즉, 시설복지에 독자적인 지출을 어렵게 하는 요인이 되었다.

이러한 제도의 변혁 이외에 사회복지의 이념의 변화도 사회복지개혁에 간접적으로 영향을 미치게 하였다. 주요한 이념의 변화로서는 '노말리제이숀'(정상화) 이념의 보급에 따른 재가복지사상의 정착이라고 할 수 있다. 특히 이 사상은 국제장애인의 해 이후 급속히 확대되어, 장애인복지의 이념을 초월하여 사회복지의 기본 이념이 되었다. 나아가 이 이념으로 인해 지금까지 사회복지가 시설복지 중심에서 재가복지 중심으로 바뀌게 되었다. 즉 시설이 재가복지의 보완적 역할 및 지원적 역할을 하는 시설복지의 지역적 전개를 추구하게 되었다.

이러한 동향에서 행·재정 개혁주도의 복지개혁이 급속하게 전개되기 시작한 것은 1985년 부터이다. 이 해 일본 정부는 국고보조일괄소감법을 만들어, 국가부담이 1/2이 넘는 고액 보조금에 대해서는 일률적으로 1할의 삭감을 실시하였다. 1986년 내각에 설치되었던

'보조금문제검토위원회'에 의한 심의의 결과를 거쳐, 앞으로 3년 동안 생활보호에 대해서는 국가의 부담을 종래의 8/10에서 7/10로, 복지서비스에서는 8/10에서 5/10으로, 각각 삭감할 것이 결정되었다. 3년이 경과한 1989년 국고부담의 삭감이 항구화 되어, 국가와 지방자치단체와의 부담률은 생활보호에 대해서는 7.5/10 대 2.5/10으로, 복지서비스에 대해서는 5/10 대 5/10로 확정되었다.

국가와 지방자치단체와의 사무 배분에 대해서는 생활보호의 경우 종래대로 기관 위임사무로 남았지만, 복지서비스에 관한 사무는 단체(위임) 사무로 변경되었다[14]. 생활보호가 기관 위임사무로서 남겨진 이유는 생활보호의 과제가 국민의 최저 생활에 관한 보장 *National minimum* 이라는 이유 때문이다.

1989년 3월 복지관계 3심의회 합동기획분과회의 의견 구신(意見具申), 즉, '금후의 사회복지의 방향에 대하여'는 관계 권한이 더욱 시정촌에 이관 되었는데 이 의견 구신에서 ① 시정촌 역할의 중시, ② 재가복지서비스의 충실, ③ 민간복지서비스의 건전 육성, ④ 복지, 보건, 의료의 연대강화·종합화, ⑤ 복지종사자의 양성과 확보, ⑥ 서비스의 종합화·효율화의 추진을 위한 복지정보 제고 체제의 정비가 제안 되었다. 또한 동년 12월에는 노인보건복지 분야의 장래 비젼을 수량적으로 나타낸 고령자보건복지증진 10개년 전략(골드플랜)이 책정 되었다. 이 10개년 전략은 후생성, 대장성, 자치성의 3성 합의로서 만들어진 것이며, 홈헬파, 단기보호, 주간보호라는 '재가복지 3핵심'을 중심으로 한 고령자 보건복지의 장기계획을 말한다. 구체적 정비목표가 설정된 사업의 국고부담을 합친 총사업비는 약 6조엔 규모이다[15].

---

14) 高川孝順 외, 상게서, p.122.

1990년 6월 노인복지법 등의 일부를 개정하는 법률이 제정되었다. 개정의 범위는 노인복지법, 신체장해자복지법, 정신박약자복지법, 아동복지법, 모자 및 과부복지법, 사회복지사업법, 노인보건법, 사회복지·의료사업단법의 복지 8법에 관련된 것이었다. 이 소위 복지 8법의 개정은 앞서 지적한 의견 구신의 제언에 따른 내용이다.

개정의 취지는 재가복지를 적극적으로 추진하기 위하여 재가복지서비스의 방향을 명확하게 하고, 재가복지서비스의 지원체제를 강화 시키며, 이를 위한 재가복지서비스와 시설복지서비스를 시정촌에 일원화 시키는 것이었다.

1994년 후생대신의 간담회에서 앞으로 다가올 소자녀·고령사회를 대비하여, 21세기 있어서 사회보장의 종합적인 전망을 제시한 21세기 복지비젼이 만들어졌다. 이 비젼에 있어서는 자녀양육을 사회적으로 지원하기 위한 종합적인 계획(엔젤플랜) 및 신골드플랜이 제언되었지만 1994년 12월 문교·후생·노동·건설의 4대신 합의에 의해 책정된 것이 '금후의 자녀양육 지원을 위한 시책의 기본적 방향에 대하여'(엔젤플랜)였다. 이 안에서 예산 조치가 강구되어진 것이 '긴급보육대책 5개년 사업'이다.

현재 일본의 보육제도는 1998년 4월 1일부터 실시되는 개정 아동복지법에 의해 실시·운영되고 있다. 이번의 개정은 지금까지 조치제도를 폐지하여 이용자 시스템으로 바꾸려하는 후생성과 중앙아동복지심의회 기본문제회의 의향이 크게 반영되고 있다.

이번의 개정으로 보육소의 입소 절차가 크게 변하게 되었다. 시정촌이 입소 보육소를 결정하고 있는 이전의 방식에서 보호자가 희망하는 보육소를 선택하여 신청하면, 시정촌이 이것에 기반하여 선

---

15) 厚生統計協會, 「國民の福祉の動向」, 1997년 제 44권 제 12호, p.86.

별하는 방식으로 바뀌게 되었다. 보육료는 이전에 보호자의 수입을 기준으로 정하여지고 있었지만 개정법에서는 아동의 연령 등에 따라서 정한다라고 규정하고 있다. 즉 연령에 따라 동일한 서비스를 받았다면 동일한 보육비용을 부담시킨다는 논리이다. 단 저소득층에의 급격한 부담증가를 피하기 위하여, 당면의 경과 조치로써 수입에 의한 부담액 설정방식을 그대로 사용하고 있으나 수입의 구분을 10단계에서 7단계로 간소화 하고 있다[16].

같은 해 1994년 12월에는 골드플랜의 1999년 계획 목표치를 상향 조정한 '고령자보건복지 추진 10개년 전략의 수정에 대하여'(신골드플랜)가 대장 · 후생 · 자치의 3대신 합의에 의해 책정되어 1995년부터 실시되고 있다. 신골드플랜은 ① 이용자 본위 · 자립 지원, ② 보편주의, ③ 종합적 서비스 제공 ④ 지역주의를 기본 이념으로 앞으로 대비하여 갈 고령자 보건복지의 기본방향을 규정하고 있다.

한편, 장애인시책 분야에 있어서도 1995년 12월 장애인플랜이 책정되고, 후생행정 분야만이 아니라 운수, 노동, 건설 등 관계 성청의 시책을 포함하여 2003년 까지 종합적인 계획이 마련되었다. 장애인 플랜에서는 ① 지역에서 더불어 살기 위하여, ② 사회적인 자립을 촉진하기 위하여, ③ 장벽제거를 촉진하기 위하여, ④ 생활의 질의 향상을 위하여, ⑤ 안전한 삶을 확보하기 위하여, ⑥ 마음의 장벽을 없애기 위하여, ⑦ 각국의 장애인 및 장애인복지종사자와의 교류를 추진하기 위하여라는 목표하에 각 각의 목표에 맞는 사업들이 계획되고 있다.

1995년 '사회보장제도의 재구축-안심하고 생활할 수 있는 21세기

---

16) 김영모 · 표갑수편「선진국 아동보육제도와 보육프로그램」,한국복지정책연구소, 1998년, pp.59～63.

의 사회를 목표로'에서는 사회보장 이념의 수정과 21세기를 대비한 사회보장의 방향(재구축)을 명시함과 동시에 금후, 증대하는 개호서비스의 요구에 대응하기 위한 공적 개호보험제도의 창설을 제안하였다.

이념의 수정 이유로서 사회보장제도의 대상이 전 국민으로 일반화 됨에 따라 사회보장의 이념을 모든 국민이 건강하고 안심할 수 있는 생활을 보장하는 것으로 수정하였다. 또는 사회보장 추진의 원칙으로서 보편성(빈곤의 예방과 구제로 부터 국민 전체의 생활보장), 공평성(급여와 부담의 공평성), 종합성(모든 제도의 정합성과 체계화), 권리성(이용자의 선택성), 유효성(효율적인 자원의 배분)을 들고 있다[17].

이러한 이념하에 창설된 공적 개호보험의 기본 목표는 ① 고령자에 대한 사회적 지원, ② 고령자 자신에 의한 선택, ③ 재가개호의 중시, ④ 예방, 재활의 충실, ⑤ 종합적, 일체적, 효율적인 서비스의 제공, ⑥ 시민의 폭 넓은 참여와 민간활력의 활용, ⑦ 사회연대에 의한 원조, ⑧ 안정적 또는 효율적인 사업운영과 지역성을 고려한 사회보험체제의 구축이라 할 수 있다. 개호보험의 보험자는 시정촌이며, 피보험자는 40세 이상의 전 국민이다. 개호보험료는 ① 고령세대(65세이상)는 시정촌별로 결정, ② 현역 세대(40~64세)는 전국적으로 일률 적용, ③ 보험료의 징수는 기존의 사회보험기구를 활용하는 것이다. 공비 부담은 국가 1/2, 도도부현 1/4, 시정촌 1/4로 구성되어 있다. 그리고 급여의 형태는 현물급여를 기본으로 하여, 가족개호에는 현금급여를 행한다. 비용부담은 개호보험료(50%)와 공비(50%)로 비용의 9할을 부담하며, 1할의 자기 부담, 시설입소에 있어

---

17) 成淸美治, 社會福祉「改革」の 視點と課題, 「社會福祉學硏究」 제3호, 神戶女子 大學社會福祉學會, 1999년, p.61.

서 식사 부담, 혹은 초과 부담 등을 자부담으로 하고 있다.

이러한 일련의 개혁 흐름 속에서 1997년 아동복지법 등 일부를 개정하는 법률, 건강보험법 등의 일부를 개정하는 법률, 개호보험 및 개호보험시행법의 제정, 의료법의 일부를 개정하는 법률, 정신보건복지사법의 제정 등이 이루어졌다.

나아가 1998년 중앙사회복지심의회 사회복지구조개혁분과회로부터 '사회복지 기초구조 개혁에 대하여'(중간보고 1998 · 6)가 보고 되었는데 그 중간보고에서 개혁의 기본 방향은 다음과 같다. 즉 ① 대등한 관계의 확립(서비스이용자와 제공자), ② 지역에서의 종합적 지원(이용자의 요구를 종합적 또는 계속적으로 파악), ③ 다양한 주체의 참가 추진(이용자의 폭넓은 요구에 대응하기 위하여), ④ 질과 효율성의 향상(시장원리의 활용), ⑤ 투명성의 확보(사업운영), ⑥ 공평 또는 적정한 부담(증대하는 사회복지의 비용부담) ⑦ 복지 문화의 창조(지역에 근거를 둔 개성 있는 문화) 등을 들고 있다. 또한 개혁의 구체적인 내용으로서는 ① 사회복지사업의 추진, ② 질과 효율성의 확보, ③ 지역복지의 확립을 들고 있다.

이러한 동향에서 지금까지 조치제도를 원칙으로 하여 운영되어 왔던 사회복지서비스가 계약제도로 이행하게 되었다. 즉 이용자 본위의 이용제도의 전환이 주장되어지면서 비용부담도 공평 또는 공정 원칙의 도입에 따른 응능(應能)방식으로 부터 응익(應益)방식으로 전환하게 되었다. 또한 2000년 4월 1일부터 실시되는 개호보험에 있어서도 원칙적으로 조치제도가 폐지 되었다. 이것은 신자유주의 영향이라 할 수 있다.

전후 혼란기에 방빈시책으로서 시작된 사회복지제도에 있어서 조치제도가, 고도 경제성장을 거치면서 국민생활의 질적 향상과 더불어 사회복지대상의 확대화, 다양화 따라 사회복지의 역할 · 기능도 변화하게 되었기 때문에 폐지되는 것은 시대 상황의 반영이라고 할 수 있지만 조치제도의 폐지에 따른 영향에 대하여 어떻게 대응하여 갈 것인가가 이후 일본의 사회복지를 이해하는데 중요한 요소가 될 것이다.

4. 한국의 복지제도

한국의 사회복지사업은 전통사회에 있어서 군주가 책임지는 구황제도와 부락 단위의 자조사업(계 조직)이 발달하였으나 이것이 일제에 의하여 단절 되었다. 일제는 식민통치의 일환으로 사회사업을 실시하였으나 당시에 발생되는 부랑 빈민들을 제대로 보호하지 못하였다. 해방 이후 귀향동포, 수재 · 한재로 인한 재민구호와 6.25 전쟁으로 인한 전재민, 월남 동포를 구호하기 위하여 미군정과 외원구호 및 시설보호사업이 발달하였다.

1960년 이후 군사정부는 비록 일본의 사회복지 법령을 많이 모방하였지만 1970년대 부터 자주적인 사회복지사업을 모색하기 시작하였다. 특히, 경제개발 5개년 사업으로 발생된 이농민, 가출 부랑인, 영세민 등을 위한 구빈사업, 즉 생활보호사업이 발달하기 시작하였고(1999년 국민기초생활보장법으로 개칭), 1970년대 이후 생활보호사업과 시설보호사업 및 산재보험이 발달하였다. 그리고 1977년에 시작된 의료보험, 1986년의 국민연금과 1993년의 고용보험이 1963년에 시작된 산재보험과 더불어 1980년대 4대 사회보험체제로 확립되었다. 2000년 전후에 4대 사회보험의 내실화가 가능하였다. 또한, 1990년대 영유아보육사업과 지역사회복지 및 재가복지사업 등이 발달하였다. 사실 2000년대 부터 사회보장의 기본틀이 완성되기 시작하였다.

1) 조선시대 구황제도

우리 나라에 있어서 가장 오래된 사회복지제도는 구황제도이다. 구빈제도는 국가정책(구황·혜휼제도,창제)으로서 실시하였지만 부락단위의 자치제도(향약, 계 등)도 매우 발달하였다. 이 중에서 수재민을 구호하기 위한 구빈제도와 자조적인 계 조직은 최근까지도 매우 발달하였다. 그 뿐만 아니라 자조사업으로서 혈연, 지연의 조직적인 노력은 매우 발달하였다.

우리 나라의 구빈정책은 삼국시대 부터 성행하였다. 당시의 구빈사업은 군주의 인심혜정으로서 발달되었지만, 그 대상이 농민이기 때문에 농민기근에 대한 구제, 즉 구황(救荒)제도가 당시 사회정책의 중심이었다.

전통사회의 구황·구빈사업은 주로 진휼(振恤)·시식(施食)·견감(蠲減)·진대(賑貸) 및 근분(勤分)·원납(願納)·경조(經糶) 및 방곡(防穀)·보양(保養)·양노(養老)·구료(救療) 등이 있었다.

진휼은 식량·물품 및 금전을 제공하여 이재 및 빈민을 구제하는 것을 말하고, 시식은 흉년 궁절에 주로 빈민의 구걸과 행려자를 위하여 사원·역원 등 적당한 장소에서 매일 취식을 제공하는 것이다.

견감은 공과와 범형을 면제 삭감하는 것이고, 영세민 구제를 위하여 관곡을 백성들에게 대부하였다가 환납케 하는 것이며, 경조 및 방곡은 국고의 곡물을 염매하여 곡가폭등을 막는 제도이다.

근분 및 원납은 흉황(凶荒)을 정하여 관부(官府) 관곡으로 진휼하되 이것이 부족할 때 부민(富民)에게 추곡을 납입케 하였던 제도이고, 보양은 궁민(窮民)을 보양 양육하는 것이며, 양노는 삼국이래 역대 군주의 미정(美政)으로 과독(寡獨)의 궁민이 아닌 한 관부부양은 없고 다만 군주가 수시로 은사 하는 미풍을 조장하였다. 구료는 대역(大疫) · 악질의 유행기에 국가가 행하는 의료사업이다.

우리 나라의 구빈제도는 통일신라시대 이전의 씨족 또는 부족공동체의 상부 상조제도가 강력히 존재하고 있었으며, 일찍이 통일국가의 형성에 의하여 국가적 구빈사업으로 발달하게 되었다. 이러한 구빈사업의 핵심은 해마다 발생되는 많은 수재와 한재 등으로 생긴 재민구호사업이다. 그 밖에도 중요한 구빈제도는 이창(里倉) · 의창(義倉) · 상평창(常平倉) · 교제창(交濟倉) · 제민창(濟民倉) · 사창(社倉)과 같은 창제도이다. 이것은 이미 부족사회의 지역공동체마다 창을 두어, 구제 뿐만 아니라 군량을 확보하는 전통에서 비롯한다. 이것이 고려와 조선시대 구빈정책의 기본이 되었고, 또 이것의 변형형태가 존재하여 왔다.

이창(의창)은 촌락에 설치된 것으로 이민들이 양곡을 공동 저축하여 춘궁기 빈민에게 공동 책임하에 빌려주어 가을이나 풍년에 갚게 하는 구제제도이고, 상평창은 직접적 구제제도가 아니나 곡가의 조절을 위하여 절량기에 창곡을 싸게 팔고 가을이나 풍년에 고가로 곡물을 구입한 제도이다. 교제창과 제민창은 교통의 요지에 설치하여 지역간 흉풍을 조절하기 위한 제도이다.

이러한 창제도는 모두 정부가 관할하는 국창(國倉)이지만 사창(社倉)은 주민들이 관할하는 자치제도로서 의창의 기능과 거의 같다. 이러한 민간 자치단체가 나오게 된 것은 의창의 관료적 타성에 대한 비판에서이다.

이와 같이 우리 나라의 전통적 구빈사업은 공동체 정신과 왕도 정신에 기초하여 발달하였다. 조선시대에 있어서 사회복지정책은 구황제도(구황제도: 호전(戶典))와 혜휼(惠恤)제도(혜휼제도:예전(禮典))가 있어서 이것을 효과적으로 집행하기 위한 혜민원(惠民院)과 진휼청(賑恤廳) 등이 있었으며, 또 각 지방에 의창·상평창·교민창·사창 등 제도가 있었다. 조선 말기 경성에 총혜민사(總惠民社)를, 그리고 각 군에는 분혜민사(分惠民社)를 두었으며 원(院)에서는 진구(振救)를, 사(社)는 전곡을 주관하고, 분사는 전곡과 진휼 제무를 겸관하였다.

이러한 사회정책기관은 주로 흉년으로 농민 기근에 대한 양식 등을 지원하고 요보호자(고아·기아·과부·노인·병자 등)를 수양·보호하기 위한 것이었다. 이것은 군주의 인심혜정이지만 한때 국가 여력의 절반이상을 진휼사업에 투입하였다. 그리하여 농경사회에 있어서 가장 큰 사회문제였던 수재·한재 등으로 나타난 기근 농민을 구제하고 그로 말미암아 발생된 요보호자를 구제하는 사업이 전통적인 사회정책의 핵심이었다.

사실 조선시대에 있어서 가장 주요한 구빈사업은 해마다 심하게 일어나는 수재민 구호사업이다. 조선왕조실록이나 고종실록을 보면 전국적으로 엄청난 수재를 입고 있다. Wittfogel은 동양적 전제는 강(물)을 잘 다스리는 자가 천하를 다스릴 수 있다고 한다.

그러나, 1894년 일제의 입김이 작용한 갑오개혁 이후 혜민원이 폐지되고 그후 소극적인 구빈행정을 전개하였으며 외국인과 한국인에 의한 민간 시설보호사업을 억제하였다.

한편, 조선 말기 서구의 사회복지사업이 소개되고 외국 선교사와 수녀들에 의해서 자선사업이 나타나기 시작하였다.

개화당 유길준(兪吉濬)이 집필하여 1895년에 발간된 서유견문(西遊

見聞) 제 17편을 보면, 빈원(貧院)으로서 노인원, 유아원, 고아원, 기아원을 소개하고 그 밖에 병원, 치아원(痴兒院), 광인원(狂人院), 맹인원, 아인원, 교도원 등을 자세하게 소개하고 있다. 그는 빈원을 빈곤이 무고한 자를 휼량(恤養)하는 처소라고 말한다. 그리고 유길준과 이우준(李愚濬)은 고종의 지원으로 1906년 경성고아원을 설립하였다.

조선 말기 서구의 복지사상과 시설이 발달하기 시작한 것은 동학혁명과 갑오개혁에 나타난 인도주의적 개화사상과 천주교와 기독교를 중심으로 한 자선사상과 실학사상의 영향이라고 볼 수 있다.

1855년 프랑스 신부인 메스트로가 서울에 양로원과 고아원을 처음으로 개설하였고 1877년 부터 1907년까지 빈자와 행로병자, 고아들을 구휼하기 위한 16개 사회복지시설이 한국인과 외국인의 회비와 기부금에 의하여 서울, 부산, 인천, 목포, 진남포 등에서 설립·운영되었다.

2) 일제시대 사회사업

일제의 가혹한 식민지 정책과 각종 재해로 말미암아 대량의 이촌농민과 도시부랑자가 발생하였다. 이들의 폭력화를 예방하기 위하여 사회통제의 수단으로 일제는 사회사업을 발전시키지 않을 수 없었다. 이러한 사회사업의 개념은 절대빈곤 이하의 빈곤·실업자·요보호자의 기본적인 생계수단을 도와 주기 위한 구빈사업이다. 이러한 구빈사업은 진휼구호사업이라 볼 수 있는 이재민구호·궁민구조·행려병인 구호·방면제도·구료사업·직업소개·시설보호 등을 의미한다. 다시 말하면 요보호자의 물질적 욕구를 해결하기 위한 구호행정이 일제시 사회정책의 핵심이었다.

1910년 조선총독부 내무부 지방국 지방과에서 구휼 및 자선에 관한 사업을 담당하다가, 1921년 내무국에 새로운 사회과가 신설되어 그 후 사회과가 사회정책에 관한 사업을 관장하여 왔다. 종래의 사회정책이 구빈적 성격이 대단히 강하였지만 일제는 식민지 통치의 필요성에서 소위 방빈적·교화적 사회정책을 강구하였다.

제 1차 세계대전 이후 물가앙등으로 말미암아 노동자 및 소산층 이하의 생활안정을 도모하기 위하여 직업소개·인사상담·공익시장·공설주택·노동숙박 등 방빈사업을 실시하였다. 이것은 당시의 사회문제를 해결하는데 있어서 역부족이었으며 오히려 국민정신진흥운동·자력갱생·민력함양운동·청소년단체의 지도, 국민체육의 증진 등 교화사업이 발달하였다.

일제 중기에 도입된 방면위원(方面委員)제도는 동양의 인보상부 정신에 기초하여 생활상태를 밝혀, 생활의 개선·향상의 자료를 얻고자 한 사회측량기관이다. 방면사업의 주요한 내용은 보호구제와 보건구제이고 그 밖에 상담지도와 직업소개 등이다. 이것이 오늘날 일본 민생위원제도의 기초가 되었다. 이것은 조선시대의 향약과 유사하고 오늘날 생활보호법의 생활보호위원의 기능과 매우 유사하다고 볼 수 있다.

이러한 방면위원제도가 식민지 경성부에 도입된 것은 1919년 3·1운동으로 일제의 무단통치가 문화통치로 넘어가는 과정이다. 종래 폭압에 의한 통치로 식민지 약탈을 하다가 이것이 민중봉기, 즉 독립운동의 계기가 된 것으로 생각하여 민생문제를 정확히 조사하여 그에 대한 대응의 필요성에서 도입된 것이다.

일제시의 사회정책은 온정주의적 구빈행정의 특징이 강하다. 구빈행정이라 하더라도 소득·보건·교육·주택과 같은 기본적인 욕구, 즉 민생문제를 해결하기 위한 근대적인 것이 되지 못하고, 이재민 · 행려병인 · 궁민들을 보호하기 위한 전통적인 진휼구호사업이었다. 이러한 사업을 은사금과 하사금의 기금으로 운영케 하는, 군주의 인심혜정(仁心惠政) 즉 온정주의적 성격이 매우 강하다.

이러한 사회사업 · 사회정책은 일제 식민정책의 결과에서 비롯된 수 많은 빈민과 부랑민을 재대로 구호할 수 없을 정도로 정책과 예산이 대단히 부족하였으며 단순히 자선사업으로 생색을 내려는 것에 불과하였던 것이다. 오히려 이들 빈민과 부랑인을 일제는 저렴한 노동력으로 활용하였다.

일제 말기 사회사업의 개념을 국민후생의 개념으로 전환시킨 것은 일제가 전쟁 수행을 위한 국민총동원체제를 확립하기 위한 수단이었다.

한편, 일제는 사회정책에 있어서도 식민지와 본국간 차별정책을 실시하였다. 근대적인 공적 부조제도인 조선구호령은 일제가 10년 전에 실시한 구호법을 도입하였다. 일제 말기 일본은 퇴직금을 폐지하고 국민연금법을 제정하는 등 근대적인 사회정책과 법령을 도입하면서 식민지 조선에는 이것을 채용하지 않고 소위 민족동화정책에 역행하는 차별정책을 실시하였던 것이다.

이와 같이 식민지 사회정책은 당시의 사회문제를 근본적으로 해결하려하지 않고 오히려 식민통치의 필요성(노동시장)과 질서유지(사회통합)를 위한 구빈정책을 실시하는데 그치고 있었다.

3) 미군정과 외원의 구호사업

해방이후 한국의 사회상은 대단히 비참하였다. 일제의 식민정책과 제 2차 대전의 패배로 의 · 식 · 주의 민생문제를 제대로 해결하기 어려웠다. 일본으로부터 온 수십만 명의 귀환동포, 북한으로부터 온 수백만 명의 월남동포, 또 한해와 수해로 인한 농작물의 피해와 농지수득세의 과잉 징수 등으로 그야말로 초근목피와 피죽으로 연명하는 농민들의 생활고가 대단히 심하였다. 이러한 상황에서 남한에는 빨치산 운동이 대단히 심하였고 이것을 이용한 6·25 전란이 일어나기도 하였다. 이러한 사회적 상황에서 가난한 난민, 재민들이 국가로부터 제대로 보호를 받기 어려웠다. 비록 미군정과 정부가 노력은 하였지만, 그것은 새발의 피라 할 수 있다.

1946년 제정된 재조선미국육군사령군정청(소위 미군정이라함)의 법령 제 18호에 의하면, 오늘날 보건복지부의 전신이 탄생되고 그 주요한 기능이 명시되어 있다.

제1조 위생국의 명칭은 보건후생국이라 변경함.

제2조 위생국이 사전 지정된 의무와 직무에 추가하여 다음의 것을 보건후생국이 지정함.

가) 긴급 및 재해구호
나) 지속적 요구가 있는 개인에 대한 공공구호
다) 아동복지와 기타 시설보호
라) 종업원 복지와 연금제도
마) 주택보호
바) 관광외사과와 협력하여 귀환 및 피난 조선인의 보호와 재배치
사) 조선 점령군의 목적 달성에 필요한 기타 공공복지사업과 현존기관

이러한 법령과 단체에 의하여 1945년 이후 1950년대 말까지 우리 나라의 가장 중요한 사회문제라고 볼 수 있는 전쟁고아와 재민 등을 위한 재민구호사업을 실시하였다. 1957년 보호시설이 모두 622개였는데 그 중에서 육아원이 423개로 가장 많았고 그 다음이 모자원(64개)과 영아원(32개)이며 나머지는 신체장애자시설(28개)과 탁아소(7개)이다. 이러한 시설에 약 5만 명이 수용보호 되었다. 사실 국가

예산이 없어서 당시의 요보호자(빈민, 고아 등)를 제대로 보호하기 어려웠다. 비록, 외국 민간원조단체에 관한 법률이 1963년 말 제정되었지만 그들은 외원으로 국내에서 보건사업, 교육사업, 생활보호, 재해보호 또는 지역사회개발 등 사회복지사업을 행하였다. 이러한 외원단체의 원조에 의한 사회복지사업이 1960년대 주도적 역할을 행하여 오다가 1960년대 초 국가의 책임에 의한 우리 나라의 자주적 사회복지사업이 나타나기 시작하면서 외원은 점차 감소·철수하기 시작하였고 1970년대를 고비로 하여 주요한 외원은 급속히 감소하였다.

해방 후 사회복지사업은 전재와 수재 및 사회변화로 인하여 발생된 재민과 전쟁고아 및 가출·기아들을 수용·보호하기 위한 시설보호 및 거택보호사업이 발달하였다. 이러한 사업을 추진시킬 수 있는 국가재정이 빈약하여 외원에 크게 의존하였다. 외원은 정부의 차원, 예컨대 미공법 480 타이틀 Ⅱ에 의하여 양곡 및 소맥 등 지원을 받기도 하였지만 사회복지사업에 지원한 경우는 주로 외국 민간원조단체이다. 1981년 외원단체는 모두 81개이고(미국이 46개이고 나머지는 독일·이탈리아·영국·스위스가 4~7개이며 나머지는 1~2개이다.) 이들이 행하는 주요한 사업은 구호사업(20개), 보건 및 구호사업(20개), 보건사업(11개), 교육사업(8개), 보건 및 교육사업(6개), 구호 및 지역개발(5개), 교육·문화사업(3개), 지역개발(2개)이다.[18] 이러한 사업 중 구호 및 보건사업은 주로 시설아동과 미망인 자녀를 도와준 것이다.

이들 외원단체가 1953년~1957년간 도입한 구호금은 모두 7천 2백 55만 달러이고 구호물자는 모두 194,620백만 톤이다. 구호물자는 식료품이 전체의 9할 이상이고 나머지는 의류 및 의약품 등이다. 그

---

18) 외국민간원조단체, 「'81 도입외원관리 현황」, 1982. 3., p3.

리고 최근 10년간('72～'81) 총 민간외원 도입액은 약 4천 2백만 달러로서 이 중에 현금은 약 3천 8백만 달러이고 물자의 가격은 약 4백만 달러이다. 이 중에서 약 63%가 사회복지사업에 사용되었다고 한다.[19] 이러한 외원은 1960년대 이전에 비하여 많이 감소되었으나 우리나라 사회사업에 미친 영향은 대단히 크다. 그리고 이들 외원단체가 대개 기독교(41개)와 천주교(26개)의 배경을 지니고 지원하였기 때문에 자선적 성격이 매우 강하였고 기독교문화(선교 등)를 전파시키는데 큰 기여를 하였다. 오늘날 사회복지시설장의 9할 이상이 기독교인이라는 것에서도 알 수 있다.

우리 나라에 있었던 외원단체가 가장 많았을 때는 약 150여 개에 달하였으나 이들은 주로 국내에서 후생사업, 보건사업, 교육문화사업, 생활보호, 재해보호 또는 지역사회개발 등 사회복지사업을 실시하였다. 이들 외원단체가 직접적인 서비스를 제공한 경우도 있지만 이들 중에서 비교적 사업규모가 컸던 기독교 아동복리회 *CCF*, 양친회 *FPP*, 기독교세계봉사회 *KSCW* 등은 시설보호와 거택보호사업을 동시에 실시하면서 고아와 미망인 및 그 자녀를 간접적으로 지원하였고 컴페숀 *Copmpassion*, 선명회 *World Vision* 등은 시설아동만을 지원하였다. 이러한 외원단체는 본국에서 후원자를 모집하여(대개 1인당 약 5달러) 한국에 있는 클라이언트(아동)와의 결연관계를 맺어 송금하였다. 이와 같은 결연사업의 지원을 받은 시설아동과 거택아동이 각각 2만 5천여 명에 달한 적이 있었다.

우리 나라의 경제성장과 더불어 외원단체가 점차 철수하면서 우리 나라 사회복지사업 분야는 커다란 위험에 직면하게 되었다. 이러한 위험이 1960년대 이후 오히려 사회복지사업의 자주화를 촉진하

19) 보건사회부, 「건국 10주년 보건사회행정개관」, p.246

는 계기가 되었다. 시설보호사업은 그대로 발달하였지만 외원 아동결연사업은 70년대 이후 국내 결연사업으로 전환되었다. 그리고 1960년대 초 정부는 사회복지사업법 등을 입법하였다.

4) 군사정부의 사회복지사업

해방 후 난민·전재민 및 수재민 등으로 말미암아 긴급 재해구호사업이 일찍이 발달하였고 또한 전쟁고아 및 기아 등으로 말미암아 시설수용보호사업이 발달하게 되었다. 이러한 사업은 당시 국가재정이 빈약하였기 때문에 외원단체에 크게 의존하였고, 이로 인해 사회사업에 있어서 기독교의 영향과 결연사업의 전통이 강력히 존재하였다.

1961년 군사정부가 들어서면서 비록 모방하였지만 사회복지에 관련된 법령이 많이 제정되어 비로소 자주적 사회복지사업이 나타나게 되었다. 6·70년대 우리 나라 사회복지사업의 핵심이라고 볼 수 있는 생활보호법과 아동복지법 및 재해구호법이 이때 마련되었던 것이다. 이러한 입법과 이에 기초한 정책개발로 말미암아 점차 외원을 대치하는 정부와 사회복지법인의 활동이 두드러지게 나타났다. 예컨대 1960년대 중반 부터 발달하기 시작한 탁아사업과 해외입양알선사업은 종전의 치료적인 시설보호사업 보다는 예방적인 가정보호사업이 보다 효과적이라는 것에서 시작되었다.

그러나, 1960년대 부터 시작한 공업화에 의한 경제개발정책은 종전의 재민구호사업과 시설보호사업을 점차 퇴색시켜 왔고 오히려 생활보호와 사회보험과 같은 사회보장제도가 발달하기 시작하였다. 생활보호사업도 1970년대 들어와서 내실화 되었고 산재보험과 의료보험, 그리고 공무원·군인·교원을 위한 연금제도도 1970년대 비로소 활발하기 시작하였다.

우리 나라에 사회복지사업이라는 말이 널리 사용된 지는 1970년 이후이다. 1970년 부터 사회복지사업이라는 말이 널리 사용된 것은 여러 가지의 이유가 있겠지만 무엇보다도 6.25전쟁 이후 급속히 발달한 시설수용보호사업을 중심으로 한, 사회사업에 대한 사회적 인식이 잘못되어 있어서 이것을 극복하기 위한 것이라고 할 수 있다. 더욱이 1960년 부터 사회복지를 위한 정부의 개입이 나타나기 시작하면서 종래 민간주도의 사회사업 개념으로 당시의 사회적 욕구와 사회문제를 해결하기에는 대단히 미흡하다는 것을 알게 된 것이 주요한 원인이라 할 수 있다.

1970년 1월 1일 사회복지사업법이 제정, 공포되었다. 이 법에 따르면, 사회복지사업의 정의를 ① 생활보호법(1961년 제정)과 ② 아동복리법(1961년 제정) 및 ③ 윤락행위 등 방지법(1961년 말 제정)에 의한 각종 보호사업 및 복지시설의 운영을 목적으로 한 사업이라 하고, 또한 ④ 사회복지상담, 재해구호, 부랑인 선도, 직업보도, 노인휴양, 인보복지, 무료숙박, 나완치자 사회복귀사업 등 각종 사회복지사업과 시설운영이라고 규정하고 있다.

1983년 5월 31일 개정된 사회복지사업법에 의하면 종전의 3개법과 1981년에 제정된 노인복지법과 심신장애자복지법에 의한 보호·선도 복지사업과 종전의 8개 사업(노인휴양 제외)에 재가복지가 추가되어 9개의 사업이 사회복지사업의 개념으로 규정되었다. 1989년 모자복지법이 제정되었고, 1992년 사회복지사업법이 개정되어 시·군·구에 복지사무소의 설치와 사회복지전담공무원을 둘 수 있도록 하였다.

더욱이 1997년 8월 22일 사회복지사업법이 전문 개정되어 복지

6법 이외 영유아보육법(1991년 제정), 정신보건법, 성폭력 범죄의 처벌 및 피해자 보호법, 입양특례법, 일본군위안부 생활안정지원법, 사회복지 공동모금법, 장애인·노인·임산부 등 편의증진법이 추가되어 소위 복지 13법이 되었으며 여기에 종전의 9개 사업과 자원봉사 활동이 추가되어 10개 사업이 되었다. 다시 말하면 오늘날 한국형 사회복지사업의 개념은 복지 13법과 10개의 사회복지 프로그램이라 할 수 있다.

한편, 우리 나라 사회복지분야, 특히 학계와 정부에서는 1960년 말부터 시설수용보호사업에 대한 비판이 일기 시작하였다. 우리 나라 사회복지사업의 핵심인 아동복지와 노인복지 및 부녀복지사업이 거의 모두가 시설보호사업이었기 때문에 오히려 예방사업으로서 거택보호와 탁아 및 입양사업이 필요한 것이라고 전문가들이 주장하였다. 왜냐하면 1970년대에는 벌써 1950년대에 시작된 전쟁고아와 미망인을 보호하기 위한 시설보호사업은 그 대상자(아동)가 18세 미만이기 때문에 20여 년이 지난 오늘날에 있어서는 그러한 아동과 시설보호사업이 없어야 하는데 오히려 그러한 사회복지사업이 지배적이라는 것은 무엇인가 잘못되었기 때문이다. 그리하여 사회복지사업의 자주화와 전문화가 강력히 요청되었던 것이다. 그것은 치료적인 시설보호 보다는 예방적인 거택보호가 바람직하였기 때문이며, 외원에 의한 사회복지사업은 클라이언트로 하여금 무국적자로 만들고 대외적으로 나라를 망신시키며, 따라서 예방적이고 전문적인 사회복지사업의 자주화가 나타나기 시작하였다.

이러한 자주적인 사회복지사업의 필요성은 학계 뿐만 아니라 행정과 실무에서도 강력히 대두되었다. 그간 대학에서는 미국의 전문사회사업(사회심리적 모델)의 영향을 받은 이론을 교육시켰지만 사회복지의 실제는 물질적 구호사업(전통적 모델)이 지배적이어서 이러한 이론과 실제의 괴리를 극복하기 위한 노력이 나타났다. 또한 종전의 사회사업 개념이 좋지 않아서 한국사회사업대학협의회에서는 사회사업학과명을 사회복지학과로 명칭을 변경하기로 결의하였다.(1977년 6월) 그리고 사회복지 행정분야에서도 우리 나라 사회복지행정에 적합하지 못한 미국식 사회사업이론에 대하여 비판적이었다.

1980년대에 들어와서 정부는 복지사회를 건설하겠다고 하였지만 실제로는 그렇지 못하였다. 이러한 구호도 70년대 초 일본의 복지사회 건설, 즉 시장경제와 가족주의에 기초한 경우와 매우 유사하다.

이와 같이 국민복지가 제대로 발전하지 못했던 것은 우리 나라 경제개발정책의 기본 원리가 '수익자 부담의 원칙', '적용 가능한 계층', '재정중립'이라는 말에서 알 수 있듯이 철저한 자유방임주의에 입각하여 있었기 때문이다. 이러한 것은 생활보호대상자가 최저생계비에도 못 미치는 생계보호비를 지급 받고, 사회보험제도가 소득 역진적인 조합주의에 입각하여 운영되고 있는 것에서도 알 수 있는 것이다.

한편, 우리 나라 사회복지비도 매우 열악함을 알 수 있다. 우리 나라 정부예산 중에서 사회복지비가 차지하는 비율이 해마다 약간 차이가 있으나 1980년 이전까지는 4%미만이었고, 1980년대는 5.8%가 되고 있다. 그리고 보건사회부의 예산은 해마다 국가예산의 3% 미만이며 이것도 선거철에만 약간 증액되고 있다. 1986년 보사부의 예산 중 생활보호비가 가장 많아서 전체의 29.3%이고 그 다음이 의료보호비로 14.2%, 의료보험비가 11.7%이며 나머지는 가족복지비가 4.5%이다. 이러한 것을 본다면, 우리나라 사회복지사업의 핵심은 생활보호와 시설보호사업이다.

1990년대 복지예산이 증액됨으로써 사회복지의 발전도 달라지고 있다. 예컨대 국가예산 중 차지하는 사회보장비가 6.6%이고 사회복지서비스비는 0.5%이며 가장 많았던 아동복지비 보다 노인복지비와 장애자복지비가 더 많아지고 있다. 즉 사회복지서비스 중에 그것은 각각 33.3%와 26.0%이고 아동복지비는 27.7%이다. 그런데 과거 군사정부에 비하여 문민정부의 사회복지 예산이 더욱 감소되고 있다.(1994년 이후 정부 예산의 약 4%이다)

이와 같이 우리 나라의 사회복지사업은 1960년대 까지 전재·수재로 인한 이재민을 위한 긴급구호사업과 시설보호사업이 발달하였지만 1960년대에 들어와서 근로자와 영세민을 위한 생활보호와 사회보험이 시작되어 1970년대 중반에는 공무원·군인·교원 등을 위한 사회보험사업이 활발히 나타나기 시작하였다. 아직도 우리나라의 사회복지사업은 치료적이고 구빈적인 성격을 지닌 시설보호와 생활보호사업이 주도적 기능을 수행하고 있다.

한편, 비록 군사정부 시절이지만 사회보험에 있어서 주요한 영역인 의료보험이 1976년에 시작하였고 이것이 80년대 중반에 전국민보험화가 되었으며 국민연금도 80년대 중반에 실시되었다. 또한 고용보험도 1993년말 입법되어 본격적인 사회보험의 시대로 접어들었다. 그리고 산업화에 따른 탈빈곤과 탈시설보호를 위하여 지역사회복지(특히 사회복지관)가 발달 하였으며, 또한 산업화와 더불어 많은 여성의 사회참여가 필요하게 되어 1994년 '보육사업 장기발전계획'에 의하여 아동보육사업이 발달하게 되었다. 보건복지부가 담당하였던 아동보육사업은 2005년에 여성가족부로 이관되었다.

5) 문민정부와 신자유주의 복지정책

1990년대 소위 문민정부가 들어서면서 사회복지예산이 오히려 감소되고 선진국가가 주장하는 신자유주의 세계화 정책이 사회복지 분야에서도 민영화, 위탁경영 등으로 나타났으며, 생산적 복지(사실 workfare임)가 강조되었다.

1997년 말 IMF 사태로 외환위기와 구조조정으로 말미암아 대량의 실업자가 나타나게 되고 빈민이 증가 되었으며 이들을 위한 실업구호사업이 강구되고 '생산적 복지'가 국민정부의 국정이념이 되었다. 이번 IMF 지배체제로 그간 경제성장이 복지를 약속하지 못하고 오히려 막대한 국가재정의 적자(약 250조원)를 초래하였다. 그간 선성장 후분배의 경제개발정책은 부실한 재벌과 금융기관을 만들었으며 이에 필요한 소위 구조조정비는 국민이 부담하게 되었다.

한편, 국민의 정부는 1999년에 그간 논란이 되어온 조합방식의 의료보험을 통합 일원화하기 위한 '국민건강보험법'을 제정하였고 과거 생활보호사업의 요보호조건(연령과 부양가족 등)을 없애고 또한, 국민최저수준을 보장하는 '국민기초생활보장법'을 제정하였다.

나아가 연금, 의료보험, 산재보험 및 고용보험과 같은 4대 보험을 통합하기 위한 노력을 기울이고 있다. 사실 이러한 사회보험의 낭비적인 요소(특히 관리운영)를 제거하고 유사한 사회적 위험에 대처하기 위한 의보와 산보는 통합할 필요가 있으며 현행 퇴직금도 연금과 관련하여 재정리할 필요가 있다. 그리고 사회보험(연금과 의료보험)과 사회부조(생활보호와 의료보호)를 우선 통합할 필요가 있다.

한편, 지방자치와 민주화 시대에 걸맞는, 사회복지에 시민참여를 위한 사회복지협의회와 사회복지 공동모금, 재가복지, 그리고 자원봉사활동이 시작되고 있으나 아직도 관주도적 성격이 강해서 활성화 되지 못하고 있다. 이러한 활동은 민간주도형이 되어야 하기 때문에 시·도 뿐만 아니라 시·군·구의 지역사회(기초자치단체)에서 이루어져야 하고, 또 독립적인 법인격을 지녀야 활성화 될 것이다. 그런데 2003년 7월 말 사회복지사업법이 개정되어 과거 시설보호 중심에서 지역사회복지 중심으로 전환되었다. 이 개정 법률의 특징은 ① 시 · 군 · 구에 지역사회복지협의체를 신설하고, ② 지방자치단체장은 지역사회복지계획을 수립하며, ③ 시 · 군 · 구 또는 읍 · 면 · 동에 복지사무 전담기구의 설치와 사회복지 전담공무원을 둘 수 있게 하였으며, ④ 사회복지서비스를 제공하는 경우 재가복지서비스(가정봉사, 주간보호, 단기보호)를 우선 제공하게 되어 있다. 그 밖에도 보건의료서비스와 상담, 재활, 직업소개, 보호시설 이용 등을 제공하는 것을 사회복지서비스의 개념으로 규정하고 있다.

또한, 1990년대 말 가정폭력방지법과 성폭력범죄법 등이 제정되었고, 2002년 사회복지공동모금법과 2003년 건강가족지원법이 입법되었으며, 2005년 6월 생계곤란 등 위기상황에 처한 국민을 지원하기 위한 긴급복지제도가 도입되었다. 그리고 2006년 2월 노인수발보험법이 정부안으로 확정되었다.

< 참고 문헌 >

김동국 편저, 「사회복지사」, 에바다 출판사, 1986
구자헌, 「한국사회복지사」, 한국사회개발연구원, 1988
권오구, 「사회복지발달사」, 홍익재, 1994
원석조, 「사회복지발달의 이해」, 한복연 출판부, 1998

신영홍, 「근대조선사회사업사연구」 3, 녹음서방, 1984
최익한, 「조선사회정책사」, 박문출판사, 1947
카바40년사 편찬위원회, 「외원사회사업기관 활동사」, 1995
하상락 편, 「한국사회복지사론」, 박영사, 1990
한국복지연구회, 「사회복지의 역사」, 이론과 실천, 1988
현외성·박광준외, 「복지국가의 위기와 신보수주의 재편」, 대학출판사, 1992
高川孝順 外, 「社會福祉論」,有斐閣, 1993
仲村優一 外, 「社會福祉教室」, 有斐閣, 1993
秋山智久, 「社會福祉施設運營論」, 1995
厚生統計協會, 「國民の 福祉の 動向」,1997
Dolgoff, R. & Feldstein, D., *Understanding Social Welfare,* San Francisco, Harper & Row Publishers, 1980
Day, P.J. *A New History of Social Welfare,* Prentice-Hall, N.J., 1989
Friedlander, W.A. & Apte, R. Z., *Introduction to Social Welfare,* Englewood Cliffs, N. J, Prentice-Hall, 1980
Glennerster, H, *British Social Policy, since 1945*, Blackwell, oxford, 1995
Queen, Stuart A., *Social Work in the Light of History,* 1922

제 5장 사회복지의 주체

1. 사회복지 전달체계

사회복지는 원조관계에 의하여 이루어지고 있다. 이 원조관계는 사회사업가와 클라이언트, 사회복지 기관과 클라이언트간 관계를 말한다. 이러한 기관간 관계성과 그들의 원조과정을 던햄은 사회복지 전달체계 *human services delivery system* 라고 말했다.[1)]

한편 길버트와 스펙트는 전달체계를 사회복지의 배분자와 그리고 배분자와 소비자간 조직적인 조정, 배치 과정으로 보았다. 그들은 이것을 지방 지역사회의 맥락에서 중요시 하고 서비스의 배분자는 전문가, 공·사기관, 민간단체, 인보관 등을 말한다.[2)]

이러한 사회복지전달(공급)체계가 확립되어 있어야 사회복지의 욕구와 문제가 올바르게 파악되고 이것을 해결하기 위한 전문적 서비스가 이루어질 수 있으며, 따라서 사회복지의 효율성이 증대될 수 있다. 그럼에도 불구하고 사회복지(행정)기관이 중앙과 지방, 그리고 사회복지(행정)기관간 난립되어 있거나 원조 대상과 서비스의 내용이 중복되어 있을 때 비효율성이 존재하기 마련이다.

만약, 우리 나라의 원조관계 즉 사회복지 전달체계를 평가기준,

---

1) W.A. Friendlander & Apte, *Introduction to Social Welfare*, Prentice-Hall, Inc. N.J., 1980, p.181
2) Neil Gilbert & Harry Specht, *Dimension of Social Welfare Policy*, Prentice-Hall, Inc. N.J., 1974, p.108

즉 공평성, 접근 용이성, 적합성, 지속성 및 포괄성 등에 의하여 평가한다면 많은 문제점이 있다. 이러한 평가기준 외에도 책임성과 전문성 및 효율성이 결여되어 있는 것이다. 그리하여 사회복지 전문가들은 사회복지 전달체계의 확립과 전문가의 개입을 꾸준히 요구하고 있다.

이미 사회복지의 주체(기관)에서 지적한 바와 같이 현행의 지방복지행정체계는 인사권과 예산권을 사회복지행정을 담당한 중앙부처인 보건복지부가 갖지 못하고 행자부와 지방자치단체장이 갖고 있음으로 해서 여러 가지 문제점이 나타나고 있다. 예를 들어 인간의 욕구문제를 전문적으로 다루는 사회복지행정의 특수성이 효율과 능률을 중요시 하는 일반행정에 귀속됨으로써 욕구문제의 형식적인 해결, 혹은 전시성을 띤 사회복지행정으로 전락하는 현상 등이 나타나게 된다. 이러한 문제점은 사회복지 행정부문 뿐만 아니라 민간복지 부문의 전달체계에서도 나타나고 있다.[3)]

그리하여 중앙에 사회복지청 또는 사회보장청, 지방기초자치단체(시·군·구)에 지방 복지청과 지방 복지사무소가 설치되고 읍면에는 그 연락소가 배치되는 사회복지 전달체계가 꾸준히 요구되고 있다. 그리고 이 사무소에는 사회복지 전문요원과 같은 복지주사들이 있어서 법정 복지위원(자원봉사자)의 도움으로 사회복지사업을 수행한다. 반면에 현행 지방자치단체에 사회복지과가 있고 이곳에 사회복지전문가가 종사할 수 있으면 된다. 전자는 일본형이고 후자는 미국형이라 할 수 있다.

우리 나라에 있어서는 이미 이와 유사한 시설(사회복지관 등)이 많

3) 한국사회사업대학협의회편, 「사회복지전달체계와 사회복지사의 역할」, 한복연 출판부, 1989, pp.18～19

이 설립되어 있고 지방에 이미 많은 사회복지서비스(복지 8법 사업)가 존재하기 때문에 이러한 자원과 서비스를 결합시켜 사회복지시설을 재조정할 필요성이 있다.

최근 일본에 복지사무소 무용론이 제기되는 것을 본다면 우리나라의 사회복지전달체계는 기존의 일반 행정조직에 전문가의 역할이 주어지는 것이 보다 합리적일 것이다.[4]

우리 나라 사회복지사업에 투입되는 정부예산이 매우 적은 편이라고 지적하였지만 이것의 낭비도 대단히 심하다. 그리고 사회복지서비스의 대부분을 민간단체(사회복지법인)가 운영하고 있는데 정부에의 의존성 때문에 자율성과 전문성이 침해되고 있다.[5] 과거 사회복지행정에 종사하는 전문가들은 거의 대부분 별정직인데 이것은 최근 일반직화 되었다. 또한, 정부의 지방행정직렬에 사회복지직이 설치되었다.

현행 공공 복지전달체계는 크게 사회보험과 공공부조, 복지서비스로 구분하여 살펴 볼 수 있는데, 기본 틀이 갖추어진 4대 보험의 전달체계는 관련업무 수행을 위해 주로 보건복지부와 노동부 산하에 각각 조직되어 있으나 사회부조와 사회복지서비스는 별도의 전담기구가 설치되어 있지 않고 지방자치단체의 행정조직으로 대체되어 있다.

---

4) 김영모, 「지방자치와 사회복지의 과제」 제 6장 , 집문당, 1998
5) 우리나라의 사회복지사업의 예산은 대개 중앙정부와 지방정부의 부담율이 각각 40%를 차지하고 사회복지법인이 20%를 부담하게 되어 있지만 사실은 그렇지 못하고 정부에 거의 모두 의존하고 있는 실정이다. 그 뿐만 아니라 정부의 지도·감독을 받기 때문에 자율성이 많이 침해되고 있다. 미국에 있어서는 연방정부가 복지비 예산의 38.9%를 부담하고 지방정부의 경우는 31.9%이며 민간자원은 29.2%이다. 그러나 서구와 북구의 경우 민간 부담은 거의 없다.

그런데 정부는 현행 사회복지서비스의 공적 전달체계로 인한 문제점을 줄이기 위해 제 7차 경제사회발전 5개년 계획에서 사회복지사무소의 설치, 운영계획을 발표하였다. 그 내용은 1993～1995년 중 서울 등 5대 도시 저소득층 밀집지역에 전문 일선 행정기관으로서 시범복지사무소를 설치, 운영하고 그 평가 결과를 토대로 하여 1996년 이후 대도시를 중심으로 사회복지사무소를 단계적으로 확대·설치하는 안을 제시하였다. 1994년 6월 보건복지부가 구성한 사회복지정책심의위원회에서 공공 복지전달체계 개선방안으로 건의한 보건복지사무소 설치안이 정부안으로 확정되었다.[6] 이에 따라 1995년 7월부터 1997년 6월까지 2년간 실시하는 보건복지사무소 시범사업을 위해 대도시·중소도시·농촌지역으로 구분하여 시범보건복지사무소가 설치되었으나 실패하였다.

시범 보건복지사무소 설치·운영 안에 제시된 사업목적을 보면, 사회취약계층을 주요 대상으로 한 지역주민들에게 보건·의료와 사회복지서비스를 포함하는 포괄적인 서비스를 제공하는 방안을 마련하기 위하여, 현행 보건소 조직 내 사회복지 담당 부서를 신설하여 시범기간에 보건의료와 복지서비스 기능을 연계 수행하는 시범사업을 운영한다고 제시하고 있다.

그러나, 2년간 시범보건복지사무소 운영 성과로는 종전 읍·면·동에서 개별적으로 수행되던 복지업무가 시·군·구 단위의 보건복지사무소에서 집중 처리됨으로써 생활보호대상자 선정의 공정성 및 지원의 신속성이 제고되고 생활보호대상자 생계비, 노령수당, 자녀학비, 자녀양육비 등 각종 복지급여의 통합지급이 가능해져 대상자의 편익을 도모하였으나 복지 업무담당부서가 시·군·구청의

6) 보건복지부, 「시범보건복지사무소 업무편람」, 1995. 7

사회복지과와 보건복지사무소로 이원화됨에 따라 업무분담이 불명확한 경우 업무 협조가 원활치 못하고 농촌지역의 경우 도시 지역에 비해 대중 교통수단 이용 등의 불편함으로 주민 접근성 저하 문제가 해소되지 못하고 있는 문제점이 지적되고 있다.[7] 그 밖에 보건과 복지업무의 통합 등이 제대로 실현되지 못하였다. 그런데 이것은 다시금 2003년 대선공약으로 제시되어 시범 사회복지사무소를 전국 6개 시 · 군 · 구에서 실시하고 있으나 매우 부정적이다.[8]

사회복지서비스는 지방자치단체가 할 일이다. 지방자치단체의 행정조직에서 사회복지서비스의 전문성과 효율성이 보증되지 않기 때문에 항상 복지사무소의 신설문제가 제기되고 있다. 최근 일본에서도 복지사무소의 문제점(비전문성, 조치권, 관료성 등)으로 폐지론이 제기되는 것을 보면, 우리나라에서는 현행 조직에 전문가(사회복지사)를 충원하고 수요자 중심의 보편적, 전문적 서비스를 제공하도록 현행 전달체계를 개선하는 것이 바람직하다.

2. 정부기관

사회복지기관 중 가장 중요한 것은 정부기관이다. 일반적으로 정부 하면 국가의 개념과 동일시 하고 있으나 엄격히 말하면 행정부를 의미한다. 물론 행정부의 기관이 국가기관의 핵심을 이루고 있지만 입법부, 사법부, 지방자치단체(시 · 도 및 시 · 군 · 구), 공공기관(특수법인), 그리고 민간보험회사도 복지기능을 수행하고 있다. 입법부

---

7) 이현송, 강혜규 공저,「시범보건복지사무소의 운영평가 및 개선방안」, 한국보건사회연구원, 1997.
8) 복지연구회, 사회복지사무소 시범사업 기본계획, 「사회정책연구」제 29집, PP.67~86

는 사회복지를 증진하기 위하여 입법 및 예산 결정의 기능을 수행하고 사법부는 사회정의를 실현하기 위한 노력을 행하며 지방자치단체와 공공기관도 지역 주민 또는 특수한 목적을 구현하기 위하여 스스로 노력을 행한다. 이러한 모든 기관을 국가기관이라고 한다.

이러한 국가기관 중에서 무엇보다도 중요한 것이 행정부, 즉 중앙정부 및 지방정부의 역할이라 할 수 있다. 왜냐하면 행정부는 입법의 집행기관으로서 역할을 할 뿐 아니라 우리 나라에서는 입법의 8할 이상을 발의하여 왔기 때문이다.

오코너는 자본주의 국가가 수행해야 하는 두 가지의 기본적이며 종종 모순된 기능, 즉 자본축적 기능과 정당화 기능이 있다고 한다.[9] 그는 모든 국가지출은 사회적 자본 *social capital* 과 사회적 비용 *social expense* 이라는 두 가지 기능에 상응하는 성격을 지니고 있다고 한다. 그는 사회적 자본은 다시 사회적 투자와 사회적 소비라는 두 가지로 구별되는 활동의 조합으로 구성되어 있으므로 모든 국가지출은 아래와 같은 세 가지 범주로 구분한다.

① 사회적 투자는 노동 생산성을 증가시키는 계획과 서비스
② 사회적 소비는 노동력의 재생산 비용을 인하시키는 계획과 서비스
③ 사회적 비용은 국가의 정당화 기능을 수행하기 위한 사회적 조화를 유지하는데 필요한 계획과 서비스

처음 두 가지(사회적 자본지출)는 민간자본을 위하여 간접적으로 생산적인 것이다. 다른 조건들이 같다면 이것들은 이윤율과 축적률을 증가시킨다. 그와 달리, 사회적 비용은 자본에 대해 간접적으로라도 생산적이지 못하다. 이것은 필요한 것이기는 하나 비생산적인

---

9) J. O'Connor, *The Fiscal Crisis of the State*, Martin Press, N.Y., pp.5~6

요소이다.

오코너는 국가의 복지활동은 세 가지로 구성되어 있다고 한다. 즉 교육지출은 노동생산성을 향상시키는 기능을 함으로 사회적 투자에 해당하고 빈곤층에 대한 소득보조는 잉여인구를 회유하고 규제(사회적 비용)하는 반면, 사회보험안은 노동력을 재생산(사회적 소비)하는데 도움을 준다고 한다.

이러한 견해는 지나친 단순화의 문제가 있다. 예컨대 빈곤층에 대한 사회적 비용이 반드시 소비적인 것인가에 대해서는 의문이 간다. 빈곤층에 대한 사회지출이 그들의 노동력을 재활 시키고 생산자원화 하며 또 취업시 생산노동력을 극대화 시키는데 기여할 수도 있기 때문이다.

한편, 고프는 현대국가의 복지기능은 크게 두 가지로 나눌 수 있다고 한다.[10] 하나는 노동력의 재생산이고 다른 것은 비노동인구의 부양을 위한 것이다. 노동력의 재생산은 인간 생존의 필수적 조건인 의, 식, 주, 교통, 여가, 예술 등 소비재와 서비스를 구매하는 임금이나 봉급을 벌게 하고, 또 가계 내에서는 주로 주부들의 서비스의 형태(쇼핑, 음식 준비, 청소, 빨래 등)로 이루어진다는 것이다. 이러한 것 이외에도 현대 국가의 복지기능은 무엇 보다도 고용 증대와 인간가치의 증대 및 문화적 생활의 질을 풍부하게 하는데 큰 기여를 하는 것이다.

고프는 현대 복지국가가 이러한 과정에 있어서 다음과 같은 방법으로 개입하고 있다고 한다.

---

10) I. Gough, *The Political Economy of the Welfare State*, Macmillan, London, 1979, pp.12～15

첫째, 소비재에 이용할 수 있는 화폐량은 조세와 사회보장제도에 의해 변화된다.
둘째, 구매할 수 있는 사용가치의 속성은 국가에 의해 규제될 수 있다. (예:식량증가의 통제와 신축 주택설비의 통제)
셋째, 국가는 주택이나 식품의 일부처럼 특정한 재화와 서비스에 대해 전액 또는 일부의 보조금을 지불한다.
넷째, 국가는 NHS처럼 서비스의 형태로 사용가치를 무료 또는 매우 저렴한 가격으로 직접 공급한다.

여기에서 제 3의 요소, 즉 집합적으로 생산되는 사회서비스가 시장에서 구매할 수 있는 상품과 '가사노동' 서비스와 더불어 노동력의 재생산에 작용한다. 따라서 자본주의 부문, 가계 부문 그리고 국가 부문이 직접적으로 노동력의 재생산에 기여하는 것이다.

현대 국가는 이러한 것 이외에도 계급, 성, 지역, 인종간 사회적 갈등을 해소하기 위한 노력을 하고 비경제적인 생활수준(예컨대 환경, 레크리에이션, 스포츠, 예술 등)의 향상을 위하여 개입한다. 이러한 것을 향상시키기 위한 개입은 국가의 직접 개입 외에 간접 개입, 그리고 시장제도의 교역관계 뿐만 아니라 비교역관계에서도 이루어 질 수 있다.

사실 현대 국가의 기능에 대해서는 이론적 관점에 따라 견해가 다르다. 예컨대 마르크스주의자는「공산당 선언」에서 주장한 바와 같이 근대 국가는 부르조아지의 공동사를 관리하기 위한 위원회에 불과하다고 하여 국가가 지배계급의 도구로 규정한다. 반면, 다원주의는 국가의 기능을 다양한 이익집단간 민주적 합의에 의하여 중립적인, 중재자의 역할을 하는 것으로 보고 있다. 그리고 조합주의는 국가가 산업 및 노동자의 지도자들이 정부와의 직접적 타협에 의하여 공적 과제를 준의회, 또는 비공식적 형식을 통하여 실현한다고 본다.

이러한 국가관에 따라 국가의 복지기능도 지배계급의 이익 또는 다양한 사회집단의 이익 또는 노사정의 타협에 의하여 이루어지는 것으로 볼 수 있다. 다시 말하면 이러한 국가관과 기능은 그 나라의 현실적 조건에 의하여 나타난다고도 볼 수 있다. 노동자나 전문직 및 관료세력이 약한 경우 지배계급의 이익을 위한 복지기능이 나타나고 우리 나라와 같이 정치세력 또는 전문가의 영향이 큰 경우 권위주의적, 전통적인 복지기능이 나타날 가능성이 크다. 즉 관 주도의 복지정책이 나타나기 쉽다. 또 이들 지배세력은 보수적이고 개인주의적이며 또 복지교육을 받지 않았기 때문에 사회복지는 소비적이고 자선적, 구호적인 성격을 지니고 있다고 생각한다.

1) 중앙 정부기관

중앙정부의 부처 중에 사회복지와 관련되지 않는 정부는 거의 없다해도 과언이 아니다. 중앙정부의 사회복지기관은 보건복지부, 노동부, 보훈처 등을 생각하기 쉬우나 그 이외에도 관련된 정부기관이 많다. 관련된 정부기관은 국민의 기본 욕구인 소득, 보건, 교육, 주택 등을 위하여 서비스를 제공하거나 또 이차적 욕구라 할 수 있는 교통, 환경, 문화, 스포츠 등을 위한 서비스, 그리고 주요한 사회문제인 범죄, 비행 등을 해결하기 위한 노력을 하는 기관이다.

표 5-1에서 볼 수 있는 관련부처 이외에도 이러한 사업을 수행하는 데 필요한 재원(조세)을 마련하는 재무부와 국세청, 그리고 사회개발계획을 수립하는 재정경제부 또는 기획예산처 등도 있다.

사회복지와 관련된 정부 부처 중에서 직접 국민을 상대로 정책 및 서비스를 제공할 수 있는 부처가 있고(예, 노동부의 지방노동사무소, 교육부의 시군구 교육청, 환경처의 지방환경사무소 등) 그렇지 못한 경우(보

< 표 5-1 > 사회복지관련 중앙부처와 공공단체

욕구 및 문제		정부기관	행정부서	공법인
1차적 욕구	소득	노동부	노사정책국 근로기준국	중앙노동위/노사정위원회 근로복지공단
		보건복지부	보험연금정책본부 사회복지정책본부	국민연금관리공단 사회복지법인
		행정자치부	정책홍보관리본부 (연금복지팀)	공무원 연금관리공단
		교육부	학교정책실장 (교육복지정책과)	교원공제회/사립교원 연금관리공단
		국방부	인사복지본부 (복지정책관)	군인공제회
	보건	보건복지부	보험연금정책본부 (국민연금정책관) 사회복지정책본부 (장애인정책관)	국민건강보험관리공단/장애인재활공단/사회복지법인
		노동부	산업안전보건국	산재의료관리원
	교육	교육부	학교정책실 (평생학술국)	시도교육청, 학교법인
		보건복지부	사회복지정책본부	
	주택	건설교통부	주거복지본부장 (주거복지원팀/공공주택팀)	
		보건복지부	사회복지정책본부	
2차적 욕구	환경	환경부	환경정책실	환경관리공단/환경자원공사
	스포츠	문화관광부	체육국장	한국체육진흥관리공단
	아동	여성가족부	보육정책국	
	노인	보건복지부	저출산고령사회정책본부	
	장애인	보건복지부	사회복지정책본부 (장애인정책관)	
	여성	여성가족부		
	고용	노동부	고용정책본부 (고용정책심의관 /노동보험심의관)	근로복지공단 장애인고용촉진공단
	범죄	법무부 (검찰청)	교정국/보호국	갱생보호회 /대한법률구조공단
	상이군경·유족	보훈처	복지사업국	한국보후복지의료공단

건복지부, 건설교통부, 문화관광부 등)도 있다. 그렇지 못한 경우 지방자치단체(시, 군, 구 및 시, 도 등)를 통하여 정책 및 서비스를 공급하고 있다.

일반적으로 중앙정부는 국민의 사회적 통합을 목적으로 사회복지를 하기 때문에 주로 사회보험이나 노사협의와 같은 사회정책 프로그램을 실시한다.

사회복지의 주무 부처라 할 수 있는 보건복지부의 사회복지행정 조직은 장·차관 아래 4개의 정책본부장과 그 아래 6개 정책관, 그리고 38개의 관리팀이 있다. 사회복지정책본부에는 사회정책기획팀, 기초생활보장팀, 기초의료보장팀, 근로연계복지팀, 민간복지협력팀이 있고, 보험연금정책본부는 국민연금정책관과 연금정책팀, 연금재정팀, 연금급여팀, 그리고 (건강)보험정책팀, 보험급여기획팀, 보험급여평가팀이 있다. 저출산 고령화사회정책본부에는 정책 총괄관, 노인정책관, 인구아동정책관이 있고, 그 아래 기획 총괄팀, 저출산대책팀, 노후생활팀, 인력경제팀, 고령친화산업팀, 노인정책팀, 노인지원팀, 출산지원팀, 아동안전관리팀, 아동복지팀 등이 있다.

이것을 보면, 과거 생활보호자(빈민과 장애인)에 대한 대책은 오늘날 사회복지정책본부에서 관리하고, 건강보험과 국민연금 업무는 보험연금정책본부에서 관리되며 노인복지와 아동복지 업무는 새로 생긴 저출산 고령사회정책본부에서 관리되고 있다.

2) 지방 자치단체

지방 자치단체는 ① 특별시와 광역시 및 도의 광역단체와 ② 시와 군 및 구의 기초자치단체의 2종류가 있고, 지방자치단체는 법인으로 한다고 되어 있다. 그리고 특별시와 광역시 및 도는 정부의 직할하에 두고 시·군·구는 특별시와 광역시 및 도의 관할구역안에 두며 50만 이상 시와 자치구는 구를, 시, 군에는 동·읍·면을 둘 수 있게 하였다.(지방자치법, 제 2조와 3조) 일반적으로 지방자치단체는 지역사회 차원의 사회문제를 해결하기 때문에 공적 부조나 사회서비스를 다룬다.

지방자치단체는 다음과 같은 주민의 복지증진을 위한 노력을 한다. (지방자치법, 제 8조)

① 주민복지에 관한 사업
② 사회복지시설의 설치·운영 및 관리
③ 생활곤궁자의 보호 및 지원
④ 노인·아동·심신장애자·청소년 및 부녀의 보호와 복지증진
⑤ 보건진료기관의 설치·운영
⑥ 전염병 및 기타 질병의 예방과 방역
⑦ 묘지·화장장 및 납골당의 운영·관리
⑧ 공중접객업소의 위생개선을 위한 지도
⑨ 청소, 오물의 수거 및 처리
⑩ 지방 공기업의 설치 및 운영

지방 자치단체는 광역 단체인 서울특별시, 광역시(5개), 도(9개)가 있고 기초단체인 시(72개), 군(91개), 구(90개)가 있으며 이것을 보조하는 읍(196개), 면(1,229개), 동(2,086개)이 있다. 이러한 지방행정 조직에 따라 사회복지 업무를 담당하는 부서가 약간 상이하다.

지방자치단체의 사회복지행정 업무는 일반적으로 시·도의 경우 중앙정부의 업무가 국으로 설치되고 시·군의 경우 과로 설치되며 읍·면의 경우 계로 설치되어 있다. 그러나 이것은 주민(인구)의 수와 지역의 특성에 따라 약간의 차이가 있다. 사실 1990년대 지방자

치제가 실시되면서 주요한 부서(4~5개) 이외는 자치단체장이 조정할 수 있게 하였고, 2000년대에는 팀제로 행정업무가 분담되어 있다.

한편, 지방자치단체는 지역사회복지계획을 수립하여 시행하게 되어 있다. 지역사회복지계획은 시장·군수·구청장이 지역주민 등 이해 관계인의 의견을 들은 후 지역사회복지협의체[11]의 심의를 거쳐 시·군·구의 지역사회복지계획을 수립하고 이를 시·도지사에게 제출하게 되어 있다. 그리고 시·도지사는 시·군·구의 지역사회복지계획을 종합·조정하여 사회복지위원회(시·도)의 심의를 거쳐 시·도의 지역사회복지계획을 수립하고 보건복지부 장관에게 제출토록 되어 있으며 복지부장관은 이를 평가하게 되어 있다.(사회복지사업법, 제 15조)

지역사회복지계획의 수립시 구체적 내용은 다음과 같다.(법 15조)

① 복지수요의 측정 및 전망에 관한 사항
② 사회복지시설 및 재가복지에 대한 장·단기 공급대책에 관한 사항
③ 인력·조직 및 재정 등 복지자원의 조달 및 관리에 관한 사항
④ 사회복지전달체계에 관한 사항
⑤ 사회복지서비스 및 보건의료서비스의 연계 제공방안에 관한 사항
⑥ 지역사회복지에 관련된 통계의 수집 및 정리에 관한 사항
⑦ 그 밖에 대통령령이 정하는 사항

여기에서 문제가 되는 것은 지역사회복지의 개념을 어떻게 정립

11) 지역사회복지협의체는 시·군·구의 사회복지사업과 지역사회복지계획을 심의 또는 건의하고 복지·보건의료단체의 사회복지서비스 및 보건의료서비스의 연계·협력을 강화하기 위한 지자체의 협의, 자문기구이다. 그리고 시장·구청장·군수는 사회복지 또는 보건의료에 관한 학식과 경험이 있거나 기관 및 단체의 대표자 또는 담당공무원을 임명, 위촉하게 되어 있다.(사회복지사업법, 제 7조)

하고, 재정자립도가 약한 시·군·구에서 어떻게 사회복지시설 및 재가복지의 대책 및 인력 및 재정의 계획을 자주적으로 수립할 수 있느냐 하는 것이다.

지방자치단체의 조직과 그 기능을 볼 때 비교적 체계화 되어 있는 것처럼 보이지만 사실 많은 문제점을 지니고 있다. 그 주요한 문제점과 개선방안을 제시하면 다음과 같다.

첫째는 사회복지행정이 중앙정부(보건복지부)와 지방정부(지방자치단체) 간에 소통이 원활하지 못하여 책임 있는 행정을 수행하기 어렵다. 다시 말하면 지방 행정기관에 종사하는 공무원에 대한 인사권과 예산권이 모두 행정자치부 또는 광역 자치단체장에게 있기 때문에 효과적인 행정을 수행하기 어렵다.

둘째는 지방자치 단체(시·도·군·구)에 구성되어 있는 사회복지기관(예컨대 아동상담소, 여성상담소, 가정상담소)이 광역단체에 소속되어 있어서 본래의 기능을 제대로 수행하지 못한다. 그리고 사회복지 관련 부서와 사회복지기관에 종사하는 공무원들이 전문적 자질을 소유하지 못하고 있어서 비전문적 서비스(조치권)를 행한다.

넷째는 지방자치단체에 설치할 수 있도록 법정화 되어 있는 각종 사회복지관련 위원회를 활성화 시키고 읍·면·동에 둘 수 있는 지원봉사자로서의 각종 법정위원(예:복지위원, 아동위원, 장애인복지상담, 노인복지상담원 등)을 임명하여 활용하여야 될 것이다.

다섯째는 지방자치제의 실시와 민주화에 부응한 지방행정사업을 효과적으로 수행하기 위하여 주(시)민참여를 활성화 하도록 조장행정을 강구하고 대민봉사를 위한 권위주의적 행태를 탈피하여야 할 것이다. 특히, 사회복지시설과의 동반자적 관계를 형성해야 한다.

3. 공공단체

정부기관은 주로 정부조직 법령이나 지방자치단체의 직제규칙에 의하여 설립되어 있으나 공공단체는 그 목적을 위하여 특별 법령에 의하여 설립되는 경우가 많다. 비록 민간단체라 할지라도 민법과 사회복지관련 법령에 기초하여 설립되어 있다. 이러한 단체는 비영리를 목적으로 하는 것이 특징이다.

사회복지를 위한 공공단체는 관련된 법령에 기초한 법정단체인 동시에 관련된 정부기관의 지도·감독을 받고 있다. 이러한 공공기관은 주로 사회보험 업무와 관련된 것이 많다. 우리 나라에 있어서 공공단체의 주체는 총회와 같은 운영위원회와 집행기관으로 이사회가 조직되어 있고 그 기능으로 중요한 사항을 의결하고 서류열람, 사무집행 및 재산상황을 감사할 수 있으나 그 조직과 기능이 제대로 이루어지지 않고 있다. 공공단체가 이론상으로 정부와 피보험자 및 요양기관의 이해관계에서 중립을 지키고 자주적 민주적 운영을 목적으로 하지만 실제로는 정부의 입김이 강하다.

그러면, 공공단체로서 대표적인 국민연금관리공단과 국민건강보험공단 및 근로복지공단 그리고 한국사회복지협의회와 사회복지공동모금회 및 한국사회복지사 협회의 기능을 보기로 한다.

1) 국민연금관리공단.

우리 나라에 있어서 연금 업무를 관리하는 기관은 4개가 있다. 즉 국민연금관리공단, 공무원연금관리공단, 사립학교교직원연금관리공단, 군인연금관리공단 등이다.

국민연금관리공단은 국민연금제도의 적용대상이 주로 근로자와 자영업자이며 이들은 전체 국민의 약 7할이 된다. 이들의 노령, 폐질 또는 사망시 연금급여를 실시하여 국민의 생활안정과 복지증진에 기여하려는 것이 그 목적이다.

국민연금관리공단은 전국적으로 15개 지부를 두고 있으며 그 주요한 업무는 다음과 같다.[12)]

① 가입자에 대한 기록의 관리 및 유지
② 각출금(기여금)의 징수
③ 급여의 결정 및 지급
④ 가입자와 수급권자를 위한 복지시설의 설치 운영 등 복지 증진사업
⑤ 기타 국민연금사업에 관하여 보건복지부장관이 위탁하는 사항
⑥ 노인복지, 장애자 재활 등을 위한 시설의 설치 운영
⑦ 병원, 휴양시설 또는 요양시설의 설치 · 운영
⑧ 생활안정을 위한 자금의 대여
⑨ 학자금의 대여
⑩ 당연 적용사업장인 중 · 소 사업장에 복지시설을 위한 자금 대여

2) 국민건강보험공단

과거에는 의료보험업무를 관리하는 조합(지역조합이 254개, 직장조합이 154개)과 의료보험관리공단(14개 지부)이 있었다. 그리고 의료보험조합을 원활하게 운영하기 위하여 의료보험연합회가 있었다.

그러나, 2000년 7월 1일 부터 기존 의료보험연합회와 의료보험조합이 해산되고 새로운「국민건강보험공단」의 명칭으로 변경되어 그 업무를 통합 · 승계하고 있다.

국민건강보험법은 국민의 질병 · 부상에 대한 예방 · 진단 · 치료 ·

---

12)「국민연금법」제 23조와 동 시행령 28조 참조.

재활과 출산·사망 및 건강 증진에 대하여 보험급여를 실시함으로서 국민보건을 향상시키고 사회보장을 증진함을 목적으로 한다고 되어 있다.

국민건강보험의 가입자(피보험자)와 피부양가족은 종전처럼 직종과 조합에 따라 차별화 되지 않고 동일한 기여와 급여 및 요양이 적용하게 되어 있으나 아직도 종전의 경우와 유사하다.

그러면, 국민건강보험공단(보험자)의 업무를 다음에 본다.

① 가입자 및 피부양자의 자격 관리
② 보험료, 기타 이 법에 의한 징수금의 부과·징수
③ 보험급여의 관리
④ 가입자 및 피부양자의 건강의 유지·증진 위해 필요한 예방사업
⑤ 보험급여 비용의 지급
⑥ 자신의 관리·운영 및 증식사업
⑦ 의료시설의 운영
⑧ 건강보험에 관한 교육훈련 및 홍보
⑨ 건강보험에 관한 조사연구 및 국제협력
⑩ 이 법 또는 다른 법령에 의한 위탁 업무
⑪ 기타 건강보험과 관련하여 보건복지부장관이 필요하다고 인정한 업무

3) 근로복지공단

근로복지공단은 1958년 설립되어 주로 산재보험보상 업무를 담당하였으나 오늘날에는 산재보험 이외 고용보험과 실업대책사업 및 임금채권 보장 등 근로자복지 전반을 담당하는, 방대한 기관이 되었다.

근로복지공단의 주요한 사업은 다음과 같다.(정관, 제 4조)

① 산업재해보상보험가입자 및 수급권자에 관한 기록의 관리, 유지

② 보험료징수법에 의한 보험료, 그 밖의 징수금의 징수
③ 산업재해보상보험 급여의 결정 및 지급
④ 산업재해보상보험급여에 관한 심사청구의 심리, 결정
⑤ 산업재해보상보험 및 예방기금(이하 '산재보험기금'이라 한다.)의 관리운영
⑥ 산업재해보상보험시설의 설치, 운영
⑦ 산재장해자에 대한 직업재활 사업 및 관련시설의 설치, 운영
⑧ 산재근로자의 고용상담과 직업소개 사업
⑨ 근로여성 임대아파트 시설의 설치, 운영
⑩ 산업재해 근로자 및 그 가족에 대한 지원사업
⑪ 근로자 정서함양을 위한 문화사업
⑫ 근로자복지 진흥기금의 조성 및 증식과 관리 운영
⑬ 근로자복지기본법에 의한 근로자신용보증지원사업
⑭ 근로자복지기본법 및 고용보험법에 의한 근로자복지시설의 설치 운영
⑮ 국가 및 지방자치단체가 설치한 근로자복지시설의 위탁 운영
⑯ 근로자복지기본법령에 의한 진흥기금의 용도사업
⑰ 복권 및 복권기금법령에 의하여 위탁받은 복권발행
⑱ 노동부장관이 위탁하는 업무
⑲ 노동부장관이 위탁하는 실업대책사업
⑳ 고용정책기본법령에 의한 채권발행
㉑ 임금채권보장법령에 의하여 노동부장관이 위탁하는 업무
㉒ 직장보육시설의 설치비용 융자 및 지원업무와 관련하여 노동부장관의 위탁업무
㉓ 근로복지에 관련된 국제협력사업
㉔ 근로복지에 관한 간행물의 발행 및 홍보사업
㉕ 전 각호의 1에 관련된 조사연구 및 부대사업과 시설의 대여 및 관리
㉖ 기타 정부로부터 위탁받은 사업 및 근로사 복지증진을 위하여 필요한 사업

4) 한국사회복지협의회

한국사회복지협의회는 원래 지역사회복지사업을 추진하기 위한 중간집단이다. 이 협의회는 사회복지에 관한 조사·연구와 각 종 복지사업은 조성하고 각 종 사회복지사업과 활동을 조직적으로 협의·조정하며 사회복지에 대한 국민의 참여를 촉진시킴으로써 우리나라의 사회복지 증진과 발전에 기여함을 목적으로 한다. 그런데 아직도 보건복지부의 기탁 업무가 거의 대부분을 차지한다.13)

한국사회복지협의회의 회원은 단체회원과 개인회원으로 구분한다. 단체회원은 시·도 사회복지협의회장, 전국적인 사회복지법인 및 사회복지사업과 관련 있는 비영리법인의 대표자, 전국적인 경제계·언론계·종교계·법조계·문화계·보건의료계 등을 대표하는 자이고, 개인회원은 사회복지사업 수행에 필요하다고 인정되어 회장이 추천하는 자이다. 그런데 아직도 사회복지시설장 중심으로 조직·운영되고 있다.

이러한 회원으로 구성된 한국사회복지협의회와 시·도 사회복지협의회는 원활한 업무추진을 위하여 상호 협조하여야 하며, 이 회는 시·도 사회복지협의회에 업무를 위탁할 수 있다. 그런데 1998년 사회복지사업법 개정으로 광역단체(시·도)별로 독립법인으로 시·도협의회를 재조직하였고 2003년 부터 시·군·구별로 조직할 수 있다.

사회복지협의회의 주요 기능은 다음과 같다.

- 사회복지에 관한 조사연구 및 정책 건의
- 사회복지에 관한 교육 훈련

---

13) 김영모,「지역사회복지협의회」, 한복연 출판부, 1997 참조

- 사회복지에 관한 계몽 및 홍보 / 자료수집 및 간행물 발간
- 자원봉사 활동의 진흥
- 사회복지에 관한 학술 도입과 국제사회복지단체와의 교류
- 회원단체 상호간 연락조정 및 협의
- 시·도 사회복지협의회 업무 지원 및 협력 증진
- 사회복지 자원 개발에 관한 사항
- 사회복지에 관한 정보화 사업의 진흥
- 보건복지부장관이 기탁하는 사회복지에 관한 업무

5) 사회복지공동모금회

최근 민간주도형 모금운동을 전개하기 위하여, 종전의 사회복지기금법을 폐지하고 1997년 새로운 사회복지공동모금법을 제정하였다. 공동모금을 통하여 자발적인 성금으로 조성된 재원을 효율적이고 공정하게 운용함으로써 사회복지 증진에 기여코자 하는 것이다. 그리하여 전국 공동모금회와 지역 공동모금회는 다음의 업무를 수행한다.(사회복지공동모금회법, 제 5조)

① 사회복지공동모금사업
② 공동모금재원의 배분
③ 공동모금재원의 운영 및 관리
④ 사회복지공동모금에 관한 조사·연구·홍보 및 교육훈련
⑤ 지회의 운영
⑥ 사회복지공동모금과 관련된 국제교류 및 협력증진사업
⑦ 다른 기부금품모집자와의 협력사업
⑧ 기타 모금회의 목적달성에 필요한 사업

사실 공동모금회는 한국사회복지협의회와 마찬가지로 지역사회(시·군·구) 단위에 독립법인이 설립되어야 자발적인 지역 및 직능

모금이 가능하다. 그런데 모금운동이 중앙집권화 되어 공동모금의 대부분을 차지하는 방송모금 및 기업모금 등으로 이러한 지역모금이 퇴색되어 가고 있다.

2005년 12월 초에서 2006년 1월 말까지 모금된 금액은 모두 1천 5백 79억원(중앙이 956억원, 지회가 620억원, ARS가 3억원)이다. 중앙모금액은 주로 기업체(54.8%)와 개인 및 기타(23.3%)가 가장 많고, 그 밖에 사회 및 종교단체(15.0%)와 공공기관(7.0%)의 기부금이다.

6) 한국사회복지사협회

한국사회복지사협회는 사회복지에 관한 전문적 지식과 기술을 개발, 보급하고 사회복지사의 자질 향상을 위한 교육훈련 및 사회복지사의 복지 증진을 도모함을 목적으로 한다. 이러한 목적 이외에 사회복지사의 처우 개선과 권익 옹호를 위한 사회행동도 필요할 것이다.

한국 사회복지사협회가 행하는 주요한 사업은 다음과 같다.(정관, 제 4조)

① 사회복지사에 대한 전문지식과 기술의 개발 · 보급
② 사회복지사의 전문성 향상을 위한 교육 훈련
③ 사회복지사와 관련된 조사연구 및 홍보 · 출판
④ 국 · 내외 사회복지관련 전문가 단체와의 교류 · 협력
⑤ 사회복지사에 관한 자료 수집과 간행물 발간
⑥ 산하단체와의 사회복지업무 협력 및 조정
⑦ 정부 또는 지방자치단체의 사회복지사업 수탁 업무
⑧ 원격 평생교육시설 운영
⑨ 그 밖의 이 회의 목적달성에 필요한 사업

그 밖에 최근 한국사회복지사협회는 사회복지사 국가자격시험을 정부와 함께 운영하고 있다. 이 협회의 회원수는 2005년 12월말 현재 93,026명이다.

4. 민간기관

사회복지를 위한 민간기관은 비영리기관이나 단체를 비롯하여 종교기관 · 공제회 · 상조회 · 계 등과 같은 자조조직이 대단히 많다. 이러한 민간기관(단체)은 주로 사회복지 13법과 민법 등에 기초하여 설립된 것이 대부분이나 비정부기관 NGO 과 같은 임의단체도 있다.

사회복지분야의 비영리법인이나 단체가 1.450개나 된다.(2000년도) 그 중에서 사회복지법인(639개)이 가장 많고 그 다음은 의료법인(84개)과 사단법인(191개) 및 외원단체(58개) 등이다.

1) 사회복지법인

사회복지서비스와 관련된 가장 중요한 기관은 사회복지법인이다. 이것은 일종의 재단법인이다. 우리 나라의 사회복지법인은 주로 요보호자의 시설수용보호사업 *institutional care* 의 운영을 목적으로 설립된 경우가 대부분이지만 이것을 지원하기 위한 경우 대부분 기업재단이다. 시설수용보호사업은 오랜 전통을 지니고 있다. 특히 6.25 전쟁을 통하여 발생된 전쟁고아와 미망인을 보호하기 위하여 발달하였다. 이러한 아동 및 모자시설이 점차 감소되고 있지만, 그 속도가 대단히 느리며 심지어 보호시설이 존재함으로서 요보호자를 만들기도 한다. 오늘날 육아원의 수용아동은 대부분 고아 아닌 고아인 것을 보면 알 수 있다. 그러나, 오늘날 장애인과 노인 및 탁아를 위한 시설이 발달하여 사회복지시설은 오히려 증가하고 있다. 이것은 사회복지이론에 있어서 시설보호 보다도 가정보호가 보다 낫다는 이론에 역행되는 현상이다. 즉 시설보호는 수용비가 많이 들고 시설병(전염병, 의타심 등)을 지니게 되며 가족해체를 촉진시킨다는 것이다. 따라서 탈시설화 *deinstitutionalization* 가 필요하다.

민간에서 사회복지 서비스를 제공하는 기관은 주로 사회복지법인이 운영하는 시설이다. 사회복지시설은 수용시설과 이용시설의 형태가 있다. 수용시설은 요보호대상을 수용하여 생계구호를 하는 시설이며, 이용시설은 자기 집에서 기거하면서 일시적 또는 단기간 이용할 수 있는 시설이다.

사회복지 생활(수용)시설은 2004년 말 현재 전국적으로 1,017개소로서 아동복지(275개), 노인복지(346개), 장애인복지(237개), 여성복지(67개), 부랑인(37개), 정신질환자요양(55개소), 결핵요양 및 한센(癩)장애인시설(5개) 등으로 구분되며 수용인원은 86,152명이고 근무하는 직원은 23,993여명에 달하고 있다[14]. 수용시설에서 보호받고 있는 생활보호대상자에 대한 보호비용과 시설종사자의 인건비 등 시설운용에 필요한 비용은 전액 정부(국고 및 지방비)가 지원하고 있으며, 시설설치비는 법인이 자체적으로 부담하는 부분을 제외하고는 정부가 지원하고 있다.

이용시설은 종합사회복지관(사회복지관), 노인복지회관, 장애인복지관, 여성회관(부녀복지관)을 모두 포함하여 2004년 말 현재 전국적

14) 보건복지부, 「보건복지통계연보」, 2005
이용시설은 72,244개로 이 중에서 보육시설(26,903개)이 가장 많은 재가복지시설(324개), 지역재활시설(430개), 직업재활시설(196개), 정신질환자회복귀시설(90개)가 있으며 이의 종사자는 117,347명이다. 그리고 미신고시설도 1,096개소, 피수용자는 7,893명, 종사자는 8,386명이다.

으로 483개가 운영되고 있으며, 이 외에도 노인주간보호시설, 노인단기보호시설, 사회복지관 등에 부설된 재가복지봉사센터, 가정봉사원 파견사업소, 재가장애인 순회재활서비스센터 등이 있다. 이용시설의 운영에 필요한 비용은 원칙적으로 정부(국고 및 지방비)가 부담하나(실제 사업비의 4할정도 지원) 일부 시설의 경우 대개 운영비의 20% 수준을 법인이 부담하고 있다. 시설 설치비는 법인이 자체적으로 부담하는 부분을 제외하고는 정부가 지원하고 있다.

이러한 각종 사회복지시설을 운영하는 사회복지법인을 설립하기 위해서는 사회복지사업법에 의하여 시·도지사의 인가를 받아야 하며 사회복지법인은 공익법인으로서 정부의 지도·감독을 받고 있다.

2) 비정부기관

비정부기관 *non-govermental organization* 은 비영리적인 민간단체이다. 민간단체는 사단법인인 경우도 있지만 임의적인 자원봉사단체가 많다.

이러한 단체는 인권, 환경보호, 보건, 성차별에 대한 서비스와 인도주의적 기능을 수행하고 정부정책을 감시하며 정보 제공 등으로 시민의 참여를 장려한다.

사회복지에 있어서 비정부기관은 자원봉사단체가 많고 비록 법인격을 지닌 사회복지단체(기관)라 할지라도 정책세미나, 정책건의, 모금운동, 자원봉사 활동 등을 통하여 사회문제에 대한 여론 환기와 사회복지의 발전을 위한 노력을 행하고 있다. 그런데 우리 나라의 경우 관 주도형 복지활동이 발달하였기 때문에 자주적인 민간기관의 활동은 대단히 미약한 편이다.

최근 인권, 성차별, 부정부패, 환경보호, 참정권 등에 대한 여론

환기와 입법 활동에 적극적인 민간단체로서 경실련, 참여연대, 의보연대, 환경연합, 여성연합 등이 설립되어 복지발전에 큰 기여를 하고 있다. 이러한 시민단체는 1987년 6월 민주화 운동 이후, 특히 1998년 DJ정부가 집권하면서 일부 시민단체는 사회 전 영역에서 커다란 발언권, 즉 사회적 행동을 행사하였다.

이러한 시민단체는 2006년 1월 2만 3천 500여개지만 그 회원수는 오히려 감소되고 있다.(한국민간단체 총람) 오늘날 시민단체는 아직도 전문가 중심으로 조직되어 있고 시민 또는 지역사회에 뿌리를 내리고 있지 못하고 있는 실정이다. 이러한 경우 민간단체는 자생력을 상실하고 정부기관이나 대기업의 지원에 의존할 가능성이 크다.

5. 사회복지사

1) 개념과 자격

사회복지종사자는 전문가 뿐만 아니라 준 전문가(paraprofessional) 또는 비전문가(자원봉사자 등)도 있다. 전문가의 개념도 각 국에 따라 상이하지만 일반적으로 전문적 지식과 기술 및 양심을 지니고 있는 봉급생활자를 말한다. 준전문가의 개념은 전문적 자격이 없으면서 전문직에 종사하는 봉급생활자를 말하는데 이들이 오늘날 사회복지사의 대부분을 차지한다. 사회복지사는 좋은 성품을 지니고, 사회복지 프로그램을 개발, 운영하거나 시설거주자의 생활지도를 하며, 사회복지를 필요로 하는 자에 대한 상담 업무를 한다.(사회복지사업법, 제 11조)

사회복지사는 사회복지사업 법령에 의해 사회복지사라 호칭하고 이들을 1급, 2급, 3급으로 나눈다. 사회복지사 1급의 자격은 대학 이상 사회복지학과 졸업생으로 국가시험에 합격한 자이고 사회복지사 2급은 동등한 대학 이상 학력을 가지거나 전문대학의 사회복지 관련학과를 졸업한 자로서 보건복지부장관이 지정한 교육훈련기관에서 8주 이상 이수한 자, 그리고 사회복지사 3급은 고등학교 이상을 졸업한 자로서 보건복지부장관이 인정한 24주 이상 교육훈련을 받았거나 7년 이상 사회복지사업의 경험이 있는 자가 될 수 있다.

이러한 자격이 있는 사회복지사는 2004년 말 현재 104,645명이다. 이중에서 1급 사회복지사가 48.6%이고, 2급의 경우 41.6%, 3급의 경우 9.7%가 된다. 그리고 사회복지전담 공무원(사회복지사)은 현재 7,159명이다.

사회복지사 1급은 2003년 1월 1일부터 사회복지사업법 시행규칙에 의하여 소정의 학과목을 이수하고 국가시험(8과목)에 합격한 자이다. 국가시험은 기초 과목으로서 인간행동과 사회환경, 사회복지조사론이 있고 정책 과목으로 사회복지정책론, 사회복지행정론, 사회복지법제론이 있으며 실천과목으로 사회복지실천론, 사회복지실천기술론, 지역사회복지론 등 8개 과목이 필수과목이다. 그리고 소정의 이수과목은 10개의 필수과목은 국가시험 필수과목(6개) 이외 사회복지개론, 사회복지법제, 지역사회복지론, 사회복지 현장실습이 추가되고 4개의 선택과목을 이수해야 한다.

일본의 사회복지사는 사회복지사와 개호복지사로 나눈다. 사회복지사는 사회복지과목을 이수하였거나 1년 이상 양성교육을 수료한 4년제 대학졸업자로서, 또는 2년제 대학졸업자로서 실무경력이 2년 이상인 자에게 국가고시의 기회를 주고 이것에 합격한 자라야 한다.[15] 개호복지사는 고졸자로서 2년 이상 양성교육이나 사회복지

---

15) 일본 사회복지사의 자격시험 공통과목은 ① 사회보장론, ② 공적부조론,

계 대학의 지정과목 이수자로서 1년의 양성교육, 그리고 3년 이상 개호 등 실무경력을 가진 자가 개호복지사 시험합격 후 등록에 의하여 자격이 취득된다. 일본의 사회복지사는 복지상담 조언, 기타 원조를 제공하고 개호복지사는 입욕, 배설, 식사지도 등을 할 수 있다.

그리고 미국의 경우는 대졸 이상 전문가를 4종으로 나누고 전문대졸 이하 준전문가를 2종으로 구분한다. 전문가 중에 사회사업 석사학위 이상 소지자는 사회조사 및 계획, 사회심리치료, 개인사무실 등을 운영하고 사회사업학사 소지자는 석사 사회사업가의 지도·감독하에 정보 제공 및 사실 조사, 지역사회자원 활용, 생활보조, 신청서 접수 등을 행한다.

이와 같이 사회복지 전문가는 적어도 대학의 사회복지학과를 졸업한 학사 이상이어야 하고 그렇지 못한 경우 보조기술자 *technician aide*, 생활지도원(한국), 개호복지사(일본) 등이라고 부른다.

우리 나라의 사회복지사가 활동할 수 있는 영역은 사회복지사업법 시행령(제 113조)에 의하여 사회복지법인 종사자 총수의 1/3 이상을 채용하고 이 중에서 1/2 이상은 1급 또는 2급이어야 한다고 규정하고 있다. 그리고 최근 대량으로 채용된 사회복지 전문요원(일반직 공무원)은 사회복지사 3급 이상이면 응시할 수 있었고, 병원 등 의료기관, 종합사회복지관 등 사회복지기관에 사회복지사가 채용되고 있

---

③ 사회복지원론, ④ 지역복지론, ⑤ 법학, ⑥ 사회학, ⑦ 심리학, ⑧ 의학일반이다. 사회복지사 전문과목은 ① 장애자복지론, ② 아동복지론, ③ 노인복지론, ④ 개호개론, ⑤ 사회복지원조기술이다. 그리고 정신보건복지사의 필수과목은 사회복지사의 경우과 동일하고, 다만 전문과목으로 ① 정신의학, ② 정신보건학, ③ 정신과 재활학, ④ 정신보건복지론, ⑤ 정신보건복지원조기술론이다.

다.

이와 같이 사회복지사의 자격과 취업기회가 규정되어 있으나 외국처럼 사회복지사의 등급에 따라 기능과 임무가 규정되어 있지 않아 등급 구분의 실효성이 없다. 최근 학력 및 경험에 따른 사회복지사의 자격 부여는 대량 생산과 전문적 자질의 결여를 초래할 위험성이 있는데 국가자격 시험을 치르게 되어 있어서 그것을 어느 정도 예방할 수 있을 것 같다. 그러나, 학력 제한으로 사회복지사가 될 수 있는 기회가 폐쇄되어 있는 것이 문제이다.

2) 종류와 과제

우리 나라 사회복지 생활시설수는 2004년 말 1,017개이고, 이의 종사자는 23,993명이다. 그리고 미신고 사회복지시설수는 1,096개이다. 이들 종사자는 거의 대부분 민간기관에 고용된 자이다. 정부기관에 고용된 사회복지사는 7,136(2004년)명이 되는데 이들 대부분은 사회복지 전문요원, 노인복지상담원, 아동복지지도원, 장애인복지지도원 등 지방직 공무원이다. 이들은 1995년 지방행정직렬에 사회복지직이 설치되어 일반 행정공무원이 되었다.

사회복지시설의 종사자는 대부분 전문적 자격이 없다. 따라서 이들 비전문가들에게 전문적 자격을 갖추도록 하기 위한 노력이 필요하다. 사실 사회복지사의 대부분은 보호시설에 종사하고 이들의 노동조건이 대단히 열악하기 때문에 직장 이동률이 대단히 높다. 먼저 이러한 노동조건과 대우를 개선하고 이들 준전문가 또는 비전문가들로 하여금 전문적 자질을 갖도록 하는 것이 시급한 과제이다.

최근 생활보호사업을 효과적으로 수행하기 위하여 대량의 사회복지 전담공무원이 채용되었는데 이들 대부분이 사회복지사 1급의 자격을 지니고 있어서 사회복지행정의 전문화와 효율화에 크게 기여할 것이다.

1987년 정부는 4천여명의 사회복지 전문요원을 채용하여 생활보호사업을 활성화 시키려고 하였다. 그 동안 생활보호사업의 대상자가 무자격자가 많고 욕구에 따른 서비스가 없었으며, 따라서 낭비적이고 비전문적인 것이라고 많은 비판을 받았다. 그리하여 사회복지사무소와 같은 전달체계가 확립되어야 하고 전문사회복지사의 역할이 필요하다고 주장되었다.(지난 10여년간 2차의 시범사업은 실패하였음) 그러나, 이것보다도 더 효율적인 전달체계는 기존 행정조직에 전문가(사회복지사)를 채용하면 된다.

최근, 사회복지사업법의 개정에 의하여 사회복지사업에 관한 업무를 효율적으로 하기 위하여 시·군·구 또는 읍·면·동에 사회복지업무 전담기구를 따로 설치할 수 있게 되어 있고, 여기에 사회복지 전담공무원을 둘 수 있다. 사회복지 공무원은 그 관할 지역내 사회복지를 필요로 하는 사람들에 대하여 항상 그 생활실태 및 가정환경을 파악하고 사회복지에 관하여 필요한 상담과 지도를 행한다. 사회복지 전담공무원은 사회복지사 자격이 있는 자 중에서 임용하게 되어 있다.

과거 생활보호대상자의 선정은 법령에 생활보호위원이 하도록 되어 있으나 실제는 주로 통·반장에 의존하였고 이들에 대한 전문적 지도·감독이 불가능하였다. 그러나 1991년 이후 사회복지 전문요원이 개입하면서 기존 생활보호대상자의 약 3할이 탈락되었다. 그런데 그간 통·반장과 지방 행정일선 기관(읍·면·동)의 직원들의 저항과 당정 정책결정권자의 몰이해로 1992년 2천명 충원계획이 백지화 되었다가 1999년 부터 다시금 채용하게 되었다. 그리고 사회복지 전담공무원의 역할이 생활보호사업 이외 아동·노인·장애인·부녀자·모자 등을 위한 서비스도 동시에 수행하여야 될 것이다.

한편, 사회복지시설 종사자의 대부분을 차지하는 생활지도원 및 보모들은 노동조건이 대단히 열악하여 이직율이 대단히 높다. 이들의 노동시간은 근로기준법에 저촉되는 16시간~24시간을 근무하는 경우가 많고 이들의 임금은 같은 종류의 학교법인에 종사하는 교사에 비하여 그 2/3에 불과한 실정이다. 그리하여 이들의 노동조건의 개선이 가장 시급한 과제이다.

< 참고 문헌 >

김영모, 「빈곤, 가족해체, 시설보호」, 중앙대 출판부, 2000

최영욱·권도영 외, 「사회복지시설론」, 법륜사, 1990

보건복지부, 「보건복지백서」, 1998

한국사회복지협의회, 「한국사회복지총람」, 1977

한국사회복지대학협의회, 「사회복지전달체계와 사회복지사의 역할」, 한복연 출판부, 1987

小室豊允, 「社會福祉施設制度論硏究」, 全國社會福祉協議會, 1985

제 6장 사회복지의 대상

1. 사회적 욕구

1) 욕구의 개념

사회복지의 대상은 인간의 욕구 *human needs* 가 결핍되어 사회에 적응하지 못하는 사람을 말한다. 인간의 욕구는 개인적 욕구와 사회적 욕구로 구별할 수 있다. 개인적 욕구는 인간의 신체적, 물질적, 금전적 욕구 이외에도 심리적 욕구로 구별할 수 있다. 신체적 욕구는 개인의 성욕이나 건강관리, 레크리에이션 등을 말할 수 있고, 심리적 욕구는 애정이나 동기 부여, 자아 성취 등 여러 가지가 있다.

그러나, 사회적 욕구는 매우 다양하다. 일반적으로 사회적 욕구는 소득, 보건, 교육, 주택과 같은 기본적 욕구와 스포츠, 예술, 문화, 레크리에이션 등 이차적 욕구로 구분한다. 일반적으로 결핍된 기본적 욕구를 민생문제라고 하는데 오늘날 이것은 점차 확대되어 가고 있다. 예컨대, 교통, 환경문제도 일차적 욕구가 되고 있다.

일반적으로 개인의 욕구를 해결하기 위한 노력을 사회사업의 핵심이라고 한다면 사회적 욕구를 해결하기 위한 노력이 사회적 서비스나 사회정책의 핵심이라고 할 수 있다. 이미 지적한 바와 같이 구호사업이나 자조사업은 물질적 원조가 핵심이나 전문사회사업은 심리적, 사회적 원조가 중심이 되고 사회적 서비스나 사회정책은 물질적, 금전적 지원이 그 핵심이라 할 수 있다.

이러한 욕구의 개념이 전문사회사업 뿐만 아니라, 현대 사회정책이나 복지국가를 이해하는데 절대적 기초가 되며 이것이 사회적 서비스를 현대국가의 다른 제도로부터 분화시켰다고 한다.[1] 이러한 것을 보면, 인간의 개인적, 사회적 욕구가 사회복지제도를 발전시킨 핵심적 요인이 되었다.

인간의 욕구를 종종 결핍 *wants,* 갈망 *desires,* 선호 *preferences* 의 개념과 혼용하여 사용하고 있는데, 결핍은 심리적 상태로 보고 욕구는 사람에 대한 객관적 공적 인식의 사실이라고 구별하며, 결핍. 갈망 등은 시장제도에서 비롯된 획득에 대한 만족을 의미하기도 한다.[2] 사실 욕구라는 말을 사회학자나 사회사업가들이 즐겨 사용하지만 경제학자들은 생계 또는 생존 *subsistence* 이라는 말을 사용한다. 그리하여 Nevitt는 욕구를 인간적 결핍 *personal want* 이라고 하면서, 이것은 시장의 수요과정에 의해 합법적으로 인정된 것이라고 한다.[3]

(1) 마슬로와 하베이의 정의

마슬로 *A.H. Maslow* 는 인간의 욕구는 타고난 것이며 이러한 욕구는 기본적인 생리적 욕구, 안전 욕구, 소속감, 사랑의 욕구, 자존심의 욕구, 자아실현의 욕구, 개인적인 실천 욕구로 구별하고 있다.

그리고 하베이는[4] ① 음식, ② 주거, ③ 의료 보호, ④ 교육, ⑤ 사회 및 환경적 서비스, ⑥ 소비재, ⑦ 레크리에이션 기회, ⑧ 근린간 쾌적성, ⑨ 교통시설 등 9가지 영역으로 나누고 있다.

---

1) R. Plant, It. Lesser and P. Taylor-Gooby, *Political Philosophy and Social Welfare,* Routledge & Kegan Paul, London, 1980. pp.2～3
2) *Ibid.*, pp.179-181
3) K. Jones, J. Brown, J. Bradshaw, *Issues in Social Policy*, Routlege & Kegan Paul, 1978, p.30
4) D. Harvey, *Social Justice and the City*, E. Arnold, 1973, p.102

(2) 스미스의 정의

스미스는 *Seebohm*을 비판하면서[5] 사회적 욕구는 때때로 사회문제와 동일시 된다고 지적한다. 그는 사회적 욕구는 가족 지향과 지역사회에 기초한 것이고 이것을 해결하기 위한 서비스가 나타나야 한다고 주장했다. 즉 가족해체와 지역사회 일체감, 상호부조의 결여가 사회적 욕구의 주요한 영역이라고 하였다.[6]

또한, 스미스는 욕구의 보편적이고 전통적인 개념으로 다음과 같은 특징이 있다고 하였다.

① 욕구는 모호하고 객관적인 현상으로 간주된다. 따라서 사회사업가와 전문가에 의해 좌우된다.
② 욕구는 개인 또는 집단적으로 클라이언트의 속성으로 간주된다.
③ 욕구는 개인 또는 집단의 재산으로 간주된다. 욕구의 측정은 클라이언트의 수에 좌우되어 나타난다.
④ 욕구는 기본적으로 정태적인 현상으로 간주된다.

이러한 특성 이외에도 사회적 욕구에 대한 또 다른 접근방법이 있는데 그것은 아래와 같다.

① 욕구는 사회적으로 구성된 전체로 간주된다. 주관적 현상의 객관화이다.
② 따라서 문제의 핵심은 어떠한 욕구가 관리되고 성취되느냐의 방법이다. 욕구는 조직적이고 전문적인 실천에 의해 좌우된다.
③ 욕구는 상황에 따라 규정되고 그 내용에 주의해야 한다.
④ 핵심과 자원간에는 차이가 있는데 욕구는 연구주체로서, 복지전문가

---

5) 1965년 Seebohm 보고서는 영국 사회적 서비스의 개혁에 기여한 전문가의 입장에서 그러한 서비스를 행하기 위하여 사회적 욕구의 완전한 재개념화를 시도했다.

6) Gilbert Smith, *Social Need, Policy Practice and Research*, Routledge & Kegan Paul, London, pp.17~19

의 자원으로 간주된다.

(3) 마르크스의 정의

마르크스는 소외 *alienation* 개념이 욕구에 대한 철학적 분석의 중심 개념이라고[7] 하면서, 사회적 욕구의 특성을 다음과 같이 지적한다.

① 사회적 욕구는 매우 일반적이며 개인적 욕구보다 수준이 높고 개인은 사회적 욕구에 종속되어 있다고 한다.
② 사회적 욕구는 개인의 순수한 욕구라고 하면서 이러한 욕구는 인정되지 않는 욕구라고 한다. 그래서 소위 사회적 욕구는 특권자와 지도자의 실제적 욕구로서 보편성과 사회화가 실현된다고 한다.
③ 사회적 욕구는 사회 또는 계급에 있어서 물질적 재화에 대한 평균적 욕구를 기술할 때 사용하는 의미가 있다고 한다.

이와 같이 마르크스는 사회적 욕구를 사회적으로 생산된 욕구로 보고 이것을 인간적 욕구와 같은 것으로 생각한다. 그러므로 사회적 욕구는 사회적으로 발전된 인간성의 욕구를 의미한다. 마르크스는 사회적 욕구는 수요 원리를 규제하는 요인이 되고 이것은 기본적으로 다양한 계급과 그들의 경제적 지위의 상호관계에 의하여 좌우된다는 것이다. 그래서 참된 사회적 욕구는 필수적 욕구의 경험적 사회학적 내용과 일치한다는 것이다.[8]

최근 영국에서는 결핍된 욕구를 빈곤 보다도 박탈 *deprivation* 의 개념으로 파악하고 있다. 우리 나라의 박탈수준은 의·식의 경우 약

---

7) 마르크스의 소외개념은 노동소외가 그 핵심이다. 노동소외는 자본주의가 고도로 발달하게 되면(기계화, 관료제화 등) 기계가 인간의 노동을 대신하게 되어 소위 노동자의 실업과 빈곤화가 나타난다는 것이다.

8) A. Heller(trans), *The Theory of Need in Marx*, Allison & Busby, 1976, pp.44, 67～19

10%가 되나 주택, 소득, 직업의 경우는 약 24% 이상이 되었다.9)

2) 욕구의 실현 조건

사회복지의 주요 대상이 되는 욕구는 그것이 독립된 개념으로 존재할 수 있는 것은 아니다. 욕구가 실현되려면 여러 가지 사회적 조건에 의하여 규정된다. 그 주요한 것을 지적하면 다음과 같다.

첫째, 욕구가 실현되려면 사회적 자원 *resources* 이나 일차적인 재화 goods 가 있어야 될 것이다. 이러한 자원과 재화가 욕구의 내용에 부합되어야 한다.

둘째, 욕구가 실현되려면 그 사회(국가)의 지배적인 가치와 이데올로기에 의하여 제한을 받는다. 일반적으로 욕구는 일차적인 기본 욕구가 그 대상이 되고 이것도 우선 원칙이 적용된다.

셋째, 욕구가 실현될 수 있는 수준은 일반적으로 사회주의 국가에서는 최대 욕구, 사회민주주의 국가에서는 최적 욕구, 자유주의 국가에서는 최저 욕구를 말한다. 욕구의 최저수준 *minimum of needs* 은 생활 필수물의 최저 조건을 의미한다. 일반적으로 50%의 중위 소득보다 적은 욕구자가 고려되는 것을 원칙으로 한다.10)

넷째, 이러한 욕구의 실현은 평등 및 정의 원리와 관련이 깊은데, 자유주의 국가에서는 수단으로서 평등과 정의, 즉 기회균등과 배분정의에 기초하여 있다.

---

9) 김영모, 한국인의 박탈구조에 관한 연구, 「사회정책연구」 제15집, 한국복지정책연구소, 1993, pp.12~22

10) S. Gordon, *Welfare, Justice and Freedom,* Columbia Univ. Press, N.Y., 1980, pp.11~113

3) 욕구와 문제의 대책

사회적 욕구와 문제에 대한 인식과 대책이 어떠한가를 자유주의자(우파), 개혁주의자(수정자유주의자나 사회민주주의자를 말함) 및 마르크스주의자(급진파)의 견해를 중심으로 살펴 본다.[11)]

자유주의 사회사상은 개인의 자유와 완전한 기능의 자유시장이 존재한다면 개입주의적 사회정책이 필요 없다고 한다. 사회개입은 사람들이 자활하려고 하지 않고 시장이 적절히 작용하지 않을 때만 필요하다는 것이다. 따라서 국가는 사람들이 자기의 생활을 위하여 책임을 가지도록 강요할 제도를 만들 필요성이 있다고 한다. 그러나 자유주의자는 개혁주의나 마르크스주의자들이 사용하는 욕구 *needs* 의 개념을 인정하지 않는다. 자유주의자는 다만 결핍 *wants* 에 의해서 표현된다는 것이다.

그러면, 우파와 개혁파 및 급진파의 관점에 따라 욕구와 문제에 대한 접근방법(대책)을 보기로 한다.

신자유주의자는 사회정의의 개념을 사용하지 않는다. Hayek에 의하면, 시장의 결과는 의도적인 것도 아니고 전망도 할 수 없기 때문에 가난하게 사는 사람은 불의의 희생도 아니고 국가가 그들을 보상하도록 주장할 수 있는 것도 아니라는 것이다. 실업이나 빈곤과 같은 조건은 국가개입이 필요한 사회문제로 볼 수 없다고 한다. 이러한 문제는 현재와 과거에 국가 개입의 산물인 경우가 많다는 것이다. 국가의 책임은 안전한 유통, 법질서와 외적 보장을 유지하는데 제한되어야 한다는 것이다.

반면, 개혁주의자는 사회문제와 사회적 욕구를 해결하기 위하여

---

11) Tom Burden, *Social Policy and Welfare*, Pluto Press, London, 1998, pp.60～63

국가개입을 해야 한다고 주장한다. 그들은 욕구에 대한 합의가 있다는 것을 가정한다. 사회적 욕구가 사회정책에 의하여 해결하는 방법을 설명하는데 3가지 접근방법이 있다고 한다.

첫째는 개인적 접근 방법인데 이것은 사람들이 확실한 욕구를 가지고 있는 것으로 본다. 이것은 소득, 보건, 복지, 교육 및 주택의 최저 수준으로 본다. 그리고 이러한 욕구는 복지권의 형태로 사회봉사에 의하여 다소간 성공적으로 해결될 수 있다는 것이다.

둘째는 기능주의적 접근 방법은 사회가 어떠한 욕구를 지니고 있는 것으로 본다. 만약 이러한 욕구가 해결될 수 없다면 사회문제는 존재하고 사회는 긴장이나 사회해체를 겪게 된다는 것이다. 또 새로운 정책이 도입되어 욕구는 해결되고, 또 사회문제는 해결된다는 것이다. 이러한 견해가 산업주의 *industrialism* 의 논리이다.

셋째는 상호작용주의적 접근 방법인데 이것은 사태 *a state of affairs* 가 정치적 논의사항 *agenda* 이 된다면 사회문제가 된다는 것이다. 도덕적 기업가는 특수한 사회문제를 강조하기 위하여 캠페인을 조직하는 역할을 할 수 있다. 그들은 합의를 도출하기 위하여 문제를 합법화 시킬 것이고, 따라서 그것은 해결될 수 있다. 만약 문제가 합법화 되면 정책결정이 일어날 것이다.

그런데 마르크스주의적 접근방법에 의하면, 사회문제는 지배집단의 이익을 위협하는 사태를 사회문제로 간주한다. 이러한 접근 방법은 두 가지가 있다.

첫째, 마르크스주의자는 자본의 논리 *capital logic* 나 국가 유도 *state derivation* 의 관점이다. 이것은 자본주의가 단계적으로 발달하고 그에 따라 자본 축적 과정을 위협하는 사회문제가 있다는 것이다. 경쟁적 자본주의 초기 단계에서는 회사가 작고 기술이 단순하기 때문에 법과 질서의 유지 이상으로 자본에 대한 직접적 국가 지원이 거의 필요 없지만, 독점자본주의 단계에서는 기술 진보가 과학적 진보와 기술 노동자의 교육을 위한 국가지원을 필요로 한다는 것이다. 이에 따라 정책이 설립되고 자본주의는 지속적으로 발달한다는 것이다.

둘째, 많은 마르크스주의자와 급진적 이론가는 사회문제를 해결하는 주요한 요인으로서 계급 세력의 균형으로 간주한다. 노동자 계급과 같은 종속계급은 그들의 빈곤과 경제불안을 사회문제로 보고 그것을 감소시키기 위한 개혁을 추구하려고 한다. 계급갈등은 노조와 정치적 행동이 사회개혁을 추구하는 것을 의미한다.

그리하여 지배계급은 자기의 지위를 위협하는 행동과 태도를 사회문제로 보고 그것을 억압하려고 한다. 또한, 그들은 저항을 감소하기 위하여 가난한 사람에게 이로운 개혁을 주도하려고 한다. 그래서 마르크스주의자는 사회개혁을 헤게모니, 즉 이념적 지배를 유지하기 위한 시도라고 한다.

2. 사회불평등

1) 불평등의 개념

빈곤과 불평등은 어떠한 사회에 있어서도 존재한다. 빈곤과 불평등의 문제를 해결하기 위하여 인간의 많은 노력이 있었지만 근본적인 해결이 거의 불가능하였다. 사회주의 국가가 소련과 동구 등에서 무계급 사회와 노동자의 궁핍화를 없애기 위하여 탄생하였지만, 최근 그 나라의 체제변혁(자본주의화)을 보면, 그것이 근본적으로 해결되지 못하고 있는 것 같다.

자본주의 체제의 기본적인 결함은 빈익빈 부익부에 의한 계급(불평등)의 양극화와 자유경쟁에 의한 이기심, 부도덕성에 있는데 이것을 해결하기 위한 대안이 사실상 없어진 것 같다. 오늘날 서구 복지국가에서 볼 수 있는 바와 같이 자본주의 체제의 수정형태(예를 들어 사회민주주의 체제 등)가 나타나고 있지만, 이러한 것은 근본적으로 불평등의 문제를 해결하지 못한다. 따라서 시장경제에 기초한 자본주의 체제를 인정하면서 그것의 결함을 최대한 극복하기 위한 노력(국가개입)으로서 복지국가가 나타난 것이다.

이와 같이 사회복지라는 것은 현행 사회체제를 인정하면서 국민의 최저욕구를 충족시키고 불평등과 빈곤을 최소화 시키며 사회통합과 연대를 조성하기 위한 노력이다.

그런데 오늘날 사회적 불평등의 개념은 대개 계급 또 계층의 개념으로 본다. 계급의 개념은 사회 성원의 이해관계가 대립된 사회집단, 즉 자본가계급과 노동자계급 그리고 중산층 등을 말할 수 있으나 계층의 개념은 사회성원의 지위와 역할이 상호 의존되어 있으며 소득, 학력 등의 차별성이 있는 사회집단 즉 상층, 중간층, 하층을 말한다. 이러한 견해 이외도 희소 자원의 독점에 따라 계급을 구분하거나 생산관계의 소유권이나 통제권의 소유 여부를 가지고 계급을 규정하기도 하고 귀속의식이나 명망을 통하여 계층을 평가하기도 한다.

2) 불평등의 원인

사회불평등에 관한 이론적 관점을 크게 나누면 두 가지가 있다. 하나는 사회불평등이 기능상으로 불가피 하다는 기능적 필연성을 주장하는 기능론자가 있고, 다른 것은 그러한 불평등이 존재함으로서 사회발전을 지체시킨다는 갈등론 또는 마르크스주의적 관점이 있다. 전자는 직업 및 계층은 그에 따른 교육과 훈련이 필요하고 따라서 보상과 위세가 존재한다는 것이고, 후자는 계급이익 즉, 수입원과 수입액의 차이가 존재하면 불평등이 생긴다는 것이다.[12)]

이와 같이 불평등에 대한 관점의 차이에 따라 불평등이 생기는 원인도 다르게 지적될 수 있다. 기능론자는 불평등이 기능적 필요성에 의하여 가족, 교육, 훈련, 동기 등의 차이에 따라 나타난다고 주장하지만 갈등론자는 계급이익의 대립과 갈등에 의하여 불평등이 나타난다고 한다. 전자는 개인과 가족의 중요성을 강조하지만 후자는 사회제도의 구조적 모순을 강조한다.

일반적으로 사회불평등의 형성요인을 재산설, 분업설(역할분화), 권력설, 세습설의 4가지로 나누어 볼 수 있으며[13)], 이 외에도 개인적인 특성을 지적할 수 있다.

다렌돌프는 사회불평등이 개인과 사회의 2가지 측면에서 구별되어야 한다고 지적하였다. 첫째, 개인과 관련하여 ① 외모, 성격, 관심에 있어서 선천적 성질 차이와 ② 지능, 재능, 체격에 있어서 선천적 등급 차이를 지적하였으며, 둘째, 사회와 관련하여 ① 기본적으로 등급상 평등한 지위의 사회적 분화와 ② 명망과 재산에 기초한 사회적 지위의 등급 서열에 나타나 있는 사회계층을 지적하였다.[14)] 이러한 견해는 루소의 '인간 불평등 기원론', 즉 선천적이거나 신체적이거나 도덕적이거나 정치적 불평등에서 초래된다는 사회관에서 나온 것이다.

---

12) 김영모,「현대사회계층론」, 한국복지정책연구소 출판부, 1982, 제2장 참고
13) 상게서, p.45
14) 상게서, p.44

사회복지는 이러한 불평등을 최소화 하고 사회적 조화(연대)를 위한 정책수단으로 사회보장이나 사회사업과 같은 재분배 정책 및 상호부조의 방법이 동원되고 있다. 그러나 사회복지는 불평등과 같은 구조적 문제를 해결하는데 매우 소극적이었다. 사실 불평등구조(계층 및 계급)를 해결하기 위해서는 사회정책이나 사회사업의 개념으로 접근하기에는 그 한계가 있다. 따라서 경제정책(생산 및 조세정책) 심지어 국가의 모든 정책 수단이 동원되어야 할 것이다.

우리 나라에 있어서 불평등은 엥겔계수, GINI 계수, 10분위 등으로 측정하는 경우가 있지만 계층 귀속의식을 보면, 약 6할이 중간층이고 나머지는 대부분 하층이다.

3. 빈 곤

1) 빈곤의 개념

전통적인 사회사업, 사회정책 중 하나인 구빈사업이나 구빈 정책(빈곤, 빈민에 대한 치료책)에서도 알 수 있듯이, 빈곤은 사회복지의 핵심적 과제가 되어 왔다.

빈곤 *poverty* 의 개념은 오늘날 절대적 빈곤과 상대적 빈곤으로 나누어진다. 절대적 빈곤은 최저 생활을 유지하는 데 필요한 생계비(영국) 또는 영양(미국)을 충족하지 못하는 빈곤을 말하고, 상대적 빈곤은 불평등의 개념에서 파악하고 있는데 자기가 다른 사람에 비하여 주관적으로나 객관적으로 소득, 교육, 권력, 기회 등이 박탈되어 있는 빈곤을 말한다.

시봄 라운트리는 절대적 빈곤은 음식, 연료, 주거, 의복의 측면에서 일하는 데 부적절한 상태 이하에 있는 생물학적 필수물을 제시함으로서 발견할 수 있다고 하였다. 그리하여 그는 이러한 최소의 필수물을 획득하지 못한 사람들을 절대적 빈곤자라 하였다.[15)]

한편, 사회행정에 있어서 빈곤은 개인 또는 가족의 기본적 욕구를 만족시키지 못하는 물질적인 재화와 서비스의 부족이라 할 수 있다. 그런데 경제학자는 주로 빈곤을 화폐소득에 기초한 소득 불평등으로 파악한다. 이것을 측정하는 방법으로는 엥겔계수, 지니계수, 로렌스 곡선, 10분위법을 사용하고 있다. 그런데 선진국가에서는 일반적으로 빈곤 개념을 평균 소득의 절반 이하를 말한다.

우리 나라에 있어서 빈곤의 개념은 주로 생계비에 의한 절대적 빈곤을 의미하는데 이것은 전 국민의 약 5%라 한다. 만약 의료보험료의 장기 체납자(약 5%)를 가산하면, 약 10%가 절대 빈곤자이다. 그러나, 선진국 소득개념에 의한 빈민은 전체 국민의 30%가 되고, 이들은 상대적 빈곤자이다.[16)]

2) 빈곤의 원인

빈곤의 원인은 개인과 사회에 따라 차이가 있고, 또 이론적 관점에 따라 상이하게 규정된다.

일반적으로 기능주의적 관점에서는 빈곤이 가구주 또는 가구원의 사망, 질병, 불구, 노령, 낮은 교육수준, 부적응 등 개인적 결함에서 찾고 있으며, 상호작용(낙인)주의적 관점에서는 개인의 동기 부족, 낮은 열망수준, 무절제, 게으름, 의타심, 과다한 출산, 부적응 등 문화적 현상으로 보며, 갈등주의적 관점에서는 빈곤이 이해관계의 대

15) K. Jones, *op. cit.*, p.27

16) 1998년 우리 나라 도시민의 최저생계비 이하 빈곤율을 통계청은 15.5%이라 하고 IBRD는 18.3%이라 한다.

립이나 잉여노동가치의 수탈 등 사회제도의 결함으로 발생된다고 한다.

이와 같이 빈곤은 한가지 원인에서도 비롯될 수 있겠지만 동시에 여러 가지 원인이 중첩되어 나타날 수 있다.

우리 나라 빈곤의 주요한 원인이 노동을 할 수 있는 가족원이 없거나 무기술이 가장 많고(약 25%), 나머지는 질병, 불구, 노령 등이 많다. 최근 생활보호대상자의 발생 원인도 주로 질병, 노쇠, 연로, 부양중단, 실직 등이다.[17)]

우리 나라의 생활보호법을 보면, 빈곤의 개념이 노령, 질병, 기타 근로능력의 상실로 인하여 생활능력이 없는 자(제1조)를 말한다. 이와 같이 생활능력이 없는 무의무탁한 자를 요보호자라 한다.

생활보호법의 대상은 18세미만 이거나 65세 이상, 임산부, 질병이나 사고 또는 장애로 근로능력을 상실한 사람 가운데 부양 의무자가 없거나 부양 의무자가 있어도 부양을 받을 수 없는 경우로 규정하고 있다. 즉, 빈곤의 개념이 노령, 질병, 기타 근로능력의 상실로 인하여 생활능력이 없는 자(제1조)를 말한다. 이와 같이 생활능력이 없는 무의무탁한 자를 요보호자라 한다. 그런데 생활보호법을 대치하기 위한 국민기초생활보장법이 1997년 9월 7일에 제정되었다. 이 법의 수급권자는 종래의 연령별 제한이 폐지되고 부양의무자가 없거나 있어도 부양능력이 없는 자로서 최저생계비 이하인 자이다.

종래의 생활보호대상자는 절대 빈곤자로 보고 있으며 이들을 거택보호, 자활보호, 시설보호의 세 종류로 나누어 보호하고 있다. 현재 우리 나라 생활보호대상자는 1997년 전체 인구의 3.3%인 1백 41만 명인데 이중에서 시설보호자는 5.4%이고 거택보호자는 21.0%이

---

17) 김영모,「한국빈곤연구」, 한복연 출판부, 1990, 제2장 참조.

며 나머지는 자활보호자(73.6%)이다. 거택보호자와 자활보호자의 책정기준은 1인당 월소득이 22만원 미만인 자이다. 그리고 2004년도 기초생활보장법에 의한 수급권자는 총인구의 2.9%(인원은 1,424,088명, 가구는 753,681) 책정기준은 종전의 기준과 비슷하다. 과거 생활보호대상자는 해마다 약 10%씩 대상에서 제외되고 또 약 10%의 신규대상자가 발생되었다.

3) 빈곤의 대책

빈곤은 이념적 관점에 따라 어떻게 인식하고 그것을 해결하기 위한 접근방법이 어떠한 가를 자유주의자(우파), 개혁주의자 및 마르크스주의자(급진파)에 따라 그 견해를 보기로 한다.[18]

우파는 빈곤을 생계수준에서 보는 절대빈곤의 개념을 지지한다. 이러한 아이디어는 처음으로 최하 자격의 작업장 원칙에서 나온 것이다. 이것은 1834년 신구빈법에서 찾아볼 수 있는 것으로, 작업장 수용자에게 생계비의 생활수준을 제공한다. 이것은 독립노동자의 가장 나쁜 급료이하를 의미한다.

자유주의자는 불평등이 사회적 인센티브와 보상의 기반으로서 가치가 있다고 한다. 사회정책은 부자에서 빈자에게 소득을 재분배시켜서는 안 된다는 것이다. 그들은 빈곤이 자기 경험(역할)의 실패에 그 원인이 있다는 것이다. 따라서 개인이 적절한 소득을 보장하지 못한 실패에 대한 책임을 져야한다는 것이다.

그리하여 자유주의자는 빈곤, 빈민에 대한 인식이 나태하고 취업을 거부하고 사회적 급여에 의존하는 하층민 또는 빈곤문하를 지니고 있는 것으로 보는 경우가 많다. 그들은 빈곤을 자조 *self-help*

18) T. Burden, *op, cit.*, pp.52~56

와 개인적 책임의 가치를 채용함으로서 소멸될 수 있다고 본다.

개혁주의자는 빈곤을 소득 상승이 있을 것으로 보는 빈곤선을 인정하는 상대적 빈곤의 개념으로 본다. 빈곤은 사람들이 일상의 음식물 diet 을 획득할 수 있거나 인습적인 활동에 참여하거나 생활조건을 가질 수 있는 자원이 결여되어 있을 때 존재한다는 것이다.

개혁주의자는 빈곤을 국가정책으로부터 당연히 보호를 받아야 하는 것으로 보고 있다. 베버리지와 라운트리는 빈곤선의 아이디어를 이용함으로서 노인, 실업, 질병, 폐질자와 같은 특수집단의 빈곤대책을 강구할 수 있다고 주장하였다. 이러한 빈곤의 개념이 60년대 중반까지 정치적 논의나 학문적 연구에 있어서 지배적이었으나 1964~1970년까지 노동당 정부는 빈곤의 개념을 다차원적 박탈로 재규정하는 경향이 있다. 이러한 개념은 소득 뿐만 아니라 보건, 주택, 교육의 요인들을 포괄하였다.

마르크스주의자는 빈곤을 자본주의의 정상적이고 근절할 수 있는 특성으로 본다. 빈곤을 구제하겠다는 정책은 강력한 자본가의 이익과 본질적으로 제도의 착취성 때문에 완전히 성공할 수 없다는 것이다.

마르크스주의자는 개혁주의자의 빈곤 정의가 자본주의의 이데올르기를 재 강화시키는데 도움을 준다고 본다. 개혁주의자는 소득유지정책에 의하여 빈곤을 소멸시킬 수 있고 관리될 수 있는 문제로 보고 있다. 급진주의자는 빈곤이 탈상품화 *decommodification* 의 과정에 의하여 폐지될 수 있다고 한다. 이것은 시장에 있어서 인간의 소득과 인간의 노동가치간 연계를 제거한다는 것이다. 소득은 당연히 일차적으로 욕구에 기초하여야 된다. 이러한 방향으로 하나의 운동수단은 모든 사람에게 '시민의 소득' 또는 '기본 소득'의 형태로 정규적인 표준 급료를 지불되어야 한다는 것이다.

한편, 많은 여권주의자는 빈곤이 여성화 되어 있고, 따라서 빈곤은 여성을 위한 특별한 과제로 본다.

4. 일탈행위

1) 일탈의 개념

일탈행위 *deviant behavior* 는 규범에서 벗어난 행위 또는 상황을 의미한다. 즉 범죄 · 비행 · 자살 · 알콜 및 마약 중독 등과 같이 반사회적 행위를 말한다. 반사회적 행위는 일반적으로 법률과 원시적 규범 및 관습과 같이 규범에 저촉되는 것을 말하지만 이러한 규범의 저촉은 인간의 기본적 욕구가 결핍 되거나 과잉욕구에서 비롯되는 경우가 많다. 그렇기 때문에 사회복지는 인간의 기본적 욕구 뿐만 아니라 이러한 욕구결핍에서 초래된 행위, 즉 일탈행위를 그 주요한 대상으로 삼고 있다.

이러한 일탈행위도 이론적 관점에 따라 상이하게 규정되고 있다.[19]

첫째, 기능론적 관점에서는 일탈행위가 사회의 구조적 결함에 의해 초래되고 사회적으로 인정된 규범에 의하여 적절한 사회화가 이루어지지 못하고 기회가 결핍될 때 초래된다고 한다. 이와 같이 초래된 사회적 역기능을 일탈행위라고 하며 이것이 사회안정을 위협하기 때문에 사회문제라고 한다.

둘째, 갈등론적 관점에서는 일탈행위를 법적 체계와 지역사회

---

19) T. Sullivan & Others, *Social Problems ; Divergent Perspectives,* John Wiley & Sons, N.Y., 1980, pp.530～532

규범에 의하여 규정되어 있는 강력한 사회집단의 가치에 저촉되는 행위를 일탈이라고 한다. 이러한 일탈은 사회제도의 결함이나 지배계급의 이익에 배치되는 경우 발생할 수 있는 것이다.

셋째, 상호작용주의적 관점에서는 일탈행위는 인간과 사회간의 관계성에서 비롯되는데 집단들이 특정 행위를 일탈되었다고 낙인하는 경우라고 한다.

2) 일탈의 특성

이와 같이 이론적 관점에 따라 일탈행위의 성격이 달라질 수 있지만 대개 기능론적 관점에서 보는 경우가 많은데, 이는 바람직하지 않는 규정 방식이라 할 수 있다.

그러면, 일탈행위를 사회문제로 보는 경우 그 특성이 무엇인가를 살펴 보자.[20]

① 일탈행위의 개념은 규범적 기대의 저촉을 의미한다. 규범에서 벗어난 행위 또는 상황은 일탈인 것이다.
② 일탈행위의 원인은 부적절한 사회화에 있다. 예컨대, 탈선적 방법의 학습이 비탈선적 방법의 학습을 능가하는 경우이다. 이러한 사회화는 일차적 집단관계의 맥락에서 일어나고 있는 것으로 본다.
③ 일탈행위의 조건은 소위 인습적 방법이라는 학습의 제한적 기회, 탈선적 학습방법, 기회의 증가, 합법적 목표 성취의 제한된 기회, 긴장감, 그리고 잘못된 보호 방법에의 접근이 모두 탈선행위 유형의 발전에 있어서 중요한 배경 조건이 된다.
④ 일탈행위의 결과는 소비적이다. 예컨대, 비합법적 사회(세계)의 회사 설립이다. 그러나 이러한 범죄 행위가 처벌된다는 부정적 역할 모델

---

20) E. Rubington & M.S., Weinberg, *The Study of Social Problems*, Oxford Univ. Press, 1977 pp.149
김영모 편, 「현대사회문제론」, 한복연 출판부, 1981, p.35~36

을 보여주기 때문에 유용하다.

⑤ 일탈행위의 해결은 재사회화 *resocialization* 시키는 것이고, 재사회화의 최선의 방법은 일차적 집단을 합법적 행위 유형과의 접촉을 증대시키고 비합법적 집단과의 접촉을 감소시키는 것이다. 동시에 기회구조는 인간으로 하여금 비허용 방법의 행동을 인정하도록 하고 긴장을 완화 시키기 위하여 개방되어야 한다. 합법적 기회구조가 증가될 때, 사회적 문제행위는 감소되는 것이다.

이와 같이 일탈행위의 원인은 기본적으로 부적절한 사회화이며, 따라서 일탈행위의 해결은 재사회화 시키는 것이다. 재사회화에 있어서 최선의 방법은 나쁜 친구 및 집단으로 부터 단절시키면서, 다른 한편으로 좋은 행동으로 수정하는 것이라고 할 수 있다.

이러한 성격 교정과 행동 수정을 위하여 개별지도, 집단지도, 가족치료, 정신의료사회사업, 학교사회사업 등과 같은 전문사회사업이 발달하여 왔으며, 또한 행동 심리학 및 임상심리학이 발달하여 왔다.

한편, 형사정책에 있어서는 일탈행위의 치료 방법으로 징벌적인 방법(자유형, 노역형, 응보형)이나 교정사업을 실시한다.

교정사업 *correctional services* 은 집행 유예와 출소 등의 경우 외에, 교정시설에서 행하는 보호관찰을 말한다. 보호관찰 *probation* 은 범죄자를 교정시설에 수용, 처벌하지 하지 않고 일정 기간 자기의 가정 또는 병원, 지역사회에서 일반 사회생활을 하면서 전문가의 지도・감독・ 보호하에 범죄자를 교화・선도하는 제도이다. 이러한 교정사업의 중요성이 최근 인정되어 갱생보호회를 중심으로 실시되고 있다.

3) 범죄의 원인과 대책

범죄의 원인과 대책에 대하여 자유주의자(우파)와 개혁주의자 그리고 마르크스주의자(급진파)의 견해를 소개한다.[21]

범죄의 원인과 대책은 관점에 따라 여러 가지 견해가 있다. 일반적으로 우파는 범죄를 인간적 취약성, 부정 또는 사회통제의 결여의 산물이라고 보고 개혁주의자는 범죄를 빈약한 사회화 또는 해체된 사회적 조건의 산물이라고 보며 급진주의자는 범죄를 자본주의와 계급과 연관시켜 본다.

자유주의자(우파)의 관점에서 범죄를 다루는 접근 방법은 두 가지가 있다. 하나는 보수적인 것이고 다른 것은 고전적인 것이다. 보수적인 사회사상은 범죄의 원인이 도덕적 취약성과 사기와 권위에 대한 존경의 결여로 본다. 범죄에 대한 대응책은 처벌을 주는 인과응보이다. 처벌은 법의 저촉에 대한 사회적 폭행이다. 이것은 범죄자를 개혁하려 하지 않는다. 이러한 관점의 현대판이 '죄수노역'이다. 이것은 범죄자를 무능력하게 한다.

고전적 접근방법은 Beccaria와 Bentham과 같은 자유주의 개혁가의 작품에서 나왔는데 이것은 범죄가 개인 이익의 합리적 추구가 내포되어 있다고 생각한다. 이것은 범죄를 예방하기 위하여 잠재적 범죄자들이 범죄에 관여하는 것이 가치가 없다는 것을 알게 하는 분위기가 필요하다는 것이다. 고전적 관점은 19세기 전반 현대 경찰력, 형사법, 감옥제도가 설립될 때 영향력이 있었는데 이것은 오늘날 신고전주의 또는 교정주의자라고 부른다.

개혁주의적 관점의 범죄 원인은 일반적으로 실증주의자라고 분

21) T. Burden, *op, cit.*, pp.94～98

류하는데 그것은 범죄자에 대한 과학적 연구에 기초해 있다는 것이다. 범죄는 자유롭게 선택된 행위 형태가 아니고 범죄를 추진하는 세력에 의한 원인으로 간주한다. 그들의 행위가 자유롭게 선택된 것이 아니기 때문에 처벌은 부적절하고, 따라서 치료가 정상적으로 요청된다는 것이다. 치료를 받지 못하는 자는 다른 사람의 보호를 위하여 사회로 부터 격리되어야 한다는 것이다.

개혁주의 이론은 범죄의 원인을 주로 세 가지 방법에서 말한다.

첫째는 사회적인 것으로, 사회적 환경이 범죄를 저지를 가능성에 영향을 미친다는 것이다. 이것은 범죄율이 범죄자에게 있는 것이 아니라 일반적으로 주택정책, 노동시장, 교육, 풍요수준, 사회적 도덕적 풍토에 있다는 것이다.

둘째는 심리학적인 것으로, 범죄에 감염될 수 있는 성격을 갖게 된다는 것이다. 이것은 현대 개혁주의자들이 대부분 지지하는 것으로 범죄의 사회심리학적 원인을 강조하는 것으로 청소년 카운셀링 , 사회사업 또는 교정의 치료 방법으로 활용한다.

셋째는 생물학적인 것으로, 사람은 유전적으로 범죄를 일으킬 경향이 있다는 것이다. 이것은 최근 까지 극단적인 사례이지만 거세 *castration* 와 같이 정신외과학이 활용된다. 생물학적인 관점은 대개 우파에서 볼 수 있으나 개혁주의적 관점에서도 지지를 하고 있다.

마르크스주의의 전통에 따르는 범죄 원인에 대한 급진적 해석은 자본주의와 계급의 개념에 나온다. 급진주의자는 법률은 항상 지배계급의 이익을 위하여 존재한다는 것이다. 그들의 지위와 이익을 위협하는 노조의 활동과 정치적 저항은 범죄시 하고 제한하거나 금지된다는 것이다. 다시 말하면 노동쟁의나 시위는 사회악으로 여긴다. 그러나 그것을 합법화 하기 위하여 모든 사람을 위하여 보호와 권리를 제공해야 한다는 것이다.

자본주의는 다양한 사회에 있어서 범죄의 원천이 될 수 있는 획득적이고 개인주의적 가치를 추진하고, 계급은 범죄에 영향을 미친다는 것이다. 실질적 경제적 자원을 통제하는 자는 그 획득을 위하여 조직적으로 범죄를 저지를 수 있다고 한다. 기업범죄와 국가범죄 형식의 권력 있는 자의 범죄는 사회에 심각한 재해를 입힐지라도 좀처럼 처벌을 받지 않는다.

또한, 법률의 강화는 계급에 의하여 영향을 받는데 경찰은 하층계급의 범죄를 강력히 단속하고, 따라서 노동자계급의 범죄자는 상층에 비하여 더욱 불이익을 받는다는 것이다.

5. 사회해체

1) 사회해체의 개념

사회가 급속히 변화하면 문화지체 등으로 사회조직의 해체 현상이 나타난다. 우리 나라에서도 지난 30년 이상 급속하게 일어난 도시화와 공업화로 인해 전통적인 사회조직(특히, 혈연 및 지연에 의한 조직)이 해체되고 새로운 사회조직이 나타나고 있다. 이러한 조직이 본래의 기능인 복지기능(상호부조 등)을 수행한다면 큰 문제가 없으나 오히려 소외, 퇴폐, 비행 등 반사회적 행위 및 조직(집단)이 나타난다면 바람직하지 못하다.

사회해체의 외적 증세로는 빈곤, 범죄, 불취학, 이혼, 가출, 자살, 매춘 등이 나타난다. 그리고 현실적으로는 사회해체의 구체적인 형태로 가족해체, 지역사회해체, 집단해체, 제도적 해체, 이데올로기 해체 등이 나타난다. 이것은 일반적으로 병리현상이라고 하는데 사회복지의 관심이 된다.

그러면, 사회해체를 사회문제로 보는 관점의 특징을 보기로 하자.22)

① 사회해체의 개념은 사회 부분간 적응의 결여 또는 허약과 관련되어 있다. 사회해체는 규칙의 실패로서 인식되고 해체의 주요한 3가지 형태로는 무규범성, 문화적 갈등 및 와해가 있다. 무규범성으로 말미암아 행동방법에 대한 규칙이 없고, 문화적 갈등으로 말미암아 행동방법에 대한 두개의 반대되는 규칙이 존재하게 된다.

② 사회해체의 원인은 넓게 말하면 사회변동이다. 변화가 일어날 때 사회제도의 부분이 서로 조화를 이루지 못한다.

③ 사회문제의 조건은 사회제도의 부분이 완전히 조화를 이루지 못하지만 대개 동적 균형을 이루고 있다는 것이다. 균형을 전도시키는 조건은 사회해체를 촉진시킨다. 이러한 조건은 사회변화, 즉 사회관계성의 변화를 일으키는 기술적, 인구학적 또는 문화적 변화를 포함시키고 있다.

④ 사회해체의 결과는 이러한 관점이 제도와 그 속의 인간에 대한 결과를 예측할 수 있다는 것이다. 사회해체가 인간에게 긴장을 조성하고 그것은 반대로 개인적 해체, 즉 정신질환, 알콜 중독을 만들고 제도에 있어서 세 가지 형태의 결과를 만든다. 즉, 하나는 제도내의 변화이고, 둘째는 제도가 안정된 상태에서 계속 작용하며, 셋째는 제도가 와해 된다는 것이다.

⑤ 사회해체의 해결 방법은 사회해체에 대한 적절한 진단을 내리는 데 있다. 변화단계에서 벗어난 제도는 균형을 갖게 되기 때문에 사회제도를 균형상태에 두는 것이 해결책이 된다는 것이다.

위에서 지적한 사회해체의 특성은 기존 조직의 해체에 관한 것이 주로 지적되어 있으나 사회해체의 결과로 생긴 새로운 사회집단

---

22) 김영모 편, 1981, p.27～28

과 관련된 것은 지적되어 있지 않다. 기존의 사회조직이 해체된 것은 우리 나라의 경우 대표적인 것이 가족해체와 지역사회해체이다. 가족해체의 결과로 비행청소년문제, 노인문제, 모자문제가 발생하고 있으며, 지역사회해체의 결과로 농촌의 공동화 현상과 도시의 영세민촌 형성 등이 광범위 하게 나타나고 있다.

2) 가족해체

가족해체는 가족성원의 목적이 통일되지 못하거나 그들의 태도가 부적응이거나 가족기능의 장애가 발생할 때 일어난다. 가장 큰 증세가 이혼이고 그 밖에 가출, 별거, 기아, 폭행 등이 있다. 이러한 가족해체의 주요한 요인은 가족의 긴장이라 할 수 있다. 가족의 긴장은 주로 애정 결여, 성적 불만, 습관의 불일치, 병적 성격, 가족구성원의 사망이나 가족원의 질병 등이다.

결손가족은 일반적으로 핵가족화 현상이 나타나면서 부부 및 부모 중에 한사람이 사망, 이혼, 별거 등으로 결손이 생긴 가족을 말한다. 가족해체는 구조적인 면과 기능적인 면으로 구별할 수 있다. 전자는 사망 및 이혼 등으로 가족(부모) 구성원이 구조적으로 결손된 경우를 말하고 후자는 부부 또는 부모 중 애정이 식어 있거나 별거하는, 기능상 장애가 있는 가족을 말한다. 이러한 가족을 준결손가족이라고 한다.

우리 나라의 비행소년이나 문제아동 중 가족의 구조적 결손율이 과거 전체의 약 50% 이상이 되고 만약 준결손가족율까지 고려한다면 그 비율은 더욱 증가할 것이다. 이러한 가족의 발생을 예방하기 위한 노력(결혼상담소 등)이나 치료하기 위한 노력(가정조성사업 등)이 필요하다.

그러면, 이혼에 따른 우리 나라 가족해체를 살펴 보자.

2003년 15세 이상 혼인율은 0.63%이지만 이혼율은 0.35%이다. 이것은 1980년에 각각 0.94%와 0.06%애 비하면 매우 증가되었다. 즉, 혼인율은 감소되고 이혼율은 증가되고 있다. 그리고 이혼 사유는 부부불화가 70.0%로서 가장 많고 그 다음은 경제문제(16.4%), 건강(0.6%), 그리고 기타가 13.1%가 된다. 그런데 재판이혼의 사유를 보면 1997년 부정행위가 전체의 43.8%이고 그 다음이 본인 학대(18.9%), 악의 유기(16.8%), 존속 학대(6.2%), 생사불명(7.7%) 등 순위이다. 이것을 보면 부부불화로 인한 이혼의 대부분이 부정행위라는 것을 알 수 있다.23)

3) 지역사회해체

우리 나라 지역사회해체는 농촌에서 급속히 일어났고 도시의 경우도 급속히 나타나고 있다. 우리 나라의 농촌지역 사회해체는 1960년대 이후 공업화가 진전됨에 따라 농촌 도시간 이농으로 인한 급격한 인구 감소, 이로 인한 상호부조적 결사(계조직)와 공동문화(품앗이, 부락제, 공동노동 등)가 해체되면서 나타났다.

농촌의 해체 현상은 농민의 향도 이촌에서 찾아 볼 수 있다. 1950년 전체 인구의 약 18%를 차지했던 도시가 2000년 80.0%로 급속히 증가한 것에서도 알 수 있다. 농촌과 도시의 인구가 역전되었다. 이농자 중 대부분이 젊고, 교육수준이 높은 사람들이다. 반면 이것은 농촌인구의 고령화를 촉진시키는 요인이 되었다.

---

23) 통계청은 이혼사유로 성격 차이가 전체의 49.4%로 가장 많고, 그 다음은 경제문제(14.7%), 가족불화(10.0%), 배우자 부정(7.0%), 학대(4.2%) 등이라고 한다. (「2004 인구 통태 통계연보」, 2005)

한편, 공업화로 인하여 도시의 지역사회는 급속히 확산되었을 뿐만 아니라, 이촌 농민들 중 산업 노동자화 되지 못한 사람들의 대부분이 대도시의 영세민촌을 형성하였다.[24] 이러한 영세민촌이 도시의 풍부한 노동시장이 되었으며, 특히 그 자녀는 천민적 서비스산업에 종사하는 경향이었다.

이러한 지역사회해체는 구체적으로 지역활동에 관한 참여의 감소, 지도성의 결여, 지역복지에의 무관심, 익명성에서 비롯되며, 이는 소년비행, 빈곤, 퇴폐, 장기결석, 문맹 등 병리현상의 원인으로 나타나기도 한다.

우리 나라에서도 소위 영세민 촌과 같은 도시지역의 해체에서 범죄와 비행이 상대적으로 많이 나타나고, 여기에는 가족해체도 많이 볼 수 있다. 이러한 것을 보면, 결손가족과 영세민촌과 같은 가족해체와 지역사회해체가 우리 나라 사회문제의 주요한 원천이 된다. 따라서 이들을 해결하기 위한 적극적인 가족복지, 지역복지사업 등이 강구되어야 한다.

4) 도시해체의 대책

현대 사회는 대도시 중심으로 되어 있다. 대도시의 사회문제의 원인과 대책에 대한 이해를 위하여 자유주의자(우파), 개혁주의자 및 마르크스주의자(급진파)의 견해를 보기로 한다.[25]

현대 도시에 있어서 주요한 사회문제는 도시 내부의 사회적 박

---

24) 영세민촌이 1989년 2월 1일 현재 전국적으로 2,729개가 있고 6대 도시에 100 가구이상 영세민 밀집 동이 789개가 있으며 9개 도시에는 1,931개가 있었다. 이러한 영세민촌이 도시재개발로 아파트촌이 되었다.

25) T. Burden, *op. cit.,* pp.104-～07

탈이라 할 수 있다. 도시가 발달하면 중산층은 대개 도시 근교지역으로 이사를 가고 오히려 빈곤층이 도심으로 옮긴다. 그리하여 도심지역은 대규모의 낡은 주거를 포함한 저질의 주택이 존재한다. 도심의 특징은 길거리 범죄, 야간도둑, 무례함, 불리한 사람의 집중, 높은 수준의 가족해체, 군대식 경찰, 집단폭행 행위 등이다.

이러한 도시의 문제는 우리 나라에서도 존재하고 있지만 우리의 경우 옛날에는 이촌 농민에 의한 영세민촌의 형성이었고 오늘날 재개발사업으로 겉보기에는 종래의 도시문제가 많이 없어진 것처럼 보인다. 그러나, 영세민의 주거 상실과 최근 대량 실업과 가출부랑아, 유흥업소, 유해환경 등이 새로운 사회문제를 조성하고 있다.

이러한 사회문제에 대하여 우파는 사회질서의 유지에 관심을 주로 두고 개혁주의자는 도시 생활조건의 개선을 위한 국가의 역할에 관심을 두고 있으며 급진주의자는 도시생활이 어떻게 자본과 계급갈등에 의하여 구조화 되어 있는가를 강조한다.

자유주의자는 도시문제의 원인은 도시에 사는 사람들의 특성에 놓여 있다고 한다. 도시문제는 사람들의 공간적 집중에 의하여 일어나고, 이들은 인습적인 사회가치의 수용을 거부한다. 그들의 개인적 결함이 도시의 빈곤, 무질서와 범죄의 원인이라고 한다.

그래서 정책은 상당한 노동자계급과 사회의 최하층간 구분을 유지하기 위하여 설계되어 있다. 이들이 주로 살고 있는 도시문제는 실업청년을 포함한, 심한 폭동, 광범위한 실업, 빈곤, 무단결석, 대량의 편부모 가족, 길거리 범죄, 야간도둑, 예술문화 파괴, 자동차 도둑, 무례함, 약물사용 등이 있다.

개혁주의자는 도시문제의 원인을 도시제도의 기능 때문이라고 본다. 그것은 생활기회가 불공평하게 배분되어 있다는 것이다. 개혁주의자는 도시를 권력행사와 자원통제에 대한 다원주의적 갈등의 장면으로 본다. 또한, 개혁주의적 관점은 도시문제가 지역사회의 해체에서 초래되었다고 생각한다. 그래서 지역사회개발이라는 지역사회활동의 기술이 기능적 지역사회의 재건설에 필요하다는 것이다. 이에 대하여 마르크스주의자는 환상이라고 한다.

마르크스주의자는 도시문제의 원인을 자본주의 경제의 불균형 발달과 계급 불평등과 착취의 결과라고 한다. 토지와 주거에 대한 시장의 활동은 사회적 불평등에 영향을 주는 도심의 지역빈곤을 만들고 박탈은 도심의 노동자 계급에 집중되어 있다. 오래된 산업도시는 급속한 경제적 기술적 진보의 충격에 의하여 감소되고 있다고 한다.

도심의 산업이 감소되는 원인은 부정규적 실업과 저임금 및 높은 실업이라고 한다. 주택문제는 중앙 사업지역의 확대로 저렴한 주택의 파괴에서 초래되고 도시의 자동차 길과 같은 새로운 교통시설의 발달에 의해서 초래된다는 것이다.

그리고 학교, 여가서비스 그리고 의료시설과 같은 공공시설은 질이 매우 떨어진다. 그래서 도심에는 빈민과 이민노동자 등의 하층이 모여 산다. 폭등과 같은 집단적 폭력은 도심에서 터지는데 그것은 낮은 정치조직과 의식수준 때문에 개선을 위한 효과적인 압력을 적용할 수 없기 때문이다.

< 참고 문헌 >

고영복 편, 「현대사회문제」, 사회문화연구소, 1991
김영모, 홍금자, 김진이, 「인간행동과 사회환경」, 고헌출판부, 2000
김영모, 「현대사회계층론」, 한복연 출판부, 1982, 개정증보판, 1999

김영모,「한국빈곤연구」, 한복연 출판부, 1990
김영모 편,「현대사회문제론」, 한복연 출판부, 1982, 전문개정판, 2000
표갑수,「청소년비행원인이론」, 한복연 출판부, 1986
한국사회학회편, 「현대한국사회문제론」, 한복연 출판부, 1991
Henslin, James M., *Social Problems, fifth edition*, Prentice-Hall. N. J., 2000
Neubeck, Kenneth J, *Social Problems*, Random House, 1979
Marshall, B, & Meier, R. F., *Sociology of Deviant Behavior*, Holf Rineharf and Winston
Foster, Peggy, *Access to Welfare*, The Macmillan Press, 1983
Rubington, E. & Weinberg, M. S., *The Study of Social Problems*, Oxford University Press, 1971
Sullivan T. & Others, *Social Problems; Divergent Perspectives*, John Wiley Sons, N. Y., 1980

제 7장 사회복지의 방법; 사회정책

1. 사회정책의 개념

사회정책은 옛날 구빈정책에서 오늘날 사회보장제도에 이르기까지 다양하게 발달하였다. 이러한 사회정책 *social policy* 은 산업화의 결과로 영국과 독일 등 서구에서 먼저 발달하였다. 오늘날 서구의 복지국가는 이러한 사회정책 발달의 결과로 탄생되었다고 할 수 있다.

사회정책이 발달하게 된 것은 자본주의제도의 발달과 관련되어 있다. 자본주의의 발달은 도시화, 공업화 등으로 농민과 노동자의 부랑화·궁핍화를 초래하였고 이러한 빈곤과 노사갈등을 해소하기 위한 수단으로서 구빈정책과 사회보장제도가 발달하였다.

사회정책은 그 나라의 역사적 사회적 배경에 따라 상이하게 발달하고 있다. 예컨대 영국은 일찍이 구빈사업에서 사회봉사, 사회정책이 발달하였지만 독일의 경우 노사갈등을 해소하기 위한 관심, 그리고 미국의 경우 실업구제와 모자가정의 보호에서 발달하였다. 그리하여 영국의 사회정책은 복지정책의 성격이 강하고 미국의 경우 사회서비스의 성격이 강하며 독일의 경우 노동정책의 성격이 강했다. 그리고 일본과 우리 나라의 경우 이러한 지적 영향으로 사회정책이 일제시 노동정책으로 간주되어 오다가 최근 복지정책으로 간주하는 경향이 있다.

그러면, 영국과 독일에 있어서 대표적인 사회정책의 견해를 보기로 한다.1)

영국의 사회정책은 구빈법의 개정과 사회봉사의 발달, 나아가 복지국가의 탄생에서 볼 수 있는 바와 같이 꾸준히 사회입법과 사회행정을 통하여 발달하였다. 이러한 발달은 소득·교육·보건·주택에 관한 사회적 요구가 시민적 권리로 인식되었고 시민적 요구에 의하여 이것이 발달되었기 때문이다.

티트머스는 많은 학자들이 사회정책을 정의할 때 세 가지의 목적을 지니고 있다고 한다.

① 사회정책의 정의는 유익한 것을 목적으로 하고 정책은 시민의 복지를 마련하는 것을 목적으로 한다.
② 사회정책의 정의는 경제적 목적 뿐만 아니라 비경제적 목적을 포함한다. 예컨대 최저임금, 소득유지의 최저기준 등이다.
③ 사회정책의 정의는 가난한 자로 부터 부자에게로 자원통제에 있어서 누진적 재분배의 대책을 함포 한다.

그는 사회복지는 주로 사회봉사를 의미하고 수당과 조세감면의 재정복지, 그리고 아동의 학비와 같은 급여의 직업복지를 복지의 주요한 범주, 즉 복지의 사회적 구분으로 나눈다.2)

한편, 독일 사회정책은 1873년 설립된 사회정책학회의 설립취지에서 잘 알 수 있다.

우리는 자유방임주의를 반대한다. 왜냐하면 극단적인 자유의 발효와 제한 없는 자유경쟁은 빈부격차를 심화시키기 때문이다. 또한 우리는 사회주의를 반대한다. 왜냐하면 현재의 경제조직을 파괴하고 자본가의 몰락은

---

1) 김영모,「현대사회정책론」, 한국복지정책연구소 출판부, 1982, 제1장 참조
2) R.M. Titmuss, *Essays on the Welfare State,* Allen & Unwin, 1964, p.42

국민에게 해롭기 때문이다. 현재의 사적 시장조직을 유지하여 그 범위 안에서 개인의 활동과 국가권력을 통하여 계급갈등을 예방하고 사회를 조화롭게 하는데 있다.

여기에서 독일의 사회정책은 계급협조와 산업평화를 지상목적으로 시작되었다는 것을 알 수 있다. 그러나 최근 사회정책이 경제정책의 보충물이 아니고 노동문제 뿐만 아니라 사회질서의 전 분야에 관심을 지니고 또 국가 이외에도 지역사회·기업·노동조합도 이에 참여할 수 있다고 한다.3)

이러한 것을 본다면, 오늘날 사회정책의 전통이 주로 복지정책과 노동정책에서 비롯되고 있음을 알 수 있다. 사실 전자를 국민의 기본적 욕구를 해결하는데 관심이 많지만 후자는 노사갈등과 노동자의 복지문제에 관심이 많다. 그런데 여기에서 제외되고 있는 사회정책의 영역이 있음을 알 수 있다. 그것은 욕구결핍에서 비롯되는 반사회적 행위(범죄·비행 등 일탈행위)를 해결하기 위한 형사정책, 그리고 사회불평등과 사회해체를 다루는 조세정책, 교육정책, 가족정책, 지역복지정책 등이다. 오늘날 이러한 문제와 대책은 인간의 이차적 욕구 뿐만 아니라 사회관계(질서)에 있어서 광범위하게 나타나고 있다.

그러나, 오늘날 사회정책의 일차적 관심은 역시 복지정책과 노동정책이라 볼 수 있고 그 중에서도 사회보장정책과 임금정책 및 직업복지정책이 매우 중요시 한다.

사실, 사회정책이 불평등 및 사회해체의 문제를 적극적으로 개선하기 위한 노력으로서 생산관계(소유권)나 조세 및 분배정책을 다

3) J. Hoffner, Was ist Sozialpolitik?, *Soziale Sicherheit(ed.)*, Von B. Kulp und W. Schreiber, Keipenheuer und Witch, 1971, p.27

루어야 하겠지만 오늘날 사회정책은 그러한 것보다도 오히려 분배정책(예컨대 임금 및 후생복지)이나 재분배정책(예컨대 사회보장)에 관심을 많이 두고 있다.

사람이 배 고프고 아플 때 가장 서러운 것이다. 과거에는 먹고 입고 자는 것을 가족과 친척이 보살펴 주었지만 오늘날에는 국가가 보호할 수 밖에 없게 되었다. 이것이 바로 사회보장이다.

사회보장제도는 일반적으로 소득보장제도와 동일시 하고 있다. 이러한 견해는 베버리지 이후 영국과 미국에서 볼 수 있지만 오늘날 사회보장의 개념은 소득보장 이외에 완전고용, 의료보장, 가족복지, 직업재해, 원호사업 등을 포함시키는 경향이 있다.4)

이와 같이 사회보장제도는 다양한 인간의 최저 욕구를 보장해 주는 제도이고 이것은 재분배정책을 통하여 사회불평등을 약화시키는 기능을 수행하고 있다. 인간의 기본 욕구와 사회적 위험에 따른 사회보장 프로그램, 즉 소득상실을 대비하기 위한 연금보험, 질병을 해결하기 위한 의료보험, 사고에 대비한 산재보험, 역할상실에 대비한 고용보험 등이 있다.

사회보장제도는 이러한 인간의 최저 욕구를 스스로 해결할 수 있는 능력을 가진 사람을 위한 사회보험과 그렇지 못한 공적부조(사회부조)가 있다. 사회보험제도는 노동과 관련되어 있고 이것은, 강제적인 기여제도이지만 공적 부조는 선별적인 자산조사에 의하여 원조가 베풀어진다.

한편, 노동정책은 일반적으로 노사간 갈등을 해소하고 노동자의 욕구를 해결하여 생산성 향상과 산업평화를 목적으로 하고 있다. 그리하여 노동정책은 대개 노사관계와 노동조건 및 고용정책을 다룬

---

4) 김영모 편, 「현대사회보장론」, 한국복지정책연구소 출판부, 1988, pp.4~8

다. 노사관계를 합리적으로 해결하기 위한 단체교섭과 노사협의제도가 발달하고 노동조건(노동시간, 노동임금, 노동환경, 후생복지 등)을 개선하기 위한 최저임금제도와 단체협약이 이루어지며 고용정책은 실업자를 없애고 재취업을 위한 교육·훈련 및 직업보호제도 등이 있다.

2. 사회정책의 전략

사회정책은 공적 복지를 의미한다. 사회정책의 전략은 정치적 이념에 따라 여러 가지가 있다. 그리고 이러한 전략은 기본적으로 목적을 구현하기 위한 상대적 중요성과 긴급성을 결정하는데 관련되어 있다. 따라서 정치적 이념에 따라 사회정책의 전략이 다를 수 있다. 그러면 정치적 이념에 따라 그 주요한 전략을 소개한다.[5)]

1) 자유주의(우파) 전략

자유주의적 전략은 자본주의 사회의 기득권자를 보호하고 정부의 간섭이 없는 자유방임주의 뿐만 아니라 어느 정도 국가의 개입이 필요하다는 수정자유주의에 기초한다.

① 민영화 *privatization* : 민영화는 정부의 재정과 대책을 축소하고 민간기관에 사회정책의 책임을 전가하는 것을 말한다. 민영화의 공통된 특성은 공용 자산의 판매를 의미한다. 즉, 국영기업, 국립병원 등을 매각하거나 주식을 통해 개방하는 것을 말한다.

② 시장 공급자 *provider markets* : 시장 공급자는 공공 서비스의 공급자가 시장질서에 종속될 때 가능하다. 이것은 민간회사와 같이 최선의 가격으로 서비스를 위한 계약을 맺는다. 즉 국공립 사회복지

---

5) Tom Burden, *Social Policy and Welfare*, Pluto Press, London, 1998, pp.78～93

시설의 위탁경영도 이에 해당한다.

③ 사회부조와 선택(별)주의 *selectivism* : 사회부조는 욕구는 있어도 능력이 없는 요보호자를 도와 주는 것이다. 요보호자를 선별하기 위하여 자산조사 *means test* 를 하고 이에 의하여 지원하는 방법(원칙)을 선택주의라고 한다. 자산조사는 공공지출을 줄이고 절약을 조장하며 사적 대책을 지지하지만 급여 요청시 절차가 복잡하고 많은 요보호자가 누락되며 개인의 프라이버시를 침해하여 낙인감을 준다는 것이다. 예컨대 우리 나라의 기초생활보장사업이 이에 해당한다.

④ 경영자화 *managerialization* : 경영자화는 신경영주의라고도 한다. 이것은 기업적인 접근방법으로, 욕구해결 보다도 과업수행의 효율성을 강조한다.

2) 사회주의(좌파) 전략

사회주의 전략은 개인의 자유로운 선택권을 중요시 하는 자유주의 전략과는 매우 상반된 것이다. 이것은 마르크스주의를 비롯하여 사회불평등을 해소하기 위한 사회 연대주의를 말한다.

① 공영화 *public ownership* : 공영화는 사회복지의 수단이 사적 소유권이 인정되고 민영화되어서는 안된다. 이것은 국가소유 또는 공공소유가 되어야 하고 민주적 통제가 이루어져야 한다는 것이다.

② 탈상품화 *decommodification* : 탈상품화는 비영리화 또는 비이윤추구사업이다. 사회복지가 비영리사업이기 때문에 부담지출 능력 보다도 자격여부에 따라 분배되는 것을 말한다. 즉 서비스를 요구하는 사람에게 욕구를 해결하거나 상품과 서비스를 제공한다는 것이다.

③ 긍정적 차별화 *positive discrimination* : 긍정적 차별화는 평등을 추구하기 위한 역차별화 전략이다. 이것은 서비스가 균등하게 배분

되어야 할 뿐만 아니라 박탈된 자는 동등한 분담이상으로 서비스를 받아야 한다는 보상 원칙을 말한다. 예컨대 빈곤, 성차별, 지역격차, 인종차별이 심한 경우 고용과 교육 등 할당제 *quotas system* 가 그 좋은 예이다.

④ 권한부여 *empowerment* : 권력위임의 아이디어는 정책이 권력과 신분의 불평등을 감소 또는 소멸하기 위한 시도이다. 이것은 제도적으로 불이익을 받은 집단, 즉 억압받고 수동적인 집단으로 하여금 자기의 권리를 자각하고 그것을 강화 하도록 도와 주는 것을 말한다. 예컨대 급진적 사회사업이 이에 해당한다.

3) 개혁주의(중도파)적 전략

개혁주의 전략은 자본주의의 폐해를 시정하고 시민권을 중요시하는 민주사회주의 또는 사회민주주의에 기초하고 있다.

① 사회보험 *social insurance* : 사회보험은 피보험자가 노령, 질병, 실업, 사고 등 사회적 위험에 직면하였을 때 보상을 받는 사회보장제도이다. 사회보험은 소득이 중단되었을 때 소득을 보충하기 위한 강제적인 기여제도이다. 우리 나라의 연금보험, 의료보험, 산재보험, 고용보험 등은 이에 속하나 재분배기능이 매우 약하다.

② 보편주의 *universalism* : 보편주의는 사회적 급여를 적합한 기준에 따라 모든 사람에게 유용하게 적용하는 방법(원칙)을 말한다. 그 뿐만 아니라 사회복지에 참여할 수 있는 공평한 기회를 제공하는 것도 말한다. 이것은 시민권에 기초하여 발달하였다. 보편주의는 선택주의와 대조적인 원칙이다.

③ 행정개편 *administrative reorganization* : 행정개편은 사회문제나 사회복지를 해결하는데 합리적으로 설계된 행정조직이 존재할 때 필

요하다. 즉 부적절한 계획, 불분명한 목표, 분파주의, 이중서비스, 낭비, 역진성 등 행정적 결함을 시정하기 위한 것이다.

④ 시민참여 *civil participation* : 참여는 소위 참여민주주의에서 찾아 볼 수 있다. 이것은 노사간 산업갈등을 평화적으로 해결하기 위한 산업민주주의(독일의 공동결정권제도나 유고의 자치경영제도, 스웨덴의 조합주의 등)나 정치적 갈등을 평화적으로 해결하기 위한 정치적 민주주의(의회민주주의 등)에서 찾아 볼 수 있다. 또한, 지방의 욕구에 상응하는 계획수립에 있어서 각종위원회 등에 참여하는 정책결정에 기여하는 것도 참여라고 볼 수 있다.

3. 사회정책의 종류

가. 소득보장정책

인간의 기본 욕구 중 가장 중요한 것이 소득이라 할 수 있다. 소득이 없거나 상실되면 다른 욕구를 스스로 해결할 수 없다. 그리하여 이러한 소득의 욕구를 스스로 해결하지 못하는 경우 국가와 사회가 개입하여 이것을 해결하려고 한다. 국가가 개입한 형태가 바로 소득보장정책이다.

소득을 보장하기 위한 노력은 생산관계 뿐만 아니라 분배 및 교환관계에서도 가능하지만 오늘날 이러한 적극적인 정책을 강구하지 않고 자본주의 체제하에서는 일반적으로 분배 및 재분배의 정책에 의하여 접근하고 있다. 분배정책은 일반적으로 임금 및 조세정책을 말하고 재분배정책은 사회보험과 같이 기여제도에 의한 급여를 말한다.

그러면, 우리 나라에 있어서 주요한 소득보장제도가 어떠한 것이 있는 가를 본다.

① 연금보험(공무원연금법, 군인연금법, 사립학교교직원연금법, 국민연금법)
② 생활보호(국민기초생활보장법, 의료보호법, 사회복지사업법)
③ 실업보험(고용보험법)
④ 가족수당(미실시)
⑤ 퇴직연금(퇴직연금법)
⑥ 최저임금제(최저임금법)

이와 같이 사회보장의 주요한 목적은 부를 창조하는 것이 아니고 소득을 직접 창조하는 것도 아니지만 소득의 분배와 관련되어 있다. 사회보험은 공평성 뿐만 아니라 적합성과 관련되어 있고 소득재분배의 결과를 초래한다.

이러한 소득보장제도의 특성이 무엇인가를 보면 다음과 같다.[6)]

① 독점자본주의 단계에서 생성되는 일반적 위기의 상황에 대응하기 위하여 요청되는 국가적 시책의 한 형태이다.
② 국민 생존권의 실현을 목표로 전 국민을 대상으로 그 최저 생활을 보장하고 생활중 불시에 발생하는 각종 사고나 소득의 교란을 사회적으로 방위한다.
③ 사회보장의 전제는 완전 고용정책과 최저 임금제도이기 때문에 이것을 위하여 사회정책을 중핵으로 하고 사회사업을 보장하며 공공 일반시책과 사회적 시책의 유기적 관련을 고려하여 종합적인 조정을 도모한다.
④ 이상의 목표와 내용을 기반으로 임금노동의 생산·재생산을 도모하면서 소득의 재분배를 실시하여 자본주의 제도의 항구적인 지속성을 기대한다.

이런 것을 보면 사회보장은 자본주의 제도의 발전을 위하여, 이

---

6) 孝橋正一,「社會政策과 社會保障」, ミネルラア 書店 , 1969, p.130

로 인하여 초래된 국민생활의 위험을 예방하고 노동 및 생활조건을 개선하려는 제도인 것이다.

1) 공적 연금

(1) 고령화와 소득상실

우리 나라에서도 고령화 사회에 진입하고 있지만 소득상실을 의미하는 정년 또는 퇴직 연령은 인하되고 있다. 2005년 65세 이상 노인인구가 약 10%, 그리고 평균 수명이 약 77세가 되었지만 정년제는 대개 60세이다. 그런데 실제로 퇴직연령은 50세가 가장 많고 생산직이 50세, 그 다음은 55세(관리직이 70.0%)이다. 이것을 본다면, 적어도 17년 이상 소득과 역할이 상실되어 빈곤한 생활을 하게 되고 질병에 시달릴 가능성이 크다.

한편, 봉급생활자들은 대부분 그들의 생계를 거의 임금에 의존하고 다른 수입원이 거의 없다. 임금은 지난 10년간 상승되고 그 격차가 많이 축소되었지만, 그간 성별, 직종별, 학력별 임금격차가 심하여 생산직, 여성 및 저학력의 임금노동자는 노후 생활을 대비하기 어려웠다. 이러한 임금 노동자가 전체 경제활동인구의 6할이 된다. 이들의 조기 정년이나 노령 퇴직으로 인한 생활보장(약 17년 이상)을 미리 준비하기 위한 노력이 필요하다. 이러한 노력 중에서 가장 바람직한 것이 공적 연금보험이라 할 수 있다.

(2) 개념과 특성

공적 연금(pension)은 노령, 폐질, 사망 등 사회적 사고에 의하여 소득이 중단 또는 상실되었을 때 그것을 보호하기 위한 소득보장제도이다. 이러한 연금은 각 나라마다 그 제도가 상이하다. 그런데 우리 나라에서 발달되어 있는 사적 연금(예, 생명보험, 은행예금 상품 등)은 이윤을 추구하는 기업활동이다. 이러한 활동에 정부가 특혜(세금감면 등)를 주는 것은 큰 문제이다.

지금까지 공적 연금에 대한 주요한 이론(특성)을 소개하면 다음과 같다.[7] 이러한 이론에 따라 공적 연금을 평가하여야 하는데 최근 사보험의 논리로 공적 연금을 주장하는 경우가 많다.

① 연금은 국가가 개입한 제도이다. 국가의 개입은 입법도 있지만 국고지원이 매우 중요하다.
② 연금은 개인(국민)의 능력에 따른 기여제도이다.(W. Beveridg 등)에 따라서 소득비례에 의한 기여금을 낸다.
③ 연금은 개인의 사회적 위험(실업, 장애 등)에 대처하기 위한 급여 제도이다. 이러한 급여는 최저수준의 생계비를 보장하기 위한 재분배 제도이다.(R.M. Titmuss, B. Webb, D.S. Danzinger 등)
④ 연금은 전 국민을 대상으로 한 보편주의의 제도이다.(W. Beveridg 등) 이것은 시민권에 기초해 있다.

한편, 공적 연금보험은 미국의 노령유족폐질보험 *OASDHI* 등에서 볼 수 있는 바와 같이 다음과 같은 특징을 지니고 있다.[8]

① 적용범위가 강제적인 사업이다.
② 다양한 위험에 대응하기 위한 최저 수준의 소득보호이다.
③ 급여는 개인적 공평성 보다는 사회적 적합성에 기초하고 있다.
④ 급여결정에 있어서 소득이 가장 핵심적인 요소가 아니다.
⑤ 급여는 욕구조사가 없는 권리로서 지급된다.
⑥ 급여는 예견된 욕구에 기초하고 있다.

---

7) 김헌진, 국민연금개혁의 과제와 방향, 「사회정책연구」,제 28집, 2004, p.18
8) G.E. Rejda, *Social Insurance and Economic Security*, 5th edition, Prentice Hall, 1994, pp.21～30

⑦ 연금보험의 재원은 고용주, 피용자, 자영자의 기여금과 신용기금의 투자를 통하여 얻는 수익 그리고 급여에 따른 과세에서 나오는 수입으로 충당되는, 자조적인 기여 원리에 의한 프로그램이다.
⑧ 사적 연금과 달리 사회보험기금은 충분한 기금조성 예컨대, 적립방식이 아니다.
⑨ 급여는 법령에 의하여 규정되어 있다.
⑩ 사회보험은 정부가 자신의 피용자 뿐만 아니라 정부개입이 요구되는 사회문제의 해결을 위하여 설립한다.

(3) 연금의 종류

우리 나라의 공적 연금보험은 현재 5가지 종류가 있다. 즉 공무원연금, 군인연금, 사립학교교직원연금, 국민연금 그리고 퇴직연금이다. 공무원·군인, 사학연금 및 퇴직연금은 퇴직금과 같이 사보험적 성격이 강하지만 국민연금은 재분배적 효과가 있다. 공적 연금의 적용대상은 소득이 있어야 하고 소득이 있으면 기여를 해야 한다.

우리나라 공적 연금제도의 적용대상, 기여제도 및 급여제도는 표 7-1과 같다.

우리 나라의 특수직 연금은 그 직업적 성격에 따라 연금의 가입대상자가 되지만 국민연금은 만 18세 이상 60세 미만의 피용자와 사용자는 당연 가입자가 된다. 농어민과 도시자영업자는 1999년 부터 국민연금의 적용을 받는다.

(4) 기여제도

공적 연금제도의 재원조달 방법은 여러 가지가 있다. 특수직 연금의 재원조달은 적립방식에 의존하고 국민연금은 수정적립방식을 채택하고 있다. 적립방식은 일정액 또는 일정률의 기여금을 일정기간 동안 적립하였다가 사회적 사고가 발생하면 그 기여 기록에 따라 급여가 제공되는 방식이고, 부과방식은 추정된, 일정 기간의 급여액을 그 기간의 기여금으로 부과하는 방식이다.

<표 7-1> 공적 연금제도의 종류와 내용

프로그램(제정) / 구성	국민연금 (1986년)	공무원연금 (1960년)	사학연금 (1973년)	군인연금 (1963년)	퇴직연금 (2005년)
운영주체	보건복지부 국민연금관리공단	행정자치부 공무원연금관리공단	교육부 사학연금관리공단	국방부 군인공제회	노동부 각 기업체
적용대상 (가입자)	전 국민(개인) 직장;40.5% (695만명) 지역;58.0% (996만명) 임의;1.5% (25만명)	행정및교육공무원(개인) 공무원;967,359명 일반직;27.7% 기능직;16.0% 경찰직;12.8% 기타;10.1%	사립교직원(개인) 교원;143,579명 직원;81,775명	군인(개인)	전 근로자 (개인)
기여기간	20년 이상 60세시(40년가입)	20년 이상 60세시(33년가입)	20년 이상 60세시(33년가입)	20년 초과시 0.2배 가산금	1년 이상
기여방법	수정적립식 제한비례식 표준보수월액	적립방식 비례방식 표준보수월액	적립방식 비례방식 표준보수월액	적립방식 비례방식 표준보수월액	소득비례
기여율 (소득의)	직장;9% (노사50%씩) 지역;8% 국고;6백억	개인;8.5% 국가,지자체;8.5% 합계;17%	개인;8.5% 법인;5% 국고;3.5%	개인;8.5% 국고;8.5% 퇴직수당;국고	사용자;8.3%
급여방법 및 급여액	노령급여;65.8% 유족급여;15.2% 장애급여;6.6% 반환일시금;13.0% 사망일시금;0.4%	퇴직급여;77.4% 유족급여;5.1% 요양비;15.8% 재해부조;1.1% 부조급여;0.5%	퇴직급여;73.9% 유족급여;3.7% 재해보상;2.3% 퇴직수당;18.6% 사망조의금 등	퇴직급여;50% 유족급여;70% 상이급여;50~80% 퇴직수당;복무기간*1.5배 사망조의금;월액 3배	퇴직금 또는 퇴직연금 또는 개인퇴직계좌
급여율(%)	퇴직;평균보수월액의 55% 유족;70% 기본연금;1.8배 가급연금;기본의 47.5%	퇴직;95% 유족;70%	퇴직;75% 유족;70%	퇴직; 평균월액의 50% 유족; 퇴직연금의 78% 상이; 등급별50~80%	퇴직시 누적액

우리 나라의 국민연금은 일정 기간 소득에 따른 기여금을 적립하였다가 연금 지급시에는 균등부분, 소득비례부분, 가입기간의 비례분이 고려된 연금액이 지급되므로 수정적립방식이라고 할 수 있다.

특수직 연금의 기여금은 현재 표준 보수월액의 17%이다. 즉 본인의 기여금과 고용주의 부담금이 각각 8.5%이다. 다만 사학연금의 경우 본인의 기여율은 8.5%, 학교법인 부담금이 5.0%이고 정부 부담금이 3.5%이다. 그러나, 국민연금의 기여율은 제도 시행 초기 표준 보수월액의 3.0%에서, 1993년부터 6.0%, 1998부터는 9.0%에 이르러 단계적으로 상향 조정되었고 지역가입자의 경우 현재 8%이다.

(5) 급여제도

공적 연금의 급여는 국민연금의 경우 노령급여(65.8%)와 유족급여(15.2%)가 가장 많고, 그 밖에 장애급여, 반환일시금, 사망일시금이 있다. 특수직 연금의 경우 급여는 소득비례방식이며 퇴직급여, 폐질급여, 사망급여, 단기급여가 있다. 퇴직급여는 20년 이상 가입 후 퇴직시 보수의 76% 까지 지급하고 폐질급여는 공무상 질병이나 부상으로 폐질시 장해등급에 따라 15%～18%가 지급되며, 사망급여는 수급권자가 사망시 연금액의 50%를 지급한다.

그러나, 국민연금의 급여는 기본 연금액과 가급 연금액으로 구분된다. 기본 연금액은 다시 개인의 소득수준과는 관계 없이 모든 가입자의 평균 소득을 기초로 하는 균등부분(약 50%)과 가입자 개인의 가입기간 중 소득수준에 의하여 산정되는 소득비례부분 그리고 가입기간에 의해 계산되며 물가상승률에 따라 매년 조정된다. 가급 연금액은 연금수급권자가 그 권리를 취득할 당시 수급권자에 의하여 생계를 유지하고 있던 자에게 주는 일종의 가족수당 성격의 부가급여로서 이 또한 물가상승률에 따라 매년 조정된다. 급여의 종류는 노령연금, 장해연금, 유족연금, 반환일시금, 사망일시금이 있다.

노령연금의 수급권자는 가입기간이 20년 이상 가입자 또는 가입자였던 자가 60세가 되었을 때는 그 때까지 생존하는 동안 노령연금을 받는다. 노령연금액은 기본연금액에 가급연금액을 합산하여 결정된다. 가입기간이 20년인 평균 소득수준의 가입자가 완전 노령연금액을 받는 경우 그는 전 가입기간 월 평균소득의 약 50%이며 가입기간이 길어짐에 따라 연금수준이 비례한다.

장해연금은 가입기간이 1년 이상인 자가 가입기간 중 발생한 질병 또는 부상으로 인하여 완치된 후에도 장해가 있으면 그 정도에 따라 기본 연금액의 60～100%를, 유족연금은 연금수급권자가 사망한 때 그 사망자에 의하여 생계를 유지하고 있었던 유족은 가입기간에 따라 기본 연금액의 일정율 40～60%를 지급 받는다. 사망일시금은 가입자 또는 가입자의 사망으로 발생되는 유족연금 또는 반환일시금을 받을 수 있는 유족이 법적으로 제한되어 있어서 사망한 자가 일정한 기여를 하였음에도 불구하고 혜택을 받지 못하는 유족에게 장제 부조금 성격의 급여를 제공하는 것을 말한다.

(6) 정책과제

여기서 우리 나라의 연금보험제도가 많은 문제점과 개혁과제를 안고 있는 것을 알 수 있다. 그 주요한 것은 다음과 같다.

첫째, 연금제도는 소득이 중단 또는 상실되었을 때 지급되어야 하는데 현재 퇴직후 재취업시에도 지급하고 있는 것은 제도의 목적에 어긋난다. 그리고 피보험자가 형벌을 받게 되면 연금급여에 제한을 두는 것은 아주 잘못된 것이다.

둘째, 국민연금을 제외한 특수직 연금은 소득재분배 기능이 없다. 따라서 소득재분배 효과가 있는 연금보험으로서 제도개선이 요구된다

셋째, 연금제도는 소득이 있을 때 기여를 하는데 국민연금 적용대상자를 과잉 추계하여 불필요한 행정력을 낭비한다. 정부와 국민연금관리공단은 자영인을 840만명 또는 1,000만명으로 보는데 자영인은 그 절반인 사실 460만명에 불과하다. 소득이 없는 자(소위 납부예외자)에게 보험료 납부고지서를 발부하는 것은 잘못이다.[9)]

넷째, 정부는 장차 국민연금의 재정적자를 해소하기 위하여 고부담(소득의 15.9%), 저급여(현 60%에서 50%)로 개혁하려고 한다. 정부는 국민연금의 재정위기를 사보험과 기여·급여의 논리에서만 접근하지 말고 우선 기존제도의 비효율성을 제거하고 형평성을 제고하는 방향에서 모색되어야 한다.[10)] 다시 말하면 현 보험료 부과체계를 개선하고 기금관리를 잘하여 급여액이 노령퇴직시 최저 생계비는 보장되어야 한다.

다섯째, 국민연금의 기여제도가 등급별 소득비례제와 상한정액제를 실시하고 있는데 이것은 소득 재분배의 역진성과 비효율성을 초래하기 때문에 상한제는 폐지되어야 한다. 현행 상한 기여(보험료) 제도는 정액제로서 등급별 형평성을 초래하고 저소득자와 차별하기 때문에 소득비례제로 통합 되어야 한다.[11)]

---

9) 김영모, 자영인 건강보험연구, 「사회정책연구」 제 25집, 2002, PP.9~10

10) 김헌진, 국민연금 개혁의 과제와 방향, 「사회정책연구」, 제 28집, 2004, PP.28~32, 정부가 지난 10년간 부과체계(상한선 등)를 개선하지 못한 것은 '사회보장기본법'에 저촉된다.(직무유기)

11) 김헌진, 국민연금 보험료 부과체계의 정책과제, 「사회정책연구」,제 32집,

여섯째, 국민연금은 기여원리에 의한 사회보험제도인데 퇴직시 반환일시금을 지급하는 사보험 성격이 남아 있어 제도의 목적을 훼손하고 있다.

일곱째, 공무원연금과 군인연금은 매년 재정적자가 발생하여 그것을 국고로 지원하고 있다.(연간 5천만원 이상) 이것은 연금제도(특히 기여와 급여)의 결함이 있기 때문에 하루 속히 통합, 개선되어야 한다.

여덟째, 국민연금의 현 기여율로서는 정년퇴직시 노후생계보장을 위한 적절한 급여가 되지 못한다. 따라서 적어도 최저생계비를 보장하는 방향에서 기여 및 급여제도를 개혁해야 한다.

2) 공적 부조

(1) 공적 부조의 개념과 종류

생활보호는 빈곤을 감소시키기 위한 공적 부조(미국) 또는 사회부조(독일 · 프랑스) 또는 국민부조라 한다. 빈곤은 빈민 뿐만 아니라 전체 경제에 불안을 일으키는 요인이 되고 질병, 범죄, 비행 및 부도덕을 초래한다. 그 뿐만 아니라 빈곤은 인간 생활의 질을 해치고 물질적 재화와 인간의 존엄성을 박탈하며 인간의 자원을 낭비한다.

그리하여 빈민 및 가족의 기본적인 욕구를 해결하기 위하여 소득보호, 의료보호 및 다른 서비스를 제공하는 공적 부조가 있다. 이러한 욕구 결핍은 노령, 폐질, 가족 붕괴 등이 일어날 때 나타난다. 따라서 이것을 해결하기 위한 노력이 공적 부조이다.

2006, PP.69~80

<표 7-2> 공적 부조제도의 종류와 내용

제도 / 내용	생활보호 (1961년 제정)	국민기초생활보장 (1999년 제정)	긴급복지지원법 (2005년 제정)
목 적	생활능력이 없거나 어려운자에게 최저 생활보장과 자활 조성	생활이 어려운 자에게 최저 생활보장과 자활조성	위기상황의 개인 또는 가구 지원
운영주체 (보호기관)	서울시장 · 직할시장 시장 또는 군수	특별시장 · 광역시장 · 도지사 시장 · 군수 · 구청장	시장,군수,구청장
적용대상 (수급권자)	부양의부자와 능력이 없는자 -65세 이상 노쇠자 -임산부 -폐질 또는 심신장애로 근로능력이 없는자 -기타 생활이 어려운자	부양의무자와 능력이 없고, 최저생계비 이하인 자(가구) -생계급여;149.5만명 -의료급여;164.7만명 -주거급여;452,3만명 -교육급여;17.6만명 -해산급여;0.2만명 -장제급여;3.4만명	생계유지가 어려운 자 사망,질병,교도소 수용 등 생계유지,의료비 감당이 어려운자
보호방법 (급여종류)	1) 생계급여;의복,음식물,금품 2) 의료보호 3) 자활보호,;금품,기술습득, 취업알선 4) 교육보호;수업료등 금품 5) 해산보조;조산,분산전후 조치보호 6) 장제보호;사체의 검안,화장, 운반,배장	1) 생계급여;2인가구 248천원 (최저생계비) 2)의료급여;145만명(1조 7616억원) 3) 주거급여;임차료,33천원 4)교육급여;중고생수업료,학용품 5) 해산급여;출산시 20만원 6) 장제급여;1인당 30~50만원 7) 자활급여;금품,기술습득,취업알선,공공근로 8) 감면;주민세,tv수신,상하수도 ,전화서비스 등	1) 금전 또는 현물지원 2) 생계지원 3) 의료지원 4) 장제.해산지원 (국고 80%,지방비20%) 5) 사회복지서비스지원 -시설이용 및 단체연계 상담
보호기준 (급여기준)	건강하고 문화적인 최저생활 유지	건강하고 문화적 최저 생활유지 수급권자가 소득,재산, 근로능력의 활용을 전제로 이를 보충,발전시킴	신속지원, 타 법에 제외된 자. 지원기간은 1회 1개월 (1회 연장 가능)
보호신청 (급여신청)	보호대상자나 친척 등이 관할 시장, 군수에게 신청	수급권자나 친척들이 관할 시장, 군수,수청장에게 신청	지원대상자, 그 친족 기타 이해관계인
자산조사	관계 공무원이 피보호자의 자산 및 건강상태를 조사 및 검진의뢰	사회복지 담당공무원이 부양의부자, 부양능력, 소득,재산,근로능력,취업,건강자활 욕구를 조사	선 지원 후 조사

미국에 있어서 빈곤을 감소시키기 위한 주요한 접근방법은 화폐

및 재정의 확대정책을 사용하는데 이것은 급속한 경제성장과 완전고용, 지역 재개발, 고용 및 훈련계획, 사회보험의 개선, 주택 및 임대 보조금, 식권, 에너지부조사업, 학교급식사업, 아동보건서비스 등이 있다[12].

이러한 화폐 및 재정의 확대 정책이 불평등을 더욱 조장하고 있으며 빈민을 지원하기 위한 정책도 주로 수용보호나 시설이용사업 등을 위한 것이기 때문에 매우 낭비적이다.

우리 나라에 있어서도 빈곤을 감소시키기 위한 정책은 생활보호사업(1999년 말부터 국민기초생활보장으로 개칭), 의료급여, 공공근로사업, 긴급복지지원 등이 있다. 그 구체적인 내용은 표 7-2와 같다.

(2) 생활보호사업

우리 나라의 빈민을 원조하기 위한 핵심적인 제도는 오랫동안 일본과 마찬가지로 생활보호사업이었다. 이 생활보호는 신청주의(필요시 직권조사)와 자산조사에 의하여 이루어진다.

생활보호사업은 모든 국민을 대상으로 하는 것이 아니라 빈곤한 요보호자를 지원하기 때문에 선택주의적 성격이 강하다. 선택(별)주의는 보편주의와는 달리 ① 자산조사 *means test* 에 의하여 빈곤선 이하의 요보호자를 선별하고[13] ② 욕구에 따른 서비스를 행하며 ③ 이것은 요구호자라는 낙인감을 주게 된다. 그러나 보편주의는 ① 국민의 기본권인 복지권에 기초한 서비스를 제공하며 ② 전체 국민을 대상으로 개인적 존엄성을 존중하며 ③ 복지서비스의 재분배 효과가 있는 것이 그 특징이다.

---

12) *Ibid.*, p. 392

13) 자산조사는 협의로는 개인이 생활유지에 기여하는 수입, 재산, 저축, 친척의 도움 등을 의미하지만 광의로는 그들의 일생동안 동원할 수 있는 자원과 능력을 의미한다.

생활보호는 노동능력이 없는 사람을 지원하는 공적 부조 또는 사회부조이다. 이러한 부조는 자선 또는 박애정신에 기초한 사적 부조와는 달리 국가책임에 의하여 생활보호를 행한다. 이러한 생활보호의 대상자는 일반적으로 빈민인데 우리 나라의 경우 절대적 빈곤을 말한다.

우리 나라의 생활보호대상자는 지난 40여 년간 생활보호법에 구체적으로 명시되어 있는데 다음과 같다.

① 65세 이상의 노쇠자
② 18세 미만의 아동
③ 임산부
④ 폐질 또는 심신장애로 인하여 근로 능력이 없는 자
⑤ 기타 생활이 어려운 자로서 보호기관(시장 · 군수)이 요보호가 필요하다고 인정한 자

이 중에서 가장 많이 차지하는 요보호자는 ⑤의 시장 · 군수가 인정하는 저소득자이다. 이들은 행정적 개념으로 자활보호자라 하고 거택보호자는 ①, ②, ③, ④의 해당자와 또는 이들과 보호를 행하는 자이며 시설보호자는 육아원, 영아원, 양로원, 모자원, 장애인수용시설에서 보호를 받는 자이다.

(2) 국민기초생활보장

최근 IMF사태로 초유의 대량실업이 발생하여 빈곤문제가 더욱 악화되고 있는 상황에서 저소득층 실업자를 구제하고 생활보호제도를 대폭 확충하기 위하여 '국민기초생활보장법'을 제안하였다. 정부는 국민기초생활보장제도는 지난 40여년간 시혜적 단순보호 차원의 생활보호제도를 저소득층에 대한 국가책임을 강화하는 종합적

빈곤대책으로 전환하였다고 한다. 그 대책은 최저생계비 이하의 저소득층에 대한 기초생활을 국가가 보장하되 종합적 자립자활 서비스의 제공으로 생산적 복지를 구현하는 것이라 한다.14) 그런데 이것이 과거 생활보호사업과 근본적 차이가 있는지 의문이 간다.

1999년 1월에 제정된 국민기초생활보장법은 종전의 생활보호법의 대체 입법이다. 이 법의 주요 골자는 다음과 같다.

① 생활보호법을 '국민기초생활보장법'으로 명칭 변경하고 법의 성격을 제한적 구빈법이 아니라 진정한 생활보장법으로 제정한다.
② 인구학적 기준을 철폐하고 소득이 없는 국민은 누구나 국가로부터 지원 받을 수 있도록 한다.
③ 수급권자의 범위를 최저생계비 기준으로 적용함으로써 생활보호의 과학성을 제고한다.
④ 소득인정의 합리화를 통해 형평성을 제고한다.
⑤ 소득이 최저생계비에 못미치는 가구에 대해서 생계, 주거, 의료, 자녀교육 등 4대 기초생활보장 급여와 자활급여 · 해산급여 · 장제급여를 제공한다.
⑥ 생활보장에 관한 중앙 및 지방자치단체의 각급 위원회를 두고 민간의 민주적 참여와 전문성을 강화한다.

국민기초생활수급자의 보장단위는 가구(세대)를 원칙으로 하고 필요한 경우 개인 단위도 가능하다. 수급자의 선정기준은 ① 소득인정액 기준과 ② 부양의무자 기준을 동시에 충족시켜야 한다. 소득인정액은 2006년도 최저생계비가 1인가구의 경우 41만 8,309원이고 4인 가구의 경우 117만 422원이다. 그리고 부양의무자 기준은 부양의무자가 없거나 있어도 부양능력이 없거나 부양을 받을 수 없는 경우이다. 부양의무자는 수급권자의 직계혈족(부모와 자녀) 및 그 배우

---

14) 보건복지부, 「2004년 국민기초생활보장 수급자 현황」, 2005. 7. p.1

자(며느리와 사위)와 생계를 같이 하는 2촌 이내의 혈족(형제, 자매)이다.

이러한 기초생활보장수급권자의 기준은 해마다 다르다. 국민기초생활보장법에 의한 2004년도 기초생활보장 수급권자는 약 142만 4천명(75만 3천 가구)으로 이것은 총 인구 대비 2.9%이다. 기초생활보장 수급자는 시설수급자(6.1%)와 일반수급자(93.9%)의 2종류가 있다. 지난 25년간 생활보호대상자의 변화는 표 7-3과 같다.

< 표 7-3 > 생활보호 대상자

(단위 : %, 천명)

생보자	1980	1985	1990	1995	1999	2004
총 인구대비		5.3	4.6	3.9	2.5	2.9
시설보호자	2.6	2.8	3.6	4.4	6.7	6.1
거택보호자	15.4	12.4	15.0	17.5	28.1	93.9
자활보호자	82.0	84.8	81.3	78.1	65.2	
합계(세대수)	100.0(1,829)	100.0(2,273)	99.9(2,256)	100.0(1,174)	100.0(1,175)	100.0(1,424)

자료 : 보건복지부, 「생활보호과」

2004년 기초생활수급자는 전 국민의 2.9%(1,424천명)로서 전 년도에 비하여 감소되었다. 생활보호대상자가 해마다 감소되고 있는데 이것은 빈민의 감소와 생보자의 엄격한 관리에서 비롯된 것 같다.

국민기초생활보장법에 명시되어 있는 보호대상자에 대한 급여의 종류 및 내용은 생계급여, 주거급여, 의료급여, 교육급여, 해산급여, 장제급여, 자활급여 등이 있다.

생계급여는 수급자에 대하여 의복, 음식물 등에 필요한 금품 기타 일상생활의 수요를 충족하는데 필요한 금품을 지급하여 그 생계를 유지한다[15].

15) 수급자의 소득인정액과 가구별 최저생계비의 차액을 각종 급여로 지원하는 보충급여제를 실시한다.

주거급여는 수급자의 주거 안정을 위하여 임대료 및 수리비 등에 상응하는 금전을 지급한다.

교육급여는 수급자에게 입학금 · 수업료 · 육성회비 각종 회비, 학교급식 · 학용품비 등을 지원한다.

해산급여는 조산 · 분만전과 분만후의 필요한 조치와 보호를 행한다.

장제급여는 수급자가 사망한 경우 사체의 검안 · 운반 · 화장 또는 매장 기타 장제조치를 행한다.

자활급여는 수급자의 자활에 필요한 금품의 지급 또는 대여 · 자활에 필요한 기능습득의 지원 · 취업알선 등 정보의 제공 · 자활에 필요한 시설 및 장비의 대여 등을 지원한다[16].

한편, 자활대상자는 2005년 말 현재 7만 6천 93명이다. 이 중에서 기초생활수급자는 71.6%이고, 나머지는 차상위계층(최저생계비의 120%미만자)이다. 그리고 자활사업비는 기초생활보장비(약 4조원)의 5.7%이다. 이것은 자활근로사업비로 가장 많이 지출되고 그 다음은 자활후견기관, 자활소득공제, 자활공동체, 창업기금 등에 사용된다.

정부는 2005년 자활사업의 성과로서 ① 기초수급자 및 차상위계층에게 근로기회의 제공(가사 · 간병도우미, 민간기업의 사회공헌활동, 일자리 확대 등), ② 저소득층에 무료간병, 집수리, 가사지원 등 사회복지서비스 확충, ③ 저소득의 자활, 자립 촉진(자활성공율 5.4%), ④ 저소득층 창업 지원(생업자금 융자 등)을 지적한다.

그리고, 자활사업의 문제점으로 ① 자활사업의 내실화 미흡(차상위 계층의 제한적 참여), ② 근로유인기능 취약(보충급여 등), ③ 자활사업 전달체계의 전문성과 효율성 부족, ④ 창업자금 지원 부족 등이

---

16) 기초생활보장은 현재 수급권자에게 포괄적 급여자격을 주고 있는데 이것은 급여 종류별로 수급권자의 자격을 달리해야 한다.

다.[17]

(3) 긴급복지 지원

(가) 개념과 지원대상

긴급복지지원법은 2005년 6월에 제정되어 2005년 3월부터 실시되었다. 이 법은 생계곤란 등 위기상황에 처하여 도움이 필요한 국민에게 신속하게 지원함으로써 이들이 위기상황에서 벗어나 건강하고 인간다운 생활을 영위토록 한 것이다.

이 법에서 말한 '위기상황'은 본인과 생계 및 주거를 같이 하고 있는 가구 구성원이 다음과 같은 사유가 발생하여 생계 유지 또는 의료비의 감당이나 그 밖의 기초적인 생활이 어렵게 된 것을 말한다.(법 2조) 구체적인 내용은 다음과 같다.

① 가구구성원이 사망, 가출, 행방불명 또는 교도소 등 교정시설에 수용된 때
② 주소득원인 자가 소득을 상실하고 가구구성원 중 다른 소득원이 없는 때
③ 본인 또는 가구 구성원이 질병 또는 부상을 당한 때
④ 부모의 이혼 그 밖의 사유로 부모 등으로 부터 방임, 유기되거나 학대 등을 당한 때
⑤ 가정폭력 또는 성폭력을 당한 때
⑥ 화재 등으로 인하여 거주하는 주택 또는 건물이 소실된 때
⑦ 그 밖에 보건복지부장관이 정하여 고시하는 사유가 발생한 때

그러면, 미국의 일반구호(General Relife 또는 General Assistance)와 긴급 부조(Emergency Assistance)의 경우를 보기로 하자.[18]

---

17) 보건복지부, 「2006년도 자활사업안내」, pp.11~14
18) Commonwelfare of Virginia, Dept of Service, *Application for Benefits Virginia Social Service, Benefit Program,* 1998.

(1) 일반구호

일반구호는 개인 및 가족에 대한 제한된 재정부조이다. AFDC(현 TANF)나 SSI의 부조를 받으면 일반구호는 해당이 안된다. 일반구호는 지방 프로그램이고 기관에 따라 부조의 종류가 다르다. 다음과 같은 경우에 제한된 재정부조가 제공된다.

① 일을 할 능력이 있지만 실업자인 경우
② 폐질, 연령, 훈련, 경험의 부족, 가정 내의 질병 때문에 일할 수 없는 경우
③ 성인, 요양원, 치료센터, 중간 집 또는 가정 때문에 가정에 있는 경우
④ SSI에 신청했지만 SSI의 결정에 불복하고 있는 경우
⑤ 가정에 소수 아동이 있지만 가까운 친척이 없어서 AFDC(현 TANF)의 자격이 안되는 경우
⑥ 긴급식품, 피난처, 의료 또는 의복의 욕구가 있거나 비용이 드는 긴급 원조

(2) 긴급부조

긴급부조는 단기간 제공되고 가족의 보호에 필요한 것을 화재나 자연재앙이 파괴했을 때, 그리고 수중에 돈이 거의 없는 사람을 도와 주고 자녀를 둔 가족에 대한 제한적 재정부조를 제공한다. 긴급부조는 가족이 소득을 상실했을 때 식품, 의복, 피난처, 주요 가구의 수리나 대치를 위하여 지급된다. 부조액은 500달러가 되지 않고 연간 연속 30일로 제한되어 있다. 긴급부조의 자격요건은 적어도 18세 이하의 아동이 있어야 한다. 아동의 긴급욕구는 부모나 친척의 결과가 아니라는 것이다.

미국의 사례를 보면, 긴급부조의 위기상황이 우리나라의 경우에

비하여 매우 단순하다. 특히 소득상실, 실업, 폐질, 질병, 시설보호, 식품, 피난처, 의료 의복의 욕구 등을 말한다. 그리고 지원액이 매우 적고 지원기간도 짧은 편이며 일하려고 하거나 자녀가 있는 경우 약간 더 혜택이 있다.

(나) 지원 내용

이러한 '위기상황'을 발견한 의료인, 교원, 사회복지시설 종사자, 복지위원, 공무원은 시장 · 군수 · 구청장에 신고하여 다음과 같은 긴급지원을 받을 수 있다.(법 제 9조) 그리고 긴급지원에 관한 심위는 시 · 군 · 구에 긴급지원심의위원회를 두게 하였는데 그 지원내용은 다음과 같다.

1) 금전 또는 현물 등의 직접 지원

① 생계지원 ; 식료품비, 의복비 등 생계유지에 필요한 비용 또는 현물지원(최저 생계비의 60%까지)

② 의료지원 ; 각종 검사 및 치료 등 의료서비스 지원(건강보험의 자부담금 상한액 300만원까지)

③ 주거지원 ; 임시 거소 제공 또는 이에 해당하는 비용 지원

④ 사회복지시설 이용 지원

⑤ 그 밖에 지원 ; 연료비 그 밖에 위기상황의 극복에 필요한 비용 또는 현물 지원

2) 민간기관 · 단체와의 연계 등의 지원

① 대한적십자사, 사회복지공동모금회 등의 사회복지기관 · 단체에의 연계지원

② 상담, 정보제공 등 그 밖의 지원

긴급지원의 기간은 1회 1개월간(1회 연장 가능)이고, 긴급지원심의

위원회에서 심사를 하게 되어 있다. 그리고 긴급지원은 다른 관련법령에 저촉되는 경우 제외한다고 되어 있지만, 사실 긴급복지지원사업은 기존의 국민기초생활보장법과 사회복지사업법에서 해결할 수 있는 것이 대부분이라고 볼 수 있다.

미국의 긴급지원제도(일반구호, 긴급부조 및 특수 욕구프로그램)는 연방차원에서 기금이 마련된 프로그램의 기본적인 소득 유지제도에서 해결되지 않는 욕구를 해결하여 준다. 일반 부조(구호)는 주 또는 지방정부가 연방수준의 프로그램(예를들어, AFDC, 현 TANF 또는 SSI)에 자격이 없는 개인 또는 가족의 기본욕구를 제공하기 위한 노력을 말한다.19)

이와 같이 우리나라의 긴급지원사업은 일하는 사람의 최저임금, 최저 연금급여, 고용보험의 급여 등을 고려한, 최하 자격의 원칙이 도입되어야 한다.

우리나라 긴급복지지원 제도의 과제가 무엇인가를 지적한다.20)

첫째, 긴급지원법은 관련된 복지 관련 법령의 내용과 중복된, 유사한 것이 대단히 한다.

둘째, 운영 주체는 조직적이고 체계적인 서비스를 제공해야 한다. 시·군·구와 읍·면·동에 긴급구호 신고센터가 설치되어야 하고, 직접 신청할 수 있게 긴급구호 전화가 상시 가동되어야 한다.

셋째, 우리나라 저소득층은 일반적으로 사회복지관련 법령도 잘 모를 뿐만 아니라 자신의 복지 욕구를 표현하는 방법도 잘 모른다. 따라서 긴급지원법과 긴급구호센타에 대한 정보를 많이 제공하고

---

19) NASW, *Encyclopedia of Social Work*, 18 edition, 1987, p.656
20) 김헌진, 긴급지원에 관한 특별법안에 관한 고찰, 「사회정책연구」 제 30집, pp.62~65

널리 홍보하여야 한다. 사실 담당 공무원이나 관련자들이 요보호자를 찾아야 한다.

넷째, 긴급지원의 종류로 금전 또는 현물 지원과 사회복지서비스 지원으로, 전자는 생계 지원, 의료지원, 주거지원 등이 있고 후자는 사회복지시설 이용 연계, 민간의 긴급지원 관련기관, 단체와 연계, 상담 등을 지원을 하겠다고 한다. 이와 같이 경제 지원과 사회복지서비스를 백화점식으로 나열할 것이 아니라 생계유지, 의료서비스 및 시설보호 중심으로 적용대상과 지원 방법을 설정해야 한다.

다섯째, 긴급지원사업의 재정추계로 2004년 복권기금 사업인 위기가정지원사업과 사회복지공동모금회의 빈곤가정 지원사업의 실적을 기초로 긴급지원 대상자와 소요 예산을 추계하였다. 즉 각각 177,522가구와 1,784억원이라 한다. 전자는 기초생활보장 수급권자의 10%를 초과하고 후자는 기초생활보장급여비의 4.3%가 된다. 이러한 추계는 과잉 추계가 아닌가 한다.

(4) 정책과제

그간 운영되어 왔던 생활보호사업은 여전히 다음과 같은 문제점을 지니고 있다.

첫째, 생활보호대상자의 상당수가 부적격자이고 또 보호대상자별로 적합한 서비스가 이루어지지 않고 있다. 즉 비효율과 부적합성이 대단히 높다. 이러한 것은 사회복지 전문요원이 담당하는 대상자수가 너무 많기 때문으로 자산조사 등을 제대로 할 수 없고 엄격한 서비스가 이루어지지 않았기 때문이다. 무자격 생활보호대상자는 배제하여야 한다.

둘째, 생활보호대상자는 신청보호주의에 의하여 본인의 욕구에 따른 서비스가 이루어져야 하는데 그렇지 못하다. 따라서 전문적 서비스(상담 등)도 이루어지지 않고 있다.

셋째, 선정기준이 비현실적이고(호적상 자녀가 있지만 제대로 부양하지 못하는 경우 등) 자산조사가 정확하지 못하여 생계 및 보호수준이 비현실적이다.

넷째, 의료보호 및 교육보호의 차별성이 존재하고 본인부담제가 존재하기 때문에 치료의 기회를 박탈을 당하고 있다.

다섯째, 주거보호(영구임대 및 무료주택 등)가 제대로 이루어지지 않음으로 해서 많은 고통을 받고 있다.

여섯째, 생활보호 뿐만 아니라 사회복지서비스를 체계적으로, 전문적으로 제공하기 위한 복지 전문가가 많이 충원되어야 한다.

일곱째, 긴급복지지원제도는 특히 기초생활보장법, 사회복지사업법과 상충된다.

여덟째, 국민기초생활보장제도의 운영은 종전의 생활보호사업과 큰 차이가 없고, 최근 생보자의 자활사업을 강화하고 있다. 이것은 미국의 노동연계복지(workfare)와 유사하나 실제로 대부분 자활 능력이 없는 대상자들이다. 그리고 정부의 신자유주의 정책으로 그실효성이 의문시 된다.

3) 퇴직연금제도

(1) 필요성

퇴직금은 기업이 근로자를 위하여 지급하는 부가급여 *fringe benefits* 이다. 이러한 퇴직금의 성격에 대하여 세 가지 이론이 있다. 첫째는 퇴직금이 고용주의 온정에 의하여 베푸는 사례금이라는 공로보상설이 있고 둘째는 잉여노동가치설에 입각한 임금후불설이 있으며 셋째는 퇴직 후 특별급여이기 때문에 복리후생의 범주에 속한다는 사회보장설이다.

이러한 이론의 차이에 따라 퇴직금에 대한 해석이 매우 다양해질 수 있다. 우리 나라의 퇴직금이 1961년 제정되었는데 당시의 입법 이유는 노사관계의 원활을 도모하기 위한 것이다. 노사관계의 원활이라는 말은 세 가지의 뜻을 모두 지니고 있지만 대법원의 판례는 임금후불설에 기초하고 있다.

(2) 퇴직연금제도의 내용

우리 나라 퇴직금은 현재 상시 5인 이상 사업장의 근로자에게 강제 적용시키고 사용자는 2년 이상 계속 근무한 근로자에 대하여 계속 연수 1년에 대하여 30일분 이상의 평균임금을 지급하게 되어 있다. (근로기준법 제10조, 34조) 즉 사용자는 매년 근로자 봉급의 8.3%를 적립하게 되어 있다. 이러한 퇴직금이 근로자의 퇴직시 생계위험을 어느 정도 해결하는데 기여할 수 있는 사회보장제도의 기능을 수행한다.

1997년 개정된 근로기준법에 의하면, 종전에는 사용자는 퇴직하는 노동자에게 퇴직금을 지급하는 제도를 설정하도록 하되, 근로자를 피보험자로 하여 퇴직연금보험에 가입하는 경우에만 법정 퇴직금제도를 설정한 것으로 하였으나, 앞으로는 사용자가 근로자를 피보험자 또는 수익자로 하여 퇴직 또는 퇴직일시금신탁에 가입한 경우에도 법정 퇴직금제도를 설정한 것으로 하였다.(근로기준법 제34조)

이러한 퇴직금의 지급 보증을 정부는 2005년에 퇴직연급제를 도입하였다.

노동부가 제안한 퇴직연금제의 주요한 내용은 다음과 같다.[21]

① 퇴직연금법의 적용대상은 모든 사업(장)으로 함.

② 기여제도는 사용자가 최소한 가입자의 연간 임금 총액의 1/12의 금액을 현금으로 부담함.

③ 급여제도는 사용자가 근로자에게 퇴직급여를 지급하기 위하여 퇴직금제도 또는 퇴직연금제도(확정급여 또는 확정 기여형), 개인퇴직계좌(상시근로자 30인 미만 사업장)중 하나를 설정하여야 함. 다만, 계속근로기간 및 근로시간 등을 고려하여 대통령령이 정하는 근로자는 제외할 수 있음. 퇴직연금의 급여액은 근로자가 퇴직시 수령하는 일시금의 액이 계속 근로기간 1년에 대하여 30일 분의 평균 임금에 상당하는 금액 이상이어야 함.

④ 운영관리는 사용자가 규약과 대통령령이 정하는 바에 따라 퇴직연금사업자와 보험계약 또는 신탁계약 중 하나의 방법으로 자산관리업무의 위탁계약을 체결함. 사용자는 사무관리업무를 퇴직연금사업자에게 위탁할 수 있음.

우리나라 퇴직금은 사용자가 적립하는데(연간 소득의 8.3% 법정율) 현재 퇴직적립금 중에서 매년 3%의 법정율이 국민연금의 법정부담금이 되어 있다.

(2) 정책과제

근로자의 소득보장제도가 발달하지 못한 시대에 있어서 퇴직금이 매우 중요한 소득보장제도였으나 오늘날 특수직 뿐만 아니라 근로자를 위한 국민연금, 의료보험이 시작되었기 때문에 퇴직금의 필요성에 대한 재론이 일어날 수 있다. 다시 말하면 같은 소득보장을

---

21) 김헌진, 퇴직연금제도 도입의 문제점과 정책과제, 「사회정책연구」 제 27집, 2003, p.58

목적으로 하는 국민연금에 퇴직금이 통합되어야 한다는 것이다. 일반적으로 퇴직금이 법정화 되어 있는 나라는 거의 없다. 일본의 경우 1942년에 이미 퇴직금제도가 없어지고 기업연금과 같이 사적 제도가 되었다.

우리 나라에서도 국민연금이 실시되면서 퇴직금을 기업 연금화 시키고 법정율(8.3%)을 국민연금의 사용자 부담금으로 전환시켜야 한다는 주장이 있으나, 한국 노총은 이를 반대하였다.

퇴직금을 연금화 시키는 경우 법정율 중 5.5%는 연금화 시키고 나머지(2.8%)는 실업보험 또는 고용보험화 하자는 견해가 유력하다.[22] 현재 퇴직금의 일부가 이미 앞서 지적한 바와 같이 국민연금의 기여금(3%)으로 지급되고 있다. 이러한 경우 국민연금도 다른 연금(기여율이 17%임)과 같이 최저생계비를 보장하기 어렵고 퇴직금도 감소되고 있는 실정이다. 또한 현재 퇴직금의 주요한 문제가 퇴직급여 충당금을 사외(금융기관 등)에 적립하는 기업이 전체의 3할에 불과하고 나머지는 5할이 사내 유보하고 퇴직금을 마련하지 않는 기업도 2할 이상이 된다.

이와 같이 퇴직금의 대부분이 지불 보증이 없고 또 재분배적 효과(현재는 보수가 많으면 급여도 많음)도 없기 때문에 이것을 연금보험화 시킬 필요가 있다.

최근 정부는 2005년 전술한 바와 같이 퇴직연금제를 입법화 하였지만 그 문제점은 다음과 같다. 사실 종전 퇴직금의 지불보증을 자유 선택하게 한 것에 불과하다.

---

22) 민재성 · 박헌용,「퇴직금제도의 문제점과 개선방향」,한국개발연구원, 1984 이근창,「한국퇴직금제도연구」, 한복연 출판부, 1987, 제5장 참조

첫째, 퇴직연금제도의 적용대상이 모든 사업장이라고 하였는데 현행 연금제도(사학연금 등)가 실시되면서 퇴직금제도가 없어진지 오래 되었다. 이것을 부활한다는 것은 사리에 맞지 않다. 그리고 정부는 대통령령에 의하여 특정한 사업장의 근로자를 퇴직연금제도에서 제외할 수 있다는 것은 사회보험의 보편주의 원리에 어긋난다.

둘째, 퇴직연금제의 기여(부담)제도는 가입자의 연간 임금 총액의 1/12 이라고 하였는데 이것은 현행 퇴직금제도에서 볼 수 있는 가입자의 연간 기여율과 동일하다. 이미 지적한 바와 같이 국민연금으로 말미암아 사용자의 기여율은 5.3%만이 남아 있는 실정이다. 또한 법안에는 사용자의 부담금으로 표현하였는데 이것은 기여제도가 아니다.

셋째, 퇴직연금제의 종류로 개인 퇴직계좌가 별도로 있다는 것은 기여제도에 의한 공동기금 형성 개념이 아니다. 즉 사보험적 발상이다. 또한 퇴직금액이 근로자의 평균 임금의 30일 분으로 정한 것은 사보험의 구좌제와 동일한 개념이다.

넷째, 퇴직연금의 운영 주체는 법안에 명확히 명시되어 있지 않지만 사용자를 의미하는 것 같다. 그리고 자산관리와 사무관리를 퇴직연금사업자(즉 운영주체)에게 위탁하게 되어 있다. 이 위탁체가 정부는 아닌 것 같고, 새로 설립 할 공단(특수법인)이나 영리법인인 금융기관이나 보험회사인 것 같다. 만약 퇴직연금보험이 법정제도이고 국가가 개입한다면 운영주체를 사용자가 위탁할 수 있을 것인지 의문스럽다.

4) 최저임금제

(1) 개 념

최저임금제는 근로자의 최저 임금수준을 보장하여 근로자의 생활을 안정시키고 노동력의 질을 향상시키려고 하는 것이다. 그 밖에 저임금의 해소로 임금격차가 완화되고 소득분배 개선에 기여한다.

자본주의 사회는 마르크스가 말한 바와 같이 노동소외로 인하여 노동자의 궁핍화 현상이 나타날 가능성이 크고, 동시에 자본가(고용主)가 이윤을 극대화 하기 위하여 임금을 가능한 한 최소화 하려고 한다. 이러한 최소 임금화 현상은 잠재실업과 상대적 과잉노동력이 풍부한 사회에 있어서는 가능하고, 특히 경쟁력이 약한 청소년, 여성, 노인들의 임금조건이 열악해 질 수 있다. 따라서 임금을 노동시장의 수요공급이나 노사간 교섭력에만 맡길 것이 아니라 국가가 개입하여 노동자의 저임금을 해소하고 나아가 임금격차 해소 및 노동생산성을 제고시키려는 제도이다.

우리 나라에 있어서 최저임금제도는 1986년 말 입법되었고 1988년 1월 부터 실시되었다. 이 법령에 의하면, 최저임금제도는 근로자의 최소한의 생계보호를 위하여 최저임금 심의위원회의 심의, 의결을 거쳐 노동부장관이 매년 일정 수준의 최저임금을 정하고 기업주로 하여금 동 금액 이상의 임금을 지급하도록 법으로 강제하는 제도이다. 그러므로 최저임금제가 시행되면 기업주가 근로자와 합의하여 최저임금액 보다 낮은 임금을 지급한다고 정하더라도 그것은 무효가 되며, 이 경우에는 최저임금액을 지급해야 한다. 이 제도는 그 적용범위와 결정기준에 있어서 많은 문제점이 있다. 우리 나라는 임금수준 자체에 신경을 쓰면서 임금수준 결정구조와 임금수준 합의과정, 그리고 사회가 임금에 관하여 공유하고 있는 시대정신에 크게 관심을 두지 않는다.[23)]

(2) 적용대상

최저임금법의 적용대상은 근로기준법의 적용을 받는 사업장이

---

23) 김영환,「영국의 임금수준 결정구조」, 한국노동연구원, 1997

다. 1988년 제도 시행 당시 상시근로자 10인 이상 제조업에 적용된 후 점차 그 적용범위를 확대하여 현재는 10인 이상 전 산업에 적용되고 있는 최저임금제도는 영세사업장의 저임금 근로자 보호에 미흡하다는 지적을 받아 왔다. 1999년 부터 4인 이하 사업장에 근로기준법의 일부가 적용되며 국제적 기준에도 부합하도록 상시근로자 5인 이상 사업장에 최저임금제도를 확대 적용하여 근로자의 생활안정과 노동력의 질적 향상을 기하려고 한다. 다만 사업의 종류와 규모 등을 고려하여 대통령은 이 제도를 적용시키지 않을 수 있다.

최저임금제도는 현재 모든 기업에 적용되는 것이 아니고, 상시근로자 5인 이상의 사업장에만 적용된다. 상용근로자 뿐만 아니라 임시근로자나, 일용근로자, 시간제근로자 등 모든 근로자에게 적용된다. 18세 미만의 연소근로자에게는 취업기간이 6개월이 될 때까지 시간급 최저 금액의 90%를 지급할 수 있도록 하고 있다.

그러나, 적용되지 않는 근로자는 ① 정신 또는 신체의 장애로 근로능력이 현저히 낮은자, ② 수습사용중에 있는자, ③ 사업내 직업훈련 중 양성훈련을 받는 자, ④ 감시 또는 단속적으로 근로에 종사하는 자(수위,경비원, 자가용운전기사, 보일러공 등) 근로자에 대해서는 노동부장관의 사전인가를 받아 최저임금을 지급하지 않을 수 있다.

(3) 접근방법

우리 나라의 최저임금은 근로자의 생계비, 유사노동자의 임금 및 노동생산성을 고려하여 사업의 종류별로 결정하게 되어 있다. 그리고 최저임금액은 시간·일·주 또는 월 단위로 하여 정한다. 이러한 최저임금은 매년 11월 30일 이전 최저임금심의위원회의 심의를 거쳐 노동부장관이 정하게 되어 있다.

최저임금은 먼저 노동부장관이 최저임금심의위원회에 심의를 요청하고, 근로자 대표, 사용자 대표, 공익 대표로 구성된 최저임금심의위원회에서 근로자의 생계비. 유사근로자의 임금수준, 노동생산성 등을 고려하여 최저임금안을 심의하고 이를 노동부장관이 최종 확정하여 고시하게 된다.

2004년 최저임금액의 결정 내용과 그 근거를 본다. 2004년 최저임금은 시간급(8시간)의 경우 2,510원이고 일급의 경우 20,080원이며 월급은 56만 7,260원이다. 최저임금은 해마다 인상되었는데 그 근거는 노동생산성 증가율과 명목임금 인상율 그리고 협약 임금인상율을 고려한 것이라 한다.[24] 그리고 2005년의 최저임금은 시간급이 3,100원이고 2007년의 시간급은 3,480원, 일급은 27,840원, 월급은 727,320원이다. 이번 최저임금 인상으로 전체 근로자의 12%인 약 178만명이 혜택을 받게 되었다.

(4) 정책과제

우리 나라의 최저임금은 우리 나라의 최저생계비에 미치지 못한다는 것이 가장 중요한 과제이다.

최저 임금수준의 국제 비교를 위하여 주로 사용되는 개념은 최저임금의 평균 임금에 대한 비율이다. 그런데 평균 임금의 거의 절반 수준에 불과하다는 것이다. 그러나, 국제 비교시 주의해야 할 점은 각 나라마다 임금지급 기준방법과 임금에 대한 정의가 상이하고 그 비교 대상이 약간씩 다르다는 점이다.

미국과 영국의 경우를 살펴 본다. 1994년 미국의 시간당 최저임금은 시간당 4.25달러이다. 그 후 1996년 4.70달러로 인상되었으며

---

24) 최저임금심의위원회, 「심의편람」, 2001

1996년 6월에 5.15달러로 다시 인상 되었다. 그 이유는 물가를 고려하는 최저임금액이 기간이 경과함으로서 점차 감소하게 됨에 따라 생계비 인상요인을 클린턴 정부는 반영하였다. 또한 영국에서는 1993년 보수당 정권시 경제의 경쟁력 강화와 효율성 제고의 차원에서 최저임금제를 폐지한 바 있으나, 1996년 노동당 정부가 최저임금제의 폐지가 고용의 창출에 별로 도움이 되지 않고 빈곤한 근로자만을 양산한다는 학계와 노동계의 설득을 받아 최저임금제를 재도입하기로 결정하였다.25)

나. 고용보장정책

1) 고용보험

(1) 고용 및 실업 상태

베버리지는 실업률이 3%이면 완전 고용상태이고, 미국의 경우 실업률은 4%이면 완전고용이라고 한다. 우리 나라의 경우 1997년까지 약 3%였고 2006년 3월 현재 4.1%이다. 그러나 우리 나라의 고용상태는 선진국가의 경우와는 달라, 고용구조가 다르고 또 불완전 실업과 잠재실업 등이 많기 때문에 실업률의 의미가 상이하며, 따라서 완전고용 상태라고 보기는 어려운 것이다.

우리 나라는 지난 40여 년간 공업화 정책에 의하여 많은 일자리와 노동력을 창출하였다. 2003년 15세 이상 인구의 약 61.4%가 경제활동에 종사하고 약 3%가 사업자이다. 취업자의 65.1%가 피용자이고 27.3%는 자영업자이며 나머지는 고용주(7.2%)와 가족종사자

---

25) 이원덕, 「1997년도 임금교섭실태조사」, 한국노동연구원, 1998

(7.7%)이다.[26] 아직도 경제활동에 종사하지 않는 노동력이 많다. 비록 경제활동에 종사하는 취업자라도 정규직과 비정규직 간에 불안과 차별이 대단히 심하다.

비정규직 근로자는 ① 한시적 근로자 또는 기간제 근로자(임시계약직), ② 단시간 근로자, ③ 파견·용역·호출 등의 형태로 종사하는 근로자이다(노사정 위원회). 여기에 해당되지 않으나 고용이 불안정하고 사회적 보호가 필요한 근로계층을 취약근로자라고 한다.

우리나라의 비정규직 근로자는 통계청은 2003년 8월 전체 근로자의 32.6%인 약 461만명이라고 하지만 노동계는 전체 근로자의 56.3%라고 한다. 그리고 통계청은 임시직과 일용직 근로자는 전체 임금근로자의 49.5%라고 한다.[27] 이것을 본다면, 현재 임시고와 일고도 30년전에 비하여 더 많다는 것을 알 수 있다.

이와 같이 많은 비정규직 근로자가 정규직 근로자에 비하여 2003년 3월 현재 임금 격차가 심하고(약 61.3%) 사회보험 가입률은 국민연금에 비정규직 근로자의 30.5%가 가입되어 있고 건강보험의 경우 32.7%, 그리고 고용보험의 경우 29.2%에 불과하다는 것이다. 그 뿐만 아니라 체불임금과 최저임금 및 기업복지 등의 혜택에서 배제되어 있다.

이와 같이 고용불안에서 많은 실업자가 발생하고 노동조건의 차별 실시로 노동자의 빈곤과 생계문제가 일어난다. 취업시 고용보험 또는 실업보험에 가입하게 되면 이러한 문제를 어느 정도 해결할 수 있다.

(2) 개념과 목적

---

26) 통계청, 「한국의 사회지표」, 2004, pp.242~244
27) 노동부, 「노동백서」, 2005, pp.282~288

실업보험(unemployment insurance) 또는 고용보험은 근로자가 노동에 대한 보상(임금)이 지불되는 일 *work* 을 하지 못한 사람을 보호하기 위한 사회보험이다. 우리 나라와 일본에서는 실업보험이라는 개념 대신 고용보험이라는 개념을 사용하고 있다.

실업보험은 근로자가 실직을 하였을 때 일정 기간 실업급여를 지급하고 재취업을 촉진시켜 근로자의 생활안정을 도모하는 것이다. 고용보험은 단순한 실업급여 이외 적극적인 취업알선을 통하여 재취업을 촉진하고 근로자의 직업안정을 위하여 실업의 예방, 고용상태의 시정, 기용기회의 증대, 근로자의 능력개발 및 복지증진을 도모하는 것을 말한다. 사실 우리 나라와 같이 잠재실업과 과잉노동력이 많은 나라에 있어서 실업보험의 개념은 보다 적극적이고 예방적인 성격을 가져야 한다.

실업보험은 단순히 실업으로 인하여 나타나는 생계위험을 보호하기 위한 것이라기 보다는 오히려 사회변동(예, 경제구조 조정)으로 인하여 재교육·훈련 및 취업이 필요한 근로자를 위하여 필요한 것이다. 그러나 실업보험의 개념이 점차 확대되고 있다. 실업보험의 목적은 일차적 목적과 이차적 목적이 있다고 한다.[28] 전자는 비자발적 실업기간에 개별 노동자들을 부조하는 것이고 후자는 경제적 효율성과 안정을 증진시키는 것이다.

실업보험의 가장 중요한 목적은 실직노동자를 도와 주는 것이다. 그 밖의 다른 목적은 이차적인 것이다. 그런데 대부분의 노동자들은 실업기간이 상대적으로 짧고 실업부조는 주당 급여의 지불로 제한되어 있다. 이런 경우 실업이 연기될 수 있고 직업훈련과 기타 적응이 포함될 수 있으며 실업급여가 그들의 재적응기간에 이러한

28) G.E. Rejda. *op. cit*, pp.354~356

노동자를 도와 줄 것이다.

이와 같이 실업보험의 일차적 목적은 ① 비자발실업 기간에 현금지급, ② 노동자의 생활수준의 유지, ③ 재고용 할 수 있는 시간의 제공, ④ 일자리를 찾는 실업노동자의 원조 등이고, 이차적 목적은 ① 강력한 자동적 안정자, ② 사회비용의 개선, ③ 노동력 활용의 개선, ④ 고용안정에 기여, ⑤ 숙련 노동력의 유지 등이다.29)

(3) 기여 및 급여제도

일반적으로 실업급여를 받을 수 있는 자격은 ① 상당한 임금을 받았거나 일정한 기간 피용되어 왔고, ② 일 주일간 대기할 수 있고, ③ 일할 수 있어야 하며, ④ 적극적으로 일자리를 찾으며, ⑤ 실격이 안되어야 한다. 실격의 원인은 직장이탈, 무책임한 행동, 일자리의 거절, 노동쟁의의 참여 등이고 그것은 급여의 연기, 급여권의 취소, 급여의 감소 등이다.

그리고 급여는 각국의 법령에 따라 다양하게 규정되는데 대개 일주일간 기다린 후 주당 현금급여가 완전실업자에게 지불되고 급여의 최저와 최대의 한계가 설정되며 부분 실업에 대한 급여와 부양자를 위한 부가 실업수당이 있다. 그리고 급여기간은 대개 26주간이다.30)

실업보험의 재원은 대개 고용주의 기여금에 의하여 마련되고 있다. 미국의 연방법은 기여율을 연봉의 3.5%로 규정하고 있다. 그러나 예외적으로 피용자의 기여금에 의존하는 경우도 있다. 대개 피용자의 기여금에 의존하지 않는 이유는 첫째, 피용자가 실업을 통제하

29) *Ibid.*, pp.357~361
30) *Ibid.*, p.363

지 못하고, 둘째는 노동조합이 반대하며, 셋째는 피용자의 기여금 때문에 노조의 요구가 두려우며, 넷째는 피용자 부담을 위한 유사한 제도 개발의 요구가 고려될 수 있기 때문이다.

우리 나라의 고용보험제도는 실직자에게 실업급여를 지급하는 실업보험사업 외에 직업소개·지도, 훈련 안내를 통한 재취업을 촉진하는 고용안정사업과 재직근로자의 직업능력개발사업을 병행하는 사회보장제도인 동시에 노동시장 정책이다. 다시 말하면 실업자에 대하여 생계를 지원하는 사후 구제적 차원의 단순한 실업보험이 아니라 사전 고용조정 지원을 통한 실업의 예방, 잠재인력의 고용 촉진, 직업능력개발 및 인력수급 원활화 등을 목적으로 하는 적극적 인력정책의 핵심적 수단이다. 최근 산업구조조정이 가속화 되고 고용조정이 빈번하게 발생하는 상황에서 고용보험제도는 매우 유용한 정책수단으로 부각되고 있다.

정부는 1993년 12월 고용보험법을 제정하여 1995년 7월 부터 시행하였으며 시행 1년 후인 1996년 7월 부터 실업급여가 지급 개시됨으로써 고용보험 3대 사업이 본격적으로 시행된 것이다. 고용보험은 1998년 10월 부터 4인 이하 사업장 까지 고용보험 적용이 확대되어 고용보험 적용사업장수가 2005년 11월 말 현재 1백 16만 6,489개이고 피보험자는 8백 6만 2,086명으로 크게 증가하였다.[31]

고용보험료(기여금)는 고용보험사업에 소요되는 비용에 충당하기 위하여 보험가입자인 사업주와 피보험자인 근로자로 부터 징수한다. 각 사업별 보험료율은 실업급여 1.0%, 고용안정사업 0.3%, 직업능력개발사업은 기업규모에 따라 0.1~0.7%의 요율을 적용한다.[32] 고용

---

31)「고용보험통계월보」11월호, 2005

32)「고용보험 개정법률」, 1998

보험의 기여율(보험료)은 실업급여의 경우 근로자가 임금 총액의 0.5%를, 사업주가 0.5%를 부담하고, 고용안정사업과 직업능력개발사업은 사업주가 각각 0.3%와 0.1%~0.7%를 부담한다. 보험료는 매 보험년도 마다 연도 초일로 부터 70일 이내에 임금 총액을 추정하여 보험료를 산정 · 보고 · 납부하고 그 다음 해에 실제 지급한 임금총액을 기준으로 확정 보험료를 보고 · 납부한다.

고용보험사업은 크게 고용안정사업, 직업능력개발사업, 실업급여로 나눌 수 있다. 고용안정사업은 고용조정 지원(휴업수당 지원금, 근로시간 단축지원금, 고용유지훈련 지원금, 근로자 사외파견 지원금, 인력재배치 지원금, 직업전환훈련 지원금, 창업교육훈련 지원금, 채용장려금, 적응훈련 지원금, 지역고용촉진 지원금), 잠재인력 고용촉진(고령자 고용촉진 장려금, 재고용 장려금, 장기실직자 채용 장려금, 육아휴직 장려금, 직장보육시설 지원금, 직장보육시설 설치비 융자)과 건설근로자 퇴직공제부금 지원이 있다. 그리고 직업능력개발사업에는 사업주 지원(사내 직업훈련지원, 교육훈련 지원, 유급휴가훈련 지원, 직업교육훈련시설 · 장비자금 대부 및 지원)과 근로자지원 (실업자 재 취직훈련 지원, 수강장려금 지원, 교육수강비용 대부), 건설근로자 직업능력개발 지원이 있다. 실업급여에는 구직급여, 취직촉진수당(조기 재취직수당, 직업능력개발 수당, 광역구직 활동비, 이주비)이 있다.

이와 같은 고용보험사업의 급여자는 실업급여가 전체의 약 75%(약 70만명에 약 145억 지급)를 차지한다.[33] 나머지는 직업능력개발사업(15.9%), 고용안정사업(5.3%), 모성보호급여(3.6%)에 지급한다.

2) 공공근로사업

---

33) 「고용보험통계월보」, 2005. 11

최근 공공근로사업은 고용정책기본법에 의하여 실업문제를 해결하기 위한 고용창출사업이다. 이것은 소위 IMF의 구조조정 과정에서 생긴 실업자를 정상적 노동시장으로 복귀시키기 위한 것이다. 이것은 또한 근로능력이 있는 실업자의 생활안정과 재취업을 위한 노동연계복지 *workfare* 사업이라 할 수 있다. 그런데 이러한 공공근로사업이 과연 소기의 목적을 달성하였는가에 대해서는 대단히 비판적이다.

공공근로사업은 과거 저소득영세민의 생활안정과 자립의지를 고취하며 지역사회개발에 기여케 한다는 취로사업과 큰 차이가 없다. 이러한 취로사업은 노임살포와 구호사업의 성격을 지닌 것이었다. 사실 취로사업은 소기의 목적을 구현하지 못하여 폐지 되었고, 이것은 저소득층을 위한 자활사업으로 대치되었다.

다. 건강보장정책

1) 건강보험

(1) 건강보호와 질병

사람이 건강하게 오래 사는 것이 가장 행복하다. 건강을 보호하는 의료자원과 서비스가 없거나 있어도 그것을 이용할 수 없을 때 국민의 건강은 악화되기 마련이다.

근래 좋은 건강식품과 영양섭취, 과학기술의 발달, 의료시설의 확대 등으로 질병과 노화로 부터 국민의 건강이 많이 향상되었다. 지난 50년간 평균 사망 연령이 약 배로 급증한 것은 그것을 실증하고 있다.(1942년 평균 수명은 42세이고, 2005년 말에는 77세 임) 그리고 사망요인이나 질병을 보아도 과거 홍역, 폐결핵, 위장병 등과는 달리

뇌출혈, 심장병, 당뇨병과 같은 소위 부자병이라는 성인병이 대부분을 차지한다.

한편, 질병을 치료하거나 시술하는 병원·약국 등 의료기관도 발달하였다. 비록 의료기관이 도시에 편중되어 있고 고가의 의료장비 등으로 의료비가 급증하고 있지만, 아직도 선진국가의 경우에 비교하면 의료인력과 자원이 매우 부족하다. 특히 국민의료비(1995년 약 18조 9천 억원)가 해마다 15%이상 인상되어 선진국 수준(GDP의 5.4%)이 되었지만 국민의 의료욕구가 제대로 충족되지 못하고 있다. 이러한 의료욕구를 해결하기 위하여 의료보험과 같은 사회보장제도가 필요하다.

(2) 개 념

우리 나라의 건강보험(health insurance)은 사회보험이다. 국민건강보험법(제1조)을 보면, 국민건강보험은 국민의 질병·부상에 대하여 보험급여를 실시함으로서 국민보건을 향상시키고 사회보장을 증진함을 목적으로 한다고 규정되어 있다. 이러한 목적은 건강보험이 사회보장제도이고 단순히 의술보장으로 이해하려는 것은 잘못된 것이라는 것을 알 수 있다.

의료보험 또는 건강보험이 사회보장, 사회보험으로서 기능을 수행하려면 이미 지적한 바와 같이 위험분산, 소득재분배 및 상호부조의 효과가 있어야 한다.

건강보험, 또는 의료보험은 다음과 같은 특징이 있다.

① 의료보험은 정부주도에 의한 강제 가입이고 사회보장적 기능을 수행한다.
② 의료보험은 소득에 비례한 기여금(보험료)을 책정하여 부(소득)의 재

분배 기능을 갖는다.

③ 의료보험은 경제적 부담을 보험원리에 의하여 완화하여 줌으로서 위험분산의 기능을 갖는다.

(3) 발달과정

우리 나라 의료보험제도는 1977년 500인 이상 사업장을 대상으로 시작하여 오늘날 전 국민이 가입한 건강보험이 되었다. 1988년 5인 이상 사업장에 적용되는 보험을 직장의료보험, 1979년 부터 시작한 공무원·교원을 대상으로 한 보험을 공교의료보험이라 하며 1988년 부터 시작된 농어촌과 도시자영업자를 대상으로 한 의료보험은 지역의료보험이라고 하였다. 이와 같이 특수직과 직장 및 지역중심으로 소위 3원화된 조직과 의료보험조합에 의해 관리 운영되던, 의료보험은 1997년 227개 지역의료보험과 공무원 및 교직원 의료보험을 하나로 통합하는 내용의 '국민의료보험법'이 통과되었고, 그 후 1999년 1월 6일 통합의료보험법인 '국민건강보험법'이 통과되어 2000년 7월 1일부터 시행하게 되었다.

앞서 지적한 직장의보나 지역의보는 독립채산제인 의료보험조합에 의하여 운영·관리되고 있어서 이것을 조합주의 방식이라고 한다. 그러나 이러한 방식의 운영이 잘못되어 있다고 하여 조합을 통합시키고 나아가 3원화된 분립체계를 하나로 통합시키며, 심지어 의료보호 및 다른 사회보험 프로그램까지 통합되어야 한다고 주장하였다. 이것을 통합주의라고 한다.

지난 20여년간 우리 나라 의료보험에 있어서 조합주의와 통합주의간 논쟁은 매우 치열하였다. 1990년 여야의 만장일치로 통합법안인 '국민의료보험법'이 통과되었으나 노태우 대통령의 거부권으로 일본의 조합주의 방식을 모방한 의료보험제도가 그대로 유지되어 소득재분배의 역진성과 비효율성이 나타나고 있었다.

1999년 의료보험법이 국민건강보험법으로 통합 일원화 되었으나 재정은 2003년 7월에야 일원화 되었다. 그러나 이것은 아직도 단일 보험료 부과체계가 없어서 분리 운영되고 있다.

< 조합주의의 문제점 >

· 많은 수의 조합으로 분산되어 조합간 재정격차 심화
· 조합별 상이한 보험료 부과체계에 따른 보험료 부담과 급여의 비형평성
· 관리운영의 비효율성과 관리운영비의 낭비
· 다수 조합분립체제로 인한 제도 이용의 불편

< 통합주의의 기대 효과 >

· 소득 재분배 기능으로 사회적 연대성 강화
· 소득능력과 재산정도에 따른 보험료 부담의 형평성 확보
· 법정 급여화를 통해 보험급여의 형평성 확보
· 의료보험업무의 일원화 및 간소화를 통해 관리운영비 절감
· 행정업무 간소화와 운영관리비의 절약

조합주의와 통합주의의 의료보험은 모두 사회보험 방식이지만 영국에는 국민보건서비스의 방식을 도입하였다. 사회보험 방식은 일반적으로 사용자와 피용자 및 정부의 3자 부담(기여금)에 의하여 운영 되지만 영국의 국민보건서비스는 조세에 의하여 그 재원이 마련되고 있다. 그리고 미국의 의료보험은 민간보험제도이다.

70년대 말 의료보험을 시작하였을 때 피보험자를 관리운영하기 위하여 보험자는 조합으로 하고 직장조합, 지역조합 및 직종조합으로 구분하였다. 직장조합은 그 수가 너무 많아서 영세한 조합을 통합하여 공동조합을 구성하고 대기업의 조합은 단독조합으로 운영하

였다. 그 후, 지역조합은 시·군의 행정단위를 중심으로 조직되었다. 사실 공동조합과 지역조합이 과연 공제조합적 성격을 지니고 있느냐 하는 것이 문제였다.

1998년 말 보험자는 공교의료보험관리공단 이외 421개 조합(직장이 154개, 지역이 266개)이 있고 피보험자는 직장조합원이 전체의 36.4%이고 지역조합원이 46.6%(도시인이 33.6%, 농어민이 13.0%)이다.

이와 같이 많은 보험자(조합)가 있어서 지역간 직장간 불평등이 심한 사회에 있어서 관리운영비의 비효율성이 나타난다. 또한 지역의 피보험자가 가장 많은데 이것은 직업 구성비와의 차이가 나타나서 적용대상의 비적합성이 나타난다. 직장조합원이 고령이나 결혼으로 퇴직하면 모두 그간 기여하지 않았던 지역조합에 편입되어 수혜를 받기 때문에 지역조합이 부실하게 된다. 따라서 의료보험을 통합일원화 시킬 필요가 있었다.

그리하여 1999년 의료보험이 통합된 국민건강보험법이 제정되어 이제는 모든 피보험자는 국민건강보험공단이 관리하는 하나의 피보험자가 되어 직접 관리·운영된다.

(4) 적용대상

건강보험의 적용대상은 소득이 있는 가족이다. 가족 구성원 중에 소득이 있으면 기여금(보험금)을 내고 필요시 요양급여를 받는다.

우리나라 건강보험 적용대상(인구)은 2004년 말 현재 4천 8백 90만 835명이고 의료보호(급여) 대상자는 1백 52만 8843명이다. 건강보험 직장가입자는 42.9%이고 지역가입자는 44.3%이며 공교 가입자는 전체의 9.7%이다. 그리고 의료보호대상자는 1종 급여대상이 91만 9,181명이고 2종 급여대상은 60만 9,662명이다. 표 7-4를 보면, 건강보험의 직장가입자와 지역가입자가 비슷한 것은 실제로 퇴직 및 실직자는 대부분 지역가입자가 되었기 때문이다.

<표 7-4> 건강보험과 산재보험의 현황

구성	건강보험 (1963년/전문개정1999년)	산재보험 (1963년/전문개정2003년)	노인수발보험 (법제정 ; 2006 예정)
운영주체	보건복지부 국민건강보험관리공단	노동부 근로복지공단	국민건강보험공단 시·군·구
적용대상	전국민(가족) 공교보험;10.0%(424만명) 지역보험;45.2%(2,139만명) 직장보험;44.8%(2,123만명)	1인 이상 고용의 전 사업장(단, 농어민은 5인 이상) 적용특례로 현장 실습생, 산업연수생, 중소기업주 현재 1,251, 988개소 (5인 미만은 835,725개)	전국민(건강보험가입) 65세 이상 노인 45~64세 노화 및 노인성 질환자
기여방법 (부과방법)	직장가입자;노사가 각 50% -표준보수월액×보험료율 지역가입자;자영자와 국가가 반분 -세대별 부과표준소득×등급구분	사용자가 100% 부담하며 임금총액×보험요율	직장가입자는 소득비례와 상환선 정액제 지역가입자는 부과요소별 점수제(소득,재산,자동차 등)
기여율 (보험료율)	-직장건보;소득의 8%범위내 노사가 1/2부담 -현재 평균 소득의 4.2% -지역건보;자영자는 소득의 4.2% 국가는 지역건보급여의3.5%	산재보험요율표상의 업종 및 요율율 적용(0.5~45.9%) 산업별 기준임금(금융;230만원, 제조;145천원 등) 산재보험율(석탄광 0.459, 제조업;0.005~0.039%)	건강보험료의 10~15% (노사가 50% 부담)
급여방법	<현물급여>( )내는 현금비율 요양급여;656백만(982) 건강진단비;686만(1.1%) <현금급여> 요양비;21천건 장제비;200천건(0.3%) 본인부담보상금;134천건(0.2%) 장애인보장구;32천건(0.1%)	요양급여(진찰, 처치,약제,입원 등) 휴업급여(1인당 평균임금의76%) 장해급여(보상연금,보상일시금) 간병급여(상시, 수시 등) 유족급여;급여기초연액의 47% 상병보상금;요양개시 2년후 평균임금 장의비;평균임금의 120~417일분	현물급여 현금급여 요양급여 시설서비스 (노인요양시설 등 3종) 재가서비스 (방문간병, 수발, 목욕, 조간, 단기보호 등 10종)

(5) 기여 및 급여제도

사회보험으로서 의료보험은 기여금 *contribution* 에 의하여 재원이 마련된다. 그런데 사보험에서 사용하는 보험료 *premium* 의 개념이 의료보험에서 사용되고 있다. 이것은 잘못된 것이다. 의료보험의 재원은 피보험자와 고용주가 각각 절반씩 부담하는 기여금, 소위 보험료에 의하여 충당되고 있다.

공교보험의 기여율은 2005년 현재 평균 소득의 4.2%이고 직장보험의 경우 그 평균치가 4.2%이다. 의료보험법에 의하면 3~8%의 보험료율이 가능하다. 그러나 지역보험의 경우는 36등급제에 의하여 기본 보험료(세대와 가족수를 고려)와 능력비례 보험료(소득, 재산, 자동차를 고려)가 1997년 각각 32.0% 대 68%로 책정되었다. 지역의보의 기여율이 소득 보다도 세대와 자녀수가 많이 고려되고, 동시에 소득이 없는 재산(임야 등)이 고려되는 것은 잘못된 것이다. 왜냐하면 보험료(기여금)는 소득에 기초하여야 하기 때문이다. 이러한 기준에 의하여 책정된 세대당 월 평균 보험료가 2004년 말 지역가입자의 경우 47,417원이고 직장가입자 경우 90,595원이다. 이것을 보면, 도시인이 농어민 보다도 소득수준이 높은 것을 고려한다면 지역별 형평성의 문제가 있다.

한편, 1999년 통합된 국민건강보험의 기여율(보험료율)은 8%의 범위 안에서 결정하게 되어 있고 그 부담 내용은 사용자와 피용자가 각각 50%를 부담하게 되어 있다.(단, 교원은 50%, 사용자는 30%, 국가가 20% 부담함) 그리고 보험료 부과체계는 봉급생활자(공무원 · 회사원 등)는 종전과 같이 소득비례제이지만 자영자의 경우 평가소득(종전의 기본보험료)과 과세소득 및 재산비례의 보험요율을 50% 대 16% 대

34%로 배분하여 새로 만들었다. 그런데 의료보험의 법정 본인부담분은 3할이고 또 1986년 부터 시작된 소액진료비 자부담제의 실시로 실제 본인 부담은 총 진료비의 52% 이상이 된다. 이와 같이 자부담율이 높은 경우 의료기관을 이용하기 어려운 저소득자는 오히려 그것이 불리한 제도가 된다.

우리 나라에 직장 및 공교의료보험이 시작된 후 10년이 지나서 농어촌과 도시의 지역의료보험이 시작되었다. 전국민 의료보험이 시작되기 전까지는 의료보험에 가입된 사업장 종사자들이 상대적으로 소득이 낮은 농어민과 도시자영인에 비하여 2배 이상의 이득을 보았다. 왜냐하면 의보수가가 일반수가에 비하여 절반이 안되었기 때문이다. 여기에서 선택주의적 보험제도가 그만큼 불평등을 조성하고 비효과적임을 알 수 있었다.

전국민의료보험이 실시된 이후에도 직장의보와 지역의보는 소득재분배의 역진성이 나타나고 있었다. 예컨대 직장의보의 경우 생산직은 자기 소득의 110%의 평가액에서 기여금을 내지만 급여는 사무직이 생산직에 비하여 약 6배의 혜택을 더 받았다. 그리고 도시지역 주민이 농촌주민에 비하여 소득차이가 2배 이상이 되고 의료자원도 도시에 집중되어 있음에도 불구하고 그들의 기여금이 1.5배에 불과하다는 것에서도 그 역진성을 알 수 있다. 그래서 의료보험 통합의 필요성이 있었다.[34)]

우리 나라 건강보험급여의 방법은 현물급여와 현금급여를 행하고 있다. 현물급여는 요양기관인 의료기관 및 약국에서 질병·부상·출산에 대하여 ① 질료·검사, ② 약제·치료재료의 지급, ③ 처

34) 의료보험 통합의 효과(효율성과 형평성)는 국민건강보험공단, 중앙대 사회과학연구소,「건강보험백서」, 2001년 7월 제3장을 참고할 것.

치 · 수술 기타의 치료, ④ 예방 · 재활, ⑤ 입원, ⑥ 간호, ⑦ 이송을 지급받는 요양급여가 있고 요양급여를 위하여 질병의 조기 발견과 건강진단을 실시하고 임의 급여의 상제비와 상병수당 등이 있다.

건강보험급여 중에서 가장 큰 비중을 차지하는 요양급여는 건강보험법에 의하여 포함시키고 일상 경제활동에 지장을 주지 않는 질병은 「요양급여기준」에서 제외시키게 되어 있다.[35)]

이와 같이 건강보험의 급여기준에서도 선진국가의 경우에 비하여 최적 또는 최대의 적정진료가 행하여지지 못하고 여러 가지의 제한 진료가 행하여지고 있다.

건강보험의 급여대상(질병)에 따라 적정 진료가 행하여지고 있는 것이 있으나 한국 건강보험의 기본정신은 기존의 보험재정제도 때문에 최적 또는 최소의 방향으로 전개되고 있다.

그런데 1인당 급여비가 직종과 지역간 큰 차이가 나타나고 있는 것은 의료기회의 불평등 및 비효율성이 나타나고 있음을 의미한다. 다시 말하면 도시의 화이트 칼라가 농촌의 농어민 보다도 이득을 보고 또 요양기관에의 접근성이 용이함을 알 수 있다.

(6) 정책과제

우리나라 건강보험은 그 적용대상을 단계적으로 확대하고 독립채산제의 조합방식으로 운영하였기 때문에 오히려 계층간 소득역진성과 비효율성을 초래하였다.

---

23) 비급여대상은 예컨대 ① 계속 치료효과가 없는 상병, ② 단순한 피로 및 권태, ③ 주근깨 · 사마귀 · 점 · 무모 · 음위 등 일상생활에 지장이 없는 피부병과 비뇨기질환 및 선천성 질환, ④ 건강진단, 안경, 콘택트렌즈, ⑤ 마약 · 알코올 중독자, ⑥ 미용목적의 성형수술, ⑦ 전자검사 · 초음파검사, ⑧ 치과의 보철, 부정교합치의 교정 등이다.

이러한 문제를 해소하기 위하여 지난 20여년간 소위 의료보험통합 논쟁이 일어났다. 그 결과 의료보험(건강보험)이 법령상 통합일원화 되었지만 아직 그 실효성이 매우 적다.

우리나라 건강보험의 주요한 문제점과 개혁과제는 다음과 같다.

첫째, 의료보험이 통합되었으면, 보험료의 단일 부과체계가 개발되어야 하는데 아직도 직장가입자와 지역가입자가 상이한 부과체계의 적용을 받는다. 즉, 전자는 등급별 소득비례제이면서 직장가입자는 상한선은 정액제이고 후자는 부과요소별 점수제이다. 그리하여 부험료 부과체계는 공평성과 형평성이 결여되어 있다. 특히 지역가입자는 소득이 발생되지 않는 재산, 자동차 등에 보험료가 부과되고, 직장가입자는 이러한 것이 제외되어 직장과 지역간에 형평성의 문제가 발생한다.[36)]

둘째, 건강보험료 부과체계에 있어서 상하한제는 정액기여제라서 소득비례원칙에 어긋나고, 심한 소득역진성을 초래한다.[37)]

셋째, 현행 법령상 건강보험료의 자부담이 30%인데 건강보험의 적용을 받지 못하는 비용(예컨대 입원비, 식대 등)을 가산하면 자부담율이 52%를 초과한다. 이러한 경우 가난한 사람은 건강보험의 수혜를 받기 어렵다.

넷째, 건강보험료의 장기체납자(3개월 이상)가 전체 가입자의 약 5%가 되고 단기 체납자(1개월)가 약 5%가 된다. 이들의 대부분은 저소득자로 의료급여의 대상이다.

다섯째, 건강보험이 사회보험의 기능을 제대로 수행하려면 노사

---

36) 김헌진, 건강보험료 부과체계 개발에 관한 고찰, 「사회정책연구」, 제 29집, p.53

37) 김헌진, 건강보험료 상하한제의 경제적 효과, 「사회정책연구」, 제 31집, 2005, pp.30~31

정 3자 부담의 형평성 원칙이 바람직한데 우리나라의 경우 정부 부담률이 점차 감소되고 있다.(지역가입자에 대한 정부부담이 50%에서 35%로, 운영관리비도 35%를 지원)

2) 의료보호

의료보호(medical care)는 생활보호사업의 하나로 일찌이 생활보호법에 명시되었다. 1969년 동법 시행령에 근거하여 무료진료증이 발급되었다. 1977년 말 의료보호법이 따로 제정되어 비로소 생활능력이 없거나 가난한 영세민들이 그 혜택을 받게 되었다. 이 법은 2001년 5월 국민건강보험법에 의료보호급여로 통합되었다.

의료보호법에 의하면, 의료보호의 대상자는 표 7-7에서 볼 수 있는 바와 같이 1종(거택보호자, 의상자, 국가유공자, 인간문화재, 월남귀순자 등)과 2종(자활보호자)으로 구분한다. 의료보호의 대상자의 책정기준은 일반적으로 생활보호의 경우와 매우 유사하다.

이들에 대한 보호내용은 모든 질병과 부상에 대하여 진찰, 처치, 수술, 기타의 치료, 약재 또는 치료재료의 지원, 의료시설에의 수용, 간호, 이송, 분만 등 조치를 하게 되어 있다. 이러한 조치는 과거 주로 보건소에서 가능하였으나 지금은 해제되었다.

의료보호대상자의 진료비는 거택보호자 등과 같이 1종인 경우 어디에서나 전액 무료이지만 2종에게는 차등 진료비(20%~40%)를 지급한다.

의료보호의 주요한 문제점은 다음과 같다.

첫째, 그 대상자가 생활능력이 없거나 저소득자만 아니라 월남귀순자, 인간문화재, 국가유공자 및 가족 등이 포함되어 있는데, 이것은 정부의 자의성으로 잘 못된 것 같다.

둘째, 진료비의 과다한 부담으로 치료의 기회를 놓칠 가능성이 크며 의료기회(지정진료, 보조기, 의수족, 보청기, 의치, 진단서 등)를 제한하고 있다.

셋째, 진료비의 지급이 늦어 병원 경영에 차질을 빚는다.

넷째, 전국민 의료보험의 실시로 자부담 의료부조비가 더 높을 수 있다.

다섯째, 현행 의료보호는 실질적으로 의료보험에 포함시키는 것이 바람직하다. 현재는 법령상 통합되었다.

3) 산재보험

(1) 개념과 목적

산업재해보험제도는 근로자가 업무상 재해(사고, 질병, 사망 등)를 입었을 때 그것을 치료하고 본인과 부양가족의 생계를 보장하기 위하여 현금급여, 의료보호 및 재활서비스를 제공하는 제도이다. 이러한 것 이외에 보험시설을 설치·운영하여 재해 예방과 그 밖의 복지증진을 위한 사업을 하여 근로자를 보호한다.

이러한 산재보험이 발달하게 된 것은 공업화·기계화에 따른 산업재해가 폭증하고 그것이 대형화 됨에 따라 근로자의 생명과 건강을 보호하고 인간다운 생활을 유지하려는 시민권 즉 복지권의 발달에서 비롯되었다.[38] 이러한 복지권의 발달에 따라 산재의 책임이 고용주(기업주)에게 있다는 사상이 발달하여 고용주의 직접 보상 방법

---

24) 산재의 원인은 불안전한 상태에서는 부적당한 환경(예; 채광, 소음, 조명, 향기 등)이 전체의 32.8%이고 안전장치의 미시설·고장 등이 20.9%이며 불안전한 행동은 권한없이 조작한 행동이 24.9%이고 불안전한 위치자세가 23.0%, 안전작업순서의 불이행이 17.8% 등이다.

인 노동자보상법(영국)과 사회적 책임이 있다는 사회보험방법의 재해보험법(독일)이 나타났다. 그러나 제 2차 세계대전 이후 노동자보상법이 대개 사회보험 방법으로 전환되었다.

이러한 산재보험 또는 노동자보상의 목적은 다섯 가지가 있다.39)

① 직업적 상해와 질병에 대한 노동자의 광범위한 적용
② 소득상실에 대한 실질적 보호
③ 안전의 장려
④ 급여와 서비스의 효과적인 전달체계

(2) 산재보험의 적용대상

산재보험의 적용대상은 1인 이상 고용의 모든 사업장의 고용주와 피용자가 되어야 한다. 그러나 우리 나라의 경우 대통령령이 정한 사업장(실습생, 연수생, 중소기업주 등)은 제외되어 있다. 과거 재해율이 상대적으로 낮은 사업장과 5인 미만의 사업장을 제외하는 것은 잘 못이다. 영세사업장의 경우 재해율이 보다 높고, 대부분 저소득자들이기 때문에 심각한 사회문제를 일으킬 수 있다.

산재보험의 적용대상에 대한 관리운영은 노동부장관이 관장하고 1995년 부터 그 집행업무를 근로복지공단에 위탁하여 운영하고 있다. 2004년 산재보험의 적용대상자는 1백 47만 3,090명이고 재해자는 88,874명(0.85%)이다.

(3) 기여 및 급여제도

산재보험은 사업주의 책임정신에 입각하여 고용주가 필요한 보

---

25) George E. Rejda, *op. cit.*, p.298

험금을 기여한다. 보험료는 보험가입자가 경영하는 사업의 임금 총액에 동종의 사업에 적용되는 보험료율을 곱한 금액으로 산정한다. 보험료율은 매년 9월 30일 현재 과거 3년간 재해율을 기초로 하고 이 법에 의한 연금 등 보험급여에 필요한 액을 감안하여 노동부장관이 정하게 되어 있다. 2004년 평균 산재보험료율은 1.48이다.

산재보험율은 그 차등이 심하나 선진국일수록 단일화 되어 있다. 우리 나라의 경우 0.005~0.0459의 요율로 다양화 되어 있다.[40] 다시 말하면 그 차등이 심한 것은 산재의 보험료를 수익자부담 원칙이라는 정신에 의하여 책정하고 있음을 말한다.

산재보험요율이 0.459이라 한다면, 기업이익의 45.9%가 산재보상에 기여하고 있으니 그러한 기업의 채산성은 적자가 나기 마련이다. 따라서 선진국가처럼 보험료율의 단일화가 요망된다. 그래야 위험분산이라는 사회보험의 효과가 있는 것이다.

산재보험의 급여종류는 일반적으로 의료보호, 폐질소득, 사망급여 및 재활서비스가 있는데, 우리 나라의 경우 즉 요양급여, 휴업급여, 장해급여, 유족급여, 상병보상연금, 장의비 등이 있다. 2000년 산재 1종급여액은 2조 8,599억원이고 이 중에서 요양급여비가 27.5%, 휴업급여비는 33.4%, 장해급여는 26.3%, 유족급여는 7.4%, 상병보상비는 4.3%, 장의비는 4.3%, 간병급비는 0.03%이다.

이러한 급여는 근로기준법에 의한 재해보상의 사유가 발생한 때 수급권자의 청구에 의하여 지급한다. [41] 산재급여의 내용은 다음과 같다.

---

40) 2003년도 산재보험율이 가장 높은 것은 석탄광업으로 0.0317이고 식료품제조업은 0.015이며, 전자제품업은 0.005, 일반건설공사는 0.033, 그리고 농업은 0.016이다.(한국노동연구원 산업복지연구센타)

27) 「산업재해보상법」, 제 9조

① 요양급여는 요양비의 금액으로 하되 노동부장관이 지정한 요양기관에서 요양을 받는다. 부득이한 경우 요양비를 지급할 수 있다.
② 요양급여의 범위는 진료, 약제 또는 진료재료와 의치, 기타 보철구의 지급, 처치 · 수술 기타의 치료, 의료시설에의 수용, 개호, 이송 등이 있다. 그밖에 근로복지사업을 실시하여 이용하게 한다.
③ 휴업급여는 요양으로 취업하지 못한 기간 중 1일에 대하여 평균 임금의 75%에 상당하는 금액으로 한다. 단 3일 이내는 지급하지 않는다.
④ 장해등급에 따라 장해보상 연금 또는 장해보상 일시금으로 하되 그 장해등급 기준은 대통령령으로 한다.
⑤ 상병보상 급여는 2년 이상 장기 요양자에 대하여 휴업급여 대신 높은 연금을 준다. 예컨대 폐질 1급은 평균 임금의 329일 분이다.
⑥ 장의비는 평균 임금의 120일분에 상당하는 금액이다.
⑦ 유족급여는 급여 기초연액의 47%이다.

(4) 정책과제

산재보험의 주요한 문제점은 다음과 같다.

첫째, 산재보험은 사용자가 보험료를 전액 기여하게 되어 있는데 산재보험료의 책정이 산업별 기준임금과 산재보험율에 따라 책정하게 되어 있어서 산재 위험이 높은 산업 및 직종(벌목업, 석탄업 등)에는 큰 부담이다. 더욱이 교직원들이 산재보험에 제외되어 있는 것은 시정되어야 한다. 특히 적용대상과 보험료 부담에 있어서 보편주의적 사회보험 원리가 적용되어야 한다.

둘째, 산재보험의 적용을 받지 못하는 비정규직 노동자가 많다는 것이다. 즉, 산재근로자의 18%만이 적용을 받는다.

셋째, 산재근로자들이 산재 판정을 받아도 입원을 해야 휴업급여를 받을 수 있고, 또한 상병이 치유될 때 까지 입원해야 요양급여를 받을 수 있기 때문에 많은 보험료가 지급된다. 이들은 소위 나이롱 환자라는 것이다.

넷째, 산재 근로자는 퇴원 후 재취업이 어렵다.

다섯째, 정부와 기업이 산재가 발생되지 않도록 열악한 노동 현장을 개선 안전과 보건에 노력해야 한다.

여섯째, 산재보험의 급여는 건강보험의 급여 방법과 매우 유사하다. 그래서 선진국가의 경우에서 볼 수 있는 것처럼 건강보험과 통합되어야 한다.

라. 노인수발보험

2006년 2월 7일 정부는 노인수발보험(care insurance)을 도입하기로 의결하였다. 노인수발보험은 노인의 장기요양보호(long-term care)를 사회보험화 한 것이다. 이것을 일본은 개호보험(care insurance), 독일은 보호보험(Pflegsicherung)이라고 하는데 사실 노인보호보험이라고 하는 것이 타당하다.

정부는 노인장기요양보호(long-term care)의 개념을 신체적 · 지적 · 정신적 질환 등으로 의존상태에 있는 노인 또는 생활상의 장애를 지닌 노인에게 장기간(6월 이상) 일상생활 수행 능력을 도와주기 위해 제공되는 '보건 · 의료 · 요양 · 복지'등 서비스라고 규정하고 특히, 간병 · 수발 등의 일상생활 지원, 요양관리, 간호, 기능훈련, 기타 필요한 복지지원 서비스라고 한다.

이러한 노인수발(보호)은 일반적으로 사회서비스 방식(영국와 스웨덴)과 사회보험방식(일본과 독일)으로 운영하고 있는데 정부는 일본과 독일의 사회보험 방식을 모방하였다. 정부가 노인수발보험을 제정한 이유는 급격한 고령화로 치매, 중풍 등의 노인이 증가하고 핵가족화, 여성의 사회참여 증가 등으로 노인에 대한 가정보호가 한계에 도달할 정도로 심각한 사회문제라고 하였다. 그런데 노인수발이 과연 시급한 보편적 개념이 될 수 있는지 의문이다.[42)]

여기에서 노인수발보험은 정부의 계획안과 입법예고를 중심으로 고찰한다.

1) 운영주체

우리나라 노인요양보험의 운영주체는 특수법인인 건강보험공단에 위탁한다. 국민건강보험공단은 수발보장사업 중에서 가입자 자격관리, 보험료 부과 및 징수, 수발비용의 심사 및 지급, 수발시설의 지정 및 정보공개, 재정관리 등의 업무를 담당한다.(노인수발보장법안, 제 13조) 과거 지방자치단체가 노인보호서비스를 주도하였는데 이제는 특수법인(지사)의 행정 지시를 받게 되어 지역사회 차원의 노인복지에 대한 책임이 결여되게 되었다. 사실 노인보호서비스는 전통적으로 지방자치단체의 일이다.

한편, 노인수발보험 법률안은 노인수발평가관리원을 독립법인으로 두게 되어 있다. 노인수발평가관리원은 ① 수발신청자에 대한 조사, ② 수발등급판정위원회운영 및 수발등급 판정, ③ 수발계획서의 작성 및 교부, ④ 수발급여에 대한 질 평가, ⑤ 장기업무의 조사연구, 통계관리 및 홍보 업무 등을 담당한다.(법안, 제 20조)

---

42) 이에 대한 의문은 다음의 논문을 참고하기 바람.
김영모, 노인수발보험의 정책과제와 그 대안, 「사회정책연구」, 제 33집,2006
김영모, 노인요양보험제도의 문제점과 정책과제, 「사회정책연구」 제 31집,2005

2) 적용대상

사회보험 방식으로 운영하는 나라의 노인보호서비스는 65세 이상의 노인 중에 장기 요양보호가 필요하다고 신청하는 자에게 욕구사정 및 판정결과 보호서비스를 제공한다. 그 적용대상이 전 국민(독일) 또는 65세 이상이거나 40세(일본) 또는 45세(한국) 이상(추진방안) 또는 65세 이하(입법예고) 노인 중 노인성 질환이 있는 경우에 그 수혜자가 될 수 있다.

사회보험방식의 경우 모든 국민 또는 노인에게 보편주의 원칙에 의하여 서비스를 제공한다. 그런데 노인수발보장제도의 초기 계획안(2005. 10)은 보편주의 원칙을 주장하였으나 그 후 수정계획안(2005. 12)은 중증 이상으로 제한함으로서 선택주의 원칙을 제시하여 노인수발보험의 취지를 퇴색시켰다. 즉 초기 계획안은 2012년의 수발대상자를 전체 노인(5,690,731명)의 15.0%였으나 수정계획안에서 전체 노인의 5.1%인 179,000명으로 하향 조정하였다.

3) 보호방법

노인보호 방법은 의료보험체계, 즉 전국 단일체계이냐 아니면 분립, 조합방식인에 따라 상당한 차이가 있다. 즉 단일체계인 경우 사회서비스 방식을 채택하고 조합방식의 경우 사회보험 방식을 채용하고 있다. 사회서비스 방식의 노인보호 방법은 주로 ① 의료보호, ② 시설보호, ③ 재가보호, ④ 현물 및 현금급여이지만 사회보험 방식의 경우는 의료보호 서비스와 현금급여를 배제하고 있다. 사실 노인보호 방법은 의료와 복지가 통합된 서비스라야 효과적이고, 재가서비스를 강화하기 위하여 현금급여가 바람직한데 그것이 분리되거나 현금급여가 없는 사회보험 방식의 경우는 문제가 있다. 다행히 노인수발보험법률 제정안에는 현금급여인 수발수당, 특례수발비, 요양병원 수발비 등이 들어 있다.

4) 재원조달과 재정추계

장기 노인보호서비스의 재원은 사회서비스 방식의 경우 조세에 의한 국고 또는 지방비에서 조달되고 사회보험 방식의 경우는 보험료의 징수에서 가능하다. 보험료의 징수는 대개 노사가 각각 반분하고 있으나 그 재원은 일본의 경우 중앙정부와 지방자치단체(시 · 정 · 촌)가 50%를 부담하고 건강보험료에서 50%를 부담한다.

그러나, 우리나라의 경우 연금, 건강보험과 마찬가지로 정부는 관리운영비의 일부를 부담하고 보험료는 노사가 각각 50%를 부담하게 되어 있다. 그리고 수발보험료는 국민건강보험법에 규정된 보험료액에 수발보험료율을 곱하여 산정하게 되어 있다.

그리고 급여비는 20%를 자부담 하게 되어 있다. 그런데 식비를 자부담 하는 경우 노인의 자부담은 전체 급여비의 50%를 초과할 것이다. 이러한 경우 실제로 가난한 노인은 노인보호시설을 이용하기 어렵다.

한편, 노인수발 보험료는 각 국마다 상이하고(2003년 독일은 총 수입의 1.7%, 일본은 1호는 약 3,293엔, 2호는 소득의 0.9%) 우리나라의 경우 2007년 보험료는 건강보험료의 10%~15%(세대당 3,503원~10,034원, 수정계획안은 5,405원)로 예상하고 있다.

노인수발 급여비는 일반수급자의 경우 급여비의 20%를 부담하지만 기초생활수급자는 비용 부담이 없고 대통령이 정한 차상위 계층과 국가유공자, 인간 문화재 등은 10%를 부담한다.

만약, 현행 사회서비스 방식으로 노인요양서비스를 실시한다면, 이에 소요되는 재정은 실행위원회가 제시한 추계치의 약 1/5에 불과할 것이다.

5) 전달체계

노인보호의 전달체계는 수요자(노인)와 공급자(복지기관과 사회복지사)간 서비스의 공급체계를 말한다. 사회서비스 방식의 공급자는 정부기관이고 이것은 지방자치단체(주 · 시 · 군)가 노인보호서비스의 책임을 지고 중앙정부는 주로 재정지원을 행한다. 그리고 요보호노인에게 일반적으로 지자체(담당 공무원)가 직접 서비스를 제공하거나 노인보호시설(법인 또는 민간시설)에 서비스를 위탁하여 시설종사자(수발사 및 간호사 등)가 요보호노인에게 필요한 서비스를 제공한다. 전자는 스웨덴의 경우 주(municipality)와 군위원회(country council)가 공급자이고 후자는 일본의 시 · 정 · 촌과 한국의 시 · 군 · 구, 그리고 직접 서비스를 제공하는 노인보호시설이다.

그러나, 사회보험 방식의 공급자는 비록 지자체의 협조를 받을지라도 운영주체는 보호기금(독일) 또는 건강보험연합회(일본)이고 노인보호 서비스를 직접 제공하는 노인보호시설(주로 법인시설)과 종사자들이라 할 수 있다.

영국과 스웨덴의 노인보호서비스 공급체계는 노인들이 지방자치단체의 사회봉사국(지소) 또는 복지사무소에 보호욕구를 신청하면 방문 조사하여 그 욕구사정과 평가 판정에 따른 서비스를 제공한다.

6) 정책과제

정부가 주장한 노인수발보험제도의 필요성을 재검토한 결과 그 필요성은 모든 필요 요인이 5~10% 미만이라는 개연성을 알게 되어 보편적 수발보험의 타당성이 없는 것 같다. 오히려 8할 이상 노인을 보호하는 가족보호(부양) 기능을 파괴시키고, '가수요'를 증가시켜, 정치적, 사회적 불만 요인이 된다.

그러면, 노인수발보험제도의 정책과제를 지적한다.43)

첫째, 정부는 보편적 노인수발보험제도를 도입하면서 이것을 중증 이상만 선택적으로 보호하려고 한다. 다시 말하면 재원은 사회보험 방식으로 마련하고 급여는 선택적 사회서비스 방식으로 운영하겠다는 것이다. 이것은 보편적 사회보험이 아니다.

둘째, 노인수발서비스를 주로 재가서비스에 수발노인의 8할을 의존한다고 하면서 중증 이상만 한다면, 현행 재가사업을 고사시키는 것이 된다.

셋째, 더욱이 노인수발(보호)사업은 지방자치단체(시 · 군 · 구)가 할 일이다. 선진국가에서는 대부분 지방자치단체가 국고와 지방비에 의하여 사회서비스 방식으로 운영하고 있다.(OECD 16개국 중에서 사회보험방식으로 운영하는 나라는 3개국이고 나머지는 모두 지자체가 사회서비스 방식으로 운영한다.)

우리나라의 경우 현재 저소득층 노인을 지자체가 사회서비스 방식으로 운영하고 있다. 그런데 정부는 극소수의 국가에서 실시하는, 그것도 우리나라 건강보험체계와 다른, 직장 및 지역별 조합방식(독립 채산제)인 건강보험의 재정해결책으로 도입된 노인수발보험을 도입하려는 것은 잘 못이다.

넷째, 지난해 지방자치단체에 이양한, 장차 복지수요가 증가되는

43) 김영모, 노인수발보험의 정책과제와 그 대안, 「사회정책연구」, 제 33집, 2006. 5, pp77~79

노인복지서비스를 다시금 중앙정부로 업무를 환수하여 일자리를 확대하고(공무원 퇴직 대비용) 현재 건보공단의 과잉 인력(약 3할)의 해소책이 되며, 또한 노인의료비가 가장 많이 차지하는 건보공단의 재원조달용이 아닌가라고 의심하고 있다.

다섯째, 이미 노인수발보험을 실시하는 일본과 독일에서 이것은 중산층을 위한 것이고, 서민과 청년층은 손해 본다. 또한 이것을 운영하는데 막대한 비용이 들어 큰 문제점을 노출하고 있다.

여섯째, 보편적 수발보험을 실시하려면, 막대한 자원(시설과 인력 등)이 필요하기 때문에 정부는 이것을 시장 자유에 맡기려고 한다. 심지어 지방자치단체에 막대한 책무를 지우면서 전달체계에서 배제하고 있다. 이러한 경우 노인보호의 공공성과 실효성이 없게 된다.

마. 가족수당

1) 수당의 개념

사회보험과 공적 부조의 한계를 넘어 양자의 장점을 절충하는 수당 *allowance* 은 구체적 위험을 가진 특정 계층을 대상으로 보편적인 급여를 제공하여 수혜에 대한 권리를 인정해 주는 것이다. 즉 사회보험은 보편적인 위험들에 대한 제도로서 급여에 대한 권리성이 인정되지만 구체적 위험들을 모두 포섭하지는 못한다.

반면, 공적 부조는 취지와는 달리 빈곤을 해결하지도 못하고 수혜자에게 열등 낙인만을 심어주는 불편한 제도이다. 따라서 개인들의 구체적인 삶 속에서 가족이나 개인의 책임보다는 사회 공동체의 책임으로 보아야 하는 위험들을 발견해 내고, 이것을 국가의 책임하에 인간다운 최저한의 수준을 보장하는 방안인 것이다.

이러한 수당제도는 가족수당, 아동수당, 출산수당, 노인수당, 장애수당 등의 형태가 있으며, 여기에서는 가족수당을 중심으로 살펴본다

2) 가족수당제도

가족수당은 기본적으로 자녀가 있는 가족에게 정규적으로 지불하는 현금급여이다. 오늘날 가족수당의 개념에는 학비, 출생비, 출산 및 아동건강사업, 성인부양자 수당 등이 포함되어 있다. 이 제도는 미국을 제외한 모든 선진국가에서 실시되고 있다. 이와 같이 가족수당은 가족의 빈곤문제로 아동양육 및 가족부양이 어려운 가족을 아동 및 요보호가족원을 건전하게 성장할 수 있도록 도와 주는 것이다.

가족수당 제도는 가족의 소득과 고용상태와는 관계 없이 일정한 아동이 있는 모든 가족에게 수당이 제공되는 보편적 제도와, 그리고 임노동자가 수혜대상이 되는 고용관련제도가 있다.

일반적으로 보편제도의 재원 조달은 대개 조세에 의존하며 국가가 부담하지만 나라에 따라 고용주와 자영자(프랑스), 또는 고용주, 피보험자, 정부의 3자(오스트리아 · 이스라엘)가 부담하기도 하고 그 다음으로 고용주와 정부의 양자가 부담하기도 한다.

가족수당의 급여를 받는 자격은 대부분 가족의 크기와 관련되어 있으며 가족소득과 관련하여 있는 경우도 있다. 가족수당을 실시하는 나라는 대부분 첫 아동부터 수당을 지급하고 또 연령과 자녀 수에 따라 차등이 있다.

3) 선진국 가족수당

선진국가의 가족수당을 소개함으로서, 이에 대한 이해를 높이고자 한다.[44)]

먼저 선진국가와 우리나라의 출산수당 및 출산휴가에 대한 비용부담과 급여액을 비교하여 본다.[45)]

<표 7-5> 선진국과 한국의 출산수당 및 출산휴가

국명	휴가일수	급여지급액	재원	재원부담
일본	14주 (산전 6주, 산후 8주)	임금의 60%	의료보험	노・사
영국	26주	임금의 90%	통합사회보험	노・사・정
프랑스	16주 (산전 6주, 산후 10주)	임금 100%	의료보험	노・사・정
스웨덴	16개월	임금의 80%	부모보험 (독립적 사회보험)	사용자
뉴질랜드	12주	임금 100%	재정	국가
캐나다	15주	임금의 2/3	고용보험	노・사
한국	90일	60일분 30일분	사업장 고용보험	사용자 국가

(자료) 여성가족부, 2005

1980년대 저출산 문제가 심각했던 프랑스는 가족수당 중심의 출산정책을 쓰고 있다. 경제 사정에 관계 없이 2명 이상을 키우면 무조건 가족수당을 준다. 두 자녀 가정은 매달 108유로(약 14만원), 세

44) Social Security Administration, *Social Security Programs Throughout the World-1995*, SSA Publication, U.S, 1995

45) 「조선일보」, 2005. 1. 21

자녀 가정은 매달 248유로(33만원), 세 자녀 이상을 추가로 140유로(19만원)가 지급된다.

출산수당도 다양하다. 출산 보너스(800유료, 107만원)는 물론 '신생아 환영수당'으로 3세 때까지 매달 160유로(21만원)를 지원한다. 자녀를 치우려고 직장을 그만둔 엄마는 3년간 매달 340유로(45만원)를 받는다. 영국도 한자녀 이상을 가진 모든 가정에 아동수당을 준다. 특히 맞벌이는 세금감면 혜택을 통해 보육비의 70% 정도(최대 자녀 1명당 70파운드, 14만원)를 환급하게 해 주고 있다.

스웨덴의 경우 아버지에게 출산 휴가(10일) 외에 자녀 양육을 위한 휴직 기회를 준다. 육아휴직 자격자로 친부모는 물론 양부모, 사실혼인 부모도 인정받는다. 보육료를 낼 형편이 안되는 가정엔 일정기간 대출받을 수 있는 길도 열어 놓고 있다.

일본은 임신 6개월 미만 임산부에게 9230엔(약 9만 3000원), 6개월 이상 임산부는 1만 3960엔(14만원)을 주고, 산모에게는 8580엔(8만 7000원)의 출산보조금을 지급한다.

(1) 프랑스의 가족수당

프랑스의 가족수당은 18세 이하 아동을 둘 이상 양육하는 거주민에게 지급되는 현금수당인데, 20세까지 도제, 학생, 장애인, 가사노동을 하는 여성일 경우에 한하여 지급한다. 수당액은 1995년 기준 둘째 아이까지 각각 665 프랑을 지급하여 이후의 아동에게는 각각 852 프랑을 지급하고 10세에서 15세 까지는 부가적으로 187 프랑, 15세 이상은 333 프랑이 지급된다. 그러나 이러한 부가급여액은 첫째 아이에게는 해당되지 않는다. 프랑스에서 이외에도 3세 이상 3자녀를 양육할 때 보조적으로 지급되는 가족보조수당과 유아수당, 최저 가족수입 보장, 부모교육수당, 아동보육수당, 편부모수당 등이 있다. 수당제도의 운영은 사회연대성이 감독하고, 초당적인 기구인 국민가정수당기금이 기금의 운영과 재정을 운영한다.

(2) 독일의 가족수당

독일의 경우도 정부가 수당제도에 드는 모든 비용을 부담하며, 아동을 양육하는 거주민에게 매달 현금으로 지급한다. 단 아동을 고국에 두고 독일에서 일하는 외국인 노동자들에게는 특수급여가 제공된다.

일반적으로 16세 이하의 아동을 대상으로 가족수당이 지급되지만, 실업상태이거나 고용사무소에 등록해 있거나 고용훈련을 받지 않는 경우 21세까지 지급한다. 또한 학생의 경우 27세 까지 그리고 장애인의 경우 평생동안 지급된다. 이 때, 학생의 경우 학교를 다닌다는 증명서를 제출하여야 하며, 16세 이상의 경우 수입에 따라 수당액이 달라진다. 수당액은 첫째 아동은 70마르크, 둘째는 70-130마르크, 셋째는 70-220마르크, 넷째부터는 70-220마르크가 지급된다. 그리고 법정 상해수당이나 연금을 받는 가정의 경우 수당의 액수가 해당 수당의 액수보다 높을 경우 그 차액만 지급된다.

가족수당제도의 운영은 연방정부의 노동사회성이 감독하고, 연방노동청이 지방이나 지역의 노동사무소를 통하여 행정업무를 담당한다.

(3) 일본의 가족수당

일본의 경우 재원조달에 있어서 피고용인과 자영업자 혹은 실업자로 나누어 다른 방법을 사용한다. 우선 피고용인의 경우 고용주가 70%의 비용을 부담하고, 나머지 30% 중에서 20%는 국고에서 5%는

都道府縣의 재정에서, 그리고 5%는 市町村에서 부담한다. 자영업자와 실업자의 경우 정부가 100% 모두 부담하는데, 국고에서 66.6%, 都道府縣의 재정에서 16.7% 그리고 나머지 16.7%는 市町村에서 부담한다. 그리고 공무원의 경우 사업주로서 해당 단체가 100% 부담한다.

가족수당은 1971년 제정된 아동수당을 효시로 하고 있으며, 아동을 양육하고 있는 거주민을 대상으로 지급된다. 1995년 기준으로 첫째, 둘째 아동의 경우는 월 5,000엔을 주고, 셋째 이후로는 월 10,000엔을 지급한다. 수당제도의 운영은 보건복지성이 아동과 가족청의 감독하에 행정적인 책임을 지고 있다.

4) 가족수당의 필요성

우리나라에 있어서 보편적 가족수당제도는 없으나 공무원 및 대기업에 있어서 봉급체계에 가족수당의 개념을 사용하고 있다. 우리나라에 있어서도 법정가족수당 또는 아동수당의 제도를 도입할 필요가 있다.

최근 출산율 감소(2005년 합계 출산율이 1.15명)와 고령 노인보호의 필요성 등으로 가족수당제도를 실시하여 가족보호의 기능을 되살릴 필요가 있다.

정부는 최근 개정가족법 및 개별 호적제 등이 가족기능을 파괴시키고, 노인수발보험제도를 도입하려고 하는데 이러한 것보다는 오히려 출산수당, 보육수당 및 노인부양수당을 포괄하는 가족수당제도를 도입하는 것이 바람직하다.

바. 교육정책

1) 개 념

사회복지에 있어서 교육문제는 주로 교육의 기회와 사회적 기능에 관한 것이다. 그리하여 사회정책에 있어서는 교육의 기회가 균등하게 주어져 있느냐 하는 것이 주요한 과제이고, 사회사업에 있어서는 인간의 모든 행위가 교육에 의하여 사회화 되었고 일탈행위는 잘못된 사회화의 결과라는 것이다. 그리하여 교육기회를 확대하고 교육환경을 개선하여 건전한 교육내용을 다루는 것이 사회정책의 주요한 방향이고 학생의 성격 교정과 행동수정은 사회자원을 가용하여 재사회화 시키는 것이 학교사회사업이다.

이러한 교육문제를 다루는 것도 관점에 따라 상이하다. 기능론적 관점에서 보면 교육기회는 능력에 따라 제공되어야 하며 갈등론적 관점에서 보면 계급 모순 또는 자원의 독점으로 교육기회의 불평등이 일어난다는 것이다. 즉 능력(돈)에 관계없이 평등하게 교육기회를 제공하고 교육기회의 불평등을 최소화 하기 위한 노력이 사회정책으로서 교육정책이 되어야 한다는 것이다.

이러한 것이 우리 나라의 교육정책과 학교사회사업은 대단히 무시되었고 아직도 능력이 있는 사람에게 교육기회를 주고 이들의 교육내용(질)을 향상시키는데 더 많은 관심을 가져 왔다. 소위 수익자부담 원칙에 의한 교육정책이다. 비록 국립 또는 공립학교가 많이 있지만 이들의 교육대상이나 교육비가 사립학교의 경우와 차이가 없다. 만약 국립이나 공립이라 한다면 교육기회가 박탈되어 있는 자에게 우선 기회를 주거나 보편주의적 의무교육을 실시하거나 국가의 특수한 목적을 위한 교육기관이 되어야 한다.

2) 교육문제

우리 나라에 있어서 가장 중요한 교육문제는 교육기회이다. 교육기회는 그간 해마다 확대되어 왔지만 그러한 교육기회는 중산층 이상이 거의 독점하여 왔다. 오늘날 초등학교와 중학교의 교육은 의무교육이다. 초등학교의 취학율은 2004년 99.7%이고, 중학교 진학률은 99.9%, 고등학교 진학률은 99.7%이지만 대학교의 진학률은 80.7%이다.[46] 진학률의 차이는 오늘날 취업과 사회이동에 있어서 교육(학력)이 중요한 요인(자격증)이기 때문에 사회불평등의 근원이 될 수 있다.

한편, 우리 나라 국민의 교육수준을 보면, 연령이 높을수록 학교 중퇴자와 불취학이 대단히 많은데 이들이 사회정책의 일차적 대상이 되어야 한다. 따라서 사회교육정책의 우선 순위는 연령별 또는 지역별로 그 대책이 강구되어야 한다.

우리 나라에 있어서 교육기회도 교육수준이 높을수록 그 폐쇄성이 나타나고 있다. 즉 대학 입학생의 대부분이 화이트 칼라와 구중산층 및 대도시의 자녀들이 독점하고 있다. 경제활동 인구의 다수를 차지하는 근로자의 자녀는 그 기회가 박탈되어 있다.[47] 이러한 결과는 교육기회가 능력이 있는 자(가족)에게 주어져 있기 때문에 나타난 현상이다.

오늘날 교육기회의 최저수준은 법령에 의하여 규정되어 있는 국

---

46) 통계청, 「한국의 사회지표」, 2004, p.299
47) 김영모 · 김연명, 해방후 대학교육의 기회와 그 효과에 관한 연구, 「사회정책연구」, 제11집, 1989, p.15~17

민 최저 *national minimum* 의 개념과 현실적으로 요구되는 사회 최저 *social minimum* 의 개념으로 구별할 수 있다. 법령에 의한 교육의 최저 수준은 중학교 까지이고 현실적으로 인정되고 있는 사회 최저의 수준은 고교 이상이다. 예컨대 군 입대자는 고교이상 졸업자라야 가능하고 생산직 근로자는 중졸과 고졸 출신이 각각 절반을 차지한다.

우리 나라의 교육비는 복지부문의 국가예산 중 가장 많은 비중을 차지하고 있으나 이것은 주로 교사 신축이나 과밀학급의 해소에 주로 관심을 보여 왔다.

3) 정책과제

우리 나라에 있어서 아직도 의무교육 수준이 낮고, 과거 진학률의 차별성이 존재한다는 것은 교육에 있어서 사회정책이 부재하였다는 것을 의미한다. 사회교육을 평생교육의 개념으로 이해하거나, 복지를 단순한 '생활의 질'의 향상이라고 인식하고 있는 것은 잘못된 것이다.[48] 따라서 기회가 박탈되고 소외된 국민에게 역차별, 즉 지역 및 직종별 할당제를 도입하고, 이들의 생활의 질을 향상시키는 것이 교육정책의 선결 과제가 되어야 한다. 이와 같이 사회교육의 개념도 사회정책의 의미가 보다 강화되어야 한다.

사회교육의 일차적 대상은 의무교육을 받지 못하였거나 교육수

48) 사회교육법령에 의하면, 사회교육은 학교교육을 제외한 국민의 평생교육을 위한 모든 형태의 조직적인 교육활동을 말한다고 하고 모든 국민에게 사회교육의 균등한 기회를 제공하여 국민의 자질을 향상시키는 것이라고 한다. 그리고 사회교육의 영역을 ① 국민생활에 필요한 기초교육과 교양교육, ② 직업·기술 및 전문교육, ③ 건강 및 보건교육, ④ 가족생활교육, ⑤ 지역사회교육, ⑥ 여가교육, ⑦ 국제이해교육, ⑧ 국민독서교육, ⑨ 전통문화이해교육, ⑩ 기타 학교교육 이외의 조직적인 교육활동이라고 한다. 이러한 사회교육의 내용은 그것이 누구를 위하여 교육기회를 주어야 하는지에 대한 철학 및 정책이 제시되지 않고 있다.

준이 박탈되어 있는 국민이 되어야 하고, 이들을 위한 교육·훈련사업이 필요하다. 예컨대 문맹퇴치사업, 야간학교, 산업체 부설학교, 특수교육(장애자교육) 등의 운영이 필요하고 이에 대한 정부지원이 요구된다.

만약 사회교육을 평생교육으로, 생활의 질 향상을 복지 개념으로 본다면, 자유 시장제도에 있어서는 항상 능력(돈)이 있는, 잘사는 국민이 그러한 교육기회를 독점하게 된다. 따라서 그러한 사회교육은 비복지적인 것이다.

한편, 교육의 기능이 잘 못되어 오늘날 일탈행위가 많이 나타나고 특히 청소년의 범죄·비행이 많은데 이것을 해결하는 방법으로서 재사회화 또는 사회사업방법을 제시할 수 있다. 이러한 필요성은 일탈행위가 성격의 결함에서 나타나기 때문에 성격교정과 행동수정에 의하여 재사회화 시키고 나쁜 친구나 환경으로 부터 벗어나게 하려는 환경조절법이 요구된다. 그리하여 상담심리학이나 학교사회사업, 및 교정사회사업 등이 필요하다.

사. 주택정책

1) 개 념

사회정책으로서의 주택정책은 국민의 기본 욕구인 주택 또는 주거의 문제를 해결하기 위한 국가의 개입을 말한다.

주택 및 주거의 문제는 오늘날 단순한 소유 및 점유의 문제만이 아니라 쾌적한 주거생활 까지를 포함하고 있으며, 우리 나라의 경우 재산 증식의 수단으로 까지 발달하고 있다. 그리하여 주택 및 주거의 소유, 점유 및 쾌적성을 고려한 주택 정책이 강구되고, 이것이 사회불평등의 요인이 되지 않도록 주택정책이 마련되어야 한다.

2) 주택소유와 주거형태

우리나라 주택의 자가 보유율은 전체의 54.2%이고 무주택자는 45.4%(재경부) 또는 62.9%(행자부)이다. 그런데 주택의 보급률이 102%라고 한다. 주택 소유자는 평균 약 2채의 주택을 소유하고 있다. 더욱이 아파트의 경우 1세대 1아파트의 소유는 90.5%이고 2개 이상을 지닌 소유자는 9.5%이며. 이들이 전체 아파트의 19.4%를 소유하고 있다. 비록 양도세와 재산세제가 있었지만, 약 10%의 세대주가 다수의 아파트를 소유하고 있다는 것을 알 수 있다.

우리나라 주택유형은 단독주택이 49.8%이고 아파트가 36.8%, 연립 및 다세대가 9.1%, 그리고 영업용 건물내 주택이 4.2%이다.[49] 대도시의 주택형태는 아파트가 많고(43.8%) 농촌의 경우 단독 주택이 많다(81.9%) 비록 농촌의 보급률이 높지만 그 조건은 매우 열악하다. 그리고 주택의 소유 및 점유형태와 그 비율은 저소득자일수록, 임금노동자일수록 소유율이 낮고 전세집·전세방에 많이 살고 있다.

여기에서 주택의 비소유율이 높은 피용자(임노동자)를 위한 주택보급정책이 먼저 강구되어야 할 것으로 생각하기 쉬우나 비록 주택소유자도 그 주택조건이 나쁜 경우가 많기 때문에 이의 개선에 관심을 가져야 한다. 그리고 이제는 주택의 소유와 점유의 개념이 분리된 정책을 강구하여야 한다. 다시 말하면 점유중심의 주거정책, 즉 임대주택정책이 강화 되어야 한다.

우리 나라의 주택정책은 그간 주택건설 촉진법(1972년 제정) 등으로 주택의 대량 공급에만 관심을 가졌고 그것도 경쟁적인 주택 공

49) 통계청, 상게서, pp. 384~385

급정책으로 말미암아 있는 자에게 유리하게 하였다. 2000년 전국 평균 주택 보유율은 약 54.2%이고 서울시의 경우 45.2%이다. 그리고 서울, 부산, 대구, 인천, 광주, 전주 등 6대 도시와 경기지역에 집을 2채 이상 가진 사람이 전체 주택 소유자의 9.1%(195,214명)이고 이들이 전체 주택의 21.2%를 소유하고 있으며, 서울시의 경우 주택의 7.8%가 집을 2채 이상 소유하고 있다. 만약 주택 소유관계를 전국적으로 조사한다면 그 비율이 증가한다.[50]

3) 이론과 관점

주택문제와 주택정책은 이론적 관점에 따라 상이한 해석과 대책을 강구할 수 있다.

기능론적 관점의 주택정책은 주택을 대량으로 공급함으로써 사회구성원들의 의존적 관계를 강화시키는 것이다. 주택의 대량 공급은 무주택자를 해소하는 방안도 되지만 능력이 없는 무주택자는 무주택자의 종속적 지위(임차인)에 놓일 가능성이 크고, 능력이 있는 자는 보다 쾌적한 환경과 시설의 주택을 소유하거나 그것으로 이전할 수 있다.

그러나, 갈등론적 관점의 주택정책은 이러한 무주택자의 종속적 지위를 해소하거나 주택소유의 독점화를 해소하기 위하여 조치를 취하는 일이다. 이러한 관점의 접근은 기존의 불평등한 주택소유를 평등하게 하거나 무주택자에게 주택기회를 공평하게 주거나 또는 우선적으로 제공하여 주택으로 인한 사회갈등을 해소하는 것이다.[51]

여기에서 수치상으로는 2채 이상의 주택소유율이 6.3%(6대도시)와

---

50) 김영모, 현대 한국사회불평등 구조론, 「사회정책연구」,제 32집, 2006, pp.19~21
51) 김영모 편,「주택과 사회정책」, 한국복지정책연구소 출판부, 1991, p.4

27%(서울)을 해소하기 위한 갈등이론적 정책을 펴면 많은 무주택자가 해소될 것이다. 또한 30%(6대도시)와 40%(서울시)의 무주택자를 위하여 기능주의적 정책을 펼 필요가 있다. 사실 선진국은 100% 이상 주택보급률인 것을 보면, 우리 나라의 주택정책은 주택의 공급과 평등을 위한 양 관점에서 접근되어야 할 것이다. 비록 사회주의 국가일지라도 주택문제가 완전히 해소되지 못한 것을 볼 수 있다. 중국의 경우 주택공급이 따르지 못하여 결혼 연령이 늦어지고 있다. 그리고 자유주의 사회에 있어서 주택업자들은 이윤을 극대화 하기 위하여 주택보급율을 100%이상으로 하지 않는다.

4) 정책 프로그램

우리 나라 주택정책 프로그램은 신규 주택공급과 임대차 보호법에 의한 임대료 상승률 규제 및 임차가구의 주거안정성 보장 조치 등이 있으나 주택 정책의 대종은 신규 주택공급이었다. 즉, 주택량이 절대 부족하다는 문제 인식하에 주택건설을 촉진하는 정책이 주류를 이루고 있다. 이는 주택정책의 근간인 주택건설 촉진법이나 임대주택건설촉진법의 명칭에서만 봐도 이러한 정책지향을 엿볼 수 있다. 이러한 정책 방향은 결국 상위계층이 주택공급의 모든 수요를 독점하게 되어 주택난을 더욱 부채질하여 극심한 투기현상을 낳고 있다. 따라서 대다수 저소득층은 신규 주택에 입주할 능력이 없어 기존 단독주택의 일부를 임차하여 살고 있다.

(1) 무주택자 보호

무주택자에 대한 보호는 임차인에 대한 보호정책, 주택보조금정책, 영구임대주택정책 등으로 살펴 볼 수 있다. 최근 임차권 등기의 효력을 강화하고 임차인이 자유롭게 주거를 이전할 수 있도록 임대차 보호법이 개정되었다.[52] 이 법안에서는 또한 임대차 기간을 2년 이하로 약정하는 경우 임대인은 2년 이하의 약정기간을 주장할 수 없으나 임차인은 이를 주장할 수 있도록 하여 임차인의 주거안정과 임대차 기간에 관한 선택권을 함께 보장하여 주었다.

무주택자에 대한 보호는 주택보조금 등의 정책도 있으나 저렴한 주택공급을 위한 최선의 방법은 영구임대주택의 공급이다. 영구임대주택은 시장가격 보다 훨씬 낮은 임대료로 영구히 임대화는 우리나라 최초의 사회주택이다. 영구임대주택은 생활능력이 없는 생활보호대상자 가구를 입주대상으로 한 주택공급계획이다. 이러한 정책의 추진 결과 1995년 까지 총 191,414가구가 공급되었다. 그런데 영구임대주택의 대부분은 대규모 아파트 단지라는 주거유형으로 공급되고 이러한 아파트 단지에 생활보호대상자 등 절대 빈곤층이 대거 입주함으로써 영구임대주택 단지는 과거에 보지 못했던 아파트 단지 형태의 빈곤지역으로 나타나게 되었다.[53]

이외에 주택정책과 관련하여 정부가 추진하고 있는 정책은 주거환경 개선사업이 있다. 이는 주로 노후 불량주택 밀집지역을 대상으로 주택을 개량, 건설하고 공공시설을 정비하는 도시계획사업을 펼쳐 왔는데, 그 방법은 주로 자금 지원과 국공유지 무상 양여의 방법에 의존해 왔다.

(2) 공공임대주택

---

52)「주택임대차 보호법」 중개정 법률안, 1998년 12월 17일 의결

53) 박윤영,「영구임대주택 단지 내 생활보호 대상자의 빈곤문화에 관한 연구」, 중앙대 박사학위논문, 1998

무주택자에 대한 보호는 주택보조금 등 정책도 있으나 저렴한 주택공급이나 최선의 질은 공공임대주택을 대량으로 저렴하게 공급하는 것이라고 볼 수 있다. 2005년 현재 공공임대주택은 주택건설호수 중에 22.8%를 차지하고, 지난 10년간 15.3%를 차지하였다.

공공임대주택은 나라에 따라 사회주택 · 공영주택 등으로 불리우고 그 방법도 다양하다. 우리 나라의 경우 이러한 주택정책에 어떠한 문제점이 있는가를 먼저 보기로 한다.[54)]

① 소수 극빈층만이 수혜대상이기 때문에 매우 제한적이다.
② 엄청난 재정부담이 든다.
③ 입주 후 주택관리와 유지비가 책정되어 있지 않다.
④ 사회복지의 형평성과 효과성의 문제가 있다.
⑤ 임대료 · 관리비의 부담능력이 없어서 전대 또는 매매할 가능성이 있다.
⑥ 주택단지의 슬럼화가 예상된다.

그리고, 이에 대한 개선방안을 보기로 한다.[55)]

① 공공임대주택의 지역별, 도시별, 공급물량을 조정해야 한다.
② 생활보호대상자중 부적격자가 많아서 입주자의 엄격한 선정이 필요하다.
③ 정부는 주택의 최저기준을 정하고 그 소요 판단을 해야 한다.
④ 입주대상자의 선정기준이 점수제인데 이것을 지역거주수준과 지역주택시장의 상황을 고려하여 기준이 제시되어야 한다.
⑤ 주택 형태가 현재는 고층아파트이지만 연립주택 등 다양화 되어야 한다.
⑥ 입주대상자를 판단하는데 주택수요의 개념 보다는 주택소요의 개념으로 판단해야 한다.

---

54) 상게서, p.99
55) 상게서, p.101

⑦ 공공임대주택의 성공여부는 공급도 중요하지만 유지 · 관리에 달려있기 때문에 임대료의 관리비로 전환이 요구된다.

이러한 공공임대주택의 입주 · 관리 뿐만 아니라 이들의 자활과 각종 복지를 위한 서비스를 제공하기 위하여서는 무엇 보다도 중요한 것이 전문가의 역할이다. 그리하여 현재 생활보호사업을 위한 사회복지전담공무원에게 이러한 주택관리사업을 맡겨야 할 것이다.

5) 정책과제

그간 주택의 소유와 가격문제에 대한 다주택 및 아파트의 소유자에 대한 각종의 세제문제가 있었으나 그 실효성이 없었고, 오히려 이것이 저금리 등으로 재산 증식이나 투기의 수단이 되어 있었다. 과거 새로운 주택정책(대책)이 발표되면 될 수록 오히려 그것은 주택가격의 상승과 투기를 조장하였다.

최근 정부는 이러한 문제를 개선하기 위하여 부동산 제도 개혁방안을 발표하였다. 정부 개혁 방안은 주로 수요와 공급의 시장논리와 정부의 개입에 의하여 접근하고 있다. 정부의 개입은 주택의 수요에 대해서는 조세를 강화시키고 주택의 공급에 대해서는 주택 및 공급택지를 확대시키겠다는 것이다.

지난 번 발표한 정부의 개혁안(2005년 8월 31일)은 과거 유명무실한 보유세를 강화시킨 것, 즉 다주택과 주택 보유자를 겨냥한 종합부동산세가 가장 큰 특징이고 그 다음으로 투기 차익을 환수하기 위한 양도소득세를 실거래가 6억이상 되는 1주택자에게도 과세를 하겠다는 것이다.

여기에서 문제가 되는 것이 첫째로 조세제도로 과연 주택정책을 올바르게 고칠 수 있느냐 하는 것이고, 둘째는 보유세가 비록 재산세와 종합부동산세를 말하지만 이념상으로 타당한가 하는 것이다.

또한, 주택의 공급정책으로서 수도권 주택이 30만호가 더 필요하고 공공택지를 연 3백만 평을 공급해야 한다고 한다. 또한 주택의 공영개발과 토지거래 허가 구역의 확대, 그리고 분양 가격의 원가 연동제(25.7평 이하) 및 분양권의 효력 등을 제시하였다.

그런데 저자는 첫째로 주택공급 확대책으로만은 우리나라의 잘못된 주택정책을 바로 잡기 어렵고, 오히려 기존의 과잉 소유주택을 합리적으로 처리하는 정책(보유세 강화 등)이 우선시 되어야 한다고 생각한다.

둘째로 우리나라 주택정책이 주택의 소유 개념에 기초해 있는데 그 보다 주택의 이용개념(즉 주거)에 기초하여 공영 임대주택을 강화시키도록 한다. 셋째로 다주택 소유는 허용하되 그 가격 상승에 대하여 물가 상승(인플레이션)등을 고려한 양도소득세를 많이 부과하면 될 것이다.

넷째로 주택소유, 특히 아파트의 규모에 있어서 최저와 최대의 개념을 도입하여 과세 정책을 수립하여야 한다. 최근 주택정책상 25.7평의 주택의 개념이 어떠한 근거에서 나왔는지 몰라도 과거 우리나라 주택(주거)의 최저 개념에 18평 또는 32평으로 책정된 적이 있다. 또 최대의 규모로 40평 또는 60평으로 그 기준이 마련된 적이 있다. 그 후 폐기되었지만 이것을 재조정하여 주택 정책이 마련되어야 한다.

다섯째로 주택 문제는 단순한 주택정책보다도 사회구조(제도)적 산물이기 때문에 비주택적인 사회정책(예, 학군제 폐지 등)이 가장 효과적일 것이다.

정부는 소위 8·31대책에도 불구하고 부동산 가격이 더욱 상승

하자 토지 공개념인 소위 '개발이익금환수 제도'를 도입하려고 한다.

< 참고 문헌 >

김영모,「사회정책」, 한복연 출판부, 2001

김영모,「현대사회정책론」, 한복연 출판부, 1982

김영모,「한국사회복지의 제문제」, 한복연 출판부, 1986

김영모,「한국사회보장개혁론」, 중앙대 출판부, 1995, 개정증보판, 1999, 2001

김영모,「지방자치와 사회복지의 과제」, 집문당, 1997

김영모 편, 「주택과 사회정책」, 한복연 출판부, 1991

김영모, 「자주적 사회복지론」, 한복연 출판부, 2003

김상균,「현대사회와 사회정책」, 서울대 출판부, 1987

김태성・송근원 공저,「사회복지정책론」, 나남, 1995

봉민근, 「사회복지정책론」, 학문사, 1997

손준규, 「사회정책강의」, 대학출판사, 1995

신섭중, 「사회보장정책론」, 대학출판사, 1989

신섭중,「한국사회복지정책론」, 대학출판사, 1993

원석조, 「사회복지정책론」, 공동체, 2005

인경석, 「한국복지국가의 이상과 현실」, 나남출판, 1998

장인협・전남진 편저,「사회복지정책」, 한국사회개발연구원, 1982

최경석・송정부 공편, 「현대노인복지정책」, 한복연출판부, 1990

Alcock, P., *Social Policy in Britain*, Themes & Issues, ST. Martin Press, 1996

Burden, J., *Social Policy and Welfare, A Clear Guide,* Pluto Press, London, 1998

George, V., and Wilding, P., *Ideology and Social Welfare*, Routledge & Kegan Paul, London, 1976, 원석조, 강남기공역, 「이데올로기와 사회복지」, 홍익재, 1987

George, V., and Wilding, P., *Welfare and Ideology*, Pearson Education, London, 1994, 김영화・이옥희 공역, 「복지와 이데올로기」, 한울, 1999

Mishra, R., *Society and Social Policy*, Macmillan, London, 1977, 표갑수, 장소영 공역, 「사회이론과 사회정책」, 한복연 출판부, 1985

Midgley, J., *Social Security & Unequality in the Third World,* John Wiley & Sons, 1984, 복지연구회역, 「제3세계 불평등과 사회정책」, 한복연 출판부, 1986

George, V., and Wilding p., *Impact of Social Policy*, R.K.P. London, 1984, 신섭중 역, 대학출판사

Robson, W. A., *Welfare State and Welfare Society*, Allen & Unwin, 1977, 김영모역, 「복지국가와 복지사회」, 경문사, 1978

Spicker, P., *Social Policy, Themes and Approach*, Prentice Hall, London, 1995

Titmuss, R. M., *Social Policy*, George Allen & Unwin, London, 1974, 김영모역, 「사회정책개론」, 일조각, 1977

제 8장 사회복지의 방법 ; 사회사업

1. 사회사업의 개념

사회사업은 사적 복지를 의미한다. 사회사업의 말은 옛날 구빈사업에서 오늘날 전문사회사업에 이르기 까지 다양하게 사용되었다. 우리 나라의 경우 조선 말기 외국 선교사와 수녀들에 의하여 사용되어 오다가 일제시대와 미군정 이후에도 널리 사용되어 왔다. 이때 사용된 사회사업의 개념은 주로 구호사업이나 시설보호사업을 의미하였다.

1950년 6.25전란 이후 미국의 영향으로 대학의 사회사업교육으로서 전문사회사업이론이 널리 소개되었다. 그러나 사회사업 실제에 있어서는 민간의 구호사업과 시설보호사업이 주축을 이루었다.

한편, 정부의 구빈정책이나 사회행정은 전문사회사업이론과는 거리가 먼 생활보호사업과 사회복지서비스가 중심이 되었다. 그런데 민간의 사회사업이나 정부의 사회정책은 모두 국민의 복지욕구와 사회문제를 해결하기 위한 노력이었다.

여기에서 사회사업의 개념이 혼란을 빚게 되었다. 즉 대학교육과 사회사업 실제간, 그리고 민간과 정부간 괴리된 사회사업 또는 사회복지의 개념이 존재하게 되었다.

1970년대 이후 사회복지사업 법령을 중심으로 한 사회복지 서비스가 발달하고 1980년대 이후 사회보험제도를 중심으로 복지정책이 발달하여 기존 사회사업 개념으로는 도저히 사회변화에 따른 현실적 복지욕구와 복지문제를 해결할 수 없었다. 그리하여 정부와 실제에 있어서 사회복지사업이라는 말을 사용하게 되고 대학에서는 사회복지학과로 명칭을 변경하게 되었다. 그 이후 사회사업이라는 말 대신 사회복지라는 말이 대학, 민간, 정부에서 널리 사용하게 되었다. 다시 말하면 사회복지라는 용어는 사회사업 이외 사회복지서비스와 사회정책이라는 말을 포괄하게 된 것이다.

이와 같이 사회사업이라는 용어를 사회복지와 동일시 하고, 더욱이 미국의 전문사회사업의 개념을 사회복지의 개념과 동일시 하는 경우가 생겼다. 그 좋은 예가 최근 사회복지실천이라는 용어가 생겨 많은 사람들을 현혹시키고 있다.

사회복지실천이라는 말은 사회사업실천 *social work practice* 이라는 말을 잘못 번역하였다. 왜냐하면, 이미 지적한 바와 같이 사회사업의 개념은 사회복지의 개념과 다르기 때문이다. 그런데 한국에서 사용되는 사회복지실천의 개념과 이론은 미국에서 사용되는 사회사업실천의 경우와 거의 같은 것이다. 사실 이러한 개념과 이론은 우리나라에서 현실적으로 입증된 것이 아니지만 필요한 것이다.

사회사업실천의 개념은 전통적으로 사회사업방법이라 할 수 있는 개별지도, 집단지도, 지역사회조직 등의 통합방법이라고 한다.[1)] 그리하여 사회사업실천은 일반적 접근 *generalist approach* 또는 통합적 접근 *integrated approach* 또는 단일한 접근 *unitary approach* 이라고 부른다. 이러한 통합적 방법은 주로 생태학적 체계이론에 기초 하였다.

---

1) Allen Pincus and Anne Minahan, *Social Work Practice : Model & Method*, F.E. Peacock Publishers, Inc., Illinois, 1973. 문인숙·김융일·조성경·김선심 공역, 「사회사업방법론」,보진제 출판사, 1976.

이와 같이 사회사업실천의 개념은 사회복지실천의 개념과 동일시 하고 있는데 이러한 경우 사회사업과 사회사업실천의 정체성 문제가 나타날 수 있다.2)

미국에 있어서 사회사업의 개념은 인간의 욕구가 좌절되거나 사회환경에 적응하지 못할 때 사회사업가가 개입하여 사회심리적 원조를 제공하는 것을 말한다. 그리고 사회사업실천의 개념도 매우 유사하다. 즉 다양한 사회적 욕구를 지닌 사람들이 사회복지사 *social worker* 를 만나 사회변화의 과정을 경험하게 함으로써 그들의 욕구를 충족시켜 주는 사회사업의 방법이라고 한다.3)

전미사회사업가협회 *NASW* 는 1981년 사회사업의 목표를 다음과 같이 사람들과 그들 사회환경간의 개입이라고 하였다.4)

사회사업의 목적은 모든 사람들의 생활의 질을 개선하기 위하여 개인과 사회간 상호 유익한 상호작용을 추진하거나 회복시키는 것이다. 즉 환경(사회적, 물질적, 조직적)은 개개인의 잠재력과 열망을 최대한 실현하기 위하여 기회와 자원을 제공하여야 하고, 또한 그들의 공통된 인간의 욕구와 고민 및 고통의 감소를 위하여 제공되어야 한다.

· 개인은 가능한 효과적으로 그들의 행복과 집합적 사회 뿐만 아니라 자신의 환경에서 타인의 사회복지에 기여해야 한다.
· 개인과 자신의 환경에서 타인과의 거래는 개개인의 존엄성, 개별성 및 자기 결정권을 강화시켜야 한다. 사람들은 인간적이고 정의롭게

---

2) 장인협의 저서에서도 이것을 혼용하고 있다.
「사회복지실천론」(중), 서울대 출판부, 1999
「사회사업통합방법론」(상·하), 서울대 출판부, 1989

3) B.R. Compton and B.Galaway, *Social Work Processes*, The Dorsey Press, Ilinois, 1975, 1984, 김융일·조홍식·김연옥 공저,「사회사업실천론」,나남출판사, 1975, p.17

4) K.K. Miley, M. O'Melia and B.L. DuBois, *Generalist Social Work Practice : An Empowering Approach*, Ally and Bacon, Bosron, 1995, p.9

다루어져야 한다.

이러한 것을 보면, 미국 사회사업의 개념이 매우 개인주의적이고 기능주의적 관점에 기초해 있는 것을 알 수 있다.

이러한 사회사업의 목표와 목적은 전문가들이 사람들의 경쟁심을 강화 시키고 필요한 자원을 연결하며, 사회구조가 모든 사회성원의 욕구에 대응하도록 조직적, 제도적 변화를 추진하도록 한다.

이와 같이 사회사업의 목적을 해결하기 위한 현대적 접근방법을 제공하는 것이 일반사회사업 *generalist social work* 이라고 한다. 이러한 관점은 사람들이 사회적 물질적 환경과 고립되어 존재하지 않는, 인간적 상호관계성의 개념에 기초하고 인간적 기능의 포괄적 이해와 다양한 기회를 제공하는 것이다. 그리하여 광의의 일반사회사업은 사회적 기능을 극대화 하는 변화를 창출하기 위하여 개인적, 집단적 과제의 상호작용을 고려하고 다양한 인간체계, 즉 사회, 지역사회, 이웃관계, 복잡한 조직, 공식적 집단, 비공식적 집단, 가족 그리고 개인과 함께 일하는 것을 말한다.5)

그런데 사회사업의 개념이 단순히 미국의 사회사업 또는 사회사업실천의 개념만을 의미하는 것이 아니다. 그것은 제 4장 사회복지의 발달에서 본 바와 같이 매우 다양한 의미를 지니고 있다.

2. 사회사업의 방법

사회사업의 방법은 여러 가지 모델이 있다. 사회사업방법의 주요한 모델은 ① 인적, 물질적(금전적) 원조가 중심인 자조사업 *self-help*

---

5) *Ibid.*, p.10

work 또는 구호사업 *relief work* , ② 심리 · 사회적 원조가 중심인 전문사회사업 *professional social work* 이 있으며 ③ 전문사회사업에 대한 비판에서 나온 마르크스주의의 급진적 사회사업 *radial social work* 등이 있다. 이러한 사회사업의 방법 이외에도 자조사업 *self-help work* 등이 있으나 이것을 구호사업과 더불어 전통적 방법이라 할 수 있다.

최근 미국이나 한국의 학계에서 주장되고 있는 사회사업방법은 주로 전문사회사업의 방법을 말하고 있다. 전문사회사업의 방법은 전통적으로 주로 ① 개별지도 *social case work,* ② 집단지도 *social group work,* ③ 지역사회조직 *social organization work* 또는 *community organization,* ④ 사회행동 *social action* 등을 말한다.

이러한 전문사회사업방법은 1970년대 들어와서 인간의 사회적 욕구에 대한 통합적 접근방법, 특히 일반사회사업 *generic social work* 의 필요성이 강하게 제기되어 종래의 개별적 방법보다 통합방법이 더욱 각광을 받게 되었다. 그리하여 사회사업실천이란 개념이 많이 사용되었다.

사회사업실천방법에 대한 합의된 것이 없으나 존슨은 사회사업 과정을 인간의 욕구와 문제해결에 있어서 주요한 4가지 구성요소가 있다고 한다.[6] 즉 사정 *assessment,* 계획 *planning,* 행동 *action,* 그리고 종결 *termination* 이다. 사정은 진단이라고도 하는데 이것은 조사, 진단 및 치료의 측면을 말한다. 계획은 사정과 활동의 매개 역할을 하는데 이것은 목표, 목적, 사회사업가와 클라이언트의 역할과 수행할 과제의 전략을 의미한다. 행동은 주로 사회사업가와 클라이언트간 관계의 발전에 따라 원조하는데 이것은 주로 클라이언트의 입장에

---

6) Louise C. Johnson, *Social Work Practice ; A Generalist Approach,* Allyn and Bacon, Inc., Boston, 1983, 1995, partⅢ, pp.257～408

서 개인, 가족, 소집단 또는 지역사회와의 행동으로 구성된다. 그리고 평가는 사회사업 노력의 목표와 목적이 성취되었는가를 결정하는 수단인데 이것은 최근 책임성을 강조한다.[7] 사실 사회사업과정은 방법이라기 보다는 과정 또는 절차라 할 수 있다.

현재 우리 나라에서는 사회사업방법 또는 사회복지실천방법(또는 기술)으로서 미국 학자들의 견해를 소개하고 있으나 이러한 견해가 타당한지에 대한 실증적 연구가 거의 이루어져 있지 않고 미국에서 논의되는 내용을 그대로 소개하고 있다.

사실 인간의 사회적 욕구는 전술한 일반적 또는 통합적 사회사업방법론이 타당한 경우가 있을 수 있으나 인간의 욕구가 대개 개별화 되고 다양한 경우가 많고, 따라서 개별적이고 다양한 전문적 방법이 더욱 요구되고 타당할 수 있는 것이다. 더욱이 사회사업방법이나 기술은 주로 클라이언트의 욕구와 상황(환경)간의 조정을 위한 사회사업가의 역할(개입)인데 사회사업가의 전문적 지식과 기술이 이러한 개별적인 방법(기술)이나 통합적인 방법(기술)을 선택해서 사용하면 될 것이다. 그럼에도 불구하고 클라이언트의 욕구와 상황의 개별성과 특수성을 무시하고 통합적인 사회사업(복지)실천만이 사회사업방법인 것으로 주장하는 것은 무리한 것 같다.

가. 자조 및 구호사업

인간은 홀로 살 수 없고 다른 사람과의 사회적 관계를 형성하며

---

7) 한편, 핀커스와 미나한은 사회사업실천의 기술영역으로서 ① 문제사정 ② 자료수집 ③ 최초접촉 ④ 계약협상 ⑤ 행동체계형성 ⑥ 행동체계의 유지와 조정 ⑦ 영향력 행사 ⑧ 변화노력의 종결을 지적하고 있다. A. Pincus, A. Minahan, *op. cit.*, part2

산다. 인간이 살아가다 보면 개인적인, 신체적인 어려움도 있지만 사회적인, 제도적인 모순에 의한 어려움도 생길 수 있다. 이러한 어려움을 해결하기 위한 원초적인 노력이 가족, 이웃, 직장, 교회에서 자조사업 또는 구호사업으로 나타나고 이것이 스스로 해결하지 못할 때 사회 또는 국가가 지원하는 사회복지가 발달한다.

자조사업 *self-help work* 과 구호사업 *relief work*은 오늘날 사회변화와 과학기술의 발달에 따라 조직화와 전문화 및 정책화 되어 가고 있다. 예컨대 자조사업의 조직화는 상조회, 자선조직협회, 인보사업 등에서 발견할 수 있고, 그것의 전문화는 미국의 사회사업이며 그것의 정책화는 재해구호 등 사회복지사업에서 볼 수 있다. 이러한 탈자조사업화 현상은 자선사상, 박애사상 및 공동체의식을 재고시키는 것도 되지만 그 보다도 가난 또는 복지의 책임을 개인 및 가족에게 전가 시키고 국가개입의 복지정책을 기피하려는 의도가 깔려 있다.

자조사업의 원초적 형태는 상호부조, 자선사업, 박애사업, 자원봉사 등이라고 할 수 있다. 이와 같은 자조사업은 사회적 관계의 매체(가족, 이웃, 교회, 학교, 직장 등)에 의하여 육성되고 조직화 되고 있다. 이러한 사업은 자발적이고 구호적인 성격을 지니고 있는 것이 특징이다.

1) 상호부조

상호부조 *mutual aid* 라는 것은 집단생활에 있어서 집단내 생활곤궁자가 타인으로 부터 원조를 받거나, 또는 집단상호간 원조를 베풀어 주는 가장 원초적인 자조사업이다. 상호부조는 공통된 신앙을 가지고 있거나 또는 동일한 지역에 거주하거나 그렇지 않으면 동일한 직업에 종사하고 있는 사람들간 생활 불안이 일어날 때 상호간 공동의 연대의식을 기초로 곤란을 받고 있는 자를 구원하여 주는 것이다. 이것은 타인의 고통을 동시에 자기의 고통으로 느끼는 공동체 의식이 존재할 때 생긴다.

상호부조는 세계 어느 곳에서도 존재한다. 중세 유럽의 동업조합·교구·장원·도시에서 그 형태가 있다. 동업조합의 상호부조는 과부와 고아를 주로 보호한 상인조합, 노동자의 보호를 주로 한 공인조합, 그리고 성직자간 협조를 주로 한 종교조합 등에서 찾아 볼 수 있다. 특히 교구의 경우 그 기원이 이교도의 사회에 살고 있는 기독교 신도사회에서 성립되었다. 그 후 외국인·병자·노인·고아를 위한 사원숙박소와 같은 시설이 생겼고, Charles대제 이후에는 각 교구 수입 십일조의 1/3～1/4를 빈민구제에 사용되었다. 이러한 상호부조는 비조직적이었기 때문에 비효과적이고, 동시에 보다 많은 요구호자를 생기게 하였다.

우리 나라의 상호부조와 협동형태는 오늘날에도 마을 또는 부락에 두레, 품앗이, 향약, 부조, 각종 계(혼상계 등)의 형태로 존재하고 있다. 이것은 마을, 부락의 형성과 더불어 시작되었고, 그 조직과 기능은 세계의 어느 나라에서도 찾아보기 어려울 정도로 발전된 형태이다. 그러나 최근 공업화·도시화로 급속히 감소되어 가고 교회와 직장에서 상호부조 형태, 즉 심방, 공제회 등이 발달하였다.

조선시대에 학계·혼상계·동계·공인계·화수계 등 여러 가지 형태의 계가 있었는데, 이것이 오늘날 농촌의 계 형태로 존재하여 왔다. 농촌의 혼상계도 도시화로 말미암아 축의금과 부의금의 형태로 비조직적인 상호부조의 형태가 발달하고 있다. 이러한 상호부조의 사회적 관계망은 아직도 혈연이 중심이고 과거의 지연중심은 이제는 학연과 직연의 비중이 높아지고 있다. 학연과 직연의 상호부조는 동창회(계)와 상조회 등 조직적인 형태가 발달하여 있다.

이와 같이 학연과 직연에 의한 상호부조는 이해관계에 기초하여 형성된 사회집단이기 때문에 합리적, 계약적인, 즉 개인주의적 인간관계에 기초하여 형성되고, 부조의 기능도 점차 개인주의적이고 형식적이며 조직적인 성격으로 바뀌어 가고 있다. 이러한 조직적인 성격의 상호부조 형태로는 학교중심의 동창회, 직장중심의 상조회나 공제회, 교회중심의 신도회 등을 들 수 있다. 직장중심의 상조회·공제회는 자조적인 직업복지의 기관이라고 볼 수 있다.

자조사업으로서 직업복지는 같은 직장 또는 직업에 종사하면서 사회적 관계를 맺고 공동생활을 하는 종업원끼리 상호부조와 협동사업을 말한다. 기업복지는 기업이 종업원을 위하여 지원하는 것이지만 자조적인 직업복지는 종업원간 스스로 복지 증진을 위한 것이다.

티트머스는 직업복지를 일종의 비법령적인 제도로서 연금, 실업수당 등을 포함한 다양한 소득유지 프로그램일 뿐만 아니라 보건, 주택, 교육 훈련도 포함된다고 하였다.[8] 이러한 개념 규정은 기업복지와 마찬가지로 기업주 또는 고용주가 베푸는 것을 의미한다. 그러나 자조적인 직업복지는 종업원의 자구조직이 베푸는 것을 말한다. 고용주와 피용자의 쌍방관계는 종신고용제와 같은 것이다.

과거에는 지역단위(부락 등)에서 자영업자들의 자조적, 협동적인 조직(품앗이, 혼상계 등)이 많았지만 오늘날에는 이러한 것이 해체되어 가고 도시중심의 직장이 발달하여 봉급생활자가 많이 나타나게 되었다. 자영업자들은 자기의 노력과 책임에서 생계를 꾸려가지만 봉

---

8) R.M. Titmuss, *Essays on the Welfare State*, George Allen & Unwin, 1976, p.42

급생활자들은 노동에 대한 대가로서 오로지 봉급에 의존하게 된다. 그리하여 봉급생활자들은 집단의 길흉사나 주택마련을 위한 목돈이 필요할 때 이것을 빌리기 어려운 제도금융 보다는 손쉬운 자구책으로서 직장의 상조회 또는 공제회와 같은 조직적인 지원이 필요하다. 이러한 경제적·사회적 협동과 자조의 필요성에서 봉급생활자는 조직(공제회, 상호회 등)을 결성하고 상호의존적 관계 즉 연대를 강화시킨다. 이와 같이 자구책의 필요성이 자조적인 직업복지를 발달시킨다.

직업복지는 상호부조의 효과는 있지만 재분배적 효과는 거의 없다. 비록 회비를 소득비례제에 의하여 부담하지만 그에 상응하여 봉급이 많은 자는 수혜율이 많고 따라서 오히려 역진성이 나타날 수 있다.

최근 우리 나라의 급속한 경제 및 사회의 변화로 말미암아 상조회 또는 공제회의 기능도 많이 달라지고 있다. 예컨대 돈을 빌리기가 어려운 시기에는 대여금이 인기였으나 최근 공금융의 대출이 용이함으로서 이러한 기능이 퇴색되고 있다. 또한 가족의 개념이 변화함에 따라, 즉 과거에는 직계존비속에게만 경조금이 지급되었는데 오늘날에는 방계가족(친정부모 또는 장인장모)까지 급여의 대상으로 인정하는 경향이 있다. 최근 이러한 부조도 형식화 되는 경우가 많다.

이와 같은 상호부조의 특성은 다음과 같이 지적할 수 있다.

① 성원 상호간 연대의식 또는 공동체의식을 기반으로 한다.
② 자기보호·자기구제의 자조와 협동정신에서 나왔다.
③ 피구호자에 대한 보조의 강제성이 없고 자발성에 기초하여 있다.
④ 수직적인 재분배의 효과는 없다. 직위의 상하 또는 연령의 고저에 따라 축의금과 부의금의 단가가 달라진다.

⑤ 상호부조의 범위는 제한성이 있지만 점차 조직화 · 형식화 되어 간다.
⑥ 부조의 내용은 정신적인 것과 노력 지원도 있지만 물질적인 것(금품 등)의 비중이 크다.

2) 자선사업

상호부조는 공동 연대의식에서 나오는 자연발생적인 협동형태이지만 자선사업 *charity work* 은 구약성서의 자선사상이나 불경의 자비사상에서 나오는 종교적 동기에서 타인을 원조하는 복지활동을 말한다.

중세에 일시적으로 기독교도가 심한 박해를 당하고 있을 때 먼저 기독교인들에 의해서 자선사업이 나타났다. 당시의 주요한 자선사업의 형태는 ① 신도 상호간 상호부조와 ② 감옥에 수감되어 있는 신자를 방문하고 석방운동을 전개하는 것이며 ③ 고아와 기아의 보호였다. 이러한 활동형태는 당시의 기독교회가 초기라서 비교적 적었고, 동시에 신앙열이 대단히 높았다. 한편, 외부로부터의 박해로 가일층 단결심이 촉진되어 결속이 강하여졌다.

중세의 자선기관은 사원숙박소 · 구빈원 *hospital* · 수도원 · 십자군 · 기사단 · 공익 전당포 등이 있는데, 이 중에서 사원숙박소와 구빈원은 그 대표적 기관이다. 사원숙박소는 교회 또는 수도원에 소속되어 중요한 교통로에 위치해 있으면서 고아 · 과부 · 노인 · 병자 · 빈곤자 및 행려자의 수용처로서 기능을 하였다. 구빈원은 수도원에 부설된 숙박소에서 그 기원을 찾을 수 있는데, 초기에는 단체장의 접대 장소였으나 점차 노상자 · 병자 · 고아 · 과부들에 대한 공조활동을 행하였다. 이것이 15세기에는 정신병원 · 농아자 교육원 등 시설을 발전시켰다.

우리 나라에서는 불교와 유교의 자선사업이 유럽처럼 발달하지는 않았으나, 불교 사원의 보(寶)제도는 특히 고려시대에는 비불교적 목적을 위하여 조직될 정도로 일반사회에 널리 보급되었다. 이러한 보제도는 기금에서 나오는 이식으로 빈민구제를 하였다.

우리 나라의 자선사업은 각 종교기관에서 모두 행하고 있지만, 선진국가의 경우에 비하여 활발한 편이 아니다. 기독교 교회예산은 주로 예배비(23.2%), 관리비(15.9%), 시설비(14.8%)에 사용되고 구제비(1.8%)와 봉사비(2.0%) 및 교육비(9.1%) 등 복지비에는 매우 인색하다.[9] 교회 헌금(십일조)의 기본정신에 따라 교인과 지역사회주민을 위한 복지활동에 관심을 가지는 것이 주요한 과제이다. 그래도 정부는 종교기관의 자선사상을 기대하여 그들에게 사회복지관, 탁아소, 보호시설 등을 위탁시키고 있다. 종교기관의 위탁 복지시설은 전체의 5할 이상이다.

자선사업이 발달하면, 이중적 수혜 등 비효율성이 나타나기 때문에 서양에서는 이것을 해결하기 위한 자선조직협회운동이 나타났다. 자선조직협회는 구빈사업의 보완 형태로서, 현행 복지사업과 기관간 효과적인 조정을 기하는 것을 목적으로 한다. 자선조직협회의 목적은 구호행정의 중복과 경쟁을 피하도록 기구와 기술을 발전시키고자 하는데 있었다. 빈민을 위하여 사적인 박애사업을 조직화 하는데 매우 중요한 의의가 있다. 오늘날 미국에서는 이것이 대부분 가족봉사협회로 불리면서 가족복지를 개별지도를 통하여 증진시키려고 한다.

---

9) 한국기독교신도연맹, 「교회재정의 이론과 실제」, 1988, p.219, 그리고 한국자원봉사능력개발연구회에서는 교회의 사회봉사지출이 평균 7.05%이라고 한다.

3) 박애사업

자선사업이 종교적 동기에서 생활이 곤궁한 자를 원조해 주는 민간인의 운동이라면, 박애사업 *philanthropy work* 은 도덕적인 동기에서 우러나오는 활동이다. 특히, 19세기 개화된 인도주의적 도덕관에서 나타난 사회개량 활동이다. 퀸은 박애를 자선과 구별하여 인도주의적 박애는 공장과 산업제도의 희생에 대항하는 노동자계급의 반항, 노동자 및 빈곤자의 보호입법 및 사회개량의 기본정신에서 나왔다고 한다.[10)]

인도주의적 박애사업은 19세기 근대 자본주의의 소산이라고 말할 수 있다. 인도주의적 박애가 나타나게 된 사회적 배경을 영국에서는 빅토리아 왕조에서 찾을 수 있다. 이 당시는 부자와 빈자간 극단적인 대립이 나타나게 된 시대이다. 즉, 부자와 빈자간 계급대립은 사회적 갈등을 조성한다. 여기에서 나타난 적개심을 무마시키고자 부자는 도덕적 양심에서 시혜적 보호 활동을 행하게 된다. 또한 박애사업은 선행자와 대상자가 함께 협력하여 생활문제를 해결하지 않고 일방적인 시혜를 베푼다. 그래서 박애주의자는 자기의 경제적·사회적 우월성을 강조하지 않고 도덕적 우월성을 주장하는 것이 특징이다.

이러한 박애정신에 기초하여 행하는 지역사회복지사업으로서 인보사업이 있다. 인보사업 *settlement work* 은 빈민지역을 실지로 조사하여, 그 지역에 대한 생활실태를 자세히 파악하고 구제의 필요가 있는 사람들에게 원조하여 주는 것을 말한다. 이것은 인도주의의 정

---

10) Stuart A. Queen, *Social Work in the Light of History*, 1922, pp.238～239

신에서 상류계급의 사람들이 빈민지구에 거주하여 자선을 베푸는 활동을 말한다. 다시 말하면, 이주자는 부유하나 가정의 쾌락을 버리고 가난한 사람들의 친구가 되며, 여가를 이용하여 빈민구제사업에 헌신하고 빈곤과 죄악의 실태를 보고서 배우고, 가르치고자 하였다.

이러한 인보사업은 여러 가지 사회적 기능을 행하고 있다. 첫째는 사회조사를 실시하여 거기에서 나온 여러 가지 통계자료가 법률 제정에 커다란 도움이 되었고, 둘째는 교육적 사업으로서 지역주민에 대한 아동위생 · 보건교육 · 소년소녀들에 대한 기술교육, 문맹퇴치 및 성인교육 등을 행하고 있다. 셋째는 체육관을 설치하여 실내운동을 장려하거나, 무용회, 연예회, 피크닉 등을 통하여 오락 · 예술활동을 행하고 있다. 넷째는 인보관을 설립하여 주택 · 도서관 · 시민회관 등으로 이용케 하였다.

우리 나라에 있어서 전형적인 박애사업은 대학생이 중심이 된 청소년 야간학교와 빈민탁아운동의 인보사업과 오늘날 각종 모금운동에서 찾아볼 수 있다. 예컨대 불우이웃돕기운동, 재해대책모금, 아동 및 노인결연비, 자선남비모금, 사랑의 쌀, 크리스마스씰 등은 그 예라고 볼 수 있다. 그리고 연말 불우이웃돕기 캠페인에서 모금된 사회복지사업기금(1997년 폐지됨)은 박애정신에 의한 기부금인데 이것의 대부분이 정부의 필요성에 의하여 사용되었다. 다시 말하면 박애사업의 정책화 현상이 나타났다. 이것이 사회복지 공동모금법으로 전환되었다.

4) 재해구호

재해구호는 재해로 인하여 의 · 식 · 주의 문제에 직면한 사람을 도와주기 위한 사업이다 재해구호법에 의하면, 재해구호는 비상재해가 발생하였을 때 응급적인 구호를 행함으로써 재해의 복구, 이재민의 보호와 사회질서의 유지를 행하는 것을 말한다. 이러한 재해구호사업비가 1960년대 까지 보건사회부의 사회부문 예산 보다 많을 정도로 재해구호사업이 매우 발달하였다.

우리 나라의 재해는 수재, 한재, 풍재, 역질 등이 있으나 주로 수재와 한재이다. 특히 수재로 인한 이재민구호사업이 그 특징이다. 수재는 대개 여름에 발생되는데 그것은 연 평균 강우량의 2/3가 이때 내리기 때문이다. 이때 태풍이 해마다 3개 정도 오고 5년마다 큰 태풍이 오며, 수해는 2년마다 1회 정도 큰 피해를 준다.

이러한 수재와 한재 및 화재 등으로 인한 폐해가 과거에는 심하였기 때문에 온 국민적 관심사가 되어 왔다. 조선시대에 왕조실록이나 고종시대사를 보아도 이러한 이재민구호사업을 위한 기록이 해마다 나타나고 있다. 오늘날 치수사업이 잘 되어 있지만 이것이 중요한 과제가 되어 있다.11)

그리하여 정부는 1962년 부터 재해구호법을 제정하여 이러한 재해에 대하여 정부가 책임을 지고 민간기관과 더불어 구호사업을 벌이고 있다. 재해구호를 실시하는 구호기관은 이재자가 발생한 지역의 광역단체장 또는 도(지사)이고, 재해구호사업을 효과적으로 실시하고 조정하기 위하여 재해구호협회를 둔다. 이 협회의 구성은 보건복지부 또는 각 시 · 도지사가 위원장을 맡고 이들이 위원(대부분 관

---

11) 최익한, 「조선사회정책사」,박문출판사, 1947, pp.34~35
그는 각종 서적에 나타난 바를 비교하면, 한(旱), 황(煌), 홍수, 폭풍, 화재, 지진, 상재중 재해의 영향인 기근의 범위는 한재가 제일 컸고 홍수가 그 다음 이였지만 그 회수는 홍수가 더 빈번하였다고 한다. 예컨대 태종 7년이후 현종 10년까지 453년간 홍수가 무려 172회에 달했다.

련 정부부처의 국장임)을 구성하기 때문에 정부주도형이라고 볼 수 있다. 지난 40년간 6천억원 이상의 구호비와 총 3천만여점의 구호품(4천억원)을 제공하였다.

재해구호사업의 종류는 다음과 같다.[12)]

① 수용시설(응급가설주택 포함) 제공
② 급식 또는 식품, 의류, 침구, 학용품, 기타 생활필수품의 급여
③ 의료 및 조산
④ 이재자의 구출
⑤ 이재 주택의 응급수리
⑥ 생업에 필요한 자금, 기구 또는 자재의 급여나 대여
⑦ 생업 알선
⑧ 사망자에 대한 장례
⑨ 기타 보건복지부장관이 지정하는 사업

이와 같이 이재민의 구호방법이 주로 현물급여이지만 필요한 경우 이재민에게 현금급여도 가능하다.

이러한 구호에 필요한 재원은 주로 국고와 지방재정에서 충당하겠지만 그 밖에도 언론기관과 학교, 직장 및 가구중심의 재해의연금품의 모집과 대한적십자사의 구호금품 및 자원봉사활동이 있다. 2006년 4월 현재 모금(회비)액은 약 354억원이다.

한편, 이러한 구호사업에 많은 구호관련단체(예컨대 언론기관 등)가 참여할 수 있지만, 특히 대한적십자가사가 주도적인 역할을 한다. 대한적십자사는 적십자의 이상인 인도주의를 실현하고 세계평화와 인류복지에 공헌하는 것이 목적이기 때문에 다음과 같은 사업을 행한다.[13)]

---

12) 「재해구호법」, 제12~18조
13) 「대한적십자조직법」,제7조

① 제네바 협약의 정신에 따른 전시 포로 및 희생과 구호사업
② 전시 군의료 보조기관으로서의 전상자 치료 및 구호사업
③ 수재 · 화재 · 기근 · 악역 등 중대한 재난을 당한 자에 대한 구호사업
④ 의료사업(간호 및 혈액사업 포함), 응급구호사업, 자원봉사사업, 이산가족재회사업, 청소년적십자사사업, 관련 교육사업, 기타 국민 보건 및 사회복지에 관한 사업

이러한 사업을 수행하기 위하여 적십자사는 회비, 국고 및 지방자치단체의 보조금, 수익사업으로 인한 수익금, 기타 수입금으로 충당한다.

5) 자원 봉사

(1) 정 의

자원봉사 *volunteer services* 는 옛날이나 지금이나 매우 활발하다. 옛날에는 집안이나 이웃의 길흉사가 있거나 동네의 공동일(집을 짓거나 도로와 보를 만드는 일)이 있을 때 자원봉사가 이루어졌지만 오늘날에는 사회사업기관의 일손이 모자라서 자원봉사자를 교육 · 훈련시켜서 활용하는 경우가 많다.

자원봉사는 자발성 *volunteerism* 에 기초하여 나타난다. 이 자발성은 적어도 3가지 개념이 있다.[14)]

첫째는 주로 자유시장 *free markets* 에 의하여 좌우되는 이데올로기로서, 박애사업과 자조사업은 사회문제의 해결책으로 사용될 수

14) H.L. Wilensky, 'Foreword', *Voluntary Agencies in the Welfare State,* by R.M. Kramer(ed), Berkeley, Univ, of California Press, 1981,P XV
R. Dolgoff & D. Feldstein, *Understanding Social Welfare*, Longman, N.Y., 1984, pp.242～243

있다. 사회문제의 해결에 정부가 개입하는 것을 싫어하는 사람은 사회복지서비스의 사적, 자발적 노력을 지지한다. 이들은 개인적 욕구가 시장과 가족에 의하여 해결되어야 한다는 것이다.

둘째는 자발성은 민간협회 *voluntary associations* 로서 간주된다. 민간협회는 정부의 사회봉사 전달체계를 확충, 개선, 보완, 보충 또는 대치할 수 있다는 것이다. 이러한 서비스는 일반적으로 노동집약적이고 지방적, 특수한 욕구에 관한 지식을 필요로 하며 지방의 합의가 필요하다. 즉 프로그램에 대한 지역사회의 지원을 필요로 한다.

셋째는 자발성이라는 자원봉사자의 정신 *volunteerism,* 또는 정책결정에 있어서 자원봉사자의 동원과 활용 그리고 사회복지 조직의 부하로서 직접적 서비스의 역할을 한다.

이와 같이 일반인들은 자원봉사 활동을 사회복지의 민간부문으로 생각한다. 그러나 현대사회에 있어서 자원봉사가 인간의 욕구와 사회문제를 해결하여 준다는 것은 거의 불가능하고 자유 자본주의 사회의 양념으로 생각할 수 있다.

(2) 동 기

전통적 사회사업가의 동기는 박애정신과 자선사상이라고 하지만 그들 자신의 정신적 만족감을 박애사업, 자선사업 또는 인보사업에서 찾았다. 그와 마찬가지로 자원봉사자도 남을 도와 주기를 원하는 이타심이 가장 중요한 동기이지만 일을 하는 과정에서 개인적 이득, 이익, 즐거움 및 사회적 접촉을 획득하는 것이다.

영국에 있어서 자원봉사자의 동기에 대한 조사에서도 ① 남을 돕기 원하는 이타심 *altruism,* ② 경험, 관심, 지식 또는 직업과 같은 개인적 이득을 찾으려는 자기이익 *self-interest,* ③ 사람을 만나고 친구를 사귀기 바라는 사회성 *sociability* 으로 그 동기를 구분할 수 있다고 한다. 대부분의 자원봉사자는 이러한 동기의 혼합형태를 주장하고 있다.15)

이러한 동기는 우리 나라의 경우에서도 찾아 볼 수 있다.

(3) **형 태**

자원봉사사업의 주요한 형태를 존스 등은 다음과 같이 주장한다.16)

① 박애사업종류의 직접적 서비스의 제공, 즉 노인방문, 병상에서의 도움, 정서장애 아동과 함께 외출, 물리적 환경의 청소
② 민간조직의 지원, 즉 위원회의 회원, 기록보관, 회계정리, 전화 받기, 회합 주선
③ 공통된 문제를 가진 사람을 위한 자조집단의 참여, 즉 알코올중독자 지원회, 기형아 부모회, 가족 구제회
④ 재정부조, 즉 기금 형성과 금전 제공
⑤ 공공서비스, 즉 지방당국의 회원, 지역 보건당국의 회원, 소비자 위원회의 회원
⑥ 압력집단 활동 즉 전단, 회의, 정책건의, 정부에 건의

자원봉사자의 총 인구는 전 국민의 2%미만으로(36만 명) 추산된다. 그런데 우리 나라의 자원봉사활동은 1987년 조사에 의하면, 공공단체(학교상담실, 위민실, 사회정화위 등)에 참여하는 경우가 전체의 63.8%로서 가장 많고 그 다음은 적십자사, 소비자보호단체 등 사회봉사단체(12.55%)와 불우이웃돕기, 청소년 선도위원회, 갱생보호위원

---

15) G.M. Aves, *The Voluntary Worker the Social Services,* Sage Publication, 1969, p,42
김영모,「사회복지의 자주적 모색」, 평민서당, 1976, p.37

16) K. Jones, J. Brown, J. Bradshaw, *Issues in Social Policy*, Routledge &Kegan Paul, London, 1978, p.80

회(12.3%)이며 나머지는 사회복지시설, 기관 및 단체(7.4%)와 불우이웃돕기 운동(4.1%)이다.[17] 참고로 미국은 16세 이상 인구의 약 1/5이 자원봉사활동에 참여하고 있으며, 일본은 등록된 자원봉사수가 428만 명이며 단체의 수는 53,000개 정도에 달하고 있다.[18] 행정기관의 공공단체라는 것은 사회정화위원회, 새마을 부녀회 등을 말하며 이들 단체는 각종 캠페인을 행한다. 이러한 것을 보면, 우리 나라의 조직적인 자원봉사활동의 형태가 다른 나라에 비하여 매우 다르다는 것을 알 수 있다.

우리 나라 사람들의 자원봉사활동은 다른 나라에 비하여 대단히 활발하다. 그것은 자발적인 동기에서 참여하는 경우도 있지만 앞에서 지적한 새마을운동 등 정부주도형의 시민운동 또 법정 자원봉사활동(복지위원 등)과 같은 비자발적인 것에 많이 참여하였다. 최근에는 사회복지사업법에 규정된 법정위원(복지위원, 아동위원 등)이나 지역사회복지(특히 사회복지관과 재가복지사업)에 자원봉사자가 많이 참여하고 있다.

⑷ 자원봉사자의 특성

우리 나라 자원봉사자들의 특성이 무엇인지를 그간 조사결과에서 보기로 하자.[19]

① 자원봉사자의 성별은 70～80%가 여성이다.
② 자원봉사자의 연령은 20대가 55.0%이다.
③ 자원봉사자의 학력은 92.2%가 고교이상 졸업자이고 대학졸업자가

---

17) 한국사회복지협의회,「자원봉사활동현황 및 활성화 방안」,1987, p.3
18) 한국보건사회연구원,「한국적 복지모형의 정립과 정책방향」, 1995
19) 조휘일,「한국사회복지 분야의 자원봉사활동과 관련된 개인 및 조직 특성에 관한 연구」,숭실대 박사학위논문, 1990, pp.45～52

67.8%를 차지한다.

④ 자원봉사자의 종교는 70%이상이 종교를 가진 기독교인이 55~60%이다.

⑤ 자원봉사자의 직업은 학생이 40.5%이고 가정주부가 18.9%, 회사원이 12.8%, 의료인이 6.7%이며 종교인, 법조인, 공무원, 교직자 등이 2~3%를 차지한다.

⑥ 자원봉사자의 생활수준은 중간층이 91.9%를 차지한다.

⑦ 자원봉사자의 참여 동기는 1982년의 조사에서는 지식과 경험의 획득이 37.9%를 차지하고 불우이웃돕기가 30.6%를 차지한다. 그리고 1984년의 조사에서는 사회봉사가 43.4%를 차지했고 그 다음은 지식과 경험이 23.9%이며 나머지는 여가를 보람있게 보내기 위한 것(18.7%) 등이다.

⑧ 자원봉사에 참여하는 회수는 1주일에 1회가 가장 많고(34.8%) 참여시간은 1주일에 3시간이 가장 많다.(48.1%)

⑨ 이러한 자원봉사자는 사회복지분야에 있어서 1개월에서 6개월 이내 중도탈락율이 43.5%가 된다.

이러한 자원봉사자의 특성을 보면, 자원봉사활동이 화이트 칼라, 중간 연령층 중심의 중간계급운동이라고 하는 것은 상당히 타당성이 있는 것 같다.20) 그러나 다른 나라에 비하여 우리 나라의 경우 대학생이 많이 참여하고 최근 노인들도 많이 참여한다.

그리고 1995년 5월 교육개혁으로 학생 자원봉사활동이 의무화되어 중고생 종합생활기록부에 봉사활동을 기재·관리하고 상급학교 진학시 입학전형에 반영하도록 제안되었으며, 보건복지부는 1997년 사회복지사업법 개정으로 국가와 지방자치단체가 사회복지분야 자원봉사활동은 지원·육성 근거를 마련하였으며 행정자치부는 자원봉사의 개념을 확대하여 2003년 '자원봉사활동기본법'을 제정하여 지방자치단체 마다 1개의 자원봉사센터를 개설하여 법인 또는 비영

20) 김영모, 전게서, p.38

리법인에 위탁하여 재정지원을 하게 하였다.

우리 나라의 경우 자원봉사자의 중도 탈락율이 많은데 구미에 있어서 자원봉사사업이 지속하고 있는 이유는 다음과 같다고 한다.

① 자원봉사는 참여적인 역할을 지니고 있다.
② 지속적 참여를 위한 욕구가 있다.
③ 법령에 의한 서비스가 하지 못하는 일이 있다.
④ 다양한 미덕이 있다.
⑤ '헌혈관계' 를 유지한다.21)
⑥ 모든 욕구가 국가에 의하여 해결될 수 없다.
⑦ 비판적인 차원을 제공한다.
⑧ 대중과 관련된 강한 정보를 제공하는 역할이 있다.

이러한 이유가 있어도 자원봉사사업을 지속화 시키고 효율적으로 관리한다는 것은 대단히 어려운 일이다. 이러한 문제는 자원봉사기관에서 볼 때 자원봉사자의 사명감 및 책임감의 결여, 업무수행에 요구되는 능력 및 기술상 전문성의 부족이 있으며 자원봉사기관 및 관리 자체의 문제로는 전문성 및 체계성의 미흡, 자원봉사활동을 지속시킬 수 있는 유인의 부족 등이 있다.22)

나. 전문사회사업

사회사업의 전문적 방법은 오늘날 미국에서 고도로 발달하여 있는 사회사업, 즉 사회심리적 서비스를 말한다. 이러한 서비스는 인

---

21) Titmuss는 '헌혈관계' *Gift Relationship* 라는 책에서 매혈을 반대하면서 인간사회의 기반으로서 상업적 교환 보다도 오히려 사회적 교환을 위한 열정 즉 이타심이 중요하다고 하였다.
22) 현대사회연구소, 「자원봉사활동의 실태조사연구」, 1985, p.8

간의 욕구가 좌절되거나 사회적 환경에 적응하지 못할 때 이것을 해결하기 위하여 제공한다.

마키버는 사회사업의 대상을 개인과 사회상황간의 필연적 부적응 *maladjustment*[23)]이라고 하였다. 따라서 사회사업은 인간으로 하여금 사회환경에의 적응을 위한 서비스라고 할 수 있다. 이러한 환경에의 부적응은 대개 퍼스낼리티의 결함에서 비롯된다. 따라서 퍼스낼리티를 통합시키고 행동을 수정함으로써 사회환경에 적응시키려는 것이다. 그리하여 전문사회사업은 인간의 퍼스낼리티를 수정하고 사회심리적 욕구를 해결하기 위하여 사회의 자원을 동원하는 과정이라 할 수가 있다.

이러한 사회심리적 원조 방법은 전통적으로 ① 개별지도 *case work*, ② 집단지도 *group work*, ③ 지역사회조직 *community organization*, ④ 사회행동 *social action* 의 4가지 방법을 중요시 한다. 그러나, 최근 사회사업실천방법은 개별적인 접근보다 통합적인 방법을 많이 주장한다.

1) 개별지도

(1) 정 의

개별지도에 대한 정의는 1949년 까지 이미 34개가 있었다고 한다.[24)] 이 가운데서 가장 오래 되었으면서도 오늘날 가장 보편적인 것으로 인정받고 있는 것이 리치몬드 여사의 정의다. 그녀는 개별지도사업을 개별적으로 인간과 환경간의 의식적이고 효과적인 재조정

---

23) R.M. Maclver, *The Contribution of Sociology to Social Work*, 1931, p.43 or p.62

24) Swithun Bower, The Nature and Definition of Social Work, *Social Case Work Mdnthly,* 1949, pp.10～12

을 통하여 퍼스낼리티를 개발시키는 과정이라고 하였다.

이와 같이 개별지도는 개인을 대상으로 하고, 개인을 치료하는데 있어서 1:1에 의하여 개개인의 행복을 위한 조정이라는 것을 알 수 있다.

좀 더 구체적으로 그 특징을 지적하여 하면 다음과 같다.[25)]

첫째, 개별지도는 개인과 사회, 개인간 조정을 도모하는 것이다. 인간은 사회적 존재이고, 인간생활은 사회와의 접촉을 필요로 하며, 이러한 접촉 가운데서 일어난 문제를 자력으로 해결하는 사람은 개별지도의 대상이 안되지만 그렇지 못한 사람은 대상이 된다.

둘째, 개별지도를 행하는 조정은 의식적이라는 것이다. 조정에 있어서는 개별지도의 과정, 그리고 이의 수단과 방법을 사회사업가가 합리적인 기초 위에서 의식적으로 이용하고 있다는 것이다.

셋째, 개별지도의 목표는 조정에만 있는 것이 아니고 개인 퍼스낼리티의 발달에 있다. 일시적인 조정은 의미가 없다. 조정이 개인에게 의미를 갖기 위해서는 체계적 효과를 가져오는 조정이 아니면 안된다. 이것은 궁극적으로 개인의 능력을 발휘하여 인격의 발달을 원조하여 주는 것이다.

넷째, 개별지도는 여러 가지의 연속적인 과정으로 성립되어 있다. 조사·진단·치료가 연속적으로 긴밀하게 연관되어 있는 과정이다.

리치몬드 여사는 개별지도사업의 학문적 체계를 최초로 이루어 놓은 사람이며, 그녀의 정의는 고전적인 것으로 통용되고 있다. 물론, 1913년 스바이니즈 여사의 개념이 없는 것은 아니다. 스바이니즈 여사는 개별지도를 사회기관이 설정한 모든 정책에 따라, 그 기관이 사회사업가가 클라이언트에게 개인적 욕구를 고려하여 경제적 원조서비스·개인적 카운셀링을 행하는 모든 과정과 상관되어 있다

---

25) 田代不二男, 「社會福祉學說」,pp.136~137

고 한다.26) 그러나, 그녀는 개별지도를 체계화시키지 못하고 있다. 다만, 리치몬드 여사에 비하여 개별지도를 주관하는 기관이 명시되어 있다.

'사회사업연감' *Social Work Year Book* 에서 지적된 개별지도의 정의를 찾아 보면, 개별지도는 '개인이 자기의 노력과 수단 방법으로서 원만히 기능 할 수 없는 경우 사회적 적응의 제 문제에 대하여 사회사업가들이 그들 각자에게 어떠한 해결책을 발견할 수 있도록 도와주는데 이용되는 한 방법이다'라고 한다.27) 여기에서도 인간이 사회환경에 적응을 제대로 하지 못할 때, 사회사업가가 측면에서 원조하여 줌으로써 클라이언트가 자기의 능력과 지역사회의 자원을 최대한으로 이용하여 완전한 생활을 누리도록 하여 주는데 있다는 것이다.

이와 같이 개별지도는 직접적으로 개인의 능력과 환경자원을 개발하여 경제적으로나 정신적으로 인간이 만족스러운 생활을 영위할 수 있도록 원조하여 주는 것을 말한다. 이러한 행위는 사회사업가가 클라이언트가 가지고 있는 문제를 발견·인식·해결할 수 있도록 원조하여 주는 일련의 과정을 말한다.

앞에서 지적한 개별지도에 대한 제 개념의 공통성은 일반적으로 ① 사회사업가와 클라이언트간 문제가 개인에 의한 개인 *individual by individual* 의 조정이고, ② 그 목적은 클라이언트의 퍼스낼리티를 발전시키는데 있으며, ③ 이러한 기능을 수행하는데 있어서 전문적·과학적 지식이 필요하다는 것이다.

---

26) Elizabeth M. de Schweinitz, Can We Define Case Work? *Survey Midmonthly,* Vol, 75, No.2, 1930, pp.37~39

27) *Social Work Year Book,* 1954, p.474

그리하여, 사회사업가는 클라이언트의 퍼스낼리티를 개발시키기 위하여 클라이언트가 처하여 있는 지역사회의 인적, 물적 자원을 최대한으로 활용하려고 하며, 이러한 역할에 필요한 전문적 지식은 오늘날에 사회학 · 심리학 · 문화인류학 · 정신분석학 · 성격심리학 그리고 정신의학의 종합에서 가능할 것이다.

(2) 원 리

개별지도를 수행하는 과정(조사 · 진단 · 치료)에 있어서 개별사회사업가는 자기가 맡은 역할과 책임이 있고, 클라이언트는 클라이언트대로의 역할이 있을 뿐만 아니라 동시에 클라이언트는 치료를 요하는 문제를 가지고 있다. 이러한 문제를 해결해 주기 위해 개별사업가들은 클라이언트를 원조하고 있다. 개별사회사업가가 클라이언트를 원조하는데 있어서 가장 좋은 처리방법은 아주 명확히 단절해버리는 것이다. 왜냐하면, 클라이언트는 기관의 도움으로 부터 독립할 수 있는 생활이 필요하고, 사회사업가는 그러한 생활에 대한 클라이언트의 능력을 평가할 수 있으며, 따라서 그들은 클라이언트가 시도할 수 있는 적절한 결정에 도달할 수 있기 때문이다.

그러면, 개별사회사업가, 클라이언트, 그리고 원조의 역할에 따른 원리를 보자.

(가) 개별사회사업가의 역할

첫째, 개별사회사업가는 전문직업인으로서 전문적인 지식과 교양을 갖추어야 한다.

둘째, 개별사회사업가는 개인의 고유한 가치와 존엄성을 확신하여야 한다.

셋째, 개별지도도 개별화된 봉사 *individualized services* 이기 때문에 사회사업가는 클라이언트에 대하여 전문적 관계성에 의하여 클라이언트의 잠재력을 발전시켜 주고, 퍼스낼리티와 환경을 잘 융화시키도록 사회적 조정을 행하여야 한다.

넷째, 개별사회사업가는 겸손과 각성을 겸비하여야 한다.

(나) 클라이언트의 역할

첫째, 클라이언트는 개별지도에 대하여 효력적이어야만 효과적이며, 그렇지 못하면 개별지도는 성공할 수 없는 것이다.

둘째, 클라이언트의 자기결정 *self-determination* 의 원칙이다.

셋째, 개별지도는 클라이언트의 자조자립 *self-support* 의 원칙을 그 이념으로 한다.

넷째, 클라이언트는 자기의 욕구와 갈망에 기초하여 자기의 원조를 결정하여야 하고, 개별사회사업가는 클라이언트로 하여금 올바른 대답에 도달할 수 있도록 하여야 한다.

(다) 원조의 목적

개별사회사업가가 클라이언트에게 행하는 기능은 해로운 것보다는 오히려 유익한 일로서, 클라이언트의 욕구·갈망에 의하여 이루어지는 활동과 봉사이다. 이러한 활동과 봉사는 클라이언트의 퍼스낼리티를 개발하고자 사회자원과 클라이언트의 능력을 이용하여 클라이언트를 사회환경에 적응시키고자 하는 것이다.

개별사회사업가는 항상 클라이언트를 원조하는 태도로서 자조자는 천조자 *helping people to help themseleves* 의 신조를 가져야만 한다.

(3) **방 법**

개별지도의 방법이라는 것은 개별사회사업가가 클라이언트를 다루는데 있어서 필요한 일련의 과정을 의미한다. 개별지도 방법의 처리 방법은 기관에 따라, 또는 사회사업가에 따라 커다란 차이가 있다. 개별지도의 방법은 의사가 환자를 다루는 과정과 유사한 과정을 밟는다. 그러나 개별지도의 방법론에 있어서 의사와 다른 점은, 의사가 환자를 생리학적 진단에 의하여 다루는데 반하여, 개별사회사업가는 클라이언트에게 사회심리학적 진단과 처방을 행한다는 것이다.

리치몬드 여사는 개별지도 과정을 4가지로 구분하고 있다.[28)]

① 클라이언트의 개성과 개인적 특징의 통찰, 즉 개성의 이해
② 사회적 환경에 있어서 자원, 위험 및 영향에 대한 통찰, 즉 환경의 이해
③ 정신에 기초하나 직접적인 심적 행동
④ 사회적 환경에 의한 간접적인 행동, 즉 정신에 대한 간접적 행동을 하는 것이다.

여기에서 우리는 ①과 ②는 개별지도의 과정에 있어서 사회적 진단 *social diagnosis* 의 과정이라 하고, ③과 ④를 사회적 치료 *social treatment* 의 과정이라 할 수 있다. 특히, ③은 개별사회사업가의 특별한 개인적 관계를 강조하고, ④는 사회자원을 이용하는 것을 의미하고 있다.

이러한 과정을 우리는 ① 사례조사 ② 사회적 진단 ③ 사회적 치료의 3단계(또는 그 앞뒤에 접수 *intake* 와 사후지도 *follow up* 의 과정을 추가하여 5단계설을 주장하는 경우도 있음)로 크게 구분할 수 있고, 개별지도는 이 세 과정을 거쳐서 이루어지지 않을 수 없다.

그러면, 이와 같은 각 단계에 있어서 개별지도가 어떠한 방법에

28) M.Richmond, *op. cit.*, 1922, p.103

의하여 행하여 질 수 있는 가를 보자.

(가) 사례조사

이 과정은 의사가 환자의 병세가 어떠한가를 알기 위하여 행하는 진찰과정과 유사하다. 다시 말하면 개별사회사업가가 클라이언트의 증세를 파악하려고 이에 필요한 정보를 면접·방문·관찰을 통하여 수집하고, 수집된 자료를 상호 관련시켜 보는 과정을 말한다. 그래서 사회사업에 있어서 사례조사는 클라이언트의 여러 가지 인간(사회)관계에 대한 전반적인 자료를 수집할 필요성이 있다. 클라이언트의 치료상 필요한 자료로 주체적으로는 클라이언트가 지니는 인격·지능(IQ)·가족·결혼·오락·주거·건강·근린관계·생활경력·심리적·지리적 제 조건에 관한 것이고, 객체적(사회적)으로는 클라이언트의 경제생활·가정생활·교육·문화·오락생활·사회적 교제·의료기관과의 관계 등에 관한 자료가 필요하다. 이러한 기본적인 자료수집에서 클라이언트의 자격기준 *eligibility* 을 제정하고, 동시에 사회사업가 자신의 치료 능력과 퍼스낼리티의 적합성을 알아야 한다.

개별사회사업가는 수집된 자료(사실)의 정확성을 알기 위하여 직접적으로 클라이언트를 면접하기도 하고, 클라이언트와의 면접 결과를 확인하기 위하여 클라이언트의 친척·친구를 만나 확인하는 것이 좋다. 그것을 더 잘 알기 위하여 학교·직장·행정기관에 비치되어 있는 서류상 검토도 필요한 것이다.

(나) 사회적 진단

여기에서는 클라이언트에 대한 수집된 자료를 기초로 하여 클라이언트의 결함이 어떠한 것이고, 그 원인이 무엇인가를 밝히고, 이에 대한 치료의 필요성과 가능성을 판단하는 과정이다. 이 과정에서는 클라이언트의 결합과 그 원인을 밝힐 뿐만 아니라, 결함의 정도·종류 및 다른 사회적 조건과의 상관성을 밝히고, 이에 대한 대책도 규명하여야 한다.

클라이언트에 필요한 대책도 클라이언트의 욕구를 중심으로 하여 사례를 분류하여야 한다. 이러한 분류도 원인 분류에 따라서 치료계획이 다양할 수 있다.(예; 빈민-금전급여, 무주거-숙소제공, 질병-입원). 이러한 수속과정에서 이루어진 문제의 원인, 클라이언트의 능력조건, 태도에 대한 진단, 치료계획 등의 진단요약서를 기록하여 두는 것이 좋다.

(다) 사회적 치료

개별사회사업가는 클라이언트의 진단결과를 평가하여 치료계획을 설정할 수가 있다. 치료계획을 실행하는데 있어서는 ① 서비스를 행하는 시설의 사업 방침 ② 서비스의 내용, ③ 지역사회에 있어서 사회자원의 상태, ④ 시간적 여유의 유무, ⑤ 담당하는 개별사회사업가의 능력 등과 같은 조건에 의하여 좌우될 수 있다.

일반적으로 개별지도의 치료방법은 첫째로 심리치료 *psychological therapy* 와, 둘째로 환경수정 *ennvironmental modification* 을 들 수 있다.

심리치료는 지지 *supportive* 와 자기이해 *self-understanding* 가 있다. 전자는 클라이언트의 불안감이나 의타심을 없애 주기 위하여 사회사업가가 관심을 가지면서 충고와 격려, 지도와 기대를 행하여 주는 방법이고, 후자는 클라이언트의 사상과 감정을 정화시키고, 자기를 객관화 하여 현실적 자기평가를 하여 자기통제를 하도록 하는 치료법이다. 이것은 개별사회사업가가 고도의 임상심리치료에 필요하고,

과거의 경험이나 자기통찰을 수단으로 구사하는 치료방법으로서, 오늘날 자유연상·마취제·약품사용·전기자극·최면술 등을 사용하고 있다.

환경조정은 알선과 구체적 서비스의 두 가지가 있는데 전자는 개별사회사업가가 중개적 역할을 하는 치료방법으로서 입양·입원·위탁·이주 알선 등이 있고, 후자는 금전급여나 시설보호 등이 있다.

2) 집단지도

(1) 정 의

집단지도는 코일여사가 말한 바와 같이, 집단지도자의 도움을 받아서 여가를 이용하여 집단에서 자발적으로 행하는 교육과정이다. 집단활동에 있어서 교육목적은 공통된 목적을 달성하기 위하여 집단을 수단으로 이용하거나, 집단경험을 통하여 개인의 퍼스낼리티의 성장과 발달을 성취하려는 것이다.[29] 다시 말하면 집단경험을 통하여 개인의 욕구인 사회성과 지도력을 개발하려는 것이다. 여기에서 정규적인 학교교육이나 단독으로 행한 레크리에이션이 비록 가장행렬과 무도회와 같은 집단오락이라 할지라도 개인의 인격발달을 도모하고 있지 않는다면 집단지도라고 말할 수 없다.

한편, 트렉카는 집단지도를 집단 또는 사회기관(시설) 구성원 개개인을 사회사업가의 도움에 의하여 구성원 상호간 또는 타인과의 원만한 관계를 맺도록 도와주고, 구성원들이 자기의 욕구와 능력에

---

29) Grace L.Coyle, Social Group Work, *Social work Year Book*, 1939 p.413과 Social work Year Book, 1945 참조

따라 발전할 수 있는 기회를 마련하여 주는 과정이며 방법이라고 하였다.30)

코노버는 집단지도의 개념을 다음의 6가지 요소로 구성되어 있다고 한다.31)

① 집단지도는 원조의 과정이다.
② 자발적인 집단에서 행한다.
③ 여가의 흥미를 중심으로 한다.
④ 한 사람의 지도자의 도움에서 행한다.
⑤ 개인의 퍼스낼리티의 발달을 목적으로 한다.
⑥ 집단이 가지고 있는 사회적 목적을 추진시킨다.

코노버가 지적한 집단지도의 요소는 가장 보편적인 개념이라고 생각할 수 있다.

이러한 집단지도는 개별지도의 개념과 비교하여 볼 때, 그 목적이 개인의 퍼스낼리티의 발달에 있다는 점은 동일하다. 그러나 ① 개별지도는 예방·조치·치료에 일차적 관심이 있는데 반하여, 집단지도는 정상적인 사람에 대하여 창조적인 경험을 제공하는데 일차적 관심이 있다는 점과 ② 개별지도는 개별적인데 반하여, 집단지도는 집단적이라는데 근본적인 차이가 있다.

(2) 원 리

집단지도는 집단사회사업가가 집단경험을 통하여 집단성원의 퍼스낼리티를 발달시키고자 하는 것이라고 말하였다. 그리하여 집단지도의 기본 원리도 이러한 집단관계에서 파악하면 된다.

---

30) Harleigh B. Trecker, *Social Group Work ; Principles and Practice,* 1948, pp. 8~9

31) A.E. Fink & Others, *op.cit.,* 1953, p.442

(가) 집단사회사업가의 역할

집단사회사업가는 개별사회사업가가 가지는 인격과 지식 및 기술 못지 않을 정도의 까다로운 구비조건이 필요하다. 왜냐하면, 개별사회사업가는 일반적으로 클라이언트가 불건전하고 비정상적인 퍼스낼리티를 가지고 있는 사람들을 다루지만, 집단지도에 있어서 클라이언트라 할 수 있는 집단성원은 오히려 건전하고 정상적인 다수의 사람을 집단적으로 다루고 있기 때문이다.

그러면, 먼저 훌륭한 집단사회사업가는 어떠한 자질을 갖추어야 되는가를 알아보자.

집단사회사업가는 전문적 훈련을 받은 유급 전문지도자를 의미한다. 집단사회사업가는 집단성원이 그 집단성원 중에서 선출한 대표자와는 구별하여야 한다. 사회사업가는 본질적으로 지도자가 아니고 원조자이다. 이러한 지도자는 집단지도에 있어서 어떠한 지도력을 가지고 있는 것이 효과적인가에 대한 실험결과[32]에 의하면 전제적 지도력과 무정부적 지도력 보다는 민주적 지도력이 가장 효과적이었다고 말한다.

(나) 기 술

집단지도에 있어서 가장 중요한 역할을 집단사회사업가와 집단지도자가 행한다. 먼저, 집단사회사업가의 역할을 소개하고, 집단지도에 있어서 가장 중요한 기술이 프로그램의 작성과 레크리에이션이기 때문에 이의 효과적 기준을 제시하고자 한다.

집단사회사업가의 역할을 크라크는 10가지로 지적한다.[33]

---

32) 1930년 미국 아이오아 아동복지연구소의 Ronald Lippitt, R.K. White, Kurt Lewin의 10~12세 소녀에 대한 리이더쉽에 관한 실험결과임.

① 집단성원에게 교육적인 경험의 기회를 제공하도록 하여야 되고 이러한 기회를 제공하는 기관의 직원은 교육원리, 인간의 심리유인, 개인의 욕구를 이해하여야 한다.
② 집단지도자는 집단의 형태 · 구조 · 집단환경에 대한 특징을 알아야 한다.
③ 집단성원의 희망 및 욕구를 만족시키는 프로그램을 작성해야 한다. 프로그램을 작성하는 경우 ⓐ 집단의 현재의 관심 ⓑ 관심을 발전시킬 수 있는 성원 각자의 능력 ⓒ 창조적 경험의 가치 ⓓ 경험에서 인격을 발달시킬 수 있는 기회 ⓔ 유쾌한 활동을 통한 긴장의 완화와 같은 원칙을 준수하는 것이 좋다.
④ 지역사회의 자원을 이용하라.
⑤ 집단지도의 필요조건은 다른 분야의 지식을 응용하라.
⑥ 지도자는 집단성원의 다른 분야의 지식을 응용하라.
⑦ 전문적 사회사업가의 지도능력과 기술을 발달시켜라.
⑧ 집단내 건설적인 상호관계를 조장시키는 기술을 터득하라. 이의 기술로서는 영예 · 포상 · 제한 · 토의 · 단체훈련 · 기록 · 보고 · 징벌 · 여행 · 면접 · 관찰 등이 있다.
⑨ 집단지도사업의 목적 · 논리 · 의무를 결정하는 철학이 필요하다.
⑩ 이상 9가지 면의 통합이 필요하다.

3) 지역사회조직

(1) 정 의

인간생활에 있어서 여러 가지 일에 대한 계획과 조정이 필요하다. 주민들의 복지와 관련된 교육 · 주택 · 교통 · 상하수도 · 보건 및 사회봉사 등의 계획과 조정이 요구되고, 이러한 요인들의 통합이 필요하게 된다. 이러한 것을 해결하기 위한 사회사업의 방법이 지역사회조직 *community organization* 이라고 한다. 지역사회조직은 학자들에

---

33) Helen I.Clarke, *Principles and Practice of Social Work*, 1947, pp.102～111

따라 여러 가지 용어로 표현되고 있다. 예를 들면, 조직사회사업 *social organization work,* 사회복지계획 *social welfare planning,* 사회복지조직 *social welfare organization,* 사회공학 *social engineering* 및 중간집단사업 *social intergroup work* 이라고 한다. 그리고, 지역사회의 복지 또는 개발을 목적으로 한 개념은 앞서 말한 것 이외도 로스가 말하는 지역사회사업 *community work* 과 샌더스가 말하는 지역사회행동 *community action* 또, 영국의 지역사회보호 *community care* 라는 것이 있다. 지역사회사업은 ① 지역사회개발과, ② 지역사회조직 및, ③ 지역사회관계로 구성되어 있고, 지역사회행동은 ① 외형계획과 구획, ② 지역사회개발로 구성되어 있다. 그리고 지역사회보호는 탈시설화를 위하여 가정에 있는 요보호자에 대한 지역서비스를 말한다. 이것을 일본에서는 재가복지 중심의 지역복지를 주장한다.[34)]

로스는 지역사회개발을 후진국가 또는 선진국가의 후진지역사회의 발전을 위한 노력에서 찾아 볼 수 있고, 지역사회조직사업은 선진국가 또는 기능적 지역사회에서 효과적인 개발모형이라고 말한다. 지역사회관계는 선진사회 또는 후진사회를 막론하고 사회사업을 효과적으로 추진하고 사회사업에 대해 올바르게 인식시키는 것이 매우 중요하다. 그리하여 지역사회 관계를 위한 노력으로 ① 공공관계 P.R., ② 지역사회봉사, ③ 지역사회참여 등을 지적한다. 샌더스도 지역사회조직사업의 중요성을 특히 지역사회개발의 방법론에서 지적하고 있다.

사회사업에 있어서 커뮤니티의 개념은 지역사회라고 말하기보다

---

34) Murray G. Ross, *Community Organization;* Theory and Practice, Free Press, 1955
Irwin T.Sanders, *The Community; An Introduction to a Social System*, 1958
김영모 편,「지역사회복지론」, 고헌출판부, 2001

는 공동사회라고 하는 것이 타당하다. 일반적으로 커뮤니티의 과학적 정의는 두 가지 주요한 특성을 가지고 있다. 첫째는 단일성과 분리를 지적하는 외형적, 지리적, 지역적 경계선과, 둘째로 사회적, 문화적 동질성 · 일치감 · 자조 또는 공동행위와 상호작용관계를 포괄하고 있다.

이와 같이 사회사업에 있어서 커뮤니티의 개념은 다양하게 지역집단 또는 이익집단 까지 포괄하고 있다. 지역사회사업은 개별지도과 집단지도과 같이 개인 또는 집단에 직접적 서비스를 하지 못하는 상황에서 필요한 대중적 봉사활동이다.

지역사회사업이 실천된 지 50여년이 되었지만, 최근 35년 동안 미국의 사회학 또는 사회복지 문헌에서 약 50~100여 개의 정의를 찾아 볼 수 있다. 이 많은 정의 가운데서 1921년 부터 1955년 까지 잘 된 정의(13개)의 이념을 유형화 시켜 보면, 일반적으로 4가지로 구별할 수 있다. 첫째는 협동 · 공동 및 통합이고 이것은 교육방법을 강조한다. 둘째는 욕구해결로서 욕구와 자원간 균형을 유지하는 것이다. 셋째는 개별지도과 집단지도의 직접적 봉사와 모순된 계획관계이다. 넷째는 민주적 과정과 전문성간 실천관계를 성취하는 광범위한 철학적 개념이다.[35] 이러한 것 가운데서 대부분의 학자들이 첫째와 둘째의 유형을 지적하고 있다. 이 중에서 가장 대표적인 학자들의 정의를 알아보자.

맥네일과 던햄은 지역사회사업을 매우 유사하게 정의하고 있다. 즉, 지역사회조직은 지리적 범위 또는 기능적 분야에서 사회복지 자원과 사회복지 욕구의 더욱 발전적이고 효과적인 조정을 행하고 유지하는 과정이라고 한다.

35) E.E. Harper & Dunham(ed), *Community Organization in Action,* 1966, p.54

로스에 의하면 지역사회조직은 지역사회가 그의 욕구 또는 목적을 확인하고, 그것을 배열하여 인식을 발달시킨다. 그리고 그들의 욕구와 목적을 달성하기 위하여 내적 · 외적 자원을 발견하여 작용을 가하고, 지역사회에 있어서 협동적 · 공동적인 태도와 실천을 증진시키는 과정을 의미한다고 말하였다.[36] 그리고 뉴스레터에 의하면, 지역사회조직사업은 한 마디로 말해서 '중간집단사업과정' *social intergroup work process* 이라고 말한다.[37]

그는 중간집단을 지역사회가 행하거나 자기의 전문직업성을 나타낼 수 있는 원리 영역으로서 말한다. 중간집단인 위원회의 제 1차적인 목표는 집단간 적응관계를 다루고, 중간집단 또는 집단성원들의 욕구를 다루는 것이 아니라고 한다. 이것은 여러 가지 이익집단을 대변하는 위원회와 전문조직가의 간접적 지도력에 의하여 일어날 수 있다고 한다. 뉴스레터의 개념 규정은 위에 말한 여러 개념에 비하여 이색적이며 아주 좁은 의미의 정의를 내리고 있다.

이러한 지역사회조직사업의 정의에서 지역사회조직의 근본 원리는 지역사회 주민의 공통된 욕구를 해결하기 위하여, 지역사회가 가지고 있는 인적 물적 자원을 동원하여 효과적으로 조정하는 과정이다.

이와 같이 지역사회조직사업을 다양하게 규정하고 있지만, 공통적 정의로서 지역사회조직사업은 지역사회 성원의 공통된 욕구를 해결하기 위하여 지역사회의 내적, 외적, 인적 물적 자원을 조정해주고, 이것을 중간 집단을 통하여 추진하는 과정이다.

---

36) Murray G. Ross, op. cit., p.29

37) Wilbeur, I. NewStetter, *The Social Intergroup Work Process,* Proceedings of The National Conference of Social Work, 1947, pp.205～217

(2) 기관과 프로그램

지역사회성원의 복지 향상을 조직하고 계획하기 위해서는 지역사회조직가가 그 필요에 따라 중간집단을 형성하여야 한다. 여기에서 말하는 중간집단은 지역사회조직사업의 기관 *social agency* 이라고 할 수 있다. 그러므로, 지역사회조직기관은 개인이 될 수 없고, 한 개의 사회사업기관이 대변할 수 있는 것이 아니다. 그러나 지역사회조직가는 개인이 될 수 있다. 만약 광의로 생각한다면, 지역사회조직가도 기관의 범주에 넣을 수 있는 것이다. 그러므로 여러 가지의 지역사회조직기관이 있을 수 있다. 그러나 여기에서는 중간집단의 성격을 가지고 있는 대표적인 몇 개의 기관을 중심으로 설명한다.

(가) 지역사회복지위원회

지역사회조직사업의 가장 대표적 기관이 지역사회복지위원회 *community welfare council* 또는 지역사회복지협의회이다. 이것은 연맹의 형태를 가지고 협동을 위한 갈망의 상징이다. 또한 지역사회조직의 모든 기능을 수행하고 있다. 던햄은 지역사회복지위원회를 지역사회에 있어서 보건기관과 복지기관 그리고 시민조직과 개인의 연맹 *federation* 또는 연합체 *association* 라고 하였다. 이것은 지역사회의 복지욕구를 가능한 한 효과적으로 적절하게 해결하려는 목적을 위하여, 노력과 공동계획 및 활동의 조정과 유관한 것이라고 하였다.[38]

지역사회에서는 위원회가 가끔 매일 사회복지사업을 행하는 기관 뿐만 아니라, 시민조직(상인조합 · 노동조합 · 교회연합회 · 부인클럽 · 재향군인회 등)을 포함하고 있다. 대부분의 위원회는 소수 기관의 대표

---

38) A. Dunham, *Community Welfare Organization; Principles and Practice*, Thomas Y. Crowell Co., N.Y., 1958, p.124

자와 개인들로 구성되어 있다. 오늘날 지역사회복지위원회는 일반적으로 사회사업기관과 시민의 조직으로 불리우고 있다.

지역사회복지위원회는 다음과 같은 기본적 요인이 있다.[39)]

① 지역사회복지위원회는 시민과 사회복지기관을 대표하고, 정부기관과 민간기관을 포괄하고 있다.
② 지역사회복지기관이 관련되어 있는 한 지역사회복지위원회는 기관이 공적으로 지명한 대표에 의해서 대변되는 연합체이다.
③ 지역사회복지위원회는 대개 지방 지역사회가 비록 대도시 또는 소도시 및 군으로 알려져 있을지라도 지방의 지역사회에서 활동하고 있다.
④ 지역사회복지위원회의 일은 보건 및 복지계획이고, 또한 지역사회조직사업의 모든 것들이다.

이것은 물론 지역사회의 사회복지 욕구와 자원의 조정을 수행하고, 지역사회의 공적·사적 보건과 복지사업의 질과 양, 그리고 조정을 개선토록 하는 것이다.

근대적인 의미의 지역사회복지위원회는 1908년 피츠버그에서 많은 사회사업기관의 재정적 원조를 행하는 자선사업협회가 조직되었고, 그 후 다른 도시에서도 많이 결성되어 오늘날 미국에 약 500여개의 위원회가 있다고 한다.

이러한 지역사회복지위원회가 행하는 기능은 다음과 같다.[40)]

① 자료의 수집과 편집, 그리고 특수 연구를 포함한 사실발견에 종사한다.
② 회의·합동계획과 활동·조정 및 프로그램의 발전의 중심지로서 사회복지의 경험과 사상의 교환소의 역할을 한다.
③ 공동봉사, 즉 사회사업의 정보교환·조회사업·자원봉사를 관리한다.

---

39) *Ibid*, p.125
40) *Ibid.*, pp.127～128

④ 개발기관과 조직에 대한 상담과 원조를 제공한다.
⑤ 공동모금회를 통하여 합동 예산 편성에 참여한다.
⑥ 사회복지의 욕구 · 목적 · 봉사 및 기준의 공적 이해를 추진한다.
⑦ 농촌지역 · 근린지역 그리고 군 · 시 근교지역에 있어서 지방지역사회 조직을 추진 및 개발하여 준다.

(나) 공동모금회

공동모금회는 지역사회조직 기관중에서 많은 우수성을 지니고 있으며, 광범위한 시민참여가 가능한 것이다. 이것은 사회복지의 기술에 있어서 훌륭한 발명이라고 할 수 있다.

공동모금회 *community chest* 는 시민과 사회복지기관간 협동조직이다. 공동모금회의 주요한 기능은 다음 두 가지를 들 수 있다. 하나는 지역사회 전체에 호소하여 가맹기관을 위한 자금을 수집하고 체계적인 예산을 편성한 후 가맹기관에 분배하는 것이고, 다른 하나는 지역사회의 사회복지와 보건 및 오락사업의 협동적인 계획 · 조정 및 관리를 추진하는 것이다. 이러한 기능은 지역사회복지위원회가 직접적 책임을 지고 수행한다.41)

공동모금은 1년에 한번 캠페인을 벌려서 모든 조직성원들이 이용할 수 있도록 기금을 마련해야 하고, 그들이 사용하는 경비는 기부에 의해서 획득되어야 한다. 모금의 기부자에게는 대개 조직성원들이 개별적인 간청을 해서는 안 된다.

공동모금에 의해 모아진 기금은 조직성원에 의해서 마련된 예산편성에 따라 분배되어야 하고, 공동모금회에서 동의를 받아야 한다. 그리고 공동모금회는 1년 내내 계속적인 활동과 평가를 행하고, 개별적으로 조직성원에 의해서 도움을 받아야 한다. 예산 편성과 자금

---

41) A. Dunham, *op. cit.*, pp.160～161

배정, 그리고 그 밖의 방법에 의해서 공동모금회는 지역사회의 사회적 보건욕구를 효과적으로 해결하기 위하여, 지역사회의 자원에 대한 공동계획과 조정을 유용하게 추진하도록 노력하여야 한다.

공동모금운동은 영국에서 시작하여 오늘날 미국에서 활발히 전개되고 있다. 미국의 경우 United Way라는 모금단체 산하에 국내외 2,300개 이상의 회원단체가 있다. 이 모금단체는 지방의 자선집단과 자원봉사자의 거대한 조직망을 통하여 지역사회 주민의 보건과 인간복지 욕구를 해결하고 있다. 이 단체는 1987년 1년간 26억 달러를 모금하였는데 이것의 50.1%를 기업종사자, 대기업이 23.0%, 비영리 및 정부종사자가 13.9%를 헌금하였다. 이 중에서 운영비는 10%를 사용하고 나머지는 주로 가정서비스(20.8%), 보건(20.5%), 청소년 및 사회개발(16.6%), 의식주, 교통(8.5%), 탁아(6.7%), 지역사회개발(6.6%) 등에 사용된다.

일본의 공동모금은 사회복지사업법의 규정에 의한 자발적인 기금형성운동을 취하고 있지만 도·부·현·단위 공동모금회(45개)의 전국연합체인 일본중앙공동모금회가 관장하고 있다. 1987년 모금액은 약 229억엔이었는데 이것은 주로 가정방문(43.5%), 대기업에 호소(10.1%), 연말 불우이웃돕기인 상조캠페인(34.5%) 등으로 모금되고 있다. 이러한 모금은 과거 주로 보호시설에 할당되고 있지만(19.4%) 오늘날에는 가정보호서비스(37.4%)와 연말 이웃돕기캠페인(33.5%), 운영비(9.7%) 등에 사용된다.

우리 나라도 종전의 사회복지기금법에 의한 관주도 모금이 폐지되고 1998년 7월 1일부터 사회복지공동모금법이 시행됨에 따라 민간주도의 공동모금으로 전환하게 되었다. 사회복지모금회는 독립된 사회복지법인으로 전국공동모금회와 16개 시·도별 지회사 설립되여 있지만, 미국의 공동모금과는 그 성격이 다르고 오히려 일본의 경우와 유사하다. 미국의 공동모금은 필요한 복지기관이 연합하여 공동 예산을 수립하고 지역사회에 홍보하여 모금하며 또 이것을 참여한 기관에 배분한다.

(다) 사회봉사교환소

사회봉사교환소 *social service exchange* 는 주요하고 믿을 만한 등록과 협동적 서비스를 행하는 사회복지 및 보건기관의 연합체이다. 이 기관은 개인과 가족을 다루는 사회복지기관이 클라이언트가 지닌 최선의 관심에 대하여 공동으로 협력하는 사회기관이다. 비록, 개별사회사업 또는 개별사회사업의 시설과 유관하다 할지라도 지역사회조직 기관이다 .

이 기관은 지역사회의 복지기관에 잘 알려진, 클라이언트 또는 신청자인 개인과 가족의 이름을 알파벳순으로 카드를 작성하고 비치한다. 그리하여 새로운 기관이 신청자를 도와 주려하거나 이미 조사를 받은 개인 또는 가족이 새로운 기관에 원조를 요청할 땐 사회봉사교환소에 조회하면 다시 조사를 할 필요가 없게 된다.[42)]

사회봉사교환소의 주요한 기능은 ① 사회사업기관의 등록교환과, ② 성원기관의 요청으로 개인 또는 가족에 대한 정보교환, ③ 새로운 조사 때문에 전에 도움을 받은 성원기관에 대한 통지, 그리고 ④ 조사연구를 위한 자료 공급 등이다. 즉, 성원기관간 클라이언트에 대한 협동과 정보교환을 목적으로 하는 기관이다.[43)]

사회봉사교환소는 클라이언트의 입장에서 보더라도 중복된 조사

---

42) *Ibid.*, p.111

43) 김영모, 「농촌지역사회조직론」, 민조사, 1967, p.143

를 받을 필요 없이 시간을 절약할 수 있으며, 사회사업기관의 입장에는 협동과 상호 이해, 그리고 다른 기관간 계획과 목적의 조정을 기할 수 있다. 또한 이것은 사회사업기관으로 하여금 보다 효율성을 일으키게 하는 지역사회의 자원이고, 기관들로 하여금 팀웍을 할 수 있게 한다.

그러면, 다음에 사회봉사교환소의 기본 원리에 대하여 알아보자[44]

① 사회봉사교환소는 합의된 정보만 다룬다.
② 사람에 관한 문의와 교환소 목록에 인명을 기록한다는 것은 그 사람에 관한 낙인을 찍는 것이다.
③ 사회봉사교환소의 기록은 믿을 수 있어야 하고, 그것의 이용은 클라이언트의 복지를 추진하는데 도움을 바라는 기관에게만 제한되어야 한다.
④ 사회봉사교환소의 가치는 사회복지기관의 기능과 봉사라는 견지에서 사회복지기관에 의하여 적절히 이용되는데 달려 있다.
⑤ 사회봉사교환소의 조사는 복지기관이 클라이언트와 접촉할 때 초기에 실시되어야 한다.
⑥ 사회봉사교환소의 서비스는 그 실제적 유용성이 다른 기관의 상담, 계획 및 활동에 의한 교환소의 보고를 추적하는데 달려 있다.

(3) 원 리

지역사회조직사업의 원리는 사회복지를 위한 지역사회 조직과정에 사용되는 건전한 실천 법칙을 말한다. 이러한 원리는 가치 판단에서 나오기 쉽다. 이 원리는 사회마다 다를 수 있겠으나 여기에서는 구미의 원리를 지적하여 본다.

전미 사회사업대회(1939년)의 지역사회조직에 관한 초안위원회의

44) *Ibid.*, pp.113~114

보고서를 보면, 지역사회조직사업에 대한 기본적인 합의사항과 목적이 제시되어 있다. 여기에서 지역사회조직의 기본 원리를 찾아 볼 수 있다.45)

① 지역사회조직이라는 말은 '과정'과 '분야'의 두 가지 의미로서 사용된다. 즉, 병자를 치료하는 것은 기술 과정이고, 이 과정을 행하는 일을 분야라고 말한다.
② 지역사회를 조직화 하는 과정은 사회사업의 내부 영역 뿐만 아니라 외부 영역으로서 교육 · 종교 · 정치 분야에서 다원적으로 행해지고 있다.
③ 사회사업의 분야에서는 사회복지협의회와 같은 기관에서 지역사회조직의 과정이 제 1차적 기능으로 행하여지지만, 사회사업의 다른 과정에서는 즉, 개별사회사업과 집단사회사업을 목적으로 한 기관에서는 지역사회조직은 제 2차적 기능으로 행한다.
④ 지역사회조직을 행하는 과정은 근린집단 · 지역사회 · 시 · 군에서 뿐만 아니라 도시 또는 전국적 수준에서도 행하여지며 농촌과 도시에서도 가능하다.
⑤ 지역사회조직을 행하는 제 1차적 기관은 원칙적으로 클라이언트에게 직접적 원조를 행하는 것이 아니다. 이들의 사업은 기능적 기관이나 원조자의 이익집단이 행한다 그러나 지역사회조직 과정의 목표와 가치는 지역사회가 제공할 수 있는 클라이언트에 대한 서비스의 내용과 질의 개선에 있다.

(4) 기 술

지역사회조직의 목적을 로스는 통합과 계획이라 하고, 머피는 조정과 추진이라고 한다. 전자는 지역사회조직기관이 전문사업가에 의해서 전개되고 협동을 매우 강조한다. 그러나 후자는 중간집단을

---

45) W. McMilen, *op. cit.,* 1965, pp.7～431

통하여 지역사회조직가가 조장자의 역할을 하도록 강조한다. 이러한 것은 지역사회의 욕구와 자원의 효과적인 적응을 초래하게 하는 것이 공통된 목적이다.

이러한 목적을 수행하기 위하여 지역사회조직기관과 지역사회사업가는 다음과 같은 기능을 수행한다.

① 건전한 계획과 행동을 위한 적절한 사실 기반을 유지하고 안전하게 한다.
② 사회복지계획과 서비스를 안출하고 발전 · 수정 · 종결시킨다.
③ 사회복지기준을 성취 · 유지하고 개선시키며, 사회복지기관의 활동의 효과성과 경제성을 증진시킨다.
④ 사회복지계획과 서비스와 관련된 조직집단 및 개인간의 조정을 추진시키고 상호관계성을 개선시킨다.
⑤ 사회복지의 욕구 · 자원 · 목적 · 계획 · 방법 및 기준에 대한 공적 이해를 발전시킨다.
⑥ 사회복지활동에 있어서 적절한 공적인 지지와 참여를 발전시킨다.

이러한 기능을 실천하기 위한 지역사회조직의 방법은 무엇보다도 먼저 지역사회조직가에 의해서 중간집단이 창설되어야 한다. 중간집단을 창설하려면 지역사회 주민의 공통된 욕구와 관심이 무엇인가를 알아야 하고, 이러한 욕구와 관심을 충족하기 위해서 지역사회가 가지고 있는 인적 · 물적 자원이 존재하고 있는지, 또한 충분한지를 알아야 한다. 만약, 사회적 자원이 불충분하거나 없다면 이에 대한 대책이 강구되어야 하고, 지역사회 주민의 욕구와 관심을 수정하도록 노력해야 한다. 이러한 일련의 사실조사의 과정이 필요하다. 지역사회의 욕구와 자원에 관한 사실 조사가 끝나면, 이에 대한 분석 결과 즉, 진단을 중심으로 하여 계획을 수립하고, 그에 대한 대책을 강구하여야 한다.

이와 같은 제 2의 단계를 거치게 되면 프로그램에 대한 교육 및 P.R.이 필요하다. 왜냐하면, 지역사회의 복지계획을 사회사업가가 추진하는 것이 아니라 일반 대중 또는 지역사회의 주민들이 추진하기 때문에, 이들의 이해를 촉구시키고 이를 지지하도록 해야하기 때문이다. 따라서, 지역사회조직가는 매스 미디어를 이용하거나 여러 가지 집회를 열어서 사회복지의 필요성·목적·방법 등을 지역사회 주민에게 주지시켜야 한다.

이와 같은 제 3단계가 지나면 제 4단계인 사회자원의 동원과 참여과정이 필요하다. 다시 말하면, 복지활동에 필요한 인적·물적 자원을 동원하도록 하며, 이러한 동원에 적극적인 협동과 참여를 필요로 한다.

이러한 체계적 과정을 추진하는데 필요한 일련의 활동, 즉 기술을 머피는 다음과 같이 9가지를 말하고 있다.46)

① 동원 *mobilization*
② 위원회 활동 *committee operation*
③ 집단회의 *group conference*
④ 상담 *consultation*
⑤ 타협 *negotiation*
⑥ 해설 *interpretation*
⑦ 조사 *research*
⑧ 행정 *administration*
⑨ 기록 *recording*

(5) 조직가의 역할

지역사회조직가는 전문직업인인 사회사업가이다 .전문직업인이 되기 위해서는 전문적 지식과 기술 및 사회적 책임감을 갖추어야 한다. 이러한 것을 갖추기 위하여 전문교육을 받는다. 사회사업의 전문교육 과정은 미국에서는 주로 대학원에서 받는다. 전문교육의 목적은 ① 개념과 지적 이해 ② 방법·진행·과정의 기술 ③ 인간

46) Campbell G.Murphy, *Community Organization Practice*, 1954, pp.287～301

적 · 전문적 자질을 발전시키는 데 있다.47)

이러한 전문적 교육을 받지 못한 사람들이 지역사회조직가가 되기는 어렵다. 미국에서는 사회사업분야의 초기단계에서는 많은 자원봉사자 *volunteer worker* 가 개척자의 역할을 하였으나, 점차로 전문사회사업가로 말미암아 중요한 역할을 행하지 못하고 있다고 한다. 물론 자원봉사자는 전문교육을 받지도 못하였고, 그들은 자기의 보수를 요구하지도 않는다.

그러나, 우리 나라의 사정은 그렇지도 못하다. 지역사회조직사업이 제대로 실시되지 못하고, 그러한 사업이 발달할 기초적 조건이 잘 갖추어져 있지 못한 실정이다. 비록, 지역사회조직화가 필요하거나 그러한 목적을 위하여 설립된 기관에서도 전문가 즉, 지역사회조직가가 없어서 그 기능을 제대로 발휘하지 못하고 있는 상태이다.

지역사회조직가는 전문적 지식과 기술 및 윤리를 체득하고 있어도 인간적 자질이 있어야 한다. 프리드랜드가 말한 '인간적 자질'이란 것은 구체적으로 맥밀런이 강조하는 '좋은 퍼스낼리티'를 의미하는데, 지역사회조직가는 무엇보다도 좋은 성품을 가지고 있어야 된다고 말한다. 맥밀런은 지역사회조직가의 자격요건으로서 ① 좋은 퍼스낼리티 ② 지역사회 욕구를 결정하는데 이용할 사실에 대한 지식, ③ 추진방법을 결정하는데 도움이 될 사실에 대한 지식이 있어야 하고, ④ 조사방법과 ⑤ 해설방법 및 ⑥ 사회사업의 각 분야에서 발달된 기준을 잘 알아야 되며 ⑦ 집단토의를 자극하고 집단행동을 유발시키는 기술을 갖추어야 한다고 말한다.48)

---

47) Walter A.Friedlander, *Introduction to Social Welfare*, 1964의 제16장과 A.E. Fink & Others, *The Field of Social Work*, 1955의 제17장을 참고할 것, 여기에서 사회사업가의 자격요건, 윤리강령, 전문직업성, 전문교육과정의 내용을 알 수 있음.

이러한 것을 보아서도 지역사회조직가는 광범한 지식과 기술을 가지고 있어야 되고 사회기사 또는 사회의사로서의 역할을 수행해야 함을 알 수 있다.

그러면, 이러한 자격을 가져야 되는 지역사회조직가는 어떠한 역할을 수행하여야 되는 가를 보자.

지역사회조직가의 역할은 지역사회조직사업에 대한 개념 규정의 차이에 따라 달라질 수 있다. 다시 말하면, 협의의 지역사회조직은 조직가의 역할이 간접적이고 소극적인 성격을 띠고 있으나, 광의의 지역사회조직은 직접적이고 적극적인 의미를 가지고 있다. 실제로 지역사회조직가의 역할은 대부분 중간집단과 함께 기능하기 때문에 광의의 의미는 무의미한 것이다.

그러면, 협의의 대표적인 예라고 할 수 있는 로스의 견해를 보면 지역사회조직가의 역할은 ① 지도자, ② 조장자, ③ 전문가, ④ 치료가로서의 기능을 들고 있다.[49]

이와 같이 지역사회조직가의 역할은 중간집단을 도우면서 자기 나름대로 위에서 말한 모든 기능을 수행하는 것을 말한다. 여기에서 지역사회조직가의 역할은 대단히 소극적인 동시에 전문적 성격을 띠고 있음을 알 수 있다.

4) 통합적 방법

(1) 정 의

현대 사회사업의 방법을 발달시키려는 이론적 시도에는 4가지

---

48) W. McMilen, *op. cit.*, p.32

49) Murray G. Ross, *Community Organization,* Harper & Row, N.Y., 1955, pp.220~228

모델이 있다. 그것은 전통적, 전문적, 급진적 방법 그리고 통합적 방법이다. 사회복지의 새로운 방법으로 통합적 방법이 나오기전 사회사업의 전문적 방법은 개별사회사업, 집단사회사업, 지역사회사업, 사회행동의 4가지로 나뉘어져 각기 독립적으로 발전하여 왔다.

근래 이와 같은 전통적 방법의 지나친 전문화에 대한 회의와 비판이 있었다. 이를 극복해야 할 대안으로 일반적 방법 *generalist approach* 또는 통합적 방법 *integrated approach* 에 대한 연구와 적용이 활발히 시도되고 있다. 이러한 방법을 사회사업실천 *social work practice* 이라고 하는데 우리 나라에서는 사회복지실천이라고도 한다.

사회사업실천 또는 통합적 방법이란 사회사업가들이 개인, 집단, 지역사회에서 나타나는 모든 문제들을 해결하는데 사용할 수 있도록 공통된 원칙과 개념 및 기술을 제공하여 주는 접근방법이다. 이러한 통합적 접근방법은 사회사업가의 지식과 기술에 맞추어 클라이언트를 파악하는 것이 아니라 클라이언트의 요구에 따라 생활상 문제를 인간과 상황과의 전체 관련에서 접근하는 것을 말한다. 통합적 방법론은 사람들이 생활공간 내 경험하는 생활문제를 대상으로 하며 그 목적은 문제를 보다 효과적이고 바람직하게 처리할 수 있도록 하는 기회와 선택권을 증대시키는 것이다.[50)]

오늘날 통합적 방법이라고 할 때 체계적인 이론 구성의 기원은 1970년 바트렛의 저서 '사회사업실천의 공통 기초'에서 찾고 있다. 그 후 골드스타인(1973), 핀커스와 미나한(1975), 플렌저(1975), 시포린(1975), 콤프톤과 겔러웨이(1975), 마이어(1976), 머릴로(1976) 등에 의해 통합적 방법의 이론 구성을 위한 노력이 시도되었다. 이렇게 1970년대 이후 통합적 방법에 대해 관심이 높아진 사회적인 배경은 다음

---

50) H.Goldstein, *Generalist Social Services,* Prentice Hall, 1981, p.413

과 같다.

첫째, 사회사업실천에서 전통적인 전문적 방법은 클라이언트 문제의 성격 보다도 대상과 방법을 한정시켜서 분단되고 폐쇄적인 경향을 일으키고, 또 문제 원인을 분석함에 있어서 사회구조적 요인을 간과하여 인간의 문제를 개인적이고 인간관계 일반의 기능적 과제로 환원시켜 축소시키고 왜곡시켰다.

둘째, 60년대 빈곤전쟁, 경제기회법 등이 고유한 전문영역을 더 이상 주장할 수 없도록 사회사업가의 업무를 다양하게 만들었다.

셋째, 1960년대 사회변화와 관련지식의 발달은 사회과학과 원조전문직의 지식들을 통합하도록 조장하였고, 또 사회서비스가 거대화되고 비싸게 되었으며, 사회의 큰 세력이 되었다.

넷째, 시봄 보고서 또한 통합적 방법의 형성에 영향을 주었다. 시봄 보고서의 주요 내용은 지방정부에 단일한 사회서비스청을 창설하는 것이다. 그리하여 예방, 지역사회사업, 통합서비스의 고양을 사회서비스의 과제라고 강조했다.

이러한 사회배경과 사회사업가들은 문제를 해결하는데 다양한 접근방법이 필요하다는 것을 발견하였고 이것은 통합적 방법이 태동하게 되는 계기가 되었다. 통합적 방법은 기본적으로 체계이론이나 생태체계이론의 관점에 입각하여 전개되고 있는 것이 공통적이다. 미국 사회사업계는 70년대부터 사회사업방법론의 통합에 많은 노력을 경주해 와서 그 성과는 이론의 구성으로 나타나고 있지만 그 이론은 아직 미완성의 단계에 있으며 혼란의 상태에 놓여 있다.[51)]

---

51) N. Gilbert & H. Spect, The Incomplete Profession, *Social Work*, Vol.19, No.6, 1974, pp.665～667

현재 통합방법이 사회사업실천에서 주류가 되고 있다. 영국, 일본과 마찬가지로 우리 나라에서도 1980년대 미국의 영향을 받아 통합방법이 소개되고 있지만 이론 연구의 미비와 이론과 실천간 괴리로 인해 아직 소개 단계에 있다. 그런데 이러한 통합방법이 민간(개인)의 욕구와 상황(환경)이 다양한데 이것을 조정하는 기술로서 다양성을 인정하지 않고 단일하게 접근하는 것은 문제가 있다. 더욱이 조정하는 사회사업가의 역할이 다양한 지식과 기술을 체득하고 필요한 것을 적용, 접근하면 되는 것이지 사회사업실천방법을 일원화 시킨다는 것은 비현실적이다.

⑵ 문제해결의 유형

통합적 사회사업은 사회사업실천 방법의 하나인 문제해결과정 *problem-solving process* 이다. 이것은 인간의 욕구와 관심에 대한 접근 방법이고 지식과 가치 및 기술을 조직하고 적용하는 방법이며 사정, 상황적 인간, 관계성, 과정 및 개입에 관한 조직적인 사고의 방법이라고 한다.[52)]

사회사업에 있어서 문제해결과정이라고 한 것은 이미 1960년대 Perlman의 개별지도, Northen의 집단지도, Ross의 지역사회조직에 관한 이론에서 공통성을 발견할 수 있다. 그리고 문제해결은 사회사업가가 욕구와 관심을 검토하고 욕구이행의 방해를 발견하는 과정이다. 따라서 사회사업에서 사용되는 문제 *problem* 는 인간이나 체계가 욕구이행에 있어서 방해가 될 때 일어나는 사회적 기능 상황을 말한다. 예컨대 어린 편모가 아기와 떨어져 있기 때문에 이웃이 아동보

52) Louise C. Johnson, *Social Work Practice, A Generalist Approach*, Allyn and Bacon, 1983, 1995, p.65

호기관을 요청하면, 사회사업가는 편모와 대화에서 아기가 울어버릴 정도로 남겨두었다는 것을 알게 되고, 또 어머니가 어린 아기의 보호방법이나 아동보호 지식이 결여되어 있다는 것을 알게 된다. 그 밖에 아동욕구를 해결하기 위한 편모의 개인적 욕구나 물질적 자원의 결여, 지역사회의 지원이 없는지를 검토할 필요가 있다.53) 이것을 문제라 한다.

여기에서 사회사업가는 문제해결과정으로서 편모, 아동, 이웃으로 부터 정보를 수집하고 아동의 욕구가 해결되고 어머니가 이러한 욕구를 해결할 수 있는지를 결정한다. 이러한 욕구를 어머니와 함께 해결하기 위한 최선의 방법을 계획한다. 잘된 상황 · 설명을 나은 계획에서 해결한다.

이와 같이 사회사업에 있어서 문제해결은 특히 차단되는 욕구와 관심의 사회적 기능과 기존 자원으로 해결할 수 없을 때 관심거리가 된다. 그리고 사회사업 문제해결은 느끼고 생각하고 행동함으로서 그 방법을 알 수 있다.

사회사업실천에 있어서 전통적인 전문적 방법을 통합시키려는 시도는 크게 두 가지 방향으로 전개되고 있다. 첫째는 기존의 전통적 방법(개별사회사업, 집단사회사업, 지역사회조직사업)의 일부 또는 전부를 병합하여 한 사람의 사회사업가가 그것을 통합적으로 실시하려는 시도이다. 자아의 의식적인 사용과 조사-진단-치료의 과정을 사용한다.54) 둘째는 기존의 전문화된 방법과는 상관없이 사회사업실천에 본질적인 개념, 기술, 과업과 활동에서 어떤 공통적인 핵심을 찾음으로써 사회사업가들이 개인, 집단, 지역사회에서 나타나는 모든

---

53) *Ibid.*, p.68
54) 전문사회사업의 접근방법 과정과 동일함, *op. cit.*, p.5

문제들을 해결하는데 사용할 수 있는 공통된 원칙과 개념들을 모색하는 방법이다.[55] 이것은 전통적인 각 방법을 그대로 연결시키는 것이 아니라 실천 그 자체를 포괄적이고 통일적으로 받아들이기 위해 그 공통된 기반을 확립해 가는 작업을 요구한다.

학자들이 이러한 통합적 방법을 모색하는 기본적 가정은 기존의 전문화된 방법과는 상관없이 사회사업실천에 본질적인 개념, 기술, 과업과 활동에 어떤 공통 분모가 있다고 보기 때문이다. 이를 위해 기초이론의 발전과 구축을 시도하기 위한 사회사업이론에 대한 검토가 필요하다. 구체적으로 성격이론, 소집단이론, 커뮤니케이션이론, 상호작용론, 역할이론, 조직론, 지역사회구조의 이론, 사회정책분석, 사회복지제도에 관한 연구, 보건과 복지기구에 관한 연구, 사회사업서비스에 관한 연구, 사회사업가의 행동분석 등에 관한 이론을 검토하는 것이 필요하다.

이러한 방향에서 통합적 방법론은 모색되고 있지만 이에 대한 연구가 비교적 발달한 영국과 미국의 문헌에서도 아직도 통합의 명확한 유형에 대해 상세하고 일치된 기술을 찾아 볼 수 없다. 통합적 방법론의 성격과 기능에 대한 유형의 범위는 골드스타인의 분류 유형을 간단히 언급하고자 한다.[56] 그 유형에는 체계 지향적인 방법, 문제중심 방법, 연합방법, 사례관리 방법, 실무자의 역할을 혼합하는 방법, 인간서비스 방법, 이념적 방법이 있다.

(3) 문제해결의 과정과 기술

전통적인 사회사업방법들이 통합되면 사회사업가가 전통적으로

55) H. Spect & Vickery, *op. cit.,* p.15

56) H. Goldstein, *op. cit.*, pp.420～424

실행하였던 진단, 치료, 평가하는 방법의 선택이 변화될 것이고, 실천에 있어서 의사 소통하는 방법에 변화가 생길 것으로 기대되었다. 그러나 실제로 통합적 방법을 주장하는 학자들은 실천을 수행함에 있어서 기존의 전통적 전문적 방법과는 크게 다른 새로운 철학적 시각이나 개입방법을 제시하지 못하고 있다.[57)]

지금까지 통합적 방법론에서 공통적으로 제시되고 있는 요인들을 중심으로 문제해결의 과정과 기술, 사회사업가의 역할을 보면 다음과 같다.

(가) 문제해결의 과정

우리 나라에서 비교적 많이 소개되고 있는 핀커스 · 미나한의 체계모델과 콤프톤 · 갈라웨이의 문제해결모델, 그리고 존슨의 상호작용모델의 통합적 방법에서 제시되고 있는 문제해결의 과정은 다음과 같다.

(1) 존슨의 문제해결과정

사람들은 문제해결에 있어서 다양한 방법과 단계를 사용하지만 기본적인 과정은 동일하다. 그러나, 문제해결과정은 사회사업과정과 어느 정도 다르다. 이들이 지적한 단계는 다음과 같다.[58)]

① 문제에 관한 예비적 진술 : 문제에 관한 분명한 진술은 다음의 단계를 진행하기 전에 필요하다. 그렇지 못한 경우 사회사업가는 관심을 검토하고 욕구의 성격을 발견하는데 실패한다. 진술이 엄격하고 상황이 개별화될수록 목표가 적절하고 뚜렷하며 해결책이 바람직할 수 있다.

---

57) H.Specht. *op. cit.*, p.28

58) *Ibid*, pp.69～72

② 문제의 성격에 관한 예비적 가정의 진술 : 이 단계는 이해와 계획에 필요한 정보의 형태를 분명히 하는데 필요하다. 문제가 진술될 때 함축적인 가정이 문제의 성질과 원인이 될 수 있다. 그리고 사회사업가의 지식이 문제의 원인에 대한 또 다른 아이디어가 될 수 있다.

③ 정보의 선택과 수집 : 의미 있는 상황체계 및 문제와 관련된 욕구를 발견한다는 것은 필요한 정보의 지표가 된다. 이러한 정보는 다양한 관점을 지니고 있기 때문에 그 인과관계를 고려하면서 예비적 가정의 타당성을 검토해야 한다. 그리고 정보수집 기술은 정보의 원천인 사람들과의 사회적 상호작용과 커뮤니케이션의 기술을 요구한다. 정보의 타당성은 커뮤니케이션과 사회적 상호작용의 성격에 의하여 일부 결정된다.

④ 유용한 정보의 분석 : 정보의 분석은 분석의 목적에 따라 다르다. 목적은 상황에 내포된 다양한 체계의 발견과 사정이 되고 더욱이 문제의 성격에 대한 규정과 설명이 되며 부가적인 필요한 정보와 정책의 발견이 된다.

⑤ 계획의 발전 : 정보와 그에 대한 분석은 이행과 방해가 되는 것을 이해하도록 한다. 사회사업가는 행동계획을 발전시키는데 사정을 활용한다. 계획의 핵심은 문제해결과정의 목표이거나 바람직한 결과이다. 목적은 욕구이행에 있어서 방해요소의 분석에서 나오고 이러한 방해는 극복되어야 한다. 가능성을 고려할 때 계획에 대한 구속요인이 있게 된다. 이러한 요인은 다양한 체계와 그들의 환경에서 일어난다. 계획은 가능한 전략과 기술의 다양성을 고찰하는데서 개발된다. 계획이 더욱 특수할 때 사회사업가는 앞서 지적한 특수한 계획에 필요한 새로운 정보를 수집하고 분석해야 한다.

⑥ 계획의 이행 : 사회사업에 있어서 이행은 사람들간 상호작용을 말하고 성질상 개입적인 것이다.

⑦ 계획의 평가 : 이 단계는 문제를 재규정하고 수집된 정보와 분석 또는 계획의 재형성을 확대한다. 만약 목적이 성취되었으면 평가는 적절하고 과정의 절정이 된다.

(2) 콤프톤과 갈라웨이의 문제해결과정

이들은 문제해결방법을 비록 펄만의 개별사회사업에서 처음 발견하고 있지만, 이것을 사회사업 일반에 확대 적용할 수 있는 것으로 보고 있다. 펄만은 문제를 기본적으로 원조의 방법과 과정으로 보았고 사회사업가의 조장자 역할을 강조한다. 그리하여 일반적으로 사회사업가는 문제해결 모델로서 ① 문제의 인식 또는 규정 ② 목표설정 ③ 자료수집 ④ 상황의 평가와 행동계획 ⑤ 개입 또는 행동의 수행 ⑥ 평가 그리고 ⑦ 종결을 성공시켜야 한다는 것이다.[59]

이들은 문제해결 모델의 개괄적인 내용을 다음과 같이 예시하고 있다.[60]

1) 접촉단계 :
 ① 문제 발견과 규정
 ② 목표 발견
 ③ 예비접촉
 ④ 탐구와 조사
2) 계약단계 :
 ⑤ 사정과 평가
 ⑥ 행동계획의 형성
 ⑦ 예측
3) 행동단계 :
 ⑧ 계획수행
 ⑨ 종결
 ⑩ 평가

(3) 핑크스와 미나한의 실천기술 영역

핑크스와 미나한은 사회사업실천을 사람과 자원체계, 그리고 개

---

59) Beulah Compton and Burt Galaway, *Social Work Process*, The Dorsey Press, 1975, 1984, p.313

60) *Ibid.*, pp.323～324

인과 체계의 기능에 직면한 문제간에 상호작용을 중요시 한다. 이들은 사회사업을 사람들과 그들의 생활과제를 성취하고, 고통을 감소시키며 열망과 가치를 실현하는 능력에 영향을 미치는 사회환경간 상호작용에 관심을 두고 있다. 그리하여 사회사업의 목적은 ① 문제해결과 인간의 대처능력을 강화 시키고 ② 인간 자원 서비스 및 기회를 제공하는 체계와 연계시키며 ③ 이러한 체계의 효과적이고 인간적 기능을 추진시키고 ④ 사회정책의 개발과 개선에 기여하는 것이라고 한다.[61]

이러한 목적을 실천하기 위하여 여러 가지 기술영역이 있는데 그 중에서 8가지 기본적 실천기술 영역을 제시한다.[62]

a) 문제사정 :

사회사업가가 행하는 문제사정의 목적은 그가 특정상황에서 관련 요인을 발견, 처리, 분석하는 상황을 이해하고 개별화하는데 도움을 주는 것이다. 이것에 기초하여 사회사업가는 그가 다루는 상황과 변화노력에 대한 목표, 이 목표를 성취하려는 수단에 기초하여 결정한다. 사정의 목적은 인간이나 상황에 대한 진단을 분류하고 할당하는 것이다. 그리하여 문제 사정의 주요한 요인으로 ① 문제의 발견과 진술, ② 사회상황의 동태를 분석 ③ 목표와 표적의 설정 ④ 과업과 전략의 결정 ⑤ 안정된 변화노력 등이 있다.

b) 자료수집 :

다양한 사람과 체계에 관한 정보는 계획적인 변화의 전 과정에 필요하다. 자료수집의 방식은 주로 ① 질문 ② 관찰 ③ 기술된 현존

---

61) Allen Pincus and Anne Minahan, *Social Work Practice,: Model and Method,* F.E. Peacock Publishers, lnc, ltaca, Ill,. 1973, p.9, p.15

62) *Ibid,* Part Ⅱ 참조

자료의 사용이다.

c) 최초 접촉 :

접촉은 사회사업가와 잠재적이거나 실제적이 클라이언트, 행동 및 표적 체계와의 최초의 약속이고 만남이다. 이러한 첫 약속은 체계가 사회사업가를 스스로 찾을 수도 있고 제 3자에 의뢰하여 찾을 수 있다. 접촉은 사회사업가의 방법 목표인 고로 사회사업가는 행동, 클라이언트 또는 표적체계의 잠재적인 성원으로서 볼 수 있고 동시에 특수한 방법 목표와 관련된 표적 체계의 실제적인 성원이 될 수 있다.

d) 계약 교섭 :

사회사업가가 클라이언트간 계약이나 작업 합의를 발전시키는 과정을 계약 교섭 *contract negotiation* 이라 한다. 이것을 1차적 계약이라 하고 변화 노력과 관련된 기타 체계 즉 행동체계, 표적체계, 변화매개체계와의 계약은 2차적 계약이라 한다.

이러한 계약 합의에 기초될 수 있는 기본적 요인은 ① 당사자들의 주요한 목표, ② 목표를 성취하기 위하여 각자가 수행할 과업, ③ 변화과정을 위한 운영절차이다. 이것은 각자의 책임을 감소시킨다.

계약 교섭을 위한 도움이 되는 전략과 기술은 ① 다른 체계와 최초 관계를 설정하고 ② 계약의 목적을 발견하며 ③ 계약용어를 분명히 하고 ④ 다른 체계와의 의견차이를 발견하는 것이다.

e) 행동체계의 형성 :

행동체계는 사회사업가가 과업을 성취하고 방법과 산출목표를 성취하기 위하여 일하는 사람들로 구성한다. 행동체계는 사회사업가가 변화 표적에 영향을 주는 매개이다. 행동체계의 형성과 기능을 효과적으로 강제하기 위해서는 크기, 구성 그리고 시간, 장소, 규범, 상호작용을 지배하는 절차와 같은 작업절차의 3가지 주요한 행동체계의 구성요소를 챙겨야 한다.

f) 행동체계의 유지와 조정 :

행동체계는 사회사업가와 구성원간 상호작용의 사회적 실체이다. 사회사업가는 체계의 내적 기능에서 발생되는 문제를 분석하거나 그 목적의 성취에 위협을 주는데 대하여 행동체계를 발달적 관점에서 보아야 한다. 발달적 관점은 행동체계 구성원들의 상호작용의 역사와 관련된 것으로 성원간 관계가 오늘날 장차 어떻게 발달하는가에 대한 추론이다. 사회체계 관점은 체계의 내적 기능과 관련된 것으로, 이것은 의사소통 유형, 역할분배, 인간 상호간 관계 및 정책결정과정을 포함한다.

이러한 행동체계간 상호작용을 유지하고 클라이언트의 문제 특히 가족과의 관계 등을 조정하는 기술이 필요하다.

g) 영향력 사용 :

영향력 사용은 사회사업가가 피용자의 태도를, 즉 클라이언트를 고용하거나 병원을 떠나게 하거나 시위원이 프로그램을 지지하게 변화시키는데 사용한다.

영향력 사용은 대개 2가지 과정이 있는데 표적 인지나 표적 태도에 좌우되고 있다. 그리고 영향력의 기반은 ① 지식과 숙련 ② 물질적 자원과 서비스 ③ 합법적 권위 ④ 지위와 명망 ⑤ 카리스마와 인간적 매력 ⑥ 정보흐름의 통제 ⑦ 성취된 관계성 등이다.

h) 변화노력의 종결 :

종결은 계획된 변화노력의 종결에 어느 정도 도달했을 뿐만 아니라 사회사업가가 원조한 전 과정의 통합부분이라 할 수 있다.

종결의 기초적 작업은 계획된 변화과정의 전 과정에 있는데 특히 시간 제한이나 결과 목표의 형성은 목표 측정의 주요한 요인이다. 그리고 종결과 관련된 기술 영역은 ① 변화 노력의 평가 ② 관계성에서 이탈 ③ 안정된 변화 등이다.

(나) 사회사업가의 역할

통합방법론을 사용하는 사회사업가는 다양한 이론을 사용할 수 있는 절충주의적 능력을 지녀야 한다. 이러한 사회사업가의 역할은 공통적으로 다음과 같이 소개되고 있다.

① 클라이언트의 문제해결과 처리능력의 향상에 기여한다.
② 클라이언트와 자원체계의 연결과 상호작용을 촉진시키고, 관계를 원활하게 유지토록 조력한다.
③ 자원체계내 해당되는 구성원들간 상호작용을 촉진시키고 상호관계를 관리하는데 조력한다.
④ 사회정책의 개발과 수정에 기여한다.
⑤ 물질적 자원의 분배와 사회통제의 매개 역할을 한다.
⑥ 일반적으로 사회복지사의 역할은 조력자, 중개자, 중재자, 대변자, 교사 등으로 구분되기도 하고, 평가적 역할, 명확화의 역할, 조정적 역할, 대변적 역할, 이송적 역할, 개발적 역할, 보호적 역할, 사회적 구제의 역할 등으로 제시하기도 한다.

한편, 일반사회사업, 특히 권력강화 접근방법 *empowering approach* 에 있어서 사회사업가는 다음과 같은 역할을 수행한다고 한다.63)

첫째, 전문가는 사람들의 문제해결, 대처 및 발달능력을 강화시키려고 노력한다. 이러한 결과 전문가는 클라이언트와 함께 사회적 기능의 도전을 사정하고 해결능력을 강화시키는 정보를 처리하며,

---

63) K.K.Miley and others, *op.cit.*, p.10

생활문제 해결의 기술을 발달시키고 변화를 위한 지지를 조성하도록 한다.

둘째, 사회사업가는 사람들에게 변화 노력의 전략인 자원과 서비스를 연계시킨다. 이러한 것 이상으로, 최적 급여를 옹호하고 사회서비스전달체계에 있어서 조직간 커뮤니케이션망을 발달시키며 기회를 제공한다. 만약 자원이 없으면, 사회사업가는 새로운 기회, 프로그램 및 서비스를 창출하는 목표를 세운다.

셋째, NASW는 전문가들이 필요한 자원과 서비스를 적절히 제공하는 인간적인 사회서비스 전달체계와 일하도록 지시한다. 이것을 성취하기 위하여 사회사업가는 전달체계에 있어서 클라이언트 중심, 조정, 효과성 및 효율을 옹호함으로서 적절한 프로그램의 계획을 주장한다. 더욱이 사회사업가는 책임성을 강화하고 서비스전달에 있어서 전문적 기준, 윤리 및 가치의 적용을 주장한다.

마지막으로 사회사업가는 사회정책 개발에 참여한다. 사회정책 영역에서 사회사업가는 정책분화를 위하여 사회문제를 분석하고 새로운 정책을 개발하고 낡았거나 비생산적인 것은 퇴출시킨다. 또한 그들은 법령, 정책 및 규정을 개별적 집합적 욕구를 해결할 수 있는 프로그램과 서비스로 전환시킨다.

이러한 역할은 급진사회사업가의 역할과 매우 유사하다.

5) 사회행동

(1) 정 의

사회학에서는 사회행동을 인간의 의사를 표시하는 모든 수단이라고 한다. 그러나 사회사업에서 말하는 사회행동은 인간의 복지를 해결하기 위한 조직적인 노력이라고 할 수 있다.

사회행동을 지역사회조직사업의 한 측면으로 보는 학자도 있으나 이것은 잘못된 것 같다. 던햄은 지역사회사업과 사회행동이 모두 다 사회복지 욕구와 자원간 조정이라는 것, 특히 해설·조직·추진의 면에서 공통된 방법이라는 점에서 두 방법을 동일시 하려고 한다.64) 이 두 방법의 목적과 원리는 비록 동일하지만 추진방법과 사회사업가의 역할은 다르기 때문에 동일한 것으로 취급할 수 없다.

사회행동의 정의는 1922년 부터 1957년 까지 다소 전형적인 것을 지적할 수 있겠지만 대단히 광범위하고 막연하다.65) 즉,

① 리치몬드가 말한 대중조건의 개선
② 소렌더가 말한 사회복지의 강화
③ 힐이 말한 대중사회문제의 해결
④ 크레이가 말한 기본 사회조건과 정책에 대한 영향
⑤ 코일이 말한 사회환경의 변화
⑥ 빗취와 힐이 말한 바람직한 목적 추구
⑦ 사회사업기관, 국가조직 등 매체 이외에 사회복지를 추진하는 노력으로 구분할 수 있다.

이러한 것을 보면, 아직도 사회행동에 대한 통일된 정의가 없는 것 같고 다양하게 규정하고 있다.

던햄은 사회행동을 사회행동가가 사회적으로 바람직한 목적 때문에 교육·선전·설득 또는 압력에 의하여 현재의 사회실천 또는 상황에서 변동을 일으키거나 예방하는 노력이라고 한다.

그는 여기에서 다음과 같은 의미를 발견할 수 있다고 한다.

---

64) Arthur Dunham, *Community Organization*, N.Y., Cromwell Co, 1967. p.57
65) Ernest B. Harper & Arther Dunham(ed), *Community Organization in Action*, N.Y., Association Press, 1966, p.36

① 사회행동은 항상 사회실천에 있어서 변동을 위한 제안과 이 제안에 대한 옹호와 반대에 상관되어 있다.
② 사회행동은 사회행동가에 의하여 수용될 수 있는 바람직한 목적을 포함한다.
③ 사회행동은 항상 사회행동가 보다는 소수인에 의해서 행동을 일으키는 시도를 포함한다.
④ 사회행동은 교육 · 선전 · 설득 또는 압력과 같은 방법을 포괄하고 외형적 집중 또는 압력을 포용하지 않는다.
⑤ 사회행동의 목적과 방법은 합법적 또는 비합법적일 수도 있다.
⑥ 적용 가능한 목적에 대한 유일한 시험은 사회행동가가 그것을 사회적으로 바람직한 것으로 간주하는 것이다.
⑦ 사회행동은 사회적 가치 보다 방법과 과정이 일치된 것이다.
⑧ 사회행동의 특수 목적은 여러 가지 사회상황에 있어 사회적으로 바람직할 수도 있고 그렇지 않을 수도 있으며, 또한 이로울 수 있고 불리할 수도 있다.
⑨ 사회행동은 특수한 예에 있어서 목적과 주체에 따라 사회복지 분야와 밀접히 상관되어 있거나, 또는 사회복지의 영역일 수도 있고 그렇지 않을 수도 있다.

이러한 사회행동은 사회복지의 추진 목적 때문에 보다 넓게 해석되어야 하고, 현행 입법의 수정 뿐만 아니라 예방 입법의 추진까지 포괄하는 것으로 이해하여야 한다. 일반적으로 사회행동은 조직적인 사회복지 활동이 사회환경을 구성하는 사회제도와 정책을 수립하고 수정하며 유지하도록 하는 것이다.

그러므로, 사회행동은 사회사업가가 사회복지의 목적을 달성하기 위하여 행하는 합법적이고 조직적인 여론환기와 입법조치 및 사회운동의 과정이라고 정의할 수 있다.

(2) 발 달

사회행동은 미국에 있어서도 1930년대 중엽 이후 새로운 사회복지활동이 주로 개별사회사업과 집단사회사업과 같은 기술에 편중되어 있었기 때문에, 이에 대한 반성으로 1929년 세계대공황을 계기로 하여 점차 사회개량주의로 흘러가게 되었다. 이것은 자유주의적 경제정책이 시민생활을 위협하는 등 여러 가지 사회적 모순을 초래하였기 때문에, 점차적으로 국가가 시민생활을 간섭하고 보호하는 역할을 행하게 됨으로 나타나게 되었다. 이의 구체적인 예로서 공적부조와 사회보장제도 및 노동기준법과 같은 1930년대 이후 제정 실시된 것을 들 수 있다 .이러한 현상은 19세기 말 이미 유럽에서 나타나게 되어 사회개혁을 위한 사회개량가들이 대량으로 속출하게 되었다. 이들 사회개량주의자들은 현재의 자본주의제도를 유지 · 존속시키면서, 노동자 · 빈곤자 및 사회적 낙오자를 구제하려는 사상체계를 가지고 있었다. 그래서 이들은 사회복지활동의 대상에 대한 구제책으로 근본적인 구조적 사회개혁을 고려하지 않고, 사회적 불평등을 어느 정도 완화할 수 있으리라고 생각하는 사회제도의 설립을 주장하였다.

이러한 사회복지활동은 그래도 종래의 기술편중주의에서 보다는 그 구제대상이 넓어질 수 있으리라 생각된다. 그래서 이러한 제도에 대한 입법조치를 강구하기 위하여, 노동자의 노동조건 및 생활조건의 개선을 위한 사회운동에 사회복지사업가들이 참여하게 되었다.

이것은 이미 사회사업의 발달사에서 볼 수 있는 바와 같이, 16세기 비롯한 영국의 각종 구빈법과 19세기 말 실시된 연금제도와 1940년대 개화한 각종 사회보장제도가 그 대표적인 것이라 할 수 있다. 미국에서는 1929년 일어난 대공황으로 말미암아 빈민구제를 위한 사회입법이 나타나기 시작하였고, 1935년 제정된 사회보장법으로 적극적인 사회복지제도가 나타나게 되었다.

이러한 사회입법은 정부가 주동이 되어 왕립위원회, 각 성(省)위원회 및 경제안정위원회를 만들어 입법을 추진하도록 하였다. 이 밖에도 많은 사회입법, 특히 초기의 빈곤조사와 노동자의 생활상태에 대한 조사활동이 사회입법을 위한 여론환기에 커다란 역할을 하였고, 미국에서도 도시의 암흑면을 들추어낸 사회조사자들의 역할도 무시할 수 없다.

이와 같이 사회행동은 사회적으로 바라는 목적을 수행하기 위하여 여론을 환기시켜서 입법조치를 강구하도록 하는 계획을 행하는 조직적 합법적 노력이라 할 뿐만 아니라 위트머 여사가 지적한 바와 같이 사회사업의 목적을 달성하기 위하여 사회사업가가 행하는 정치적 활동 및 노동조합활동의 과정까지도 말할 수 있다.[66]

(3) 기 관

사회행동은 사회사업가가 행하는 것으로 규정하였으나 사실상 비전문가에 의해서 추진되는 것이 더욱 많을지 모른다. 정부기관·입법기관 그리고 많은 시민단체 등이 국민의 복지향상을 위하여 노력하는 것이 민주주의사회에서는 당연한 것이므로, 여기에서는 사회행동을 추진하는 사회복지기관과 사회사업가를 중심으로 고찰하여 본다.

사회행동을 효과적으로 추진하기 위한 사회복지기관은 무엇보다도 중간집단의 성격을 갖는 것이라야 한다. 일반적으로 사회복지에

---

66) H.L. Witmer, *Social Work,* 1950

대한 욕구는 민간이 자주적으로 해결할 수 있는 성질의 것도 있지만 대부분 정부에 의해 해결되는 것이다. 이와 같은 욕구를 해결하기 위하여 주민들의 조직적인 활동이 필요하므로 지역사회의 대표가 될 수 있는 사회기관 또는 집단의 대표자 및 유지들의 협동적 노력이 긴요하다.

그리하여 사회행동은 지역사회조직사업의 주체와 유사한 성격을 갖게 된다. 그러나 사회행동은 반드시 중간집단만이 행하는 것이 아니고, 사회복지기관의 특수성을 살려서 개별적으로도 추진할 수 있는 것이다. 이러한 경우 비교적 중간집단의 경우 보다 미약한 영향력을 발휘하게 된다.

프레이는 사회복지기관이 사회행동에 참여하는데 세 가지 원리를 말한다. ① 사회복지기관이 그의 기능에 적절한 영역에서만 활동해야 하고, ② 전문성과 비전문성의 실제적 합의 내에서 활동해야 하며, ③ 사회복지기관이 당파적 정치에 관여해서는 안된다는 것이다.[67)]

이것은 사회복지기관이 분에 넘친 자기의 전문분야가 아닌 영역까지 관여해서는 안되고, 현실을 무시한 지나친 전문성만 강조해서도 안되며 정치적 이용물이 되어서는 안 된다는 것을 의미한다.

모든 사회사업가는 사회행동에 관심을 두고 있다는 것이 옳을지 모른다. 사회사업가는 적어도 4가지 통로에 의해서 사회행동과 유관하다. 즉, ① 사회복지기관의 피고용자로서, ② 전문사회사업의 성원으로서, ③ 사회사업가로서, 그리고 ④ 시민으로서 활동한다.[68)]

---

67) Kenneth L.M. Pray, *Social Works and Partisan Politics,* Combass, Vol. XXVI, 1945, pp.3～6
NCSW, *Social Work and Social Action,* 1945, pp.348～359

68) A. Dunham *op. cit.*, p.60

만약, 사회사업기관이 사회행동에 종사한다면 사회사업가는 이러한 사회행동에 있어서 참모로서 참여한다. 사회사업가는 전문사회사업의 성원으로서 전문적 조직과 통로에 의하여 참여한다. 전문조직은 광범한 사회복지 계획 뿐만 아니라 전문적 기준과 상관되어 있다.

사회사업가는 사회복지위원회에 전문인으로서, 자기의 능력에서, 행동으로서 또는 사회사업가 클럽에 참여한다. 이러한 조직은 대개 사회사업가 뿐만 아니라 일반인도 구성원으로 되어 있다.

사회사업가는 다른 전문직 또는 비전문직 피고용자와 협동할 수 있고, 노동조합의 성원이 되기도 한다. 노동조합은 일차적으로 조합원과 다른 노동자들의 경제적 이익에 관심을 두면서 전문성의 발전에 기여할 수 있다. 물론, 노동조합은 전문직 조직은 아니지만 자기들의 이익과 전문적 관심을 조직력에서 관철시킬 수 있기 때문이다.

사회행동에 깊은 관심을 가진 사회사업가는 특히 사회적 · 경제적 문제에 있어서 사회복지 이외의 여러 가지 시민조직을 통하여 상당한 자기 표현이 가능할 것이다. 시민에게 개방된 통로 가운데서 많은 조직이 특수한 사회적 · 경제적 변화를 추진하거나 이를 반대할 수 있다. 사회적 · 시민적 · 종교적 · 정치적 조직, 그리고 그 밖의 많은 조직이 사회행동에 관심을 가진다.

(4) 기 술

사회행동은 지역사회조직사업과 마찬가지로 특정한 대상(클라이언트)에 대해서 집단적 원조를 베풀어 주고, 간접적인 효과를 초래시킨다. 그러나 지역사회조직사업은 개별적인 원조와 직접적인 효과를 제공하여 주는 개별사회사업과 집단사회사업의 보완을 필요로 하지만, 사회행동은 이를 필요로 하지 않는다.

이와 같은 사회복지의 방법에 있어서 이들 기술간 상관성이 대단히 크지만 그 기능에 있어서는 판이한 특징을 가지고 있다.

① 사회성원간 단층적 불균등을 해소시키고 사회적 통일을 기하려는 적극적인 사회복지 활동을 꾀하고 있다.

② 다른 사회복지방법 보다도 다수의 수혜자를 얻을 수 있고 생활수준과 노동조건이 향상될 수 있다.

③ 국민에게 사회복지활동의 필요성을 인식시켜서 사회복지활동에 참여케 하여 사회적 책임감과 연대의식을 고취시켜 준다.

이리하여 사회행동은 다른 사회복지활동에 비하여 가장 효과적인 방법이라고 말할 수 있다. 사회행동을 효과적으로 수행하기 위하여서는 조직적·집단적 행동이 필요하며, 동시에 합법적·개량적인 활동을 하지 않을 수 없다.

마티아센은 사회행동을 일으키는 방법으로서 ① 자원 동원, ② 무관심의 극복, ③ 개인과 집단, ④ 태도 변화에 의한 관심의 개발을 지적하고 있다.69)

일반적으로 사회행동은 그 실행과정이 ① 문제의 성질을 명확히 하고 이를 해결하기 위한 ② 조사의 결과에서 대책의 수립, ③ 대책의 필요성과 합리성을 조화시키고 여론의 지지를 얻도록 하기 위한 선전과 계몽, ④ 국회 및 정부기관에의 교섭·진정·건의 등과 같은 과정이 필요하다. 이러한 과정에 의해서 사회행동이 일어난다.

이러한 사회행동의 목적을 수행하기 위한 구체적인 방법으로 ① 사회조사 ② 사회입법 ③ 노동조합활동 ④ 정치활동 등을 들 수 있다. 그러나 사회조사를 사회사업의 방법으로서 별도로 다루기 때문

---

69) E.B. Harper & A. Dunham(ed), *op. cit.*, p.281

에 여기서는 사회입법과 노동조합운동 및 정치활동을 중심으로 다룬다.

(가) 사회조사

사회조사는 일반적으로 사실발견과 문제해결을 목적으로 실시하지만, 그것의 결과는 여론 환기와 입법화 및 정책개발에 큰 영향을 미칠 수 있다. 이미 영국의 사회복지발달에서 지적한 바와 같이 사회조사는 빈민구제와 노동자 생활조건의 개선을 위한, 주요한 사회개혁운동이었다. 오늘날 사회조사는 각종의 여론조사 뿐만 아니라 학문 연구 및 정책 개발을 위해서도 실시하고 있다. 문제는 사회조사가 조사자의 주장을 합리화 시키거나 잘 못된 조사절차(문제형성, 표본설계, 질문지 작성, 자료수집 분석과 해석 등)를 통하여 현상을 왜곡시키는 경우도 볼 수 있는데 이것은 시정되어야 한다.

사회조사는 지역사회주민 또는 요보호자의 복지를 증진시키기 위한 노력일 때 사회행동의 의미가 있는 것이다.

(나) 사회입법

사회복지에 관계되는 법률 제정은 국회 또는 정부에서 행하고 있다. 국회와 정부의 입법자들이 사회복지를 위한 입법을 거의 완전하게 할 수 있고, 국가정책과 복지행정이 완벽을 기하고 있다면, 사회사업가들의 사회행동은 불필요한 것이지만 현실은 그렇지 못하다. 여기에서 사회사업가들은 사회복지를 위한 입법조치를 강구하고, 이를 실시하도록 여러 가지 방법에 의하여 전문적 활동을 한다. 즉, 국회와 정부의 지도자를 만나서 입법의 필요성을 이해시키고 이를 촉구한다든가, 입법을 위한 공청회 · 발표회 · 조사연구에 참여한다든가, 그렇지 않으면 직접적으로 사회입법을 위한 전문위원으로서 역할을 할 수 있으며 시민단체를 조직 또는 참여하여 접근할 수 있다.

(다) 노동조합운동

사회복지를 목적으로 하는 노동조합 활동은 공장·광산·철도 및 부두의 노동자와 같은 일반 노동자가 자신의 복지를 위한 사회활동 보다도, 오히려 전문적인 사회사업가들 자신의 복지와 전문성을 위한 사회활동이라고 할 수 있다. 오늘날 전문적인 사회사업가들은 현대사회의 봉급생활자인 화이트 칼라이다. 이 화이트 칼라는 사회계층구조상 신중간계급이기 때문에, 일반 육체노동자들의 노동운동과는 그 성질이 다르지만 그래도 정신노동자로서 자기의 권익을 찾아야 한다. 우리 나라와 같이 사회복지사들의 지위가 낮은 경우 자신의 고용·임금·노동조건을 개선 하고, 동시에 전문기술을 발전시키는데 관심을 가질 필요성이 있다.

(라) 정치활동

사회사업가들의 정치적 활동이라 하는 것은 전문적 사회기술자로서 복지활동이 대단히 소극적이고, 그러한 활동을 통한 구빈활동으로 사회적 문제를 해결하기 어려울 때, 불가피하게 이것을 고차원적으로 해결하기 위한 방책이 필요하다.

이러한 활동으로서 사회사업가들은 사회복지제도의 입법화 등에서 어느 정도 그 목적을 달성할 수 있겠지만 이것으로 완전한 것이 아니다. 예를 들면 생활보호·아동복지 및 사회보장의 구체적 실현을 위한 활동이라든가, 이에 대한 정부당국의 무관심 및 예산감축에 대한 반대 활동을 전개하여야만 복지활동이 발전될 수 있는 것이다. 이 밖에도 사회복지사업가들은 불행한 사회계층·민족·국민 나아가 인류의 행복과 복지를 위한 사회운동에 참여하여야 될 것이다.

다. 급진사회사업

20세기 서구에는 복지국가가 나타나서 국민의 생활수준이 향상되고 노사간 첨예화된 갈등이 많이 약화 되었다. 그럼에도 불구하고 아직도 박탈된 집단이 존재하고 특히 만성질병, 실업, 결손가정 및 저소득자들이 있고 나쁜 주택·학교에 다니고 있다. 따라서 이를 해결하기 위한 사회사업이 필요하다는 것이다. 그럼에도 불구하고 사회사업은 도움이 필요한 사람들의 진실한 요구를 해결하여 주지 못하였고 사회사업가, 교정사업가, 학교사회사업가, 병원사회사업가, 지역사회사업가, 지방정부 사회사업가 등을 포함하여 좌절하는 사람이 있고, 또 어떤 사람은 다른 직장으로 떠나거나 전문직의 미명하에 숨어서 직장의 상층으로 올라가려고 했다.

이러한 사회사업의 현실에 직면한 모순을 해결하기 위하여 1970년 급진적 사회사업가(넓은 의미의)의 조직이 나타났는데 그것이 Case Con이다. Case Con은 영국의 산업, 서비스 및 화이트칼라 분야에 있어서 전투적 조직과 활동이 전개될 때 일어났다. 이들은 전통적인 활동과 사고방식, 그리고 특히 전문가와 전문성의 개념을 비판하는데 관심이 있다.

그 후, 베일리와 브레이크, 피터, 갈퍼 등 많은 학자들이 주로 마르크스주의적 관점에서 기존의 전문사회사업을 비판하고 있지만 아직도 이론적 체계화를 이루지 못하고 있다.

그러면, 이들이 제기한 급진적 사회사업의 필요성과 원리가 무엇이며 전문사회사업에 대한 비판과 그들 나름대로의 사회사업방법론에 대한 견해를 보자.

1) 개 념

급진적 사회사업은 전문적 사회사업에 대한 비판에서 비롯되었다. 전문적 사회사업에 대한 Case Con의 비판을 보기로 하자.[70)]

전문사회사업의 가장 중요한 도구는 허위과학 *pseudo-science* 인 개별지도사업이었다. 개별지도사업은 빈곤을 개인의 무능으로 돌리고 빈곤의 참된 원인 즉, 빈민지역, 무주택 및 경제적 착취를 속이고 거기에 대한 주의를 산만하게 한다. 개별지도사업의 이데올로기는 클라이언트를 사회변화에 있어 필요한 것으로 간주하게 만든다. 오늘날 사회사업은 지역사회사업, 집단지도사업, 복지권 사업 등과 같은 새로운 책략을 내포하여 확대시켰다. 사회사업이 전문화될 때 지배계급의 전통적인 개별지도사업과 같은 종류의 통제기구는 없어지게 된다.

또한, Case Con은 복지국가의 사회봉사가 복지의 책임을 국가가 아닌 가족에게 지움으로써 일반 사회사업에 의하여 정신건강과 아동복지 등 특수한 사회사업이 없어진다고 하였다.

새로운 일반 사회사업가가 개인과 가족의 문제를 대처하기 위하여 그들을 도우며 보다 나은 개인봉사와 사회균형을 성취할 수 있다고 생각한다. 달리 말하면 클라이언트로 하여금 자기의 문제는 자기가 만들고 스스로 해결할 수 있게 만든다. 또한 일반사회사업은 개인 및 지역사회수준에서 사회문제와 싸우기 위하여 지역사회의 자원을 활용하도록 한다. 사회내 이러한 자원을 발견하고 추진하도

---

70) R. Bailey and M. Brake, *Radical Social Work*, Pantheon Books, N.Y., 1975. Case Con이라는 말은 개별지도, 특히 의료 및 정신사회사업에 있어서 전문가들이 모여 클라이언트 개인에 대한 진단과 처방을 위하여 회의를 하는데 그것을 빗대어 부른, 급진적 사회사업가의 조직이다.

록 하며 기업 또는 정부에 의존하기 보다는 오히려 스스로 그러한 일을 하는 사람의 중요성을 강조한다. 민간조직의 조장이 새로운 전략의 다른 중요한 일면이 된다.

이와 같이 Case Con은 자유주의 사회에 있어서 사회봉사와 사회사업의 허구성에 대하여 신랄한 비판을 가하고 있지만 그 대안은 제대로 제시하지 못하고 있다.

이러한 급진적 사회사업의 실현 즉, 제도분석, 통합방법 및 양심화는 다음과 같은 내용과 목적 및 방법을 지녀야 한다고 지적한다.[71)]

첫째, 급진적 실천의 내용은 ① 자본주의 생산양식의 비인간화에서 얻어지는 모순을 알아야 하고, ② 인간과 그들의 사회환경을 구성하는 제도간 관계가 변증법적인 것이며, ③ 사회환경은 많은 제도로 구성되어 있고 이러한 제도는 지배계급이 경제적 착취와 문화적 주도권을 지니고 있기 때문에 억압적이고, 사람들은 자기의 일체성과 물질적 자원과 억압에 저항하기 위하여 제도에 대하여 현상 유지적이다. ④ 인간과 제도간 상호작용에 대하여 이해한다는 것은 개인 자신의 의식 즉, 사회상황의 의미, 고통과 희망 및 절망에 대한 의식을 알아야 한다. 사회사업에 있어서 개인의 의식, 의도 및 행동에 관한 과거 및 현재의 영향을 안다는 것은 핵심적인 것으로 급진적 실천의 발전에 매우 중요하다.

둘째, 급진적 실천의 목적은 ① 교육이 가장 중요한 것으로 이것은 사람들이 자기의 억압자에 대한 비판의식과 이러한 억압에 투쟁하기 위한 가능성의 발전에 기여하고, ② 개인과 그들의 이익을 제공하는 제도간 연결시켜주는 것이며, ③ 현존 제도 내·외에서 대항제도(노조·압력집단)의 설립을 도와주는 것이며, ④ 자본주의 사회의 전문

71) P. Leonard, *Toward a Paradigm for Radical Practice,* R. Bailey and M. Brake(eds.), op. cit., pp.55~60

가 또는 반전문직의 다른 급진주의자에 의하여 압력이 존재하는데 앞의 3가지 목적은 급진사회사업가의 활동을 고려하여 직접적 서비스를 제공하거나 기존 구조에 참여하여 활동하는 것을 말한다.

셋째, 급진적 실현의 방법은 ① 만약 급진적 실천의 주요한 일이 교육이라면 노동자와 다른 사람간 대화에 의하여 양심화 과정을 달성할 수 있고, ② 의지를 변화시키기 위한 행위제도에 있어서 사람(클라이언트 등)들과 함께 일하는 것은 비판의식이 개발될 수 있는 주요한 방법이다. 왜냐하면 양심화가 개인의 자기 자신에 의하여 수행될 수 없기 때문이다. ③ 만약 급진사회사업가가 다른 제도·조직과 함께 효과적인 일을 하려면 일련의 조직력·행정력·계획적 기술을 개발하여야 한다.

한편, 레오나드는 사회사업의 철학과 이념을 사회사업가가 잘 모르는, 현대 사회사업의 이론적 근거가 되는 체계이론이 현존 제도의 유지와 방어에 기여하기 때문에 마르크스주의와 같은 급진적 사회사업이 필요하다는 것이다. 그는 급진적 사회사업의 패러다임으로서 ① 급진적 사회제도이론과 ② 개인·집단·지역사회·거주환경 및 조직을 다루는 통일적 접근방법 그리고 ③ 의식발전에 대한 비판적 접근방법에 기반하여야 한다고 지적하였다.[72)]

첫째, 급진적 사회제도이론은 파슨즈의 사회체계이론과는 달리 마르크스주의의 관점에 따르고 있다. 즉, 가족, 지역사회, 조직 및 사회와 같은 다양한 종류의 사회제도내 있어서 권력과 이익의 다양한 배분을 발견할 수 있고 그것은 전체 사회와 그 부분의 분화 형태의 결과라는 것이다.

둘째, 사회사업에 대한 통일적 접근방법은 전통적으로 분리된 접근방법(개별사회사업, 집단사회사업, 지역사회사업)을 피하고 광범위한 사회사업활동을 모두 내포한 통합적 실현모델을 만들어야 한다는 것이

72) *Ibid.*, p.47

다.
마지막의 의식발전은 클라이언트와 사회사업가의 양심회복 *conscientization* 에 있다. 급진적 사회사업의 근원은 행동과 변화에 있고 이것은 의식변화와 더불어 나타난다. 양심화는 자유화 교육이며 이것은 전통적 교육과 대립된다.

먼저, 급진적 사회사업을 구현하기 위한 그들의 주장을 보자.

크로워드와 피븐은 급진적 행동의 강령으로서 첫째, 전문이론을 깨뜨려야 한다는 것이다. 즉, 사회사업가가 고용되어 있는 제도가 친절한 동기를 지니고 있고, 병원의 목적이 환자의 건강보호를 제공하며, 아동보호기관의 목적이 아동을 보호한다는 이론을 깨뜨려야 한다는 것이다. 둘째, 이론은 기관을 위하여 좋은 것은 클라이언트에게도 좋고 기관의 이익과 클라이언트의 이익이 기본적으로 일치한다는 것을 깨뜨려야 한다는 것이다. 셋째, 클라이언트의 결함이 퍼스낼리티 발전과 가족관계에 있다는 전문이론을 깨뜨려야 한다는 것이다. 이러한 이론은 인간행위의 설명과 마찬가지로 정치적 이데올로기이다. 이것은 클라이언트로 하여금 그러한 문제를 만든 경제적·사회적 제도보다는 그들의 고통을 질책토록 한다는 것이다. 마지막으로 전문적 지식과 기술은 인간을 지배하는 관료권력을 합법화시키는 방법을 알아야 한다는 것이다.[73]

그리고 다음에는 Case Con의 선언문에서 나타난 급진적 사회사업의 이론 정립이 가능한가를 보자.[74]

Case Con의 선언문에 의하면 복지국가가 나타나게 된 것은 노동계급의 동요와 주로 전시 상황에서 생성된 대변동을 안정시키기 위

73) R. Bailey and M. Brake, *op. cit.,* pp.22~26
74) *Ibid.*, p.112

한 것이라고 한다. 노동자의 생활조건의 개선은 보다 효과적인 작업장의 자본주의를 마련하는데 도움이 되었고, 전투성을 약화 시켰으며, 급여조건으로서 사회통제의 유용한 수단으로 이용한다고 말했다. 그리고 전문성 *professionalism* 은 첫째, 비훈련 노동자가 소유할 수 없는 지식과 기술의 전문성 *specialism* 의 획득을 의미하고 이것은 사회사업가를 전체 인구와 고립시킨다는 것이다. 둘째, 사회사업가를 의사나 변호사와 동등한 전문집단으로 간주하려고 하며 셋째, 사회사업가는 전문적 행위가 보상을 증대시키는 기업과 같은 경력구조를 도입케 한다는 것이다. 이것은 분명히 지배계급이 환영하는 것이라고 한다.

2) 방 법

사회사업이론에 있어서 가장 중요한 방법인 개별사회사업 · 집단사회사업 · 지역사회개발 및 사회계획에 대한 전문적 입장과 급진적 입장의 견해를 보기로 하자.

(1) 개별사회사업

전문적 개별사회사업의 개념은 ① 사회사업가와 클라이언트간의 문제가 개인에 의한 개인의 조정이고 ② 그 목적은 클라이언트의 퍼스낼리티를 개발시키며 ③ 이러한 기능을 수행하는데 있어서 전문적, 과학적 지식이 필요하다는 것이다.

그러나, 급진적 개별사회사업은 개별지도 경험이 사회적, 정치적 및 경제적 변화를 직접적으로 조성하는데 도와주려는 방법을 발견하려는 것이다. 크게 보아 급진적 개별사회사업은 마르크스의 사회적 관점과 일치한다. 이것의 출발점은 역사적 유물주의나 사회적 행위를 초월한 경제질서이다. 소외조건을 변화시키려는 계급의식의 발전이나 집단적 노동 욕망이 이러한 것을 조성하는 사회심리적 과정이다. 사회주의의 이상은 자본주의의 이상에 대한 대안이 될 수 있다.[75]

이것을 보면 전문적 개별사회사업은 퍼스낼리티에 대한 사회심리적 원조이지만 급진적 개별사회사업은 소외의 정치적·경제적·사회적 조건을 변화시키려는 것이다.

(2) 집단사회사업

전문적 집단사회사업은 사회사업가의 원조에 의하여 집단 또는 사회기관 구성원 개개인의 상호간 또는 타인과의 원만한 관계를 맺도록 도와 주고 자기의 요구와 능력에 따라 발전할 수 있는 기회를 마련하여 주는 과정이며 방법이다.[76]

그러나, 급진적 견해에 의하면 집단사회사업은 집단 또는 계급의 이익을 옹호하기 위하여 집단의식화와 집단투쟁(계급투쟁)을 의미한다.

(3) 지역사회개발

지역사회개발은 전체 지역사회의 적극적 참여로서 경제적·사회적 진보조건을 창조하는 과정이라고 하고 지역사회 주민의 자기결정과 외부 원조를 강조하고 있다.

그러나, 급진적 지역사회개발은 영국과 미국이 각각 아프리카와 아시아의 식민지와 반식민지에서 교육과 복지 그리고 반공적 서구

---

75) John F. Longre, *Radical Social Casework*, Paper presented at the Council on Social Work Education Annual Program Meeting, 1977, Arizona, Mimeographed, p.1

76) Harleigh B. Trecker, *Social Group Work*, 1948, pp. 8-9

민주주의의 목적에서 발전되었기 때문에 민족주의(반식민주의)와 인민주의 *back to peoples* 에 의한 정치성을 띤 지역사회개발운동을 강조한다. 예컨대 지역사회개발사업가가 클라이언트를 자극, 의식화 하여 집단적 행동을 하게 만들고 공업가조합·연금조합 및 차용자간 밀착된 관계를 형성시키는 역할을 수행한다. 그렇기 때문에 지역사회개발은 지역사회행동의 성격이 강하다. 지역사회행동의 사회주의적 견해는 노동자와 그 가족성원들의 연대성과 자신을 증대시키는 어떠한 일이라도 도와주는 것이라고 한다. 그러나 이러한 투쟁에서 제고된 의식은 모든 빈민·나쁜 주택소유자·박탈된 자를 참여시키는 정치적 전략을 짜지 않는 한 파당적이 된다고 말하였다.77)

이와 같이 급진적 지역사회개발은 주민 또는 클라이언트의 의식제고와 사회행동에 의하여 복지를 증진시키자는 것이다. 예컨대 80년대 영세민 지역의 재개발사업에서 아파트 입주권 획득을 위한 빈민운동을 볼 수 있다.

(4) **사회계획**

미국 사회사업에 있어서 계획은 지역사회조직의 한 측면으로 보는 경향이 있다. 다렌돌프는 계획은 미래에 요청되는 중요한 아이디어와 행동의 형성이고 이것은 수행될 행동과정의 제안 및 암시를 다루어야만 한다고 말했고, 트레커는 계획을 지역사회조직과 행정에 관련된 한 방법이라고 하였다. 계획은 사려 없는 생활관을 체계적 생각을 갖게 하는 것이고 합의된 목표를 달성하기 위하여 논리적 수단을 창조할 수 있는 의식적이고 정교한 지도이며 계획은 항상 우선 순위를 결정하고 가치판단을 요구하며 우리의 인간문제를 다

---

77) R. Bailey and M. Brake, *op. cit.,* p.143

루는 기본적 접근방법이라고 하였다.[78] 그밖에 사회계획을 희소자원의 배분이라고 말하는 사람도 있지만[79] 일반적으로 사회계획은 경제계획과 마찬가지로 사회개발에 있어서 의도적인 구상과 실천을 의미하는 것으로 생각한다.

이에 대하여 크로워드와 피븐은 사회계획이 두 가지 잘못된 이론에 기초되어 있다고 한다. 첫째, 계획가가 집단과 계급갈등의 입장을 취하지 않고 정치적으로 중립적이라고 주장한 것이고 둘째, 계획가가 전체 지역사회의 목표를 발전시키는데 관심이 있다는 것이다. 사회계획가는 사회봉사의 합리적 정책결정자로 생각되고 있다. 사회계획가의 특수한 역할은 지역사회의 요구와 목표를 평가하고 프로그램 개발과 기관조직의 영역에 있어서 관련된 행동 대안을 조사하고 지역사회 요구와 목표에 대한 대안전략에 대한 미래의 영향을 평가하는 것이다. 단일한 공공 관심의 모호한 주장에도 불구하고 이것은 사회계획에 있어서 노출되지 않는다. 그러나 계획가는 관료제와 관련되어 있고 이것은 자본주의사회의 자본가계급을 위하여 수행하는 관료제의 기능과 관련되어 있다. 사회계획가가 이러한 관료제에서 큰 역할을 한다는 것은 사실이 아니고 다른 곳에서 결정이 이루어지는 것이다.[80]

이러한 것을 보면, 전문적 사회사업의 모든 기술은 이론적으로 상당한 문제가 있으며, 이것은 자유주의사회에 있어서 지배계급의 이익과 관심을 호도하는데 불과하고 그것의 효과는 의문시된다는 것이다. 그리하여 클라이언트의 의식 제고와 그들과 밀착되어 폭력

78) Ernest B. Harper and Arthur Dunham (ed.), *op. cit.*, p.210, 215
79) David Eversley, *The Planner in Society,* Faber, London, 1973, p.5
80) *Ibid.*, p. xiv

적 방법에 의하여 욕구와 복지를 해결하자는 것이 급진사회사업이다.

< 참고 문헌 >

김영모 편, 「지역사회복지론」, 한국복지정책연구소 출판부, 1985, 2001

김영모,「지역사회복지협의회」, 한국복지정책연구소 출판부, 1997

김융일·조홍식·김연옥 공저,「사회사업실천론」,나남출판, 1995

김종옥 · 권중동 편저, 「집단사회사업방법론」, 홍익재, 1995

남세진, 「집단지도방법론」, 서울대 출판부, 1986

윤현숙외 공저,「사회복지실천기술론」, 동인, 2001

양옥경외 공저,「사회복지실천론」, 나남, 2000

이근홍, 「케이스 매니지먼트」, 대학출판사, 1998

이명홍, 「케이스워어크」, 양서각, 1969

신성자 · 홍금자 · 라동석 · 김진이,「사회복지실천론」, 고헌출판부, 2001

장인협, 「사회복지실천론」(중), 서울대 출판부, 1999

장인협, 「사회사업실천방법론」(상 · 하), 서울대 출판부, 1989

최일섭, 「지역사회복지론」, 서울대 출판부, 1985

표갑수, 「지역사회복지론」, 나남출판, 2004

Bartlett, H.M. *The Common Base of Social Work Practice*, New York, National Association of Social Workers, 1970

Compton, B.R. & Galaway, B, *Social Work Process,* The Dorey Press Home Wood Ill, 1975

Dunham, Arthur, *The New Community Organization*, New York, Crowell, 1970

Galper,J., *Social Work Practice; A Radical Perspectives*, Prentice-Hall, H · 3, 1980

Goldstein, H., *Social Work Practice ; A Unitary Approach,* Columbia Univ. of South Carolina Press, 1973

K.K.Miley, M.O'Melia and B.L.DuBois, *Generalist Social Work Pratice : An Empowering Approach,* Allyn and Bacon, Boston, 1995

Murillo, G. J., *The Ecosystem as The Domain of Social Work: An Open Systems Practice Model,* Doctoral Dissertation, University of Denver, 1977

Meyer, C, H., *Social Work Practice : The Changing Landscape,* New York, The Free Press, 1976

Perman, H.H., *Social Casework*, 1957

Pincus, A & Minahan, A., *Social Work Practice:Model and Method*, Itasca, Ill., F.E. Peacock,1973. 문인숙·김융일·조성경·김선심 공역, 「사회사업방법론」, 보진제출판부, 1976

Ross, Murray G., *Community Organization:Theory, Principle and Practice,* New York, Harper & Row, 1967

Tayne, M., *Modern Social Work Theory ;* A Critical Introduction, Macmillan, London, 1991

제 9장 사회복지의 분야 ; 사회복지서비스

1. 사회복지서비스의 개념

일반적으로 사회복지서비스를 미국은 사회서비스, 공공서비스 또는 인간서비스 *human service* 라하고 영국과 북구의 경우 사회서비스 *social service* 라하며 한국과 일본의 경우 사회복지사업이라고 한다. 사회복지사업이라는 말이 널리 사용된 것은 1970년 이후이다. 그 이전에는 사회사업이라는 말이 일제시대와 미군정 이후에 주로 사용되어 왔고 조선시대에는 구황·구빈사업이라는 말이 널리 사용되었다.

1970년 부터 사회복지사업이라는 말이 널리 사용된 것은 여러 가지의 이유가 있겠지만 무엇 보다도 6·25전란 이후 급속히 발달한 시설보호사업을 중심으로 한 사회사업에 대한 사회적 인식이 잘못되어 있어서, 이것을 극복하기 위한 것이라고 할 수 있다. 더욱이 1960년 이후 사회복지를 위한 정부의 개입이 나타나기 시작하면서 종래 민간주도 사회사업의 개념으로 당시의 사회적 욕구와 사회문제를 해결하기에는 대단히 미흡하다는 것을 알게 된 것이 주요한 원인이라 할 수 있다.

그리하여 1970년 1월 1일 사회복지사업법이 제정, 공포되었다. 이 법에 따르면, 사회복지사업의 정의는 ① 생활보호법(1961년 제정)과 ② 아동복리법(1961년 제정) 및 ③ 윤락행위 등 방지법(1961년 말 제정)에 의한 각종 보호사업 및 복지시설의 운영을 목적으로 한 사업과 ④ 사회복지상담, 재해구호, 부랑인선도, 직업보도, 노인휴양, 인보복지, 무료숙박, 나완치자 사회복귀사업 등 각종 사회복지사업과 시설운영이라고 규정하고 있다. 그러나 1983년 5월 31일 개정된 사회복지사업법에서는 종전의 3개 법에 1981년 제정된 노인복지법과 심신장애자복지법에 의한 보호, 선도 복지사업이 추가되었고, 1989년에는 모자복지법, 1991년에 영유아보육법이 제정되었다. 그리하여 종전의 7개 사업(노인휴양 제외)에다가 지역사회복지, 모자복지, 의료보호, 사회복지관 운영 등이 추가되어 11개의 사업이 사회복지사업의 개념으로 보완되었다. 그리고 1997년 8월 22일 기존의 복지 7법에 정신보건법, 성폭력 범죄의 처벌 및 피해자 보호 등에 관한 법률, 입양촉진 및 절차에 관한 특례법, 일제하 일본위안군 생활안정지원법, 사회복지공동모금법, 장애인 · 노인 · 임산부의 편의증진보장법 등이 추가되었고, 그 밖에 사회복지상담, 부랑인보호, 직업보도, 무료숙박, 지역사회복지, 의료복지, 재가복지, 사회복지관 운영, 정신질환자 및 나완치자 사회복귀, 자원봉사활동 및 복지시설의 운영·지원을 말한다. 그리하여 한국형 사회복지사업의 개념은 복지 13법과 10개의 프로그램이라고 할 수 있다.

이러한 개념에 따르면, 우리 나라의 사회복지사업은 규범상으로는 1961년 생활보호법과 아동복리법 및 윤락행위 등 방지법에 의한 보호사업에서 찾아볼 수 있다. 그러나 그 이전에도 없었던 것은 아니다. 그 이전 미군정 법령 제 18호와 대한 적십자 및 외원단체에 의하여 사회복지사업이 실시되었다.

이러한 법령과 단체에 의하여 1945년 이후 1950년대 말까지 우리 나라의 가장 중요한 사회문제라고 볼 수 있는 전쟁고아의 수용보호와 재민구호사업, 그리고 사회복지사업이 실시되었다고 볼 수 있다. 비록 외국 민간원조단체에 관한 법률이 1963년 말 제정되었지만 그들은 외원으로 국내에서 보건사업, 교육사업, 생활보호, 재해구호 또는 지역사회개발 등 사회복지사업을 수행하였다. 이러한 외원단체에 의한 사회복지사업이 1960년대 까지 주도적 역할을 행하여 오다가 1960년대 초 국가의 책임에 의한 우리 나라의 자주적 사회복지사업이 나타나기 시작하면서 외원은 점차 감소·철수하기 시작하였고 1970년을 고비로 하여 외원은 급속히 감소되었다.

이와 같은 우리 나라의 사회복지사업은 1960년대까지 전재·수재로 인한 요보호자를 위한 긴급구호사업과 시설보호사업이 발달하였지만 1960년대 들어와서 근로자와 영세민을 위한 생활보호와 사회보험이 시작되어 1970년대 중반 공무원·군인·교원 등을 위한 사회보험사업이 활발히 나타나기 시작하였다. 그러나 아직도 우리 나라의 사회복지사업은 치료적이고 구빈적인 성격을 지닌 시설보호와 생활보호사업이 주요한 기능을 수행하고 있다.

사회복지서비스는 1970년대 까지만 하여도 우리나라 사회복지의 대부분을 차지하였다. 그러나, 1980년대 발달한 사회보험제도로 말미암아 사회복지서비스는 상대적으로 약화되었던 것이다. 예컨대 사회복지서비스의 예산은 국가 예산의 0.55% 밖에 안되고 사회보장비의 7.7%를 차지하고 있는 실정이다. 이것이 경제개발로 인하여 발생된 사회문제, 특히 요보호자를 지원·보호하기 위한 것이기 때문에 매우 긴급한 사회복지사업이라 할 수 있다.

우리 나라 사회복지사업은 1970년대 까지는 시설보호사업이 그 핵심이었다. 1980년대 들어와서 아동복지법이 전문 개정되어 일반아동을 대상으로 한 아동상담소와 이용시설의 설치가 가능하였고 또 노인복지법과 심신장애자복지법이 마련되어 비시설보호사업, 즉 재가복지, 사회복지관, 노인요양시설, 어린이집 등 가정복지 및 지역사회복지사업이 발달하게 되었다.

시설보호사업은 복지 13법에 의한 보호·선도 또는 복지에 관한 사업과 복지시설의 운영지원사업을 목적으로 설치된 시설에 의한 보호사업을 말한다. 이러한 시설은 표 9-1과 같이 2004년 말 수용시설이 879개가 있고 이용시설이 10,023개가 있다. 그리고 입소인원은 8만 여명에 달하고 종사자는 약 1만명이다. 이러한 시설은 거의가 사회복지법인이 운영하고 정부의 재정지원을 받는다. 수용시설은 아동복지시설이 가장 많고 그 다음이 장애인 및 노인복지시설이며 이용시설은 보육시설이 가장 많고 그 다음이 재가시설과 사회복지회관이다.

< 표 9-1 > 사회복지시설수, 이용자, 종사자

	시설명	시설수	이용자	종사자	시설명	시설수	이용자	종사자
노인복지	무료양로	73	3,801	8,141	노인복지회관	145	다수	1,436
	무료양로	228	14,903					
	실비유료	40	1,526					
	전문요양	143	4,705	4,245				
	재가시설	1,223		8,496				
장애인복지	생활시설	237	18,906		장애인복지관	65		
	직업재활	238	7,486					
아동복지					아동회관	27		
	양육시설	239	17,675	4,734	보육시설	16,862	845,654	105,683
	일시보호	11	432		(가정보육제외)			
	자립지원	13	246		아동상담소	41		
	보호치료	6	376		입양기관	23	3,899	
					건강가정지원센터	23		
여성복지	모자보호	40	2,654	-	성폭력상담소	23		
부랑인선도	생활시설	37	9,371	831	사회복지관	279		
정신질환자	생활시설	55	12,531	1,695				
미신고시설	생활시설	174	19,991	-				
합 계		2,575	114,603	28,142		17,488	849,553	107,119

(자료) 「보건복지통계연보」, 2005

수용시설에 대한 정부지원은 1991년 1인당 월 평균 생계비와 1종 의료보호를 지원하고 종사자의 인건비(정부지원의 90%), 난방비, 수용비, 공공요금, 차량유지 등 운영비(정부지원 80%), 그리고 시설의 증·개축비 등이다. 이용시설에 대한 정부지원은 사회복지관의 경우 사업비·인건비·관리비 등 월 약 1억원 이상의 운영비를 지원한다. 2006년 시설생활자의 생계비 현금지원은 1인당 약 32만원이다.(최저생계비는 약 41만 8천원) 이러한 정부지원금은 사회복지시설의 적절한 보호, 다양한 서비스, 및 효율적인 프로그램을 운영하는데 크게 미흡하다.

현재, 복지시설에 있어서 가장 큰 불만은 생계비의 부족과 종사자에 대한 처우이다. 같은 장애인시설을 학교법인과 사회복지법인이 운영하는 경우 근로 조건이 후자가 훨씬 나쁨에도 불구하고(예, 노동시간이 8시간의 2배 이상 근무) 인건비는 학교법인의 절반에 불과하다. 그리하여 전문인력을 보충하기가 어렵다.

한편, 1980년대 지역사회 주민들의 욕구를 해결하기 위하여 사회복지관과 경로당(노인정)이 많이 설립되었고 재가장애인을 위한 상담, 교육, 직업훈련, 통원치료 등 서비스를 제공하는 장애인복지관이 설립되었으며 아동상담소에서 상담, 입양, 가정위탁 알선, 귀가 조치 등 전문적 서비스를 행하고 있다.

이와 같이 사회복지시설이 수용보호에서 이용시설과 재가복지로 전환되어가고 있지만 아직도 복지시설이 지니고 있는 문제는 대단히 많다. 그 주요한 문제로서 사회복지법인(시설)에 지역사회주민이 참여할 수 있도록 공개되어야 하고 전문적 자질을 지닌, 시설종사자를 충원해야 하며, 시설이 지역사회복지센터가 되도록 탈시설화 되어야 할 것이다.

최근 핵가족화와 여성의 사회참여로 부양가족이 없는 노인, 장애인들이 많이 발생되고, 또 시설보호의 예방을 위해서 재가복지서비스에 대한 관심이 증대되고 있다. 그리하여 정부는 1993년 노인복지법을 개정하여 재가노인복지사업을 추가하였고, 2003년 7월 말 사회복지사업법의 개정으로 사회복지사업이 종전의 시설보호 중심에서 지역사회복지 중심으로 전환하게 되었다.(제 9장 2절 지역복지 참조)

한편, 최근 우리나라에서는 사회복지서비스가 선진국가처럼 보편적 서비스(universalism)로 발전되고 있다. 예컨대 장애인복지 서비스는 거의 보편적 서비스화 되었다.

2. 사회복지서비스의 영역

가. 가족복지

1) 개념과 필요성

가족복지는 가족이 수행하는 전통적 기능을 강화 시키고 이러한 기능이 약화될 때 그것을 지원, 보완 및 대리하기 위한 노력을 말한다. 가족의 전통적 기능에는 성적, 교육적, 사회적, 경제적 기능이 있다. 이러한 기능이 제대로 이루어질 때 가족의 조화와 연대 기능이 존재하고 따라서 행복한 가정을 꾸려갈 수 있다.

우리 나라 가족에 있어서 전통적 기능은 잘 이루어져 왔다. 그러나 대가족이 핵가족화 되어 감에 따라 가족의 사회보장적 기능이 파괴되어 갔다. 그리하여 가족의 복지기능을 강화시키기 위한 노력으로서 정부가 개입(지원)하거나 민간단체가 지원하게 된다.

이렇듯 가족복지는 정부와 민간기관이 가족생활을 강화시키고 사회적응과 가족관계에 있어서 문제를 가지고 있는 가족성원을 도와주는 일련의 서비스를 말한다.[1] 그리고 가족봉사기관의 목적은 조화로운 가족관계를 형성하기 위하여 가족생활의 적극적인 가치를 살려서 가족성원의 건전한 인격을 발달시키고, 사회인으로서 기능을 촉진시키는데 있다.[2] 이와 같이 가족복지라는 것은 ① 가족생활을 강화시키고 ② 가족관계의 조화를 성취시키려는 것임을 알 수 있다.

가족생활의 강화 문제는 동양에서 보다 서양에서 더 큰 문제로 제기되고 있다. 동양에서는 아직도 대가족제도의 전통이 남아 있고 복합가족주기가 강하기 때문에 가족성원의 노후문제도 그렇게 심각한 것은 아니지만 서양에서는 핵가족이라서 자기의 노후생활을 자식에게 맡기지 않는다. 그래서 서양에서 노인부부는 요양원, 사회(연금)주택과 같은 시설보호를 받지 않을 수 없지만 동양에서는 아직도 가족의 사회보장적 기능이 강력히 존재하고 있다. 이러한 기능 때문에 동양에서 사회보장제도가 덜 발달한 원인도 여기에서 찾아 볼 수 있다. 그러나 최근 공업화와 도시화는 가족구성 뿐만 아니라 그 기능 까지 급속히 파괴시켜 결손가정 및 준결손가정이 많이 나타나고 심지어 기아, 가출 및 기노 현상까지 나타나고 있다.

2) 방 법

앞에서 살펴 본 가족문제를 해결하기 위하여 사회 또는 국가의 개입이 불가피하다. 그 개입의 형태도 치료책이 발달되어 있으나 사

---

1) Clark W. Blackburn, Family Social Work, *Social Work Year Book,* 1954, p.203

2) The Contents of Family Social Work, *Family Service Association of America Committee Report in Social Case Work,* 1956, p.319

실 그 예방책이 가장 효과적이다. 예컨대 경시되고 있는 예방책으로 결혼상담 및 지도를 통하여 건전한 가족형성을 지원하는 것이다.

이러한 가족의 복지기능을 지원·보완·대리하기 위한 방법은 가족정책과 가족사회사업 및 가족치료 등으로 구별할 수 있다. 가족정책은 가족수당, 아동수당, 그리고 요보호 아동 · 노인 · 장애인 · 모자 등에 대한 정부지원이 있으며 가족사회사업은 재혼, 입양, 가정조성 서비스, 그리고 가족치료는 가족상담, 결혼상담 등이 있다.

(1) 가족정책

가족정책이 발달한 유럽 가족정책의 특징을 먼저 보기로 하자.[3)]

첫째로 대가족을 위한 소득 재분배 정책의 일환으로서 가족수당 · 소득세 정책 등이 실시되었고,

둘째로 인구정책과 장기적 인구 증가계획에 대한 관심에서 실시되었으며,

셋째로 고아 · 장애자 · 노인 · 빈곤자 · 무주택자와 같은 피부양자와 부적절한 가족성원의 지원 · 대리적 보호를 위한 공공정책으로 나타났다. 이러한 정책은 산업사회에 있어서 의존성과 다른 사회문제를 예방하기 위한 개념인데 특히 영 · 미 · 캐나다에서 볼 수 있는 보완적 정책이다.

최근 가족정책의 관심이 아동 · 부녀 및 노인에게 확대되고 있다. 첫째는, 가족을 도와 준다는 것이 아동의 생활조건을 개선시키는 가장 효과적인 방법이 되고 이것은 아동에 영향을 미치는 공공정책을 중요시 하는 것이 되었다. 둘째는, 부녀자를 위한 사회정책

3) Sheila B. Kamerman and Alfred J. Kahn, (eds), *Family Policy*, Columbia Univ. N.Y, 1978, p.4

이 가족정책의 주요한 구성요인이 된다는 것이다. 부녀자를 위한 사회정책은 취업모와 가정부를 위한 사회보험 급여, 아동보호사업과 아동보호를 위한 사회복지급여, 취업모를 위한 지원서비스, 부녀자의 소득세와 사회보장 조치, 시간제와 유동제의 병행과 같은 것이다.[4)]

(2) 가족사회사업

가족사회사업은 가족성원간 불화와 기능상 장애를 해결하기 위한 사회사업이라고 볼 수 있다. 최근 가족치료에 관한 이론과 기술이 발달하고 있다.

근대적인 가족의 기본적인 기능은 평등한 인격과 부부간 애정을 중심으로 결합되어 있고, 만족스러운 성 관계의 유지, 아동의 보호와 교육, 가계의 공동 등을 말할 수 있다. 이러한 가족의 기본적인 결함 요인과 기능에 있어서 부부간 상치된 의견, 즉 갈등이 일어난다면 가족관계는 부조화가 나타나고, 심지어 가족집단이 해체될 가능성이 있다. 이러한 경우 가족관계의 강화와 유지를 위한 원조가 필요하다. 이러한 것을 위한 구체적인 방법으로서 ① 결혼상담, ② 결혼지도, ③ 법률적 치료, ④ 물질적 원조 등이 있다. 선진국가에서는 문제가족이 요구하는 것은 금전적인 원조 보다도 심리적인 원조가 더 중요하다고 하지만, 후진국가에서는 오히려 빈곤에서 가정불화가 많이 나타나기 때문에 물질적 지원이 더 중요할 것이다.

위트머는 가족복지사업가가 제공하는 원조의 종류로서 ① 금전적 원조, ② 기관·단체 및 시설의 조언, ③ 가족문제를 클라이언트 스스로 해결할 수 있는 방법에 대한 지지와 조언, ④ 이러한 해결책

4) 김영모, 「현대사회정책론」, 한복연 출판부, 1982, p.193

을 용이하게 실천하도록 원조해 주는 것을 말하고 있다.[5)]

가족복지를 위하여 전문사업가가 할 수 있는 것은 상기한 제 방법을 모두 할 수 있는 것은 아니다. 특히 원조는 자기의 소속기관이나 외부의 원조로 부터 가능한 것이고, 사회사업가로서의 기능은 심리적인 지원이 주된 것이라고 말할 수 있다. 오늘날 가족복지사업은 그 대상이 가족 전체라고 말할 수 있지만, 일반적으로 가족성원 중 1인 또는 소수가 클라이언트인 것이다. 따라서 가족복지는 개별지도의 방법 즉 클라이언트의 개별화에 의해서 주로 실행할 수 있다.

가족개별지도사업은 개별지도의 일반이론과 큰 차이가 있는 것은 아니다. 개별지도의 기술적 수속과정인 면접 · 조사 · 사회적 진단 및 사회적 치료는 여기에서도 공식화 되어 있다. 클라이언트가 가지고 있는 문제에 대한 해결의 종국적인 책임은 자기 자신에게 있다. 그렇기 때문에 사회사업가는 클라이언트로 하여금 자발적 의욕에서 문제해결을 가능케 하고, 자기는 클라이언트의 성격 · 행동 · 환경조건에 대한 이해와 지역사회가 가지고 있는 유용한 사회자원에 대한 지식을 활용하여, 효과적으로 지도하기 위하여 측면에서 원조하는 것이다. 다시 말하면, 클라이언트의 자발적 해결의 원칙 위에서 성취되어야 하고, 사회사업가의 지식과 기술은 클라이언트가 이용할 수 있는 자원에 지나지 않는다.

가족개별지도사업이라는 것은 개별지도사업의 일반 원리가 가족이라는 특수한 조건에서 구체화 된다는 것을 말한다. 미국의 가족복지협회 FSAA 의 보고서에 의하면 가족복지기관이 행하는 개별지도사업은 상호관계를 고려하여야 하며, 그의 목적은 가족관계의 조화에 기여하고 각 가족성원의 건전한 인격의 발달과 만족스러운 사회

---

5) H.L. Witmer, *Social Work*, 1942, p.258

적 기능을 촉진시키는데 있다고 한다.6)

이러한 일을 수행하기 위한 가족개별지도사업은 곰베그가 지적한 바와 같이 가족성원 전체를 대상으로 하나, 가족원의 문제를 개별화 하여 개개의 가족원에 중점을 두고서 행하여야 한다.7) 그러면서도 가족을 어떻게 재조직화 하느냐에 대한 관심을 기울여야 한다.

이러한 가족복지를 위해서는 가족복지사업가는 클라이언트(가족)의 기능수행에 원조를 제공하여야 되고, 가족생활 경험의 공동화에 노력해야 효율적이고 일체화된 복지활동을 수행할 수 있을 것이다.

(3) 가족치료

최근 우리 나라에서도 관심이 많은, 가족사회사업의 기술이라 볼 수 있는 가족치료를 고찰 한다.

가족치료는 가족이 좀 더 기능을 잘 하도록 개입하는 방법이다. W. Skinner는 가족치료를 가족이 함께 참여하는 면접을 통해 가족을 심리치료적으로 조치하는 과정이라고 정의하였다.8)

가족치료는 1950년대 미국에서 처음 발전하였고, 그 동안 정신과 의사들과 학문적인 공통 관심들을 가져 왔으나, 오늘날에는 일반체계이론과 심리분석이론이 보다 더 공유되고 있다. 즉 가족치료는 개인의 문제를 한 가족 안에서 다시 보는, 사회적 관계 속 개인을 중요시 하는 치료방법이다.

그 과정은 개별사회사업의 과정과 비슷하다. 우선 문제 증상이

---

6) Family Service Association of America, *Scope and Methods of a Family Service Association of America*, 1953, p.4

7) M. Robert Gomberg, The Specific Nature of Family Case Work, *Family Case Work and Counseling,* Jessi Taft(ed), 1948, p.116

8) Noel & Rita-Timms, *Dictionary of Social Welfare,* 1982, pp.74-75

나타난 한 가족성원 *identified patient* 과 첫 접촉이 이루어지고, 면접에 들어간다. 이때 첫 면접시 같이 사는 가족성원 모두가 참여하는 것이 중요하다. 온 가족이 다 모이는 것은 그들 가족의 정상 생활에 대한 정보 습득의 좋은 기회가 되고 참여하지 못한 가족성원들에게 오해의 여지를 주지 않기 위해서이다. 치료자는 정확한 문제진단이 끝나면 치료계획을 설계하고 계속적인 몇 회의 모임을 통하여 치료해 나간다.

이 치료의 방법과 중요성은 학자들에 따라 차이를 보이고 있는데 이를 간단히 정리해 보면 다음과 같다.[9]

① 미누친 *Minuchin* 의 구조적 접근 : 미누친은 기능장애적 행동을 고치고 그 증상들을 제기하기 위해서 취하는 가장 효과적인 방법은 가족교류 유형을 변화시키는 것이라고 하였다. 특히 명확한 경계선, 가족관계내 융통성의 증가, 기능장애 구조의 수정 등을 강조하였다. 그리고, 미누친의 치료 전략의 특징은 상황을 설정하고, 시나리오를 만들고, 가족에게 과제를 할당하고, 그가 부과한 새로운 상황들에 따라 기능할 것을 구성원에게 요구하는 것이다.

② 밀란 *Milan* 학파의 체계적 접근 : 밀란학파의 체계적 접근은 Bateson의 순환적 인식론에 기초한 기술을 바탕으로 모임을 한달 내외 간격을 두는 장기치료 *long-brief therapy* 절차이다. 이는 1~2인의 직접적 치료와 일방 투시 *one-way mirror*에서 관찰하는 치료자가 함께 전략을 계획함으로서 이루어진다. 모임간에는 역설적 지시에 기초하는 과제가 할당되고, 밀란 모형의 목표는 가족 스스로가 지속하고, 경쟁하는 가족 상호관계의 규칙들을 변화 시키는데 도움이 되는 정보를 제공하는데 있다.

---

9) Irene Goldenberg & Herbert Goldenberg, *Family Therapy : An Overview,* 1985, pp.199~258

현대 사회복지에서는 가족복지의 필요성과 중요성이 증대되고 있다. 이는 개인과 사회의 문제를 해결하는데 가족을 단위로 문제를 해결하는 것이 개인을 단위로 접근하는 것보다 효과적인 경우가 많다는 인식이 보편화 되고 있으며, 발생된 가족문제에 대하여 사후처리식으로 복지서비스를 제공하는 것은 문제를 더욱 악화 시킨다는 비판도 있기 때문이다.

그러므로 장기적인 차원에서는 사회비용과 국가의 복지비용을 최소화 시킬 수 있기 때문에 경제적인 효과도 있을 것이라고 예상된다. 따라서 우리 나라에서는 가족복지를 위한 기본법의 제정이 절실히 요구된다.

2004년 3월에 건강가정기본법이 제정되었으나 그 내용이 부실하다. 이 법은 건강한 가정생활의 영위와 가족의 유지 및 발전을 위한 국민의 권리 · 의무와 국가 및 지방자치단체 등의 책임을 명백히 하고, 가정문제의 적절한 해결 방안을 강구하며 가족구성원의 복지증진에 이바지할 수 있는 지원 정책을 강화함으로써 건강가정 구현에 기여하는 것을 목적으로 한다.(법, 제 1조) 그리고 건강가정사업은 건강가정을 저해하는 문제의 발생을 예방하고 해결하기 위한 여러 가지 조치와 가족의 부양 · 양육 · 보호 · 교육 등의 가정기능을 강화하기 위한 사업을 말한다. 2006년 현재 건강가정지원센터가 23개소에 있으며 2010년까지 시 · 군 · 구에 확대하려고 한다.

또한, 요보호자(모 · 부자가정)를 위하여 모 · 부자복지법이 입법이 되었고, 가정폭력을 방지 · 처벌하기 위한 법적 근거와 '가정폭력 방지 및 피해자 보호 등에 관한 법률 시행령 · 시행규칙'이 제정되었지만 아직도 매우 미흡한 수준이다.

우리 나라에서 가정복지는 가족정책과 가족사회사업(치료)보다는 가족복지서비스가 더 많이 발달되어 있다. 즉 아동, 노인, 장애인 등을 위한 대인서비스가 발달되어 있다.

나. 지역사회복지

1) 개 념

지역사회복지의 개념은 지역주민의 공통된 복지욕구를 해결하기 위하여 지역사회의 인적, 물적 및 외적, 내적 자원을 동원하여 조정하여 주는 것이다.

이러한 것은 미국형의 지역사회조직(사회복지협의회, 공동모금회), 일본형의 지역복지(재택복지)와 지역사회복지계획, 그리고 유럽형의 지역사회보호(재가복지, 지방자체단체 사업) 등이 있다. 우리나라의 경우 비록 이것이 혼재되어 있지만 그 타당성이 있어서 포괄적 지역사회복지론으로 개념을 규정하는 것이 타당한 것 같다. 포괄적 지역사회복지론으로 개념을 지역사회복지의 운영주체, 즉 정부가 운영하느냐, 아니면 민간단체가 운영하느냐에 따라 큰 차이가 있다. 그래서 지역사회복지는 지역사회정책과 지역사회사업으로 구성되어 있다.[10)]

정부가 직접 개입하는 지역사회복지는 유럽의 지역사회보호, 일본의 지역복지(재가복지), 우리나라의 새마을운동, 사회복지관, 재가복지사업등에서 찾아 볼 수 있고 민간의 주도적 개입은 미국의 지역사회조직(지역사회복지위원회와 공동모금회), 우리나라의 마을 또는 기초자치단체의 자조사업 등에서 찾아 볼 수 있다.

지역사회복지를 운영주체에 따라 보면, 표 9-2와 같이 정부주도형, 민간주도형, 공사협력형으로 구분할 수 있다.

---

10) 김영모 편, 「지역사회복지론」, 고헌 출판부, 2002, 제 1장 참조 바람.

<표 9-2 > 지역사회복지계획의 유형

	정부주도형	민간주도형	공사협력형
주 체	지방자치단체	시·군사회복지위원회 (중간집단)	시정촌+사회복지협의회
대 상	지역주민	지역주민	지역주민
방 법	재가복지	지역사회조직	재택복지
재 원	국고/지방비	공동모금	위탁/모금
종사자	공무원	자원봉사자	시설종사자
사 례	스웨덴	미국	일본

(자료) 김영모 편, 「지역사회복지론」, 고헌 출판부, 2004, P.209

지역사회복지계획은 그 유형에 따라 매우 다르다. 일반적으로 관주도형은 기초자치단체(시·군·구)의 사회서비스를 말하겠지만 민간주도형은 중간집단(협회 등)의 지역사회조직사업을 말하며 공사협력형은 관민혁렵, 즉 동반자적 관계에 의한 사회서비스와 자조사업을 말한다.

2) 내 용

지역사회복지를 효과적으로 수행하기 위하여 최근 지방자치단체는 시·군·구별 지역사회복지계획을 수립하고 있다. 지역사회복지계획은 2003년 7월 말 사회복지사업법이 개정되어 과거 시설보호 중심에서 지역사회복지 중심으로 전환되었다. 이 개정 법률의 특징은 ① 시·군·구에 지역사회복지협의체를 신설하고, ② 지방자치단체장은 지역사회복지계획을 수립하며, ③ 시·군·구 또는 읍·면·동에 복지사무 전담기구의 설치와 사회복지 전담공무원으르 둘 수 있게 하였으며 ④ 사회복지서비스를 제공하는 경우 재가복지서비스(가정봉사, 주간보호, 단기보호)를 우선 제공하게 되어 있다. 그 밖에도 보건의료서비스와 상담, 재활, 직업소개, 보호시설 이용 등을 제공하는 것을 사회복지서비스의 개념으로 규정하고 있다.

또한, 시장·군수·구청장은 지역주민 등 이해관계인의 의견을 들은 후 지역사회복지협의체의 심의를 거쳐 당해 시·군·구의 지역사회복지계획을 수립하고 이를 시·도지사에게 제출하여야 한다. 이 경우 지역보건법 제 3조 제 1항의 규정에 의한 지역보건의료계획과 연계되도록 하여야 한다. 그리고 시·도지사는 제출받은 시·군·구의 지역사회복지계획을 종합·조정하여 사회복지위원회의 심의를 거쳐 시·도의 지역사회복지계획을 수립하고 이를 보건복지부장관에게 제출하여야 하며 보건복지부장관은 이를 평가할 수 있게 되어 있다.(사회복지사업법, 제 15조)

이러한 법적 근거에 의하여 지역사회복지계획을 수립하고 있지만, 이것은 지난 정부의 민주화와 지방자치, 그리고 현 정부의 국가균형발전과 지방분권화 계획의 일환으로 늦었지만 실시되고 있다.

보건복지부는 근년에 사회복지서비스의 업무를 지방자치단체에 대폭 이양하고 있다.[11] 사회서비스와 같은 업무는 지방자치단체와 민간시설이 할 일이고 중앙정부는 국민통합, 사회통합을 위한 사회보험 업무를 주로 관장하여야 한다.

한편, 지역사회복지계획 수립시 다음과 같은 내용을 포함하게 되어 있다.(법, 제 15조의 3)

① 복지수요의 측정 및 전망에 관한 사항
② 사회복지시설 및 재가복지에 대한 장·단기 공급대책에 관한 사항
③ 인력·조직 및 재정 등 복지자원의 조달 및 관리에 관한 사항

---

11) 2005년 국고보조사업 중 지방이양사업이 모두 67개 사업이고 그 예산을 6,589억원이고 국민건강증진기금사업의 경우 34개 사업이고 그 예산은 2,335억원이다.

④ 사회복지전달체계에 관한 사항

⑤ 사회복지서비스 및 보건의료서비스의 연계제공 방안에 관한 사항

⑥ 지역사회복지에 관련된 통계의 수집 및 정리에 관한 사항

⑦ 그 밖에 대통령령이 정하는 사항

이것을 보면, 지역사회복지계획 수립시 주로 복지수요의 측정 및 전망, 사회복지시설 및 재가복지의 장단기 공급대책, 사회복지전달체계, 인력, 조직 및 재정 등 복지자원의 조달 및 관리 등을 다루도록 되어 있다.

여기에서 가장 큰 의문은 지역사회복지의 개념과 내용을 구체적으로 무엇을 말하느냐 하는 것이다. 지역사회복지의 개념이 ① 복지수요에 기초한 복지계획을 말하느냐 아니면, ② 지치단체에 이양된 사회복지사업(주로 복지8법)을 말하느냐, 아니면 ③ 사회복지시설 및 재가복지와 같이 비록 정부의 행·재정 지원을 받지만 주로 민간복지사업(자조사업)을 의미하느냐 하는 것이다.

이러한 문제를 정리하지 않고 지역사회복지계획을 수립한다는 것은 대단히 무모한 일이다. 더욱이 복지수요(욕구)의 측정 및 전망을 하면서, 이에 대한 지역사회 차원에서 복지계획을 수립하지 않는 것도 매우 무의미한 일이다.

최근 지방자치단체에서 수립하고 있는 지역사회복지 계획안의 내용을 보면 다음과 같이 매우 다양하다.

① 정부의 사회복지서비스와 동일시 ; 주로 아동, 노인, 장애인 등 대인서비스

② 지자체 또는 민간의 자조 사업 ; 기초자치단체의 사회안정망, 일부 장애인 사업 등

③ 복지욕구수요 조사에 기초한 복지계획

④ 정부의 사회복지서비스와 민간의 자조적 노력

⑤ 정부의 사회복지서비스와 민간의 자조적 노력 및 복지욕구조사에 기초한 계획

상기 계획안 중에서 가장 많이 다루고 있는 내용은 주로 ①과 ④이다. 그런데 법령상 명시된 복지수요조사를 하면서 ③의 계획안을 마련하지 않는 것은 문제이다. 그리고 ①의 계획안에서 기초생활보장(빈곤,자활)을 다루지 않는 것도 문제이다. 그렇기 때문에 저자가 말한 포괄적 개념에 의하면 ⑤의 계획안을 수립하는 것이 타당할 것 같다. 다시 말하면 정부의 사회복지서비스, 민간의 자조사업 및 복지욕구(수요)조사에서 나타난 복지욕구 중에서 지역사회(지자체) 차원에서 시급히 해결해야 할 최선의 대안들을 선택하여 그것을 정책화 하면 된다.

3) 방 법

정부는 지역사회복지계획을 다음과 같은 단계를 거쳐 수립하도록 하고 있다.[12)]

① 준비단계 ; 지역복지계획을 수립하기 위한 일정 등을 포함한 업무계획을 작성하고 이에 소요되는 예산을 확보하는 일과 실제 계획에 참여할 계획팀을 구성하는 등의 준비작업이 진행되어야 한다. 적절한 예산 확보와 계획이 마련되지 않으면 이후 단계의 내실화가 어렵다.

② 기초분석단계 ; 각종 지역사회 현황조사, 복지욕구조사, 지역자원조사 등 조사 및 분석과정과 이전 계획에 대한 평가가 수행된다.

③ 계획 및 확정 단계 ; 지역사회복지계획의 핵심 부분으로, 앞으로 4년간 해당 지자체에서 수행할 사업, 우선 순위, 목표 등을 설정하는 사업

12) 보건복지부, 「지역사회복지계획 수립안내」, 2005

계획과 이를 실천하기 위한 추진전략 계획, 그리고 행 · 재정계획이 수립된다.

④ 계획의 제출 ; 시 · 도 또는 시장 · 군수 · 구청장이 지역사회복지계획 및 연차별 시행계획을 확정한 때에는 시장 · 군수 · 구청장은 시행연도의 전년도 6월말 까지 시 · 도지사는 시행연도 전년도 11월말 까지 보건복지부장관에서 제출하여야 한다.

⑤ 시 · 군 · 구 복지계획의 시행 ; 2007. 1월부터 지역복지계획의 시행

한편, 지방자치단체의 지역사회복지계획 수립시 여기에 주도적 역할을 할 수 있는 지역사회복지협의체(시설장, 지자체 대표, 보건소장, 학자, 주민대표로 구성)와 실무협의체(시설 실무자, 사회복지 전담공무원, 보건실무자로 구성)의 기능을 다음과 같이 예시하고 있다.

(1) 대표협의체의 기능

- 지역사회복지협의체 운영에 대한 논의
- 지역의 복지문제 전반에 대한 논의 및 협의
- 지역복지계획과 관련된 다양한 논의, 협의, 결정
- 서비스 제공 · 연계와 관련된 사안의 논의 · 협의
- 협의된 사항에 대한 협의체 내 하부구조 및 지역사회에 대한 전달
- 협의된 사항의 시행에 대한 모니터링

(2) 실무협의체의 기능

- 서비스 제공 및 서비스 연계에 관한 협의
- 서비스 질 향상을 위한 다양한 사업 안을 협의, 상정
- 협의된 안 지역사회복지협의체에 상정
- 실무분과의 현황 점검
- 실무분과간 연계 및 조정
- 실무분과에서 발의된 이슈에 대한 논의

(3) 실무분과(노인 · 장애인 · 아동 · 여성 등)의 기능

- 분야별 서비스 연계방식의 논의
- 대상 클라이언트에 대한 서비스 개선을 위한 계획을 수립 분야별 서비스 제공과 관련된 공동 사업의 추진 및 운영
- 협의된 안을 실무협의체에 전달

4) 정책과제

지역사회복지계획을 효과적으로 실천하기 위하여서는 우선 지역사회복지 여건이 마련되어야 한다.

첫째, 다양한 복지욕구 중에서 최선의 대안을 발견해야 한다. 최근 사회변화에 따라 새로운 서비스보다도 사회변화에 따라 새로운 복지욕구가 나타나고 이러한 복지욕구를 해결하기 위한 노력은 종전의 복지서비스 보다도 다른 것(고용, 교통, 환경, 체육시설 등)을 요구하고 있다. 또한 1차적 복지욕구(소득, 보건, 교육, 주택 등) 보다도 2차적인 복지욕구 즉, 고용(일자리), 교통, 환경, 문화, 레크리에이션 등을 더욱 요구하고 있다.

둘째, 자치복지행정의 여건조성이다. 우리나라 사회복지행정은 오랫동안 중앙집권화 되어 있어서 지방자치단체(지역사회)가 해야할 공적부조와 사회복지서비스(대인서비스)까지 중앙정부가 관장하여 왔다. 지방자치와 지방분권이 제대로 이루어지려면 기초자치단체 중심의 지역사회복지계획이 수립되어야 한다.

① 중앙정부가 해야 할 사회복지는 국민통합, 사회통합을 주요 목적으로 한 사회보험 프로그램이어야 하고, 그 이외의 생활보호와 복지 9법, 그리고 10여개 사회복지사업(기초자치단체)과 그 예산은 지방정부에 이양해야 한다.

② 도시에 인구집중 등으로 광역단체가 되어 있으면서 아직도 기초자

치단체의 역할을 수행하고 있는 경우도 많다. 예컨대 자원봉사센타, 여성문화센터, 아동가정상담소, 직업훈련센타 등이 광역단체가 설립한 경우가 많다.

지역사회에 있어서 요보호자가 발생되면 사회복지사업 법령에는 시장·군수·구청장과 경찰서장이 귀가조치, 시설 입퇴소 등 조치권을 행사할 수 있는데 기초자치단체장이 그것을 행사할 수 없게 되어 있다.

③ 사회복지 법령에 의하면, 시장·군수·구청장은 복지위원, 아동위원 등 법정 자원봉사자를 임명하여 활용할 수 있는데 아직도 그것을 스스로 포기하고 있다. 이것은 조례를 만들어 법정 자원봉사자를 선용하여야 한다.

④ 현재 사회복지시설의 분포가 지역간 불균형 상태이다. 서울시와 같은 대도시는 과잉상태이고 농촌에는 시설이 없는 지역사회(지자체)가 대단히 많다. 이것은 우선 시정되어야 한다.

셋째, 복지전달체계와 전문적 조치권의 확립이다. 우리나라의 사회복지서비스는 지방자치단체가 직접적으로 시행하는 경우도 있으나 거의 대부분 사회법인(시설) 등에 위탁하고 동시에 사회복지시설과 요보호자간의 원조관계에 의하여 공급된다.

일반적으로 사회복지서비스는 공적 부조사업이기 때문에 그 적용대상의 올바른 선택과 전문적인 서비스가 이루어져야 한다. 이러한 서비스는 주로 지방행정기관에 의하여 운영되고 있으나 최근 우리나라에서도 일본의 복지사무소와 같은 것이 지방자치단체에 설치되어야 한다고 주장되어 현재 전국 6개소에서 시범 운영되고 있다.

과거 시·군·구에 사회복지과와 사회복지 전문요원이 없던 시절에는 복지사무소가 필요하였지만 이제는 상황이 바뀌어 일반 복지행정 계선 조직에 사회복지 전문요원이 배치되어 업무를 보는 것이 바람직하다.

한편, 지역사회(기초자치단체)에 요보호자가 발생되면 이들이 행정조치에 의하여 시설보호를 받거나 수급권자가 될 수 있다. 그런데 이러한 조치권이 부실하여 무자격자(비적격자)가 수혜를 받거나 보호시설에 입소되는 경우가 많다. 요보호자(복지욕구)에 대한 상담과 감별이 제대로 이루어진다면, 불필요한 지역 및 시설보호는 없어질 것이고 잘못된 수급권자가 없을 것이다. 그 만큼 낭비가 없어진다. 따라서 전문상담소에서 '선조치(감별) 후보호(입소)'의 전문적 조치권이 이루어지도록 해야 한다.

넷째, 민간단체의 육성과 자원 동원이다. 지역사회복지계획을 수립·실천하는데 있어서 주민의 자조사업은 민간단체의 육성과 모금운동의 활성화에 있다. 지방자치단체가 민간의 자원 동원을 활성화하고 시민단체를 육성하기 위한 노력을 경주하여야 한다. 다시 말하면 각종 법인(복지법인, 사단법인)의 설립을 지자체차원에서 용이하게 하고 사회복지협의회와 같은 민간단체가 모금운동(예컨대 공동모금)을 할 수 있도록 중앙집권화된 현 사회복지공동모금운동을 기초자치단체에서 가능하도록 개정하고, 기부금품 금지법도 폐지하도록 해야 할 것이다.

지방자치단체와 민간단체의 재정자립도의 취약성을 극복하는 것이 지역사회복지계획의 주요한 과제가 되어 있다. 이러한 과제를 해결하기 위하여서는 ① 무엇 보다도 지방세 등을 확충하고 중앙정부의 지원(지방 교부금 및 양여금 등)을 강화시켜야 하며, ② 지방 회사(공장)의 법인세 등은 본사가 낼 것이 아니라 지방자치단체에 납부케 하며, ③ 지역주민의 사회복지 참여를 위하여 사회복지협의회 등 공동모금이나 지역사회복지를 위한 기부금, 자원봉사 등 모금운동을 활성화 해야 한다.

다. 재가복지

1) 개념과 필요성

재가보호 *domiciliary care* 는 도움이 필요한 노인, 장애인 및 아동을 시설에 수용 보호하지 않고 가정에서 독립적인 생활을 하도록 원조하는 것이다. 시설보호는 수용비가 들고 시설병을 가지게 되며 또한 대개 시설보호를 싫어하기 때문에 가정보호가 가장 바람직하다는 것이다. 그 뿐만 아니라 고령화 사회에 있어서 요보호자(노인, 장애인, 아동)가 증가되고 가족성원들의 분가, 취업, 질병, 출장 등으로 이들에 대한 보호가 어렵기 때문에 재가보호서비스가 요구된다.

재가보호서비스는 선진국가에서 일찍 발달하였다. 특히 스웨덴 등 북구에서는 탈시설화를 위하여 재가서비스가 발달하였고, 최근 영·미에서는 신우파가 집권하면서 사회복지를 위한 정부의 역할을 감소시키고 가족의 책임을 강조하는 재가복지사업이 발달하였다.

우리 나라에서도 60년대 이후 공업화와 도시화 및 핵가족화는 요보호 아동, 노인, 장애인들이 많이 발생하였고 이로 인하여 시설보호가 발달하였다. 이것을 예방하고 기존의 시설보호를 탈피하기 위하여 가정보호가 필요하게 되었다. 그래서 80년대 '선가정보호 후 사회보장'이라는 사회개발정책의 방향에 따라 탈시설보호와 지역사회복지를 강조하게 되어 사회복지관을 설치하게 되었다. 이의 부설로 재가복지봉사센터를 운영하면서 자원봉사자로 하여금 생활보호 노인을 대상으로 재가복지서비스를 행하였다.

최근 정부는 사회복지사업을 개정하여 재가복지제도를 도입하였다. 재가복지사업은 ① 가정 봉사원 파견, ② 주간보호, ③ 단기보호로 구분한다.

< 표 9-3 > 재가보호 욕구와 서비스

욕구해결 서비스	공식 서비스 예
1. 기본 보호 ; 요리, 세탁, 쇼핑, 청소, 세탁, 목욕, 변소, 가정내 이동	가정원조, 식사서비스, 가정간호, 보호보조, 산책보조, ADL 설비
2. 신체적 · 정신적 보호 ; 보행보호, 치료, 의료보호, 약물치료, 간호, 자제, 주사	일반 개업의사, 전문적 가정간호, 정신간호전문의, 물리치료사
3. 상담, 정서적 지원, 접촉 ; 질병, 폐질, 임종 방문, 사회적 접촉, 긴급 접촉	사회사업가, 카운셀러, 보건방문원, 자원방문자, 전화서비스, 경보서비스, 아동감시원
4. 공식적 보호자 지원 ; 보호책임, 실제적 보호지원, 보호구호	사회사업가, 보호자집단, 가정지원, 보호시중, 좌석서비스 , 야간간호
5. 정보와 조언 ; 유용한 급여와 서비스	가정보호전문가, 신문, 라디오, 텔레비젼, 들 것, 민간조직

우리 나라 재가복지서비스의 대상자는 지역사회 내 저소득 계층을 우선으로 하고 그 범위는 ① 생활보호대상자 ② 의료부조대상자 ③ 차상위 계층(저소득층 가정)으로서 재가복지서비스가 필요하다고 인정되는 자이다. 그리고 요보호대상자를 선정함에 있어 지역내 공적 부조 대상자를 전체 수혜대상자의 70%이상으로 하며, 지역주민의 특성 등을 고려하여 재가복지센터에서 결정한 별도의 자체 선정기준에 의거 나머지 대상자를 결정하도록 되어 있다.

2) 방 법

재가복지서비스의 내용은 요보호대상자의 인구학적 특성과 욕구 유형에 따라 필요하다고 판단되는 서비스를 제공한다.

그 주요한 내용을 예시하면 다음과 같다.

① 가사 서비스 : 집안청소, 식사준비 및 취사, 세탁, 청소 등
② 간병 서비스 : 안마, 병간호 수발, 병원안내 및 동행, 통원시 차량지원, 병원수속 대행, 보건소 안내, 약품구입, 체온측정, 신체운동, 집안소독 등
③ 정서적 서비스 : 말벗, 상담, 학업지도, 책 읽어주기, 여가지도, 취미활동 제공, 행정업무
④ 결연 서비스 : 서비스 대상자에 대한 생활용품 및 용돈 등 재정적 지원 알선과 의부모, 의형제 맺어주기 등
⑤ 의료서비스 : 지역의료기관, 보건기관과의 연계 및 결연을 통한 정기 또는 수시 방문 진료(링겔투약, 혈압체크, 질병상담 및 치료 등)
⑥ 자립지원 서비스 : 탁아, 직업보도, 기능훈련, 취업알선 등 자립능력을 배양할 수 있는 내용의 서비스 등
⑦ 주민교육 서비스 : 보호대상자의 가족, 이웃, 친지 등을 포함한 지역주민을 위한 재가보호서비스 요령 및 방법 교육, 복지교육

이러한 것을 본다면, 재가복지서비스는 복지 6법에 명시되어 있는 서비스 외에 매우 다양한 전문적 서비스를 제공하기 위한 것이다. 이 서비스의 대상은 주로 복지 6법에 명시된 요보호자라고 볼 수 있으며 미국의 가정조정서비스 보다도 훨씬 포괄적인 것이라고 볼 수 있다. 미국의 가족조성사업은 사회사업가가 부모의 역할을 대신하면서 전문적 서비스를 제공하지만 우리 나라의 경우 비전문적 서비스도 제공하고 또 자원봉사자를 활용하겠다는 것이 그 특징이

다.

그리고 일본에 있어서 노인을 위한 재택복지는 노인 개인의 욕구에 따른 서비스를 행한다. 재택복지의 주요한 시책을 보면, ① 가정봉사원의 파견, ② 일상생활용구의 급여, ③ 재택노인 단기 보호사업, ④ 주간서비스사업(입욕, 급식, 생활지도 등), ⑤ 고령자 종합상담센터의 운영, ⑥ 고령자 서비스의 종합 조성, ⑦ 고령자 주택정비자금의 대부, ⑧ 사회참가의 촉진(노인클럽 등), ⑨ 지역노인복지 체계의 개발(상호부조 등) 등이 있다.[13)]

우리 나라에서는 1993년 노인복지법 개정으로 가정봉사원 파견사업, 주간보호사업, 단기보호사업, 가정도우미(서울시) 등을 행하고 있으나 선진국가에 비교하면 아직도 초보적 수준이라 할 수 있다.

지난 10년간 일본에서는 골든 플랜, 신골든플랜, 공적 개호보험제도를 연이어 개발하는 것을 보면, 재가노인보호 이외에도 치매노인들을 수용보호하는 시설(특별양호노인홈 등)이 대량으로 필요함을 알 수 있다. 따라서 기존의 보호시설을 현대적 수요에 알맞은 시설보호의 사업 전환과 재가보호서비스를 개발하여야 할 것이다.

3) 유 형

일반적으로 재가노인복지사업은 장기치료나 요양보호를 목적으로 수용시설에 입소된 노인을 제외한 지역사회내 거주하는 모든 노인에게 치료, 간호, 재활 등 의료서비스를 비롯하여 물질적·비물질적인 사회적 서비스를 제공하는 것을 말한다. 재가노인서비스의 목적은 심신이 노쇠하여 일상생활 유지에 불편이 있는 노인가정에 필

---

13) 최경석,송정부 공편,「현대노인복지정책」, 한복연 출판부, 1990, pp.139~141

요한 각종 사회적 서비스를 제공하여 지역사회내 건전하고 안정된 생활을 영위하도록 도와 주는 것이다.

재가노인서비스의 운영주체는 시·군·구이고 사회복지법인 등 비영리법인이 그 위탁을 받아 실시하며 그 대상은 65세 이상의 거택 및 자활보호 대상 노인가정 등이다. 그리고 서비스의 비용은 이용자 부담을 원칙으로 하되 생활보호대상자 등 일정 소득 이하의 노인은 무료 또는 실비를 부담하도록 하고 있다.

우리나라 재가노인시설과 종사자 및 이용자는 표 9-4과 같다.

<표 9-4> 재가노인복지사업의 현황

유형	시설수	이용자	종사자
가정봉사원파견	300	24,750	1,930
주 간 보 호	278	4,873	1,569
단 기 보 호	82	866	749

(자료) 보건복지부, 「2005년도 노인복지시설 현황」

재가노인복지사업의 유형별 주요한 기능은 다음과 같다

(1) 가정봉사원 파견사업

가정봉사원 파견사업은 신체적, 정신적 장애로 일상생활을 영위하기 곤란한 노인이 있는 가정에 가정봉사원을 파견하여 노인의 일상생활에 필요한 각종 편의를 제공하여 지역사회내 건전하고 안정된 노후 생활을 영위하도록 하는 사업이다. 1987년 시범사업으로 출발해 1989년 부터 본격적으로 시행되었고 초기에 자원봉사자를 이용한 무료사업을 실시했으나 1993년 노인복지법 개정으로 일반 노인을 대상으로 하는 유급 가정봉사원제도로 확대 시행되고 있다. 2005년 현재 전국의 가정봉사원 파견업을 300개 시설에서 실시하고 있다.

가정봉사원의 구체적인 봉사내용은 ① 가사지원서비스(취사, 식사시중, 시장보기, 청소, 주변정돈, 생필품 구매, 의류세탁 등 지원), ② 개인활동서비스(신체청결, 목욕·용변 수발, 의복 갈아입히기, 외출시 부축동행 지원), ③ 우애 서비스(전화 및 방문 말벗, 편지 생활상담 등 지원), ④ 노인의 자립생활상담과 장애노인 상담·교육 ⑤ 무의탁 노인결연 지원 등을 행한다.

(2) 주간보호사업

주간보호사업은 부득이한 사유로 가족의 보호를 받을 수 없는 심신이 허약한 노인과 장애노인을 낮 동안 시설에 입소시켜 필요한 각종 편의를 제공하고 이들의 생활 안정과 심신 기능의 유지·향상을 도모하고 그 가족의 신체적·정신적 부담을 덜어주기 위한 사업이다. 이것은 핵가족화에 따른 노인단독세대의 증가, 여성의 사회진출과 이에 따른 맞벌이 부부의 증가로 노인을 보호할 수 없을 때 장기수용시설이 아닌 가정과 중간 형태로 낮 동안만 일시적으로 보호하기 위한 사업이다.

이 사업은 1992년 부터 정부지원으로 시작하여 1996년 공식적인 프로그램이 되었고 2005년 현재 총 278개의 주간보호소에서 정부의 지원을 받아 서비스를 제공하고 있다. 그 대상은 60세 이상의 자로서 심신이 허약하거나 장애가 있는 자로 특히 생활보호법에 의한 생활보호대상자와 보건복지부장관이 정하는 소득수준 이하의 자이다.

주간보호사업의 구체적인 내용은 ① 생활지도 및 심신기능 회복, ② 급식 및 목욕서비스, ③ 취미·오락·운동 등 여가생활서비스, ④ 장애인 가족교육 등이다.

(3) 단기보호사업

단기보호사업은 부득이한 사유로 가정의 보호를 받을 수 없어 일시적으로 보호가 필요한 심신이 허약한 노인과 장애노인을 시설에 단기간 입소시켜 보호하고 각종 필요한 서비스를 제공하는 것을 목적으로 한다. 단기보호사업은 최근 가족구조 및 형태의 변화에 따른 노인단독세대의 증가. 여성의 사회진출과 이에 따른 맞벌이 부부의 증가, 만성퇴행성 질환자의 증가에 따른 기능·재활훈련 대상 노인의 증가. 보호 가족의 질병·출장 등 일시적으로 노인을 보호할 수 없는 사유가 발생하는 경우, 장기 수용시설이 아닌 가정과 중간 형태인 일시보호시설의 설치가 필요하여 시작되었다.

이 사업은 1992년부터 전국 실비양로·요양시설 6개소를 중심으로 시범적으로 운영하였고 2005년 현재 전국 82개 단기보호소가 운영되고 있다. 단기보호사업소는 일시적으로 15일 이내 단기간 입소시켜 보호하고(2회 연장 가능) 급식, 물리치료, 등 일상생활에 필요한 편의를 제공한다.

그 밖에 노인복지법에 의한 재가노인을 위한 서비스 프로그램으로 경로우대제도, 노인복지상담원서비스, 노인복지회관, 노인정, 노인학교, 노인휴양시설 등이 있으나 이들의 대부분은 시설, 전문직원, 운영자금의 부족으로 서비스 수준이 낮고 노인들의 욕구에 제대로 부응하지 못하고 있다.

4) 정책과제

우리나라 재가노인서비스를 강화, 활성화 시키고 현재의 전달체계를 개선하기 위한, 주요한 정책과제를 지적한다[14].

① 다양한 재가노인복지시설로서 노인여가시설, 노인의료시설, 노인주거 시설을 지역사회 중심으로 확충하고 그 프로그램을 개발한다.

② 재가노인의 기본 욕구가 보건・의료・주거・레크리에이션 등이기 때문에 특히 의료와 보호시설의 요구가 많은 고로 복지와 보건의 업무가 통합된 서비스가 제공되어야 한다. 예컨대 보건소에 복지업무를 제공하거나 유기적으로 협력체계와 업무조정이 있어야 한다.

③ 노인복지의 욕구를 효과적으로 관리하고 전문적 서비스를 제공하기 위해 '노인복지상담소'(가칭)와 같은 기구를 설립하여 노인욕구의 상담・감별・의뢰할 수 있는 '조치권'이 확립되어야 한다. 이 조치권은 전문가가 수행해야 한다.

④ 재가복지사업은 선진국의 경험을 보면, 운영주체와 재원이 국가 정책화 되어 있는데 이것을 민영화, 유료화 하게 되면 저소득층의 가족해체가 심화된다. 따라서 다양한 시설과 프로그램을 개발할 때 엄격한 가족 기능 강화의 기준이 설정되어야 한다.

⑤ 서구의 재가복지정책을 조세정책, 예컨대 부양가족의 소득세 감면 등으로 접근하는 경우 재가복지정책이 발달되어 있다. 그렇지 못한 경우(독일,일본 등) 개호보험에 의해 시설보호사업 등 의료보건비를 해결하려고 하는데 이것은 바람직하지 못하다.

⑥ 우리나라 재가복지사업을 보편주의 정책화 하려면 국고와 지방비의 부담이 크기 때문에 이것을 보충하고 시민의 책임을 강조하기 위해 공동모금과 회원제 등을 통한 지역사회조직사업 즉, 시민복지운동을 전개시킬 필요가 있다.

⑦ 현재 가정봉사원 파견사업이 무급 자원봉사자를 활용하고 있는데 이것은 서울시 가정 도우미에서 볼 수 있는 바와 같이 유급화, 또는 유급 전문가를 활용해야 한다.

---

14) 김영모, 전게 논문, pp.22～23.

라. 모·부자복지

1) 개 념

모·부자복지는 모 및 부자가정이 건강하고 문화적인 생활을 영위할 수 있도록 모자가정의 생활안정과 복지증진에 기여함을 말한다. 모자가정은 모자세대주(사실상 부양자 포함)이면서 18세 미만(취학시 20세 미만)의 피부양 자녀가 있는 경우를 말한다.[15)]

이때 모자는 ① 배우자와 사별 또는 이혼하거나 배우자로 부터 유기된 여성, ② 정신 또는 신체장애로 인하여 장기간 노동 능력을 상실한 배우자를 가진 자, ③ 미혼자(사실상 관계는 제외)을 말하며 ④ 이에 준하는 자이다. 이에 준하는 자는 배우자의 생사가 불명하거나 가정불화로 가출한 자, 그리고 배우자의 해외거주·장기복역 등으로 부양이 불가능한 자를 말한다.

2) 방 법

모·부자복지의 방법은 재가보호와 시설보호로 나눌 수 있다. 재가보호에는 생계비, 아동교육 지원비, 아동양육비 및 직업훈련비 등 급여와 복지자금의 대여 및 고용의 촉진 등이 있고, 시설보호는 어려운 환경에 처해 있는 모자가정에 대하여는 모자보호시설, 모자자립시설, 미혼모시설 등에 수용하여 보호함으로써 기본 생계보장과 자립기반을 조성하게 되어 있다.

---

15) 「모·부자복지법」, 제 3조와 동 시행규칙 제 2조
1995년부터 부자가정도 모자복지법의 기준을 적용받고 있으나 매우 미미한 실정이다.

이러한 복지시책을 효율적으로 펴나가기 위하여 각 시 · 도 및 시 · 군 · 구에 모 · 부자복지상담소를 설치하고 모 · 부자복지상담원을 배치하여 모 · 부자가정에 대한 실태조사, 상담, 생활지도 등을 실시하게 되어 있다.

모(부)자보호시설은 다음과 같은 것이 있다.[16]

① 모(부)자보호시설 : 생활이 어려운 모(부)자가정을 일시 또는 일정기간 수용하여 생계를 보호하고 퇴소 후 자립기반을 조성하도록 지원하는 시설.
② 모자자립시설 : 자립이 어려운 모(부)자가정에 대하여 생활편의만을 제공하는 시설.
③ 미혼모시설 : 미혼여성이 임신 또는 출산하였을 경우 안전하게 분만시키고 심신의 건강을 회복할 때까지 일정기간 보호하는 시설.
④ 일시보호소 : 비록 배우자가 있으나 그의 학대로 인하여 아동의 건전양육 또는 모의 건강에 지장의 우려가 있을 때 일시적으로 보호하는 시설.
⑤ 여성복지관 : 모자가정 및 미혼여성에 대한 상담을 실시하고 생활지도, 생업지도, 탁아 및 직업보도 등 종합적인 모자복지시설.
⑥ 모 및 부자가정상담소 : 모 · 부자가정에 대한 조사, 지도, 시설업소 등에 관한 상담업무를 수행하는 시설.

이러한 모 · 부자복지 시설 중 ①과 ② 및 ⑤는 일찍이 설치되어 2005년 말 현재 40개소 2,654명이 모자보호수용시설에서 보호받고 있으며 다른 것은 크게 활성화 되지 못하고 있다.

그러면, 이러한 모자세대가 복지급여를 신청하는 경우 생활보호대상자 등을 제외하고 ① 생계비 ② 아동교육지원비 ③ 직업훈련비

---

16) 「모 · 부자복지법」, 제 19조
「모 · 부자복지법」, 제 12조, 제 19조

및 훈련기간 중 생계비 ④ 아동양육비 ⑤ 기타 시행령이 정한 비용을 복지급이라 하여 지급할 수 있다. 그 밖에도 ⑥ 사업자금, 아동교육비, 의료비, 주택자금 등 복지자금 대여와 ⑦ 직업훈련, 취업 알선 등 고용촉진, 공공시설내 매점 및 시설설치, 국민주택의 분양 및 임대, 전문사회사업서비스 등을 제공할 수 있다.

이러한 요보호모부자의 보호기간은 1년 단위로 한다. 다만 복지시설에 따라 모자원의 경우 3년 이내로 하고 필요시 2년 범위 안에서 연장할 수 있으며 미혼모시설의 경우 출산전후 6개월 이내이고 일시보호시설의 경우 30일 이내이며 30일 안에 연장이 가능하다. 사실 모자복지시설의 보호기간이 제대로 지켜지기는 어려울 것 같다. 왜냐하면 법령에서 명시된 대로 과연 그 기간 내에 자립할 수 있는지 매우 의문이 간다.

마. 아동보육

1) 보육의 개념

영유아보육은 주로 6세 미만 아동의 보호 *care and protection* 와 교육education 을 위한 서비스로 알려져 있지만[17] 사실 아동의 보호(복지)가 그 핵심이다. 아동의 건전한 신체적, 정서적, 사회적 발달을 목적으로 하고 있다. 이러한 발달은 일차적으로 아동의 성장과 발달욕구에 기초하여야 하지만 가족구성원의 사회적 필요성에 의하여 영향을 받는다. 아동의 발달욕구는 일반적으로 연령에 따라 다르지만 사회적 필요성은 주부(여성)의 사회참여와 가족구성원의 장애, 그리고 지역간 계층간 불평등(격차)으로 아동발달이 문화적, 사회적으

17) 이러한 서비스를 최근 educare라는 말을 사용한다.

로 박탈될 수 있는 것이다. 이러한 박탈을 해소하기 위하여 여러 가지 보육서비스를 통하여 접근한다.

우리 나라 영유아보육사업은 보호자가 근로 또는 질병, 기타 사정으로 인하여 보호하기 어려운 영아 및 유아를 심신의 보호와 건전한 교육을 통하여 건강한 사회성원으로 육성함과 아울러 보호자의 경제적, 사회적 활동을 원활하게 하여 가정복지 증진에 기여함을 목적으로 한다.

이와 같이 아동보육은 보호서비스가 일차적이고 교육서비스는 부차적인 것이다.[18] 보호서비스에 교육서비스가 가해지면 더욱 바람직하다고 생각되지만, 선진국가에서는 교육서비스를 소홀히 하고 특히 아동의 자주적인 정서발달을 위한 영양과 놀이를 매우 중시 한다.

만약 그러한 사회적 보호의 필요성이 있는 아동이 적절한 보육서비스를 받지 못하고 여성의 사회참여가 어렵게 되면 개인 및 사회적으로 큰 문제가 될 수 있다. 그래서 아동보육을 자유시장 매카니즘에 맡겨두기 어렵게 한다.

이와 같이 건전한 아동발달을 위한 가족 및 사회의 아동보육기능(프로그램)을 강화시키기 위하여 사회 및 국가개입이 필요하다.

아동보육의 개념에 관한 대표적 견해를 정리하여 보면 다음과 같다

---

18) 미국의 탁아 및 아동발달위원회는 탁아사업이 전통적으로 보호서비스이지만 좋은 탁아서비스는 가족의 보호 뿐만 아니라 취학전 및 취학아동을 위한, 신체적 · 지적 · 정서적 성장의 제 측면에서 아이들의 가능성을 극대화시키는 기회를 제공해 준다고 한다. Alfred Kadushin, *Child Welfare Services*, Macmillan, N.Y., 1980

① 아동의 심신발달과 보호를 위한 아동복지론 ; 각국의 아동보육시설
② 가정의 보호기능을 보충한다는 가정복지론 ; 한국의 영유아보육법
③ 여성의 자아실현과 사회진출에 필요하다는 여성복지론 ; 일본·미국·한국의 경우
④ 저소득층 자녀의 복지(보상)를 증진시킨다는 사회부조론 ; 미국의 Head Start, 한국의 영유아보육법
⑤ 아동의 지적 정서적 발달을 위한 조기교육론 ; 각국의 유치원, 유아원, 예체능학원

이와 같이 아동보육의 개념(성격)에 대한 여러 가지 견해가 있겠으나 이러한 모든 필요성에 의하여 아동보육의 필요성이 제기되고, 이러한 관점에서 아동보육의 개념이 규정될 수 있다. 만약 이러한 필요성이 개인 또는 가족의 발달 및 복지를 위한 것이라면 정부의 지원이 시급한 것이라 보기 어렵지만 시장제도와 정책결함에 의하여 조성되었고 사회적 국가적 필요성에 의하여 실시되는 아동보육이라 한다면 공보육화가 시급하다고 볼 수 있다.

최근 입법된 우리 나라 영유아보육법은 종전에 있었던 아동복리법상의 탁아소 규정과 유아교육진흥법의 혼합체로 볼 수 있다. 1960년대 말 탁아사업을 행하는 어린이집이 1980년 초 유아교육진흥법이 제정되어 모두 새마을유아원이 되었다가 1991년 다시금 보건사회부에 귀속되었다. 이때 제정된 영유아보육법은 보육사업을 보건복지부로 일원화 하고, 보호서비스와 교육서비스가 강조된 것이다. 이후 5차례의 시행령과 규칙의 개정을 통해 기준규제를 완화함으로써 보육시설의 확충을 이루었다. 1997년 영유아보육법의 개정으로 초등학교 취학전 1년 유아의 무상보육실시의 근거를 마련하였다. 그리고 2005년 영유아보육사업은 보건복지부에서 여성가족부로 이관되었다.

2) 보육모형

아동보육의 모형은 국가 이념과 여성정책의 필요에 따라 다양하게 나타날 수 있다.

자유주의 국가인 미국과 일본의 보육사업의 모형을 보면 우리에게 큰 교훈이 될 것이다. 미국의 경우 아동보육사업이 3원화 되어 있다 첫째는 초등학교 부설기관으로서 유치원이 있고, 둘째는 저소득층의 자녀를 위하여 정부의 재정지원을 받는 아동보호센타가 있으며(취학전 아동의 25%), 셋째는 민간의 유료시설인 사전(준비)학교 또는 아동(보호)센타 등이 있다. 여기에서 유치원은 거의 보편주의적인 제도적 모형, 즉 공교육화 되어 있고 아동보호센타는 선택주의적인 보완적 모형의 위탁사업이며 사전학교 및 아동센타 등은 비영리 또는 영리기관이 운영하는 유료시설이다.

그러나, 일본의 경우 아동보육사업은 거의 공보육화 되어 있다. 일본의 보육시설은 국공립의 공영시설(보육소)이 매우 발달되어 있다. 전체 보육시설의 58.7%가 공영시설이며(입소율은 76.9%) 나머지는 대부분 민영시설(보육원)이고 또한 비인가 시설(베이비호텔, 직장보육시설 등)도 있다. 그런데 공영보육시설의 예산이 거의 전부가 국고(50%)와 지방자치단체(50%)에서 나오기 때문에 공보육이 발달되어 있다. 그러나 유치원과 민영시설은 정부의 보조금이 적기 때문에 유료화 되어 있는 실정이다. 이러한 차별 지원으로 일본에서는 유아보육 일원화 문제, 즉 보육소와 유치원의 통합문제가 많이 논의 되었으나 현실적으로 지금의 2원화 정책을 인정하고 있는 실정이다.

여기에서 자유주의 국가의 아동보육정책은 선택주의와 보편주의의 2원화 정책이 병존하고 있음을 알 수 있다. 미국의 경우 일반적으로 5세 아동 이상은 아예 국민교육체제에 유치원이 편입되어 공교육화(보편주의) 되어 있고 요보호자의 자녀와 방과후 아동은 정부의 재정지원을 받는 '아동보호센타'에서 보육을 받고 있으며 중산층의 자녀는 유료의 민간시설에 보육되고 있다.

일본의 경우 산업화의 결과가 노동력의 공급을 위하여 여성노동의 사회참여가 활발하게 나타나게 되어 공보육(보편주의)이 발달하고 있으나 그렇지 않는 경우 유료의 민영시설을 이용하게 되어 있다.

이와 같이 아동보육의 필요성에 따라 공보육화 또는 사보육화 되고 있다. 일반적으로 빈민이나 맞벌이 부부의 자녀와 같이 국가적 보호의 필요성이 있는 경우 공보육화 되고 그렇지 않는 경우 사보육화 되고 있는 것 같다. 그런데 민주사회주의 국가에서는 일반적으로 시민적 보육권이 인정되어 공보육화 되어 있다. 비록 보육료를 노·사·정의 3자가 부담하는 형식이 되어 있으나 국가와 직장의 부담이 크다. 우리 나라의 아동보육정책은 미국의 공적 부조형(선택주의)과 일본, 스웨덴의 공보육형(보편주의)의 혼합형 또는 중간형이라 볼 수 있다.

3) 시설과 프로그램

아동보육시설의 유형(종류)은 다음과 같이 여러 가지 형태가 있다.

① 국·공립보육시설 : 국가와 지방자치단체가 설치·운영하는 11인 이상 보육하는 시설.

② 민간보육시설 : 법인, 단체 또는 개인이 설치·운영하는 21인 이상 보육하는 시설로서 직장보육 시설 또는 가정보육시설이 아닌 시설.

③ 직장보육시설 : 사업주가 사업장의 근로자를 위하여 설치·운영하는 11인 이상 보육하는 시설.
④ 가정보육시설 : 개인이 가정 또는 그에 준하는 곳에서 설치·운영하는 5인~20인을 보육하는 시설.

이러한 보육시설과 종사자 및 보육아동은 표 9-5와 같다.

<표 9-5> 보육시설, 종사자 및 보육아동

( )내는 %

	국공립	법인	민간보육			부모협동	가정보육	직장	합계
			소계	법인외	개인				
시설수 (개소)	1,352 (4.8)	1,559 (5.6)	13,669 (48.7)	968 (3.4)	12,701 (45.3)	31 (0.1)	11,178 (39.9)	251 (0.9)	28,040 (100.0)
아동수 (명)	106,443 (10.9)	130,909 (13.5)	595,092 (61.2)	54,504 (61.2)	540,588 (55.6)	690 (0.1)	126,740 (13.0)	12,517 (1.3)	972,391 (100.0)
종사자수 (명)	12,833 (9.8)	15,842 (12.1)	75,010 (12.1)	7,490 (5.7)	67,520 (51.6)	117 (0.1)	25,389 (19.4)	1,781 (1.4)	130,972 (100.0)

(자료) 여성가족부, 「2006 보육사업안내」

아동보육의 프로그램은 나라마다 차이가 있다. 미국의 경우 Head Start 프로그램은 ① 교육, ② 사회서비스, ③ 보건, ④ 영양, ⑤ 부모 참여로 나누고, 일본의 경우 ① 건강, ② 인간관계, ③ 환경, ④ 언어, ⑤ 표현으로 나누고 있다.[19] 그리고 한국의 경우 미국 Head Start 프로그램의 구성요소와 매우 유사하고, 또 유치원 교육과정의 영역 구분과 매우 상이함을 알 수 있다. 한국의 경우 미국의 사회사업 백과사전과 Kammerman & Kahn이 분류한 보육프로그램 영역 구분과 매우 유사하다. 일본의 보육프로그램은 보육소나 유치원이 동일하고 우리나라의 유치원과 유사한 점이 있다. 그런데 우리 나라 보육계획의 내용은 유치원 교육과정의 영역과 마찬가지로 건강생활, 사회생

19) 김영모·표갑수 공편, 「선진국 아동보육제도와 보육프로그램」, 한국복지정책연구소 출판부, 1998, 부록 1, 3 참조

활, 표현생활, 언어생활, 탐구생활로 구분하고 있다. 이것은 잘못된 것이다.

우리 나라 아동보육시설(어린이집)에서 실시되고 있는 가장 중요한 프로그램은 무엇이며 그것의 각 영역별 비중을 조사한 결과 아동보호(안전) 프로그램이 가장 중요하고 이것이 전체 보육프로그램의 23.2%를 차지한다고 하였다. 그 다음은 사회성이며(20.8%), 나머지는 교육(11.9%), 건강(7.4%), 놀이(2.6%), 정서(1.9%) 등이다. 그러나 프로그램의 비중에 있어서는 보호에 못지 않게 사회성, 교육, 건강, 놀이를 많이 주장하고 부모교육과 지역사회서비스도 높은 편이다. 그러나 실제로 부모의 욕구는 교육프로그램을 더 많이 요구할 것이고 반면에 아동의 욕구는 놀이에 관한 것이라 할 수 있다.[20)]

아동보육프로그램은 일반적으로 아동 발달의 특성에 기초하여 개발한다. 이러한 발달의 특성은 대개 연령별로 신체적, 정서적, 사회적 및 인지적 측면에서 파악하고 있는데 이것은 개별 아동(예컨대 장애아, 박탈아동, 결손가정 아동)에 따라 다를 수 있기 때문에 특수한 프로그램이 요구되고 아동의 욕구와 지역적, 사회적, 문화적 배경에 따라 차별적 보육서비스가 제공된다.

그리하여 아동보육 프로그램은 기본적으로 아동의 발달욕구와 사회적 필요성에 의하여 개발된다. 다시 말하면 아동의 발달 특성과 복지 욕구 그리고 지역적 사회문화적 차이와 사회적 필요성에 따라 개발되어야 할 것이다. 사회복지이론에 있어서 보육프로그램은 아동의 보육욕구에 기초하여 마련되어야 한다. 사실 아동발달의 특성에 근거하여 어떤 보육프로그램을 개발한다는 것은 이론상으로는 적절

---

20) 김영모 외,「아동보육욕구와 프로그램 평가」, 한복연 출판부, 1998, 제4장 참조

하지 못하다. 왜냐하면 아동과 부모가 요구하는 보육욕구에 기초하여 프로그램이 제시하여야 소위 아동중심이던 부모중심이던 보육프로그램의 타당성이 있는 것이다. 그럼에도 불구하고 아동의 발달단계(연령)와 아동의 신체적, 정서적, 사회적 및 인지적 발달에 유익할 것이라는 가정에서 출발하고 있다.

우리 나라의 경우 그 대강만 제시되어 있다. 우리나라 아동보육의 내용(구성요소)은 교육, 영양, 건강, 안전, 부모에 대한 서비스, 지역사회와의 교류 등 6가지 영역으로 나누고 그 기본 원칙을 다음과 같이 제시하고 있다.21)

< 보육의 기본원칙 >

① 보호 : 영야 및 유아에 대하여 심신의 세심한 보호를 통하여 가정과 같은 분위기를 조성하여 정서적 안정감 유도
② 교육 : 영유아의 신체적·사회적·지적 및 언어적 발달에 기여할 수 있는 경험 제공 및 자기 존중감 발달
③ 영양 : 충분하고 균형 있는 영양공급 및 바른 식습관 지도
④ 건강 : 영유아의 신체적·정서적 건강을 위한 예방적 서비스 제공
⑤ 안전 : 영유아 스스로가 자신의 안전을 보호할 수 있는 능력과 기술을 가지도록 지도
⑥ 부모에 대한 서비스 : 부모참여, 부모교육, 보육과정의 관찰 등을 통한 보육의 효과 제고
⑦ 지역사회와의 교류: 지역사회 인사의 보육활동 참여, 지역사회의 보육시설 활용, 보육시설의 지역사회 시설의 활용 등을 통하여 효율적인 보육 프로그램의 운영

우리 나라 보육원칙은 영역별 보육계획의 내용이 제시되어 있으나 이것으로 미국, 일본 등에서 볼 수 있는 특성을 찾아보기 어렵

21) 「영유아보육법」, 시행규칙 별표 9 참조

다. 다만 영유아보육의 일차적 대상이 요보호자와 맞벌이 부부의 자녀이기 때문에 이들의 가정보호를 보완하는 성격의 영양, 안전, 건강, 교육, 부모참여 등에 관심을 지니고 있다.

그러면, 전미유아교육협회 *NAEYC* 와 Head Start 프로그램에 나타난 아동보육의 원칙(특성)은 다음과 같다.22)

① 개인, 개별화 등 아동중심의 개인주의적 가치를 강조한다.
② 아동 및 가족의 요구와 자발성에 기초한 프로그램을 강조한다.
③ 경쟁과 책임 및 다양성에 기초한 프로그램을 강조한다.
④ 조기 아동프로그램이 아동교육만을 강조하지 않고 아동의 보호와 교육, 특히 아동발달과 학습을 강조하고 있다.
⑤ 아동발달의 영역은 신체적, 정서적, 사회적, 언어적, 심미적, 인지적 영역으로 구별한다.
⑥ 아동보육의 구성요소로서 교육이외 보건과 영양(특히 Head Start) 및 사회 서비스(부모참여와 지역사회사업)를 매우 중요시한다.
⑦ 조기 아동실천의 전문성은 대학수준의 아동발달과 학습을 배운 사람이고 이들은 아동 뿐만 아니라 가족에 대한 전문적 이해와 관계를 요구한다.
⑧ 풍부한 교구와 영양제 등 풍부한 물질적 환경을 제공한다.

우리 나라 아동보육에 필요한, 가장 바람직한 보육 원칙을 제시한다는 것은 매우 어려운 일이다. 그러나 우리 나라에 지배적인 영미식 보육원칙에 따르게 되면, 어린이 헌장에서 제시한 바람직한 어린이상, 나아가 우리가 바라는 국민상을 형성하기는 거의 불가능할 것이다. 만약 미국식 보육 원칙에 따르게 되면 자아정체감이 강한 개인주의적 인간상이 나타날 것이고 공동체적 협동적 인간상이 상

22) 김영모 · 표갑수, 「선진국 아동보육제도와 보육프로그램」, 한복연 출판부, 1998, pp.29~31

실될 위험성이 있다. 따라서 '사회성' 개발을 위한 프로그램이 요구된다.

4) 대상과 보육료

아동보육의 대상은 주로 6세 이전 취학전 아동이다. 1996년 1월 1일부터 보육시설의 입소대상 연령은 12세 까지 연장되었다. 취학전 아동은 주로 반일제 보육을 받고 해당연령 학생들은 방과후 프로그램을 이용한다.

아동보육시설에 입소 순위는 생활보호대상자, 모(부)자 가정, 저소득층, 맞벌이 가정, 결손가정의 순으로 자녀들이 보육을 받을 수 있다. 이 중에서 생보자 등 소위 법적 저소득층은 보육료 전액을 면제받고 기타 저소득층은 소득수준별 차등지원하고(40% 이상) 장애자와 두자녀 이상 보육료는 정액을 정부가 지원한다. 그리고 일반아동은 영·유아에 따라 법정 보육료를 부담한다.

5) 정책과제

21세기 한국사회는 후기산업사회의 특성을 지니고, 특히 여성의 사회적 참여와 가족보호의 기능 약화가 나타날 것이다. 따라서 시설보호중심의 공보육이 강력하게 요구된다.

최근 신자유주의 세계화 정책은 아동보육의 사보육화, 유료화, 민영화를 강조한다. 그러한 결과 자유주의적 선택주의적 보육정책이 발달하고 가난한 요보호아동을 위한 보상보육이 발달하게 된다. 그뿐만 아니라 보육시설, 보육기자재, 보육프로그램 등이 미·영 등에서 볼 수 있는 성격을 지니게 되고 선진독점자본에 지배될 가능성이 크다. 따라서 아동보육의 자주성 문제가 크게 제기될 것이다.

한편, 21세기에는 아동보육의 질적 발달이 요구된다. 최근 영·미의 보육프로그램이 지나치게 아동중심을 강조하고 개인주의적 특성을 지니고 있어서 일본에서는 사회성과 환경 친화성을 제고하기 위한 자성운동이 일어나고 있다. 그런데 우리 나라에서는 현재 자유주의적 도구주의적 아동보육이론과 운동이 강력히 존재하고 있으나 21세기 우리의 역사적 사회적 과제(즉 통일과 사회통합의 필요성)를 생각한다면, 사회변화에 따른 자립심과 적응력을 기르는 것도 중요하지만, 협동적, 공동체적 인간상을 개발하기 위한 프로그램의 개발이 요구된다.

바. 아동복지

1) 아동복지의 개념

아동복지는 영양·교육·보호의 과정을 통하여 아동의 적절한 신체적, 정신적 및 도덕적인 발전을 도모하는데 있다.[23] 그리하여 아동복지에 대한 연구는 생물학적·심리학적 및 사회학적 접근에 의해서 규명할 수 있다. 생물학적 연구는 아동의 생리와 유전에 대한 것이고 심리학적·사회학적 연구는 아동의 발달과 환경에 주요 관심을 가지고 있다.

아동의 문제는 주로 유전과 환경에 의하여 일어나고 있다. 아동의 심신발달에 영향을 주는 장애(여러 가지 환경 조건)를 제거하고 거리로부터 아동을 보호하도록 하는 여러 가지 방법을 아동복지 *child welfare* 라고 말한다. 아동복지의 형태는 여러 가지 면에서 파악할 수 있으나 그 기능면에서 찾아 보면 다음과 같다.

---

23) George B. Mangold, *Problems of Child Welfare,* 1942, p.1

① 특수한 보호를 필요로 하는 아동들과 관련된 활동, 즉 피부양·방임된 아동, 비행아를 위한 사업
② 모든 아동들과 관련이 있는 문제와 필요성을 취급하는 활동, 즉 신체적, 정신적 건강이 결핍된 아동에 대한 사업(예: 아동보건소, 오락실 설치)
③ 부모들을 위한 지도 활동, 즉 아동양육과 교육·건강교육·부모의 의무와 책임에 대한 의식 등
④ 이러한 사업에 관련된 지역사회제도와 상관된 활동 등.

이와 같이 아동복지의 대상이 문제아동 뿐 만 아니라 일반 아동 및 그 부모까지 대상으로 하고 있다.

2) 아동복지의 대상

우리 나라 아동복지법에 의하면 아동이 건전하게 출생하여 행복하고 건강하게 육성되도록 그 복지를 보장하는 것이 아동복지라고 한다. 이러한 아동복지의 개념은 매우 포괄이지만 그 보호 대상은 아직도 치료적인, 18세 미만의 요보호 아동을 의미한다.

1981년 아동복리법이 아동복지법으로 개정되어 대상아동이 전 아동으로 확대되었지만 아직도 요보호 아동이 그 중심이다. 이 요보호 아동은 아동복지법(제2조)에 의하면, 18세 미만 아동이 보호자로부터 유실·유기 또는 이탈된 경우, 그 보호자가 아동을 양육하기에 부적당 하거나 양육할 능력이 없는 경우 또는 기타의 경우를 말한다. 그리고 아동복지법 시행규칙 제4조 (1963년 시행)에 의하면 시설입소 대상아동은 다음과 같이 5가지이다.

첫째, 보호자로부터 유실·유기·이탈된 아동이다. 이것은 기아, 미아, 고아, 보호자가 군복무·수형·해외 출장 중인 아동, 가출아 부랑아

등으로서 가족 수탁이 불가능한 경우나 이에 준 하는 경우로서 시설 입소가 아동에게 필요한 경우이다.

둘째, 보호자가 아동양육에 부적당한 경우이다. 이것은 보호자가 심신장애(정신병, 정신박약, 불구 등), 전염성 질환, 성행 불구, 친권 남용, 학대, 친권 상실, 경제적 빈곤, 마약 또는 유독물질 중독 등으로 아동 양육에 부적당하여 아동의 건전한 육성을 해치는 경우이다.

셋째, 아동이 결함을 지니고 있는 경우이다. 이것은 아동이 정신박약, 지체부자유 맹·농아, 신체 허약, 부랑, 성격결함, 비행, 미숙아 등으로 인하여 자기의 결함을 교정·재활 받을 수 있는 특수시설에 입소할 필요가 있는 경우이다.

넷째, 아동의 건전한 출생을 기할 수 없는 임산부이다.

다섯째, 기타 보호를 필요로 하는 아동이다.

그 밖에 무의무탁하고 극빈한 미망인이 13세 미만 2명 이상의 자녀를 두고 있을 때 아동들은 어머니와 함께 2~3년간 모자보호시설에 입소될 수 있다. 이와 같이 우리 나라 아동복지법에 의하면 보호아동은 주로 시설보호 아동을 의미하고 있다.

이러한 보호아동의 개념 중에서 가장 보편적으로 나타나고 있는 아동은 첫째의 보호자로 부터 유실·유기·이탈된 기아·미아·가출아·부랑아 등이다. 이것이 아동보호의 주된 행정적 개념이다. 이것 이외에도 영세민의 취업, 질병, 수형으로 인한 탁아와 심신장애아 등 행정적 개념이 있다.

그러나, 선진국가의 경우는 매우 다르다. 선진국가에서는 우리 나라에서 가장 많이 볼 수 있는 기아·미아·가출 부랑아와 같은 극단적인 유기 *abandonment* 의 형태는 거의 없기 때문이다. 그것은 빈곤과 도덕성과 같은 사회경제적, 문화적 배경의 차이 때문에 나타나고 있다.

북미의 보호아동은 방임되거나 *neglected,* 학대되거나 *abused,* 착취되거나 *exploited,* 거부된 *rejected* 아동이다. 이러한 아동을 위한 서비스는 예방적이고 비처벌적이며 그러한 문제에 내재하는 동기 요인을 발견하고 치료함으로써 재활 시키려는 것이 목적이다. 아동보호사업은 법에 기초하여 있고 지역사회 기준에 의하여 유지되고 있다. 이것의 목적은 가정을 강화 시킴으로써 아동을 보호하려고 하는 것이며 그렇지 못한 경우 법원에 의하여 보호 및 관리하는데 있다.[24)]

이와 같이 아동보호기관이 개입할 수 있는 상황은 부모가 자기의 역할을 효과적으로 이행할 수 없거나 이행하지 않을 경우 또는 아동의 정상적인 신체적, 정서적, 사회적 발전에 해로운 경우이다. 이러한 상황에 대한 법적 대책은 나라에 따라 상이하겠지만 미국에 있어서 아동보호사업이 제공되는 것은 다음과 같은 경우이다.[25)]

① 신체적 학대- 때리는 것
② 영양실조와 남루한 의복 및 빈약한 주거
③ 기본적 의료보호의 부재
④ 정상적인 학업의 실패
⑤ 착취 및 과로
⑥ 건강을 해치거나 부도덕한 환경에의 유기
⑦ 성적 학대
⑧ 정서적 학대

이러한 상황은 신체적·성적 학대와 방임과 같이 두 가지로 나눌 수 있다. 전자의 극단적인 예가 영아 살해이고 후자의 경우는 기아이다.[26)] 이러한 극단적인 예가 우리 나라에 있어서는 가장 중요한 문제 아동으로 나타나 있다. 그 구체적인 보호아동의 형태가 기아·

---

24) Alfred Kadushin, *Child Welfare Service*, Macmillan, N.Y., 1980, p.151
25) *Ibid.*, p.158
26) *Ibid.*, p.158

미아·가출 부랑아 등이다. 이러한 아동이 우리 나라 아동복지의 핵심이 되어 있는 시설보호사업과 입양사업의 대상이라 할 수 있다.

우리 나라 아동복지법은 아동이 건전하게 출생하여 행복하고 건강하게 육성되도록 그 복지를 보장하는 것을 목적으로 하고 있다. 아동복지법에 명시된 주요한 사업은 ① 요보호아동 및 임산부의 보호조치, ② 아동의 건강관리, ③ 친권상실 선고 및 후견인 선임 청구, ④ 아동에게 유해한 행위의 금지, ⑤ 아동 등에 대한 조사, ⑥ 아동복지시설의 설치 등을 할 수 있다.

그간 아동복지법은 요보호 아동을 위한 시설보호사업을 목적으로 한 아동복지법이 1961년 제정되어 1960년대 말 탁아사업을 위하여 개정되었고 1981년 유아교육진흥법이 제정되면서 그것이 제외되고 일반 아동을 위한 아동상담소, 아동전용시설 유료화 등이 가미된 아동복지법으로 개정되었으나 그 실효성이 제대로 나타나지 않았다.

현재 아동복지법은 아동복지법상 규제를 폐지 또는 완화시켜 아동복지사업을 활성화 하고 정당한 권한이 없는 자의 아동양육 알선 및 금품수수에 대한 처벌을 강화하여 영아 매매 등 사례를 근절하며, ILO의 권고를 반영하는 취지에서 개정법률안을 입법 예고하고 있다. 우선 아동상담소 설치 승인을 폐지하고 시설의 수용아동의 퇴소 승인 폐지, 보호기간 연장 승인 폐지, 영아 매매에 대한 벌칙 강화, 그리고 곡예금지 연령을 14세 미만에서 18세 미만으로 하고 접객영업종사행위 금지 연령도 14세 미만에서 18세 미만으로 하는 것을 그 내용으로 하고 있다.

3) 아동복지의 방법

아동복지의 방법은 일반적으로 ① 시설보호 *institutional care* 와 ②

가정보호 *home care* 로 크게 양분할 수 있다. 시설보호는 아동보호소 · 육아원 · 영아원 · 소년원 · 장애인시설 등이 있으며 거택보호는 입양 · 양연 · 가정위탁 · 귀가조치 · 가족강화 · 보호관찰 등을 들 수 있다.

아동복지의 방법에 대하여 비교적 널리 알려진 카두신의 견해를 소개한다.[27)]

카두신은 아동복지서비스의 모델을 지원적 서비스 *supportive service* 와 보완적 서비스 *supplementary service* 및 대리적 서비스 *substitute service* 로 나누고 있다. 지원적 서비스는 가족과 부모자녀의 관계가 구조적으로 손상되거나 긴장상태에 있을 때 이것을 감소시키기 위하여 제공하는 것이다. 이것은 아동상담소와 가족봉사기관 등에서 아동의 욕구를 해결하기 위하여 가정에서 부모의 능력을 지원 · 강화하기 위한 서비스이다. 보완적 서비스는 부모와 자녀의 관계가 심하게 손상되어 있을 때 요청되는 것이다. 이것은 사회보험과 공적 부조와 같이 아동이 받을 수 있는 보호를 보완하거나 부모가 부적절하거나 제한되어 있을 때 이것을 보상하기 위한 서비스이다. 대리적 서비스는 부모와 자녀간 관계가 일시적이거나, 영원한 해체가 일어날 정도로 상황이 손상되었을 때 제공한다. 이것은 양연가정 · 입양가정시설과 같이 아동의 개별적 요구에 대하여 부모의 보호를 부분적으로나 전체적으로 대치하기 위한 서비스이다.

우리 나라 아동복지사업의 대표적인 것은 영아원, 유아원 등의 시설보호사업이고 그 밖에 아동상담소, 아동일시보호소, 시설아동의 가정위탁 보호, 불우아동결연사업, 시설연장아동의 자립지원 등이다.

그런데 1999년 말 법개정으로 아동학대에 대한 새로운 지원사업

---

27) Alfred Kadushin, *Child Welfare Service,* Macmillan, N.Y., 1980, p.75～115

이 나타나게 되었다. 아동학대의 개념은 보호자를 포함한 성인에 의하여 아동의 건강·복지를 해치거나 정상적 발달을 저해할 수 있는 신체적·정신적·성적 폭력 또는 가혹행위 및 아동의 보호자에 의하여 이루어지는 유기와 방임을 말한다. 그리고 아동학대의 금지행위는 다음과 같다.(법 제29조)

① 아동의 신체에 상처를 주는 학대 행위,
② 성적 수치심을 주는 성희롱, 성폭행 등의 학대 행위,
③ 아동의 정신건강 및 발달에 해를 끼치는 정서적 학대 행위,
④ 자신의 보호, 감독을 받는 아동을 유기하거나 의식주를 포함한 기본적 보호, 양육 및 치료를 소홀히 하는 방임 행위,
⑤ 아동을 타인에게 매매하는 행위,
⑥ 아동에게 음행을 시키거나 음행을 매개하는 행위,
⑦ 장애를 가진 아동을 공중에 관람시키는 행위,
⑧ 아동에게 구걸을 시키거나 아동을 이용하여 구걸하는 행위,
⑨ 공중의 오락 또는 흥행을 목적으로 아동의 건강 또는 아동에 유해한 곡예를 시키는 행위,
⑩ 정당한 권한을 가진 알선기관 외의 자가 아동의 양육을 알선하고 금품을 취득하는 행위,
⑪ 아동을 위하여 증여 또는 급여된 금품을 그 목적 외의 용도에 사용하는 행위

그러면, 아동복지기관 중에서 가장 중요한 아동복지시설의 종류(아동복지법 제 16조)와 그 기능을 보면 다음과 같다.

① 아동양육시설 : 요보호 아동을 입소, 보호·양육함.
② 아동일시보호시설
③ 아동보호치료시설
④ 아동직영훈련시설
⑤ 자립지원시설 : 아동복지시설에서 퇴소한 자에게 취업준비기간 또는

취업후 일정기간 보호하여 자립 지원함.

⑥ 아동단기보호시설

⑦ 아동상담소 ; 아동과 그 가정의 문제에 관한 상담, 치료, 예방 및 연구

⑧ 아동전용시설 : 어린이 공원, 어린이 놀이터, 아동회관, 체육, 연극, 영화, 과학실험전시시설, 아동휴게숙박시설, 야영지 등

⑨ 아동복지관 : 지역사회 아동의 건전 육성을 위한 이용시설

⑩ 공동가정생활 : 보호가 필요한 아동에게 가정과 같은 주거여건과 보호를 제공

⑪ 지역아동센터 : 지역아도의 보호 및 교육, 건전한 놀이와 오락의 제공, 보호자와 지역사회의 연계 등 아동의 건전육성을 위한 종합적 아동복지서비스

그리고 아동복지시설은 시설의 교육 업무 이외 ① 아동가정지원사업(상담, 조언, 정보제공), ② 아동주간보호사업(보호, 교육), ③ 아동전문상담사업(학교부적응 아동등의 상담, 치료), ④ 공동생활가정사업(가정여건 제공 및 보호), ⑤ 방과후 아동지도사업(저소득층 아동의 방과후 보호와 교육)을 할 수 있게 하였다.

2004년 1월 개정 아동복지법에는 종전과 달리 아동상담소가 하나의 시설로 격하되고 있다. 그런데 아동상담소가 지역사회(시 · 군 · 구)에 발생한 요보호 아동 및 임산부에 대한 전문적 상담, 감별하고 입소, 조칠할 수 있는 권한을 아동상담소가 가져야 한다.

우리 나라의 요보호 아동은 1950년대 고아가 가장 많았고 1960년대 가출아동이 가장 많았으며 1970년대 이후 기아가 증가되고 있다. 1997년 요보호아동은 가출아가 전체의 47.3%로서 가장 많고 그 다음은 미혼모아동(27.2%), 기아(20.4%), 미아(5.1%)의 순이다. 그런데 2005년 6월 말 요보호아동은 빈곤 · 실직 · 학대 등 아동이 전체의 55.4%가 되고, 그 다음은 미혼모 아동이며(29.5%) 나머지는 비행, 가

출, 부랑아(9.4%)와 기아 등(5.7%) 이러한 요보호 아동은 전체의 44.3%가 되고, 그 다음은 위탁보호(35.4%), 입양(13.9%), 소년소녀가장(5.9%) 등이다.

시설에 수용 보호되는 아동은 해마다 감소되고 있으나 아직도 2004년 279개 아동시설에 19,014명의 아동이 보호 받고 있다. 현재 아동복지시설이 과잉 시설화 되어 있다.(약 3할) 시설아동이 감소된 것은 해외입양 사업이 활성화 되었기 때문에 나타난 현상이다.

우리 나라의 입양사업은 해외 입양이 1970~80년대는 해마다 약 7～8천명이 되었지만(최근 2천여명) 국내 입양은 약 1천 5백명이 되었다. 2004년 입양기관은 국내입양의 경우 19개소이고 국외내의 경우 4개소이다. 그리고 국내 입양아동은 1,306명이고 국외 입양아동은 2,258명이다.

4) 정책과제

최근 우리나라 아동복지사업의 가장 큰 문제는 현존 아동복지법과 아동복지시설이 존재함으로서 오히려 문제아동을 만든다는 것이다. 쉽게 말하면 한국전쟁이 종전된지 20여년이 지났음에도 불구하고 아동보호시설에 고아 아닌 고아가 많다는 것은 잘못된 것이다. 과거 시설보호사업이 바람직하지 않다는 것은 시설의 운영비도 낭비적이지만 특히 아동에게 시설병(hospitalism)을 지니게 한다는 것이다. 시설병은 과거에는 피부병 등이었으나 오늘날에는 의타심 등 사회심리적 질환을 의미한다. 따라서 탈시설화가 가장 바람직 하다.

한편, 아동복지는 아직도 시설수용보호의 치료사업이 핵심이 되어 있고 국내 입양사업이 활성화 되지 못하며 시설 아동의 퇴소 후 사회 적응력이 약하다는 것이다. 따라서 아동복지의 가장 중요한 대상인 기아·가출아 등의 예방사업이 1차 적인 관심이 되어야 한다. 이러한 예방사업은 기아가 주로 발생되는 결손가정, 빈곤가정에 대한 지원사업, 특히 모자복지사업이 활성화 되어야 한다. 그리고 일단 발생된 기아·가출부랑아에 대한 전문적 상담·분류·조치를 할 수 있는 아동 상담소의 기능, 특히 조치권을 활성화 시키고 아동양육시설을 지역사회 아동시설화 시켜야 한다. 과거 아동상담소의 경우 대부분 사회복지법인(아동입양알선기관)이 만든 것으로, 이것은 해외 입양알선사업의 필요성에서 설립된 것이다. 최근 일본 아동보호시설은 부모의 친권이나 양육권을 포기시키지 않고 지역사회 아동시설로서 보호 기능을 수행한다.

80년대 말까지 발생된 기아(12천 여명)의 약 절반이 국내의 시설보호(영아원, 육아원 등)를 받거나 입양되었고 나머지는 해외 입양되었다. 해외 입양에 대한 긍정적인 입장에서는 가정보호가 시설보호보다 낫다는 이론적 근거를 제시하지만 부정적인 입장에서는 국가의 명예를 실추시키고 다른 인종 및 문화에의 적응이 어려울 것이라고 주장한다. 사실 가장 바람직한 것은 이러한 기아가 발생하지 않도록 예방·조치를 취하고 비록 기아가 발생하여도 이것을 국내 입양을 촉진하는 것이다. 그러나 우리 나라 국민은 친생자의식이 매우 강하여 국내 입양이 매우 부진하다.

사. 청소년복지

1) 청소년 복지의 개념

청소년복지는 아동복지의 개념과 매우 유사할 수 있으나 여기에서는 주로 청소년기본법과 청소년보호법을 중심으로 다루려고 한다.

우리 나라에 있어서 청소년 사업과 관련된 주요한 법령은 52개가 된다. 이중에서 청소년의 고유 영역별로 보면, 생활·활동에 관계되는 법령이 35개이고 청소년수련터전 관계법령이 12개이며 청소년지도자 및 단체에 대한 법령이 5개이다. 그리하여 이러한 법령에 기초한 청소년 복지서비스가 이미 존재하였다 해도 과언이 아니다. 이와 같이 분립된 청소년사업을 체계화 시키기 위한 청소년기본법이 1987년 말에 제정되었다. 이 법의 목적은 청소년의 인격형성을 도모하고 청소년의 보호·육성·선도 및 지원에 관한 사업을 효율적으로 추진함으로서 청소년(9세~24세)이 국가·사회발전에 이바지할 수 있는 건실하고 유능한 국민으로 성장하도록 하려는 것이다(제1조). 이러한 목적은 52개의 법령에 기초한 추진기관과 대상 및 방법에 명시되어 있다.

청소년기본법의 사업을 주로 추진하는 기관은 문화관광부와 지방자치단체의 청소년팀, 그리고 249개 청소년단체이다.(사단법인 189개, 재단법인 50개 등) 청소년 단체를 중심으로 행한 청소년사업은 학교(교사와 학생) 중심의 수련활동이라 할 수 있다. 이제는 지역사회중심의 청소년사업이 이루어져야 한다. 그리하여 청소년정책이 지방행정사업이 된 것이다. 지방행정사업은 지방자치단체(시·도, 시·군·구)가 운영주체가 되고 지역사회(시·군·구)의 청소년들을 대상으로 하며 재원은 주로 국고 또는 지방비에서 나온다.

2) 청소년 복지의 기본방향

1988년 체육부에 청소년정책국이 설립되면서, 새로운 청소년정책 방향으로 다음과 같이 제시하였다.[28] 이대로 잘 시행되지 않고

28) 김영모 외,「청소년정책연구」, 한복연 출판부, 1991을 볼 것.

있지만 종전에 교육부(청)가 주도한 학교 및 교사 중심의 청소년지도사업이 크게 전환된 것이다.

① 청소년단체 중심에서 청소년 사무소 중심의 청소년행정이 이루어져야 한다.
② 문제 청소년 중심에서 일반 청소년, 특히 욕구는 있어도 능력이 없는 중하층의 청소년을 대상으로 해야 한다. 따라서 치료적·소비적인 청소년 정책이 예방적·생산적인 성격으로 전환되어야 한다.
③ 학교 중심의 청소년 운동에서 지역사회 중심의 청소년 정책이 이루어져야 한다. 지역사회에 청소년센타가 있어서 모든 청소년이 언제든지 찾아 오고 함께 모여 놀고, 상담하는 곳이 되어야 한다.
④ 교사 중심의 청소년 지도에서 청소년 지도자 중심의 전문화와 자원봉사자 중심으로 지역사회 참여가 이루어져야 한다.
⑤ 청소년 지도의 프로그램이 주로 레크리에이션 중심이었으나 이제는 법적 보호를 받지 못하거나 사회적 기회가 박탈된 청소년을 위한 사회교육, 고용, 스포츠, 레크리에이션, 상담과 같은 정책과 프로그램이 모색되어야 한다.
⑥ 기존의 시설(예, 청소년회관, 사회복지관, 체육시설, 국립공원 등)을 이용하여 청소년 사무소, 또는 청소년센타를 운영하고 지역사회자원을 동원하여 필요한 청소년시설을 마련할 수 있다.
⑦ 이러한 방향은 필요한 지역사회와 청소년을 중심으로 단계적으로 이루어지는 것이 좋겠다.

최근 문화관광부가 한국청소년개발원과 함께 시행하고 있는 '청소년육성 5개년 계획'은 다음과 같은 방향을 제시하고 있다.

① 오늘날 구성원으로서의 권익 증진이다.
② 청소년 참여·정책 주체로의 청소년이다.
③ 다수 건장한 청소년의 활동지원이다.
④ 수요자·프로그램 중심의 질적 향상이다.
⑤ 지역·현장 중심의 자율과 열린 운영이다.

이러한 것은 청소년정책(실)이 새로이 나타난 배경을 잘 이해하지 못하고 사무적 차원의 방향을 제시하고 있다.

3) 청소년 복지의 방법

우리 나라 청소년의 약 47%가 법적 보호를 받지 못하고 비록 법적 보호를 받고 있을지라도 청소년의 건전한 육성을 위한 대책이 대단히 미비하다. 다시 말하면, 기존의 청소년정책은 교육·비행·보호의 필요성에 의한 학생과 요보호 청소년들을 위한 치료적인 서비스가 발달되어 있었고, 일반 청소년의 건전 육성을 위한 정책 및 서비스가 부재하였다. 오히려 청소년들의 건전 육성을 위한 여가선용과 학교교육의 기회가 박탈된 무직청소년, 그리고 법적 보호를 받고 있지 못한 가출, 부랑, 미혼모, 사회교육, 보호, 고용, 여가, 상담에 관한 정책개발이 요구되고 있다.

우리 나라 청소년 정책의 새로운 방향은 지역사회중심의 청소년 지도이다. 지역사회중심의 청소년정책은 청소년의 여가선용과 상담 서비스를 통한 비행을 예방하고 건전한 심신을 개발하며 지역사회의 인적·물적 자원을 동원하여 청소년의 욕구를 해결하려는 것이다. 이러한 청소년 정책은 독일의 경우처럼 지역사회단위의 청소년 사무소 *Yugendamt* 가 맡아서 행할 수 있다.

독일의 청소년 센타는 청소년복지를 위하여 다음과 같은 사업을 행한다.

① 의무교육을 받기 전 가정 외에서 행해지는 교육에 대한 지원
② 학교 외에서의 교육과 직장 외에서의 교육지원
③ 청소년의 성장발전을 저해하는 요인들의 예방과 제거

④ 청소년복지시설과 청소년복지를 위한 프로그램 후원을 위한 도움
⑤ 후견인 복지와 청소년 사법 부조

이러한 청소년센터의 사업을 보면 행정기관으로서 역할 뿐만 아니라 민간기관으로서 전문적 서비스를 많이 행하여야 될 것이라는 것을 알 수 있다.

1991년 초 청소년육성법이 개정되어 청소년기본법이 마련되었다. 청소년기본법은 정부가 마련한 장기적인「한국청소년기본계획」을 실천하기 위하여 보완된 것이다. 이것은 지방자치단체의 책임을 규정하고 한국청소년수련원 및 청소년상담원을 신설하며 법인 설립 및 청소년지도자의 종류 및 자격, 그리고 이 사업을 위한 기금 형성(지방정부 예산의 0.3%를 양여금으로 출연)을 명시하였다. 그밖에 청소년의 건전한 심신단련을 위한 레크리에이션 즉 수련활동, 수련시설, 수련터전과 수련거리를 구체적으로 명시하였다. 이러한 청소년 수련시설과 상담센타를 전국적으로 많이 건립하였다.

현재 청소년기본법은 청소년의 권리 보장과 수련시설 설치·운영의 활성화 도모를 위해 청소년지도사의 자격 확대, 수련시설의 설치·운영에 관련된 규제 조항 삭제 및 기준 완화, 청소년관련기관 설치·운영에 관련된 법적 근거 마련, 기타 벌칙 형량 완화 등을 내용으로 한 개정안을 상정하였다.

또한, 1997년 3월 각종 유해 사회환경으로 부터 청소년을 보호 구제하고 나아가 건전한 인격체로 성장시키려는 목적으로「청소년보호법」을 제정하였다.

청소년 보호법의 주요한 내용을 보면 다음과 같다.

① 보호대상은 18세 미만 자이다.

② 청소년 유해환경의 정화에 필요한 시책을 강구한다.
③ 청소년 유해업소와 그 단체 · 협의의 자율적 정화 · 노력을 한다.
④ 청소년 유해매체물, 유해약물, 유해업소 등 유해환경을 규제한다.
⑤ 유해한 음반, 비디오물, 전자유기기구, 공연물, 방송프로그램, 간행물, 광고 선전물 등을 규제한다.
⑥ 청소년 유해매체물의 심의기관은 청소년보호위원회이다.

이것을 보면, 청소년보호법은 한마디로 유해환경규제법이라 할 수 있다.

이와 같이 청소년사업이 제도상으로나 재정상으로 활성화 될 수 있는 바탕이 마련되어 있지만 아직도 이에 대한 전문가들(공무원 및 지도자)의 인식이 부족하여 이것이 활성화 되지 못하고 있다.

4) 정책과제

오늘날 청소년정책은 2005년 이후 비록 청소년 조직이 국무총리 산하 '청소년 위원회'로 통합되었다고 하지만 과거에 비하여 고유한 청소년 사업을 독자적으로 수립할 수 있는 정책 및 예산수립권이 없으며 오히려 그 협의, 조정 기능으로 약화되었다.

이와 같이 기구가 축소된 것은 청소년 정책(복지)에 대한 정부나 전문가들의 전문적 이해의 부족에서 비롯되고 있다. 따라서 청소년 정책이 장기적 종합적 정책수립을 입안하기 시작한 10여년 전에 마련된, 청소년 정책의 필요성과 구체적 방향을 재인식 하여야 될 것이다.

아. 노인복지

1) 노인복지의 개념

현대 노인의 가장 중요한 문제는 빈곤, 질병, 고독 및 역할상실이다. 과거에는 3고(苦)라 하였지만 오늘날 4고라 하여 역할 상실이 추가된다. 이러한 문제를 해결하기 위한 노력을 노인복지라고 한다. 노인복지는 과거 시설보호사업이 중심적 역할을 하였으나 오늘날 선진국가에서는 지역사회보호 또는 재가복지서비스가 발달되어 있다. 재가노인복지서비스는 앞서 재가복지서비스에서 자세한 고찰을 하였기 때문에 여기에서는 생략한다.

오늘날 노인의 평균 수명(2005년 남여 평균 77세, 남자는 73세, 여자는 80세 임)이 영양 · 보건 · 의약 등이 발달하여 과거에 비하여 많아 연장된 반면, 정년퇴직 연령이 빨라져서(기업은 55세 전후) 약 15년 이상 역할상실기에 빠져 있다. 이로 인하여 나타나는 노인문제가 대단히 심각하다.

우리 나라에서 65세 이상 연령층은 2005년 현재 전체 인구의 9.4%(통계청)이다. 이러한 비율은 65세 이상 인구가 12.4%를 차지하는 미국, 11.9%를 차지하는 일본 등 선진국에 비해 낮은 비율이지만 증가 속도는 매우 빠르게 진행되고 있다. 그러나 우리 나라 노인 부양율은 전체 자녀의 7할이기 때문에 선진국가에 비하면 매우 행복한 편이다[29].

2) 노인복지의 방법

---

29) 김영모,「한국노인복지정책연구」, 한복연 출판부, 1990, p.46

노인복지는 자유주의 국가에서 일찍 발달하였다. 즉 사회복지를 위한 국가 개입이 상대적으로 약한 미국 · 일본 · 대만 등 국가에서 노인복지서비스가 발달하였다. 소련, 영국, 북구 등 예방적인 사회보험제도를 통하여 노인의 욕구와 문제를 해결하고 있지만 자유주의 사회에는 가족의 복지기능을 강조하기 때문에 치료적인 사회복지서비스가 발달하여 있다. 노인복지서비스도 미국은 개인주의 사회라서 국가의 개입 보다는 재가보호와 지역사회의 보호가 발달하고 일본과 대만 및 한국은 아직도 국가 개입이 발달한 편이다.

사회보장비 중에서 노인복지비는 일본의 비율이 높고 그 다음이 한국이다. 그러나 미국은 의료보호비와 영양급식비의 비중이 크다. 그리고 우리 나라는 영세민을 위한 공적 부조비가 많고 일본과 미국은 노인보건비가 많다. 일본과 우리 나라의 노인은 65세를 법적으로 규정하고 있지만 대만은 70세 이상이고 미국은 60세 이상으로 되어 있다. 그리고 우리 나라는 대개 55세 전후 퇴직하기 때문에 이것을 고려한다면 우리 나라의 노인복지 시책과 예산은 상대적으로 매우 낙후되어 있는 편이다.

노인보호의 방법은 가족보호가 가장 바람직하다. 가족부양이 불가능한 경우 시설보호나 재가보호가 불가피하다. 일반적으로 탈시설화가 현대 사회복지의 동향이라고 하지만 맞벌이와 치매 등으로 가정에서 노인보호가 불가능한 경우 일본의 경험에서 보듯이 새로운 형태의 시설보호(노인요양시설 등)가 필요한 것이다.

우리나라의 65세 이상 노인 중 자녀들과 동거하는 노인은 전체의 53.7%이고 나머지는 동거하지 않고 살고 있다. 이들 노인들을 주로 부양하는 자는 아직도 장남과 며느리가 전체의 55.7%로서 가장 많다. 그 다음은 그 외 아들과 며느리(22.9%), 딸과 사위(9.9%), 정부·사회단체(9.3%), 기타 친인척(1.2%)의 순이다. 이러한 주 부양자는 남자 노인의 경우 아들과 며느리, 그리고 여자노인의 경우 딸과 사위로 약간 차이가 있다. 또한 지역에 따라서 농촌일수록 장남과 며느리, 그리고 도시일수록 딸과 사위가 좀 더 많이 주부양자로 되어 있다.

비록 장남과 며느리가 주 부양자일지라도 자녀들과 동거하는 노인은 34.1%이고 비동거하는 경우 21.6%를 차지한다. 그러나 그 외 아들과 딸의 경우 동거율과 비동거율이 비슷하다. 그리고 부양자들의 부양 내용이 전부 지원하는 경우와 일부만 지원하는 경우가 거의 절반을 차지하고 있으나 후자가 약간 많은 편이다. 이러한 것은 도시와 농촌에 따라 큰 차이가 있다.[30]

이러한 것을 보면 결손노인과 자녀부양이 없는 노인을 지원하고 가족의 부양기능이 극대화될 수 있도록 일차적 관심을 지니는 것이 매우 중요한 것 같다. 그 밖에도 종합노인복지관, 탁노소, 노인단기보호소 등 시설보호와 노인수당, 노인급식서비스, 가정봉사원 파견사업 등 재가노인복지 시책과 지역사회복지 대책을 강구하여야 될 것이다[31].

노인복지 시책이 잘 되어 있는, 각 국의 대도시를 비교하여 보면 일본의 노인복지시책이 다른 나라와 비교하여 상당히 높은 수준임을 알 수 있다. 최근 일본은 새로운 고령자 보호제도를 확립하기

30) 김영모, 노인수발보험의 정책과제와 그 대안, 「사회정책연구」 제 33집, 2006, pp.12~13

31) 1990년 서울시 노인조사에서 전체 노인의 57%가 유배우자이고 나머지는 사별(64.9%), 별거, 이혼 등의 상태이며 노인들의 가족부양자가 아직 아들이 가장 많으나(64.9%) 본인(13.5%), 딸(11.0%), 배우자(7.0%), 손자(1.2%) 등이 부양하고 있다. 그간 많이 변하였다.(김영모, 상게서, 1990, p.346)

위한 신골든프랜과 개호보험제도를 마련하였다. 일본의 경우 현재 75세 이상 고령화율이 약 14%에서 21세기 전반에 25%를 초과하고 장수화와 소자녀화, 여성의 사회참여, 국민연금 등 생활수준과 소득수준이 향상되었기 때문에 1989년 말 마련된 골든프랜을 1994년 다시금 고령자 보건복지추진 10개년 계획, 즉 신골든프랜을 마련하였고 2000년 공적 개호보험을 도입하였다.

신골든프랜의 기본 이념은 이용자 본위 · 자립지원(개인 의사존중의 질 높은 서비스와 고령자의 자립), 보편주의(서비스), 종합적 서비스(보건 · 의료 · 복지), 지역주의(시 · 정 · 촌 중심)이고 이 계획을 추진하기 위한 사업비는 5년간 9조엔 이상이다. 더욱이 이러한 개호제도를 효과적으로 추진하기 위하여 1997년 공적 개호보험제도를 제정하게 되었다[32]. 그리고 노인복지서비스로는 특별양호노인홈, 양호노인홈, 경비노인홈 및 통원이용시설인 노인복지센터, 노인주간서비스센터, 노인쇼트데이시설 등이 운영되고 가정봉사원 파견, 노인주간서비스사업, 단기보호사업 등 재가노인서비스를 실시하고 있다.

일본의 공적 개호보험은 우리나라가 2006년에 도입하여 2008년에 실시하려는 노인수발보험(제 7장 3절)과 매우 유사하다.

동양 3국에 있어서 공통된 노인복지시책은 재가서비스를 위한 가정봉사원과 노인종합복지관이 있고 노인건강을 위한 무료 건강진단이 있으며 시설보호사업으로 양로원과 요양원 그리고 노인정 및 노인학교, 그리고 사회활동을 위한 경로우대제와 경연대회 등이 있다.

그 밖의 시책은 나라에 따라 현저하게 차이가 있다. 예컨대 우

---

32) 김영모, 재가노인복지 전달체계 개선, 「사회정책연구」, 제20집, 한국복지정책연구소, 1998, p.10.

리 나라에는 경로효친사상을 진작시키고 노인부양의식을 제고하기 위한 시책이 많고 대만에는 개별 노인의 사회참여를 위한 것이 많으며, 일본의 경우 복지사무소가 있기 때문에 이것을 중심으로 한 노인상담과 입소 조치권이 발달되어 있으며 재택노인을 위한 노인복지수당, 보호센터, 고령자직업상담소, 스포츠대회 등이 그 특징이라 볼 수 있다. 미국의 경우 무료 의료보호라는 공적 부조를 제외하면 전체 노인복지비의 50%가 소요되는 급식서비스(영양제 등)가 발달되어 있는 것이 매우 특징이고 자원봉사프로그램이 발달되어 있다. 이와 같이 각 국마다 해마다 노인이 증가되고 사회세력화 되어 가기 때문에 노인복지 시책이 발달되어가고 있다.

3) 정책과제

우리 나라 노인복지법은 노인의 심신의 건강유지 및 생활안정을 위하여 필요한 조치를 강구함으로써 노인의 복지증진에 기여함을 목적으로 한다. 그리하여 노인복지의 주요한 사업은 65세 이상의 노인에 대하여 ① 상담 및 시설 입소 등 조치, ② 건강진단과 보건교육, ③ 수송 및 시설의 무료 및 할인제도 등 경로우대제, ④ 교양강좌, 경로당, 노인정, 노인교실 등 경로사업, ⑤ 직업기회 등을 위한 직종 개발, ⑥ 노인에 적합한 주택건설 등을 할 수 있게 되어 있다. 이 중에서 직종개발, 주택건설 등은 실시하지 않고 나머지는 실시하고 있으나 그 내용이 부실한 편이다. 그리고 현재는 노인복지시설. 경로식당, 노인결연사업, 노령수당, 노인능력은행, 경로당, 노인교실, 재가노인복지사업 등이 운영되고 있다.

오늘날 65세 이상의 우리 나라 노인들은 전체 인구의 약 10%를 차지하고 있으나 인구의 고령화 등으로 급속히 증가되어 가고, 따라서 노인복지사업을 적극적으로 실시하지 않을 수 없다. 최근 노인복지의 예산이 급속히 증가되고 있는데 2005년 노인복지비 약 330억의 66.2%가 저소득노인 지원사업(경로연금)에 가장 많이 사용되고 나머지는 노인시설보호비(22.9%)와 경로당 지원비(8.8%)에 주로 사용된다. 그 밖에 재가서비스 지원(2.1%), 노인건강진단, 민간단체지원 등에 사용되고 있다.

1991년 이후 70세 이상 생보대상 노인에게 노인수당이 지급되었으나 1998년 7월 경로연금 실시와 동시에 노령수당이 폐지되었다. 경로연금은 국민기초생활수급자의 경우 2005년 월 4만 5천원(65~79세) 또는 5만원(80세 이상)이 지급되고 있다.

노인복지사업 중에서 가장 큰 비중을 차지하는 노인복지시설은 2005년 말 현재 무료양로원이 78개(3,836명), 실비양로원 12개(230명), 유료양로원 41개(1,959명)이 있고 무료노인요양원 131개(7,880명), 실비노인요양원 42개(1,498명), 유료요양원 41개(640명)의 시설이 있다. 그리고 무료전문요양시설 108개(7,027명), 실비전문요양시설 1개(100명), 유료전문요양시설 34개(925명)가 있다. 그 밖에 노인복지회관 2개, 경로당 30,401개, 노인교실 444개 등 노인여가시설이 있다. 만약 노인수발보험이 실시되면 현재의 노인복지시설은 큰 변혁이 일어날 것이다.

이러한 노인복지시설을 보면, 아직도 노인시설보호사업과 노인여가시설보호가 그 중심인데 노인복지를 위한 탈시설화가 요구되고 재가보호 및 지역사회보호의 방향으로 프로그램이 마련되어야 한다. 특히 우리 나라 노인문제는 대가족제도의 복지기증으로 말미암아 선진국가에서 볼 수 있는 노인복지의 심각성이 덜 나타나고 있으나 장차 핵가족화, 고령화, 개인주의적 가치관 등으로 말미암아 점차 국가와 사회가 개입하여 노인을 보호하는 사회서비스가 확대되어야 할 것이다.

자. 장애인복지

1) 개 념

장애인은 신체적, 정신적 장애를 가져 능력이 저하되고 사회활동에 불리한 사람을 말한다. 이러한 장애인이 정상적인 활동을 할 수 있도록 도와주는 서비스를 장애인복지사업이라 할 수 있다. 오늘날 우리나라 장애인복지서비스는 시설보호 보다도 재가보호와 재활사업을 강조하고 있다. 그리고 2005년 1월부터 생계급여 수급자에게 월 7만원(1, 2급) 또는 월 2만원(등록장애인)의 장애인 수당이 지급된다.

최근 장애인복지서비스의 기본정신으로 정상인의 기능을 수행할 수 있도록 장애인의 정상화 *Normalization* 를 매우 강조한다. 장애인은 선진국가에서는 전 인구의 약 2할이 된다고 하지만 우리 나라의 경우 2003년 그 출현률이 3.1%가 된다.

2) 발생원인

2004년 말 장애인 등록 현황은 그 총수가 1,610,994명이고 그것을 유형별로 보면, 지체장애인이 전체의 54.8%이고 그 다음이 정신지체장애인이 10.6%이며 청각·언어장애인 9.6%, 시각장애인 7.4%이며, 보훈처 장애인도 55,938명이 있다.[33] 그런데 우리나라 재가장애인 출현율은 3.1%(2003년도)로서 미국(20.6%)과 독일(8.4%) 및 일본

33) 「보건복지백서」, 2004

(4.8%)에 비하면 낮은 편이다.

이러한 장애의 발생원인은 과거에는 선천적 요인인 것으로 간주되었으나 오늘날 대개 후천적인 것(89.4%)으로 인식되고 특히 산업재해나 교통사고, 전쟁 등에 의하여 장애가 발생되는 경우가 많아지고 있다.

최근 조사에서도 선천적 요인은 약 3.4%에 불과하고 나머지는 대부분 출산 후 질병이나 외상 또는 사고 등에 의하여 발생되고 있다. 따라서 임신시 바이러스 감염과 출생시 뇌 손상 등에 의한 장애를 예방하고 산업재해와 교통사고 등을 예방하는 것이 최선의 장애인 복지대책이라고 할 수 있다.

3) 보호방법

장애인복지는 주로 이미 발생된 장애자에 대한 재활과 보호를 의미한다. 이러한 장애자에 대한 복지서비스는 장애의 종류와 정도에 따라 매우 다르다. 최근 장애자에 대한 중도장애인은 치료와 의지, 보장구 공급, 그리고 특수교육을 원하며 중증장애인은 수용보호 또는 간병인을 원하고 있다. 그리고 이들의 욕구는 경제적 이유가 가장 많은 것으로 나타났다. 전체 장애인의 60% 정도가 경제적 어려움을 겪고 있으며,(무직이 52.6%) 장애인의 16%가 생활보호대상자이고, 국민연금, 보훈 연금, 자동차보험 등의 급여를 받고 있는 장애인은 11%에 불과한 것으로 나타났다. 그리고 장애인의 46%는 보장구 구입비, 의료비 등으로 인해 비장애인보다 월 평균 10만원의 추가생계비를 더 부담하고 있는 실정이다. 장애인가구의 월 평균 소득은 90만원으로 이는 도시근로자 가구당 월 평균소득(95년 2/4분기 1백8십만원)의 50%에 지나지 않는다.[34]

우리 나라 장애인복지법은 심신장애의 발생 예방과 심신장애인의 재활 및 보호를 목적으로 한다. 이러한 장애인을 위한 복지서비스로서 ① 재활상담 및 입소 조치, ② 의료비의 지급, ③ 자녀교육비의 지급, ④ 보장구 교부, ⑤ 보장구 업체의 육성, ⑥ 자금의 대여 등, ⑦ 생업지원, ⑧ 제조담배소매인의 지정, ⑨ 우표류 판매업의 허가, ⑩ 자립훈련비의 지급, ⑪ 고용의 촉진, ⑫ 제작품의 구매, ⑬ 시설의 우선 이용, ⑭ 편의시설, ⑮ 장애인수당, ⑯ 장애아동부양수당 및 보호수당을 지급하게 되어 있다.

(1) **시설보호**

장애인 복지시설의 종류는 장애인을 입소 또는 통원하도록 하여 재활에 필요한 상담, 치료, 또는 훈련을 행하는 장애인 생활 및 재활시설과 장애인을 입소시켜 상담·치료 또는 요양을 행하는 장애인 진료시설, 직업훈련을 행하는 장애인 직업재활시설, 상담·치료·훈련·사회적응 등 종합적으로 서비스를 제공하는 장애인 이용시설(장애인복지관, 장애인 주간 및 단기보호시설, 체육시설, 심부름센터 등), 그 밖에 장애인 유료복지시설, 점자도서관, 점서 및 녹음서, 출판시설 등이 있다.

이러한 장애인복지시설과 수용인원을 보면, 생활시설이 2004년 말 현재 237개로 18,926명의 장애인을 수용 보호하고 있으며, 그 중에서 정신지체시설(96개소에 7,750명)과 중증장애인시설(82개소에 7,117명)이 가장 많고, 나머지는 지체장애인시설(31개소에 2,357명), 시각장애인시설(12개소에 717명), 청각·언어장애시설(11개소에 674명) 등이 있다. 장차 이러한 수용시설보호도 중요하지만 이용시설도 많아야 되

34) 한국보건사회연구원,「1995년 전국 장애인 실태조사결과」, 1996

겠다. 그리고 통원치료 및 재활을 위한 서비스가 활발히 이루어져야 되겠고 재가장애인 복지서비스도 활성화 되어야 한다.

(2) 직업재활

1990년 장애인 고용촉진 등에 관한 법률이 제정되었다. 이 법의 목적은 장애인이 그 능력에 맞는 직업생활을 통하여 인간다운 생활을 할 수 있도록 장애인의 고용촉진과 직업재활 및 직업안정을 도모하도록 하는 것이다.

여기에서 직업재활이라는 것은 장애인에게 직업지도, 직업훈련, 직업소개 등 조치를 강구하며 장애인이 직업생활을 통해 자립할 수 있게 하는 것을 말한다. 그리고 국가 및 지방자치단체장 그리고 300인 이상 사업체의 고용주는 종업원수의 2%를 장애인으로 의무 고용토록 하고 있으나(법, 제35조, 시행령 제34조) 1997년 12월 장애인 고용률은 0.46%로서 10,331명만 고용된 상태이다.[35]

이러한 장애인 고용할당제는 선진국에서는 보편화 되어 있다. 영국의 경우 종업원 20인 이상인 민간기업체 근로자의 3%, 프랑스는 6%, 독일은 종업원 16인 이상인 민간기업 및 공적 기관의 6% 그리고 일본의 경우 종업원 67인 이상 민간기업의 1.6%[36]로 규정하고 있다.

우리 나라의 장애인복지는 1980년대 이후 유엔이 정한 '세계 장애인의 해'와 '서울 장애자올림픽' 등으로 시설이 현대화 되고 복지서비스의 내용도 다양화 되었다. 그러나 아직도 장애인에 대한 사회적 편견이 심하고 장애인에 대한 급여수준과 시설종사자의 노동조

---

35) 한국보건사회연구원, 「1995년 전국 장애인 실태조사 결과」, 1996
36) 한국장애인고용촉진공단, 내부자료, 1996

건이 대단히 열악한 상태이다. 그래서 교육, 취업, 재활, 의료 상담 등 전문적 서비스가 따르지 못하고 있는 실정이다. 그러나 우리나라 장애인은 보편적 서비스를 받고 있는 편이다.

차. 여성복지

1) 개 념

우리 나라 여성복지는 과거 여성의 모성 및 주부로서의 기능과 역할을 강조하는 부녀복지라는 개념을 중심으로 미혼모, 저소득 편모가정, 가출여성, 윤락여성들을 대상으로 제도적 접근이 이루어져 왔고, 그 외의 여성들은 국민연금, 생활보호, 모자복지법 등 사회복지제도 내에서 연령과 개인이 처한 상황에 관계없이 남성 가구주의 피부양자로 규정됨으로써 사회복지제도의 전체적인 틀 안에서 매우 미미한 위치를 차지해 왔다고 볼 수 있다.[37] 그런데 우리 나라 부녀복지사업의 전통적 개념은 주로 윤락여성을 위한 ① 상담사업, ② 부녀보호사업, ③ 모자보호사업, ④ 직업보도사업, ⑤ 부녀계몽사업이 중심이었다.

그러나, 최근 여성복지가 여성의 삶의 질 향상을 위한 여성정책 중 비교적 비중 높은 현안으로 대두되면서 여성복지의 개념이 변화하고 있다. 1995년 12월 여성발전기본법을 제정하여 저소득 모자가정, 미혼모, 가출여성, 요보호여성의 발생 예방과 선도 보호 뿐만 아니라 국가와 지방자체단체에게 사회구조의 변화에 따른 여성복지 수요에 부응하기 위한 시책을 강구할 책무를 부과함으로써 남녀평

---

37) 여성발전기본법 제7조에 의하면, 여성정책 기본계획 수립시 ① 남녀평등의 촉진, ② 여성의 사회참여 확대, ③ 여성의 복지증진을 포함시키게 되어 있다.

등과 여성발전의 실현을 위한 전략의 하나로 여성의 복지 증진을 꾀하고 있다.38)

한편, 오늘날 성폭력 또는 가정폭력이 심각한 사회문제로 대두되자 이에 대한 사회적 대응책으로 성폭력범죄의 처벌 및 피해자보호 등에 관한 법률(1994년)과 가정폭력방지 및 피해자보호 등에 관한 법률(1997년)이 제정되었다.

이에 따라 성폭력 피해자보호시설과 성폭력 상담소는 1996년 현재 서울에 4개소의 성폭력 상담소와 1개의 성폭력피해자 보호시설이 설치되어 있다.

그리고 여성정책에 대한 종합적인 기획·조정, 여성 지위향상을 위한 대통령 자문기구로서 1998년 2월 여성특별위원회가 신설되었다가 2001년에 여성부로 승격되었으며 2004년에는 여성가족부가 되었다.

여성부는 여성정책을 기획·종합하고 여성의 인적 자원을 개발하며, 가정폭력·성폭력 방지 및 피해자 보호, 남녀차별의 금지 및 규제 등 여성의 권익 향상과 남녀 평등사회를 이루기 위한 중앙행정기관이다.

2) 종 류

여성복지사업은 크게 요보호여성을 대상으로 하는 사업과 일반여성을 대상으로 하는 사업으로 나누어진다. 요보호여성을 대상으로 한 사업은 요보호여성을 위한 상담사업, 시설보호사업, 저소득 모자가정 지원사업, 일본군 위안부에 대한 생활안정지원사업 등, 일반여성을 대상으로 하는 사업은 여성회관 설립운영사업, 여성단체활동

38) 서울특별시, 전게서, 1998

지원 등이다.

요보호여성을 위한 상담사업은 여성복지 상담과 성폭력피해 상담의 두 가지가 있다. 전자는 저소득 모자가정, 미혼모, 가출여성, 윤락여성 등 보호여성의 발생을 미연에 방지하고 사후 선도하는 것이며, 후자는 성폭력피해자를 대상으로 피해를 상담하고 보호함으로써 피해자가 정신적·신체적 안정을 찾아 정상적인 사회생활을 할 수 있도록 돕는 것을 목적으로 한다. 요보호여성을 위한 시설은 모자보호시설, 모자자립시설, 모자일시보호시설, 선도보호시설, 미혼모시설, 일시보호소, 성폭력피해자보호시설 등이 있다.

그중 미혼모시설의 경우 입소자들에게 출산을 전후하여 6개월간 무료로 숙식을 제공하고 출산을 도와 주며 시설 퇴소 후 자활·자립이 가능하도록 직업교육도 시켜주고 있다. 이러한 미혼모 시설은 전국에 8개소가 있으며, 1996년 1,028명이 입소했고 1996년 말 현재 174명이 보호받고 있다.[39] 그리고 가출여성 등 윤락화 방지와 윤락여성의 선도보호를 위하여 전국 시·도 또는 시·군·구에 30개소 여성복지상담소와 주요 역, 터미널, 윤락여성 집결지, 기지촌 등 취약지역에 62개소 간이상담소를 설치하여 윤락 및 윤락우려여성을 대상으로 건전한 사회인으로 복귀토록 하는 선도 보호시설을 12개소 설치·운영하고 있다. 선도보호시설에서는 입소자들에게 무료로 숙식을 제공하고 직업교육과 더불어 검정고시 준비반을 운영하고 있다.[40]

저소득 모자가정 지원의 경우 18세 미만(취학시 20세 미만)의 아동을 양육하는 '모'가 세대주인 가정으로서 '97년도 모자가정 생활등

39) 정무장관(제2)실, 전게서, 1997
40) 정무장관(제2)실, 전게서, 1997

급 7등급이하인 저소득 모자가정을 지원대상으로 하고 있다. 지원내용은 재가보호와 시설보호가 있다. 재가보호는 자녀학비 지원, 양육비 지원, 생업자금 융자, 영구임대주책 입주지원 등이 있고 시설보호는 모자보호시설과 모자자립시설이 있다. 모자보호시설은 무주택 저소득 모자가정의 기본 생계보장과 자립기반을 조성하기 위한 것이고 모자자립시설은 모자보호시설에서 퇴소한 모자가정으로 자립준비가 미흡한 가정과 무주택 저소득 모자가정의 자립 기반 조성을 위한 것이다. 이러한 시설의 보호기간은 3년 이내이고 필요한 경우 2년간 연장하고 있다.

일본군 위안부에 대한 생활안정지원사업은 '일제하 일본군 위안부에 대한 생활안정지원법'에 의거하여 각종 지원을 하고 있다. 위안부 등록시 생활지원금과 그 밖에 노령수당 및 거택보호비를 지급받게 된다. 무주택자는 공공임대주택에 우선 입주할 수 있으며, 의료보호 대상자가 될 수 있다.

일반여성을 대상으로 하는 복지사업은 여성회관 설립 운영과 여성단체 활동 지원이 있다. 여성회관의 주요 기능은 ① 저소득층 여성의 자립기반 조성을 위한 직업보도 및 숙박시설 제공, ② 여성문제에 관한 상담과 지도 및 회관이용 여성의 자녀 수탁 보호, ③ 여성의 자질 향상을 위한 교양강좌 및 취미교실 운영지도, ④ 여성단체 육성을 위한 지도와 협력 ⑤ 예식장 운영, 각종 시설물 대여 및 건전 소비생활 안내 및 지도 ⑥ 여성자원봉사자의 활동 및 기타 후생사업 등이 있다.

현재 우리 나라에는 약 2,200여 개에 이르는 여성단체가 활동하고 있는데, 정부는 여성단체의 활성화를 위하여 재정지원을 하고 있다.

카. 노동복지

1) 개 념

현대사회는 기업조직, 특히 공장이 발달하고 동시에 자영업의 감소 현상이 일어나고 있다. 따라서 기업의 피용자(노동자)가 급격히 증가되고 있다. 이러한 노동자의 증가는 과학적인 근무관리가 필요하고, 이것은 노동의 생산성과 능률을 극대화 하기 위한 방법이다.

과거의 노무관리는 노동자를 단순히 물적 노동력, 즉 자본으로만 간주하였지만 오늘날에는 사회적 인격자로 보는 경향이다. 따라서 노동자로 하여금 기업체와 공장의 직무에 잘 적응하고, 타인과의 인간관계를 원만히 유지하면서 직무의 능률 향상, 즉 노동의 생산성과 능률을 극대화 시키는 도움을 노동복지, 직업복지, 생산복지, 또는 기업복지라 한다. 다시 말하면, 산업 및 노동의 세계에 사회복지 이론과 방법을 적용하여 노동자의 복지를 추구하는 노력이다.

오늘날 노동부는 이러한 노동복지를 기업 내 근로후생복지라는 말을 사용하고 그것은 임금과 기본근로 조건 이외에 추가적으로 기업부담하에 제공되는 편익이라고 규정한다. 따라서 노동복지는 노동자의 복리향상을 위하여 그 비용을 기업이 부담하거나 노동자가 스스로 부담하는 제도 및 서비스를 말한다.

미국의 노동연계복지 workfare 또는 최근 우리 나라에서 말하는 생산적 복지의 개념과 다르다. 노동연계 복지는 요보호자가 자립할 수 있도록 교육·훈련의 기회를 제공하고 일정기간(대개 5년)이 지나면 지원을 단절하는 것이다. 그리고 생간적 복지는 인간적 존엄성과 자긍심을 유지할 수 있도록 취약계층의 기초적 생활을 보장함과 동시에 경제사회활동에 참여할 수 있는 기회를 확대하여 스스로 일을 통하여 구조적 빈곤을 치유하기 위한 사회정책이라고 한다.

노동복지의 방법은 일반적으로 노동자가 직장에 취업하고 있을 때 제공하는 것으로 생각하기 쉬우나 그렇지 않다. 취업하기 전에도 자기의 적성과 능력이 맞는, 그리고 인력개발에 의한 적성고용을 위하여 직업상담 · 직업지도 · 직업훈련 · 직업알선이 필요하고, 퇴직 후 안락한 생활보장을 위한 퇴직금과 사회보장제도 등이 필요하다. 비록 사회보장제도가 마련되어 있다하더라도 충분한 생활보장과 심적 만족을 제공받을 수 없기 때문에, 이것을 해결하기 위한 직장보장제도도 필요한 것이다.

취업 후 노동의 생산성과 능률을 향상시키기 위하여서는 노임과 노동조건이 개선되어야 하겠고, 직장 내 인간관계와 직장 외 가정문제가 없어야 심적 안정감으로 최선을 다할 수 있는 것이다. 광의의 노동복지는 노동조건 및 고용대책을 모두 포함할 수 있다. 최근 우리나라의 가장 중요한 노동문제인 비정규직(전체 노동자의 약 50%)의 고용불안과 차별시정을 해소하고, 또한 일자리 창출 등이 주요한 노동복지라고 볼 수 있다.

그러나, 여기에서는 협의의 노동복지, 즉 후생복지사업을 주로 다룰려고 한다.

2) 방 법

노동자를 위한 복리시설은 경영자 또는 노동자의 요구에 의하여 행할 수 있다. 예컨대 주거 · 보건위생 · 보육 · 오락 · 체육시설을 마련한다. 이것은 주로 금전과 물질적인 서비스이지만, 노동복지는 사회심리적 서비스에 의하여 보다 큰 효과를 얻을 수 있다.

이미 메이어 Elton Mayo 교수의 호손 Hawthorne 실험에 의해서 밝혀진 바와 같이 노동자의 행동은 비용 및 효율성의 논리 뿐만 아니라 기분 *sentiment*의 이론에 지배되어 있고, 생산성과 효율성은 공식적 면 보다 비공식적 면이 큰 영향을 주고 있다는 것이다.[41)]

여기에서 노동의 생산성과 사기가 비경제적인 면, 즉 사회심리적 요인에 의하여서 크게 결정됨을 알 수 있다. 따라서, 노동자의 사회심리적 서비스가 필요하다.

한편, 노동자가 가지고 있는 가정문제・이성문제・질병・퇴학 등에 관한 문제가 많이 있기 때문에, 이것을 해결하기 위하여 전문사회사업가의 개별지도가 필요하다. 이것은 주로 인사과에서 전문가를 두고 행한다. 인사과는 고용・기록・통계・훈련・임금・노사관계・보건・복리사업(상담・대부・질료・식당 및 운동장 설비)을 관장하고 있다.[42)] 그리고 전문가의 사업지침은 ① 간이식당・휴게실・화장실・탈의실의 유지 개선, ② 운동과 건전 오락의 장려, ③ 대부금 등 금전적 원조의 배려, ④ 주택・기숙사의 알선, ⑤ 법률상담실의 유지, ⑥ 연소 종업원 및 기타 복리에 대한 원조이다.[43)]

이와 같이 노동자의 생산성과 사기는 자기의 조건에서만 해결될 수 있는 것이 아니라 환경과 노동조건, 타인과의 관계, 사회질서와 상관되어 있기 때문에, 이것이 해결되지 않고서는 최선을 성취하기 어렵다. 따라서 노동자에 대한 사회복지적 노력이 제공되어야 노동

---

41) F.J. Roethlisberger, *Management and Morale,* Harvard Univ. Press, Mass, 1939 M.L. Blum & J.C. Naylos, *Industrial Psychology,* Harper & Row, 1968. pp. 306~307

42) 김영모,「한국인의 사회의식」, 일조각, 1980, pp.197~198

43) F.J. Wright, *The Elements of Modern Industrial Organization,* 1958, pp.164~7 Fred E. Oldfield, *Industrial Welfare Officer,* 1948, p.5

의 생산성을 높일 수 있는 것이다.

(1) 기업복지

최근 기업복지를 이론적 관점에 따라 유형화 시킨 것을 보기로 한다.44)

기업복지의 정책적 접근방법에는 ① 정책모델(주택정책, 재산형성정책, 교육정책), ② 제도모델(퇴직금제도, 사회보험 할증금제도, 금융제도, 공제회 급여제도), ③ 시설모델(도서관, 식당, 의료보건시설, 근로자 복지관, 휴게실, 휴양소, 탁아소, 수유실, 목욕실 등)을 들 수 있다.

이러한 접근방법은 ① 재산소유의 최적 평등화, ② 내집 마련, ③ 기술훈련 및 교양교육을 통한 자기 실현, ④ 공제적 상호부조, ⑤ 각종 시설서비스를 통한 원만한 노사관계 등을 통한 기업내 갈등 해소를 목적으로, 기업이 주체가 되어 경영정책상 실시하며 정부의 법적 뒷받침과 세제상 지원을 받아 저임금계층을 중산층으로 육성하여 사회안정기반을 조성하는데 기여하게 한다.

한편, 기업복지의 전문적 접근은 기업과 종업원의 사기를 진작시킴으로써 보다 높은 능률을 제고하기 위한 수단이라고 할 수 있다. 전문적 접근방법의 서비스 모델에는 ① 인간관리모델, ② 원조모델, ③ 클럽활동모델, ④ 산업카운셀링모델 등을 들 수 있다.

기업복지의 전문적 접근은 관리의 기술성을 모색하게 되는데 관리의 기술성이란 종업원들이 목표지향적이고 협동적인 자발적 인식을 기초로 해서 기업에 공헌하고 기업은 이에 유인요소(기업복지의 전문적 서비스)를 충분히 제공함으로써 기업과 종업원의 협동체계를

---

44) 이근창, 한국기업복지의 모형정립을 위한 시론, 「한국사회복지학」 제1집, 1986, pp.86～93

확립하여 상호 이해관계의 조화와 균형을 이룩함을 뜻한다. 다시 말하면 역할 기대의 상보성 원리에 입각하여 조직구성원들의 부적응, 불화, 탈선을 방지하고 상호 이해관계의 균형과 조정을 도모하여 기업도 성장하고 종업원의 복지도 증대되는 양면적 효과를 전문적으로 접근하는 데 목적을 둔다.

일본의 노동복지(기업복지)는 ① 주택시책, ② 생활지원시책, ③ 경조 및 공제시책, ④ 재형·금융시책, ⑤ 문화·체육·레크레이션시책 ⑥ 건강관리 등으로 구분한다.

우리 나라에 있어서 기업복지는 국제노동기구의 분류방법에 따라 다음과 같이 나누고 있다.[45]

① 생활자원제도(급식제도, 통근제도, 자녀 학자금 지원제도)
② 공제 및 금융지원제도(공제조직운영, 종업원지주제, 재형저축),
③ 문화 · 체육시설
④ 보건 · 위생시설
⑤ 주거지원제도(사택·기숙사, 주택분양, 주택·택지구입, 지금대부, 주택관리비 보조, 주택조합)
⑥ 기타(종업원 취학 지원, 근로자 상담실, 사내 복지기금) 등으로 분류하고 있다.

이러한 분류방법은 현실적으로 우리 나라 기업의 경우와 상당한 차이가 있다. 각 기업에서 실시하고 있는 주요한 사업은 첫째로 장학사업, 둘째로 생활안정사업, 셋째로 고용안정과 노동생산성을 높이고자 구내 식당, 휴게실, 샤워실, 체력 단련실, 필요장비의 구입, 직장보육시설 설치 등이 있다.

(2) 노동복지

45) 한국경영자총협회, 「근로경제 40년사」, 1989

노동복지의 종류는 나라에 따라 상이하다. 국제노동기구(ILO)의 분류를 보면 다음과 같다.

① 일하지 않는 시간에 대한 보수 : 연차 유급휴가 및 기타 유사한 휴가, 장기 근속휴가, 공휴일 및 기타 인정된 휴가, 가족의 출생·사망·질병·결혼 등과 관련된 유급휴가, 퇴직수당 등
② 상여금 및 기타 현금 보조 : 반년 또는 그 이상의 비정기적 급여, 휴가비용 보조, 이윤배분적 상여금
③ 현물급여(주거 및 복지서비스 제외) : 각종 생활용품의 배급, 기업제품의 할당
④ 주거지원 : 무료 도는 저렴한 주거 제공, 임대료 지급, 주택소유 지원
⑤ 사회보장지원 : 법정 사회보장비, 기타 사회보장기금에의 기여, 의료·보건관련 시설제공 및 비용보조, 가족수당, 연간임금보장, 보조적 실업수당 등
⑥ 직업훈련 : 기업의 직접적인 훈련 실시, 외부강사 및 훈련기관에 대한 강사료·수업료 지급, 교육 자료비 지급
⑦ 복지서비스 : 식당·매점에 대한 보조, 교육·문화·오락시설, 저리융자, 협동·신용조합에 대한 보조, 법률서비스
⑧ 기타 복지제도 : 출퇴근 지원, 작업복 제공 등

최근 우리 나라에서도 5일제 근무제도와 출산 후 최소 3개월간 모성보호제도가 실시된다.

타. 교정사업

1) 개 념

범죄자에 대한 형벌제도는 초기에 범죄자의 자유를 박탈한 자유형에서 강제노동을 과한 노역형으로 발전하였다가 다시금 참혹한 형벌이 가해진 응보형으로 발전하였다.

1870년 미국에서는, 연 1회 형무소회의에서 행형(行刑)에 관한 원

칙을 선포하여 종래의 응보형에 대한 근본적인 비판이 가해졌다. 그 결과 범죄자에 대한 교정교육이 나타나게 되었다. 이것은 범죄의 원인을 개인에게 책임으로만 돌리는 것이 아니라 사회환경과 같은 사회적 책임이 존재하는 것이라고 인식하게 되었다. 즉 잘못된 사회화에 의하여 범죄 및 비행을 저지르게 되었다는 것이다. 그리하여 범죄자의 재사회화를 위한 환경조절과 심리요법에 의한 사회적 치료를 하고자 나타난 것이 교정사업 *correctional services* 이다.

2) 방 법

교정사업은 감화원 · 소년원 · 교도소와 같은 기관에서 사회사업가들이 행하는 기능을 말한다. 사회사업가의 교정사업 기능은 ① 집행유예와 가출옥 *parole* 이외에 ② 교정시설에서 행하는 보호관찰 *probarion* 을 말한다. 보호관찰이라는 것은 범죄자를 교정시설에 직접적으로 수용하지 않고, 자기의 가정 또는 병원과 같은 일반 사회에 두면서 지도 · 감독 및 보호하여 범죄자를 교정하는 제도이다.

교정의 목적은 범죄자의 갱생에 있다. 범죄자를 갱생시키기 위하여서는 종래의 행형제도만으로는 불가능하고, 비록 일시적으로 죄의식을 깨우쳐서 교정되었다고 할지라도 근본적으로 인간의 퍼스낼리티의 재조직 또는 교정 없이는 재범할 가능성이 잠재되어 있다. 그렇기 때문에 보호관찰의 교정제도가 나타나게 된 것이다. 이것을 위해서 사회사업가는 범죄자의 종래 생활을 재조직하고 가치관을 변경하여, 새로운 생활양식에 적응하도록 원조하여 준다. 그러기 위해서는 클라이언트의 자기 각성과 자조의 원리에서 범죄자의 교정치료를 행한다.

사회사업가가 교정시설에서 행하는 역할은 ① 클라이언트의 사회관계를 전체적으로 조사하여 지도와 감독을 행하고, ② 법률이 정하는 범위에서 자기결정의 권리로서 교정대상자를 다루고 생활적응의 교육을 행하며, ③ 교정과정에 있어서 클라이언트의 행동을 규제하여 치료하도록 한다. ④ 클라이언트의 생활에 책임이 있는 개인·집단 및 기관을 움직여서 그의 자원을 활용하여 조정을 꾀하고, ⑤ 클라이언트의 가치관에 영향을 미치는 문화유형을 변용, 조정하는 것이라고 말할 수 있다.

교정사업에 있어서 사회사업가의 기술은 개별지도의 일반 원리를 그대로 적용시키면 된다. 다만, 교정치료상 나타나는 다음의 특징을 명심하면 좋을 것이다. 첫째로, 소극적인 전이현상이 초기에 일어나는데 이것은 권력 또는 권위에서 종속적인 태도를 나타내고 있는 것을 말한다. 둘째로, 치료에 대한 저항 및 방어기제가 형식상으로 존재하고 있다는 것을 잊어서는 안 된다. 교정을 잘 하기 위해서는 내면적으로 잠재해 있는 클라이언트의 심리상태를 잘 파악하고 항상 그와 인간관계를 잘 맺고 관찰, 보호해야 된다.

우리 나라의 교정사업은 보호관찰소와 갱생보호회에서 행하고 있다. 클라이언트의 시설보호 보다 거택보호가 바람직하기에 전문가는 조사 판단에 의하여 이것을 하도록 한다. 오늘날 우리나라의 교도소를 비롯하여 시설보호는 죄질과 성격을 악화 시키고 나쁜 것을 더욱 학습 받는 곳이 되어 있다. 현재 재범자가 많고 사회적응이 잘 안되는 것도 그 때문이다.

3) 형 태

(1) 보호관찰

교정사업의 핵심은 보호관찰과 갱생보호사업이다. 보호관찰 등에 관한 법률은 1988년 제정되어 1996년 개정되었다. 이 법의 목적은 죄를 범한 자로서 재범 방지를 위하여 보호관찰, 사회보상, 수강 및 갱생보호 등 체계적인 사회 내 처우가 필요하다고 인정되는 자에 대하여 지도, 원호를 함으로써 건전한 사회복귀를 촉진하고 효율적인 범죄 예방 활동을 전개함으로서 개인 및 공공의 복지를 증진함과 아울러 사회를 보호함을 목적으로 한다.

보호관찰의 대상은 ① 형의 선고유예를 받은 자, ② 형의 집행유예를 선고 받은 자, ③ 가석방 또는 가퇴원 한 자, ④ 소년법에 의하여 보호처분을 받은 자이다.

이러한 보호관찰사업을 운영하기 위하여 보호관찰소가 있다. 여기에서는 ① 보호관찰의 실시 및 범죄 예방활동, ② 보호위원에 대한 업무 감독, ③ 그 밖의 다른 법령에 의하여 보호관찰소의 권한에 속하는 사무를 관장한다. 그리고 보호관찰관이 보호위원의 도움으로 이러한 사무를 본다. 보호관찰관은 형사정책학 · 행형학 · 범죄학 · 사회사업학 · 교육학 · 심리학 등 보호관찰에 관한 전문적 지식을 지녀야 하고 보호위원은 사회봉사정신을 가지고 인격과 행동에 있어서 사회적 신망이 있으며 건강하고 활동력이 있어야 될 수 있다. 그러나 과연 이러한 정도의 지식과 자질을 갖추어 전문적 서비스를 행할 수 있느냐 하는 의문이 간다.

(2) 갱생보호

갱생보호법은 1986년 말 제정되어 1996년에 개정되었다. 이 법은 갱생보호대상자의 자립의식을 고취하고 경제적 자립기반을 조성시켜서 건전한 사회복귀를 촉진함으로써 재범의 위험을 방지하고 갱생보호사업의 건전한 육성을 도모하려고 한다.

갱생보호대상자는 ① 징역 또는 금고형의 집행이 종료되거나 형 집행이 면제된 자, ② 가석방된 자, ③ 형집행유예 또는 선고유예의 선고를 받은 자, ④ 공판제기의 유예처분을 받은 자, ⑤ 소년법에 의한 보호처분을 받은 자, ⑥ 소년원법에 의하여 퇴원 또는 가퇴원자, ⑦ 사회보호법에 의한 보호감호 또는 치료감호의 집행이 종료되거나 가출소 또는 치료 위탁된 자이다.

갱생보호의 방법은 관할보호와 직접보호의 두 가지가 있다. 관찰보호는 통신·면접 또는 방문에 의하여 선행을 지도·장려하고 가정·주거 및 교우 등 환경을 조정·개선하는 방법이고 직접보호는 ① 숙식 제공, ② 여비 지급 ③ 생산도구의 대여 또는 생업조성품의 지급 ④ 직업훈련 및 취업 알선 ⑤ 자립 지원을 말한다. 이 사업은 한국 갱생보호회(법인)가 행하는데 그 주요한 사업은 ① 갱생보호의 실시 ② 갱생보호 제도의 조사, 연구, 및 보급, 홍보 ③ 갱생보호사업을 위한 수익사업의 경영 ④ 공단의 목적 달성을 위해 필요한 사업이다.

한편, 사회보호법은 1980년 제정되어 1996년 일부 개정되었으나 지금은 폐지되었다. 사회보호법은 죄를 범한 자로서 재범의 위험성이 있고 특수한 교육, 개선 및 치료가 필요하다고 인정되는 자에 대하여 보호처분을 함으로 사회복귀를 촉진하고 사회를 보호함을 목적으로 한다. 보호대상자는 ① 수 개의 형을 받거나 수 개의 죄를 범한 자 ② 심신 장애자 또는 마약류, 알코올 기타 약물 중독자로서 죄를 범한 자에 한한다.

이러한 것을 본다면, 보호관찰과 갱생보호의 대상과 업무가 매우 유사하지만 운영주체가 국가와 법인이라는 차이가 있다. 여기에서도 문제가 될 수 있는 것은 보호관찰사업과 마찬가지로 비전문성이 매우 강하다.

파. 부랑인보호

1) 개 념

부랑인의 개념은 단순히 떠돌아다니는 사람만을 의미하는 것이 아니라 구걸 또는 물품을 강매하여 통행인을 괴롭히는 걸인, 껌팔이, 앵벌이 등을 말한다. 이들은 비행성 또는 우범성을 지닌 부랑인이고 이들은 경범죄 처벌의 대상이 된다. 이러한 부랑인은 미국에서 말하는 가정이 없는 자 *homeless* 또는 구조조정으로 인한 실직자, 노숙자와는 다르다.

부랑인은 1975년 12월 보건복지부 훈령에 의하여 시장·군수·구청장은 경찰과 합동으로 단속하거나 생활보호자로 지정, 취로알선 또는 적극적인 생계지원으로 재가출을 방지하며 그들을 선도, 귀가조치 및 시설보호의 대상이 된다. 이러한 부랑인 보호사업은 지방행정과 치안행정에 의하여 부랑인의 단속과 처벌에 관심이 많아서, 억압적인 사회통제의 성격이 매우 강하다.

내무부의 업무처리 지시를 보면, 경범죄처벌법, 경찰관복무집행법 등 사회질서 관계법령에 해당되는 자는 치안차원에서 처벌 또는 보호조치를 하게 하였다. 예컨대 정신질환자, 미아, 자살기도자, 떠돌이, 물품강매자, 청객행위자, 불안감조성자, 음주소란자, 걸식·걸전하는 부랑인 등은 이에 해당된다.

2) 방 법

우리 나라 부랑인 보호대책은 1981년 10월에 마련되었다. 부랑인 보호사업은 ① 단속·선도, ② 수용·보호, ③ 프로그램, ④ 정부지원으로 구별할 수 있다. 이 중에서 단속·선도는 주로 경찰관의 업무이고 나머지는 보건복지부의 사회복지사업법, 생활보호법, 아동복지법, 부랑인선도시설규정, 노인복지법, 장애인복지법과 관련된 것이다. 보건복지부의 부랑인보호사업의 기본 방향은 ① 민간에 의한 자선적 시혜로 부터 정부에 의한 복지정책적 시혜로 전환하고 ② 수용보호시설을 확충하여 시설부족 상태를 완전히 해소하여 정신질환자를 종류별로 분리하여 전문시설에 수용하고 자활촉진사업을 실시하여 사회복귀를 도모한다. ③ 부랑인 시설의 운영을 민간기관에 위탁하여 그 효율을 도모하고 ④ 단속 및 예방을 위한 행정체계를 합리적으로 정비한다는 것이다.

보건사회부의 종합대책과 운영규정에 따르면, 부랑인의 보호대상자는 사회복지관계 법령에 의한 생활보호대상자로 규정하고 있으며 그 밖에도 본인이 원하거나 시장·군수가 필요하다고 인정하는 부랑인은 입소·보호를 받게 되어 있다.

2005년 말 현재 성인부랑인시설 38개소에 8,844명이 수용 보호되고 있다. 부랑인 시설의 입소자(연간 12,293명)는 행정기관 의뢰가 전체의 26.5%이고 경찰관서의 의뢰가 22.3%이며 자진입소도 4.6%이다. 그 밖에 기타가 전체의 35.5%가 되는데 이것이 의심스럽다. 시설 퇴소자(2,082)는 연고자 인도가 전체의 3.1%이고 입원진료가 42.5%이며, 무단퇴소(5.3%) 및 자진퇴소(34.9%)가 가장 많은데 이들 중에서 주로 노숙자가 발생된다.(보건복지부 민간복지협력팀)

이들을 위한 시설보호비는 전액 정부지원이다. 정부지원 예산은 이 중에서 국고지원이 약 60%가 되고 나머지는 지방비이다.

3) 정책과제

최근 부랑인 보호시설에서 잦은 사건이 발생되고 있다. 그것은 대개 부랑인의 인권문제와 비리문제이다. 이러한 문제가 발생되고 있는 것은 근본적으로 사회복지전달체계가 확립되지 못한데서 비롯되고 있다. 다시 말하면, 부랑인의 특성과 요구에 따른 입소 조치가 제대로 이루어지지 못하고 또 입소가 시·군·구와 경찰관서에 의하여 바로 시설에 의뢰되어 왔기 때문에(시·군·구와 경찰서관서의 의뢰가 각각 약 38%임) 혼합 수용 및 비전문적 서비스가 존재하였던 것이다. 따라서 부랑인이 발생·입건하게 되면 이들을 개별적으로 상담·분류·조치하는 부랑인 상담소(가칭)가 있어야 하고 또 부랑인 일시보호소가 있어야 한다. 이러한 기관의 감별을 거쳐서 귀가 또는 입소의 조치가 있어야 한다. 그렇지 못하고 무조건 수용·보호하면 오히려 문제를 일으킨다.

현재 사회복지시설은 요보호자의 특성에 따라 많은 전문시설이 존재하고 있다. 만약 부랑인에 대한 전문적 감별이 이루어지면 거의 대부분 기존 전문시설에 입소, 보호를 받을 수 있다. 그럼에도 혼합 수용하고 있다는 것은 아주 잘못된 것이다.

1986년 부랑인 시설의 수용자(16,125명) 가운데 18세 미만 아동이 전체의 24.2%가 되고 동시에 전체의 25.0%가 정상인이며 전체의 32.8%가 정신질환자, 12.6%가 정신박약자, 10.0%가 지체장애자, 6.3%가 시각장애자이며 나머지는 알콜중독자 등이다. 그리고 2005년 12월 말 기말수용자 9,055명(남자 68%)의 건강상태는 정신질환이 전체의 44.9%를 차지하고, 나머지는 정신박약(18.7%), 지체장애(9.6%), 시각 · 언어 장애(2.7%), 기타(14.6%)이고 장애가 없는 경우는 0.2%에 불과하다.(「보건복지 통계연보」)

이것을 보면, 우리나라에 부족한 보호시설인 정신요양시설과 알콜중독자시설이 증설되어야 하고 나머지 부랑인은 귀가조치나 전문시설에 이송 조치하면 된다. 현재 부랑인 심사대기실이 시설내에 있는데 소위 심사대기실(상담소)은 원외로 배치되어야 하고 그 곳에서 전문가가 귀가 또는 입소 조치권을 행사하여야 한다.

하. 사회복지관사업

1) 개 념

사회복지관은 80년대 탈시설보호와 영세민의 복지증진(탈빈곤)을 위하여 설립되었다. 사회복지관의 운영규정에 의하면, 지역사회 내에서 일정한 사업과 전문인력 및 자원봉사자를 갖추고 주민들의 복지수요에 부응하여 종합적인 사회복지사업을 수행하는 사회복지시설을 말한다. 여기에서 사회복지관이 종합적인 사회복지사업을 수행한다는 것은 복지 7법에 명시된 사업과 10개의 사업을 수행하는 것을 의미한다. 사실 이것 이외에도 많은 지역사회복지 프로그램이 운영되고 있다.

사회복지관은 종합적인 사회복지사업을 통해 저소득층의 자립능력을 배양하여 중산층으로 유도하고, 지역사회문제를 예방·치료하며 지역사회 및 주민의 연대감을 조성하는 매체로서 지역사회 주민의 복지증진을 위한 종합복지센타의 역할을 수행한다.

2004년 말 현재 사회복지관은 전국적으로 379개가 있으며 서울시에는 92개가 있다. 그런데 이것은 주로 종합사회복지관이고 유사한 사회복지관(노인·장애인복지관, 시민회관 등)까지 합하면 약 600여 개가 된다. 그리고 이러한 사회복지관의 운영주체는 사회복지법인이 전체의 70.7%이고 나머지는 대부분 비영리법인(종교, 학교 및 사단법인)이다.

2) 방 법

사회복지관은 지역사회주민의 복지를 증진하기 위한 서비스를 제공한다. 사회복지관의 대상은 전체 지역사회주민이지만 일차적으로 생활보호대상자와 저소득층의 가족으로 되어 있다.

사회복지관 사업은 그 기본 원칙으로서 다음과 같은 것을 제시하고 있다.

① 전문인력에 의한 사업수행 원칙
② 기준시설 확보의 원칙
③ 인도주의와 수혜자 존엄의 유지 원칙
④ 주민의 욕구와 지역사회 실정에 맞는 서비스 원칙
⑤ 치료 및 예방사업 병행시행의 원칙
⑥ 사업의 연계적 운영의 원칙
⑦ 지역사회 복지자원의 원칙
⑧ 평가의 원칙

이러한 원칙에 의하여 운영되는 사회복지관의 주요한 역할(기능)은 다음과 같다.

① 지역사회의 실정과 주민의 욕구 파악 및 평가
② 주민의 성장과 자립을 위한 종합사회복지서비스의 제공
③ 지역사회 통합과 발전의 매개 역할
④ 지역사회 민간자원의 발굴 및 활용

⑤ 주민을 위한 사회교육의 매체

이러한 원칙과 역할은 지역사회의 특성에 따라 다양하게 운영될 수 있다. 그리고 종합사회복지관의 주요한 업무는 다음과 같다.

① 가정복지 : 가정문제 종합상담, 직업·부업 기능 훈련, 취업·부업 안내
② 아동복지 : 아동선도 및 사회교육, 어린이 기능교실
③ 청소년복지 : 청소년 상담 및 교양교육
④ 노인복지 : 노인사회교육 및 여가지도, 불우노인결연, 노인무료 급식사업
⑤ 장애인복지 : 재가서비스 알선 및 이송, 장애인 기능교육
⑥ 지역복지 : 주민교육, 자원봉사자의 양성 및 활용, 후원자 개발, 지역사회 조사, 시설제공사업 등

이러한 6개 분야 31개 단위사업은 대인서비스 중심으로 나누었기 때문에 서울시는 이것을 3개 분야의 기능중심으로 개선안을 제시한다. 즉 가족복지(가족기능 강화), 재가복지(지역사회보호), 지역복지(지역사회운동), 사회교육 등 4분야의 다양한 단위사업을 제시한다.

이러한 업무도 지역사회주민의 욕구와 복지관의 크기에 따라 선별적으로 활용될 수 있는 프로그램이라 할 수 있다.

3) 정책과제

사회복지관은 다른 나라에서 흔히 찾아 보기 어려운 시설이다. 즉 시설은 공영이지만 운영은 민영이다. 다시 말하면 복지관을 민간에게 위탁 운영한다. 이 위탁체는 주로 사회복지법인, 종교법인, 학교법인 등인데 이들이 자부담을 내지 않으면서 독점화 현상이 나타난다. 사실 복지전문화는 탈종교화, 탈교육화를 의미하는데 그렇지 않다. 이러한 시설이 영세민의 복지증진을 위한 것이 되지만 동시에

탈시설보호의 예방사업이 될 수 있다. 이것은 이용시설이라고 하는데 제 5차 5개년 계획기간에 정부가 재정부담을 하지 않기 위하여 일본형 복지사무소의 변형으로 나타난 것이다.

최근 사회복지관의 운영비는 서울시의 경우 연간 평균 약 5억 8천 6백 만원이다. 이 중에서 정부지원이 2000년도에 1개당 약 1억 8천 3백 만원(31.3%)이고, 법인 전입금은 약 6천 6백만원(11.3%)이며, 후원금은 약 5천 1백만원(8.8%), 그리고 기타가 약 2억 8천 5백만원(48.6%)이다. 기타는 주로 사회교육 등 실비수익금이다. 정부지원 운영비로는 앞에서 지적한 사업을 하려면 총 예산의 약 3할에 불과하다. 그런데 대부분의 복지관이 정부재정 지원의 부족으로 수익성 사업을 하게 되어 구청, 구의회, 주민 등과의 갈등이 일어나고 있다. 그리하여 소위 사회복지관의 정체성 위기론이 나온다.[46)]

사회복지관이 지역사회봉사센터로서의 제 기능을 발휘하기 위해서는 무엇 보다도 사회복지관의 정체성, 즉 공공성을 확보해야 하고 지역사회 주민의 욕구(문제)를 해소, 지역사회(주민)와의 관계형성이 원만하여야 되며 주민이 참여하는 지역사회조직운동이 활성화 되어야 할 것이다.

한편, 오늘날 사회복지관사업은 그 정체성을 확립하기 위하여 지역사회와 국가사회적으로 필요한 복지서비스를 제공하기 위한 과감한 프로그램의 개선과 재조정이 요구된다.

---

46) 김영모, 「자주적 사회복지론」, 한복연 출판부, 2003, 제 2편 5장 참조.

갸. 의료사회사업

1) 개 념

의료사회사업은 개별지도사업 분야에 있어서 다른 전문화와 마찬가지로 금세기에 발달한 학문영역이다. 미국에서도 1905년 보스톤에서 시발되었는데 그 창시자는 R. Cabot라고 한다.

의료사회사업이 나타나게 된 것은 종래의 병원에서의 치료가 물리치료만으로 행한 대한 비판에서 출발하였다. 인간이라는 것은 육체적 정신적 매카니즘이기 때문에 환자가 가지는 질병에도 신체적(생리적) 결함 이외에 정서적 요소가 잠재하여 있다. 그러므로 환자가 가지고 있는 심리적인 욕구를 탐구하여 발견해야 하고, 그러한 질환이 나타날 수 있는 사회적 환경과의 상관성도 밝혀내야 한다.

이와 같이 환자들의 재활을 위하여서는 물리적 치료 뿐만 아니라 심리적 사회적 치료방법까지 필요하다.

오늘날 기계문명이 고도로 발달되어 있는 대중사회에 있어서는 인간의 행동이 물질적인 면보다도 정신적 요소가 더욱 강력하게 작용한다. 따라서 정신병학적 의학의 영역이 대단히 중요하다.

의료사회사업은 치료과학으로서도 가치가 있을 뿐 아니라 예방의학·사회의학과 같은 예방과학의 성격도 가지고 있다. 예방과학은 공중보건·개인건강·사회위생과 같은 좁은 의미의 예방의학도 포함한다.

Rene Sand는 광의의 예방의학을 병인과 관련된 제 조건을 제거하고 정복하여 질병을 전멸 감소시키는 것을 목적으로 하는 응용생물학의 일부분이라고 한다.[47] 예방 의학적 서비스는 보건소의 의료사회사업이나 질병에 대한 사회적 대책활동을 말한다.

사회의학은 건강 및 질환을 신체적 또는 개인적으로 고찰한 과거의 의학에 대하여, 이것을 사회적 측면에서 이해하고 사회학적 방법에 의해서 치료 예방하여 건강을 증진시키려는 것을 말한다.

2) 방 법

의료사회사업은 치료 · 예방 및 보건분야에서도 실시되고 있다. 의료사회사업은 병원 · 진료소 · 요양소 · 신체장애자재활원 · 보건소 등에서 실시되고 있다.

의료사회사업의 목적은 환자와 그의 가족을 도와줌으로써 건전한 사회적 적응을 기할 수 있도록 하는데 있다. 이러한 것을 실현하기 위해서 사회사업가는 주로 의료시설에서 의사와 함께 협동적으로 개별지도의 일반 원리를 클라이언트에게 적용 실시한다. 의료사회사업가는 물론 환자의 욕구에 기초하여 클라이언트를 다루고 있다. 클라이언트의 욕구는 대부분 병원에 있어서의 멜빵 · 침대 · Pneumothorax요법 · 뇌종기수술과 같은 의료보호와 상관되어 있을 것이고, 그 밖에 질환에 대한 정서적인 반응과 같은 것이 있을 것이다.

사회사업가로서는 무엇 보다도 중요한 것이 환자를 알아야 하고 이해하여야 한다. 그러기 위해서는 질병과 신체기관과 조직에 대한 지식, 나타난 질병의 사회성, 그리고 지역사회가 가지고 있는 의료시설에 대한 지식이 필요하다. 또한, 사회사업가는 병원의 의사, 간호사들과 친밀히 지내야 하고 자기가 할 일을 명확히 알아야 한다.

영국의 의료사회사업가협회 전국협의회는 의료사회사업의 기능

---

47) Rene Sand, *The Advance to Social Medicine,* 1952, p.210

으로서 ① 환자 개인에 대한 사회적 보호의 제공, ② 지역사회사업, ③ 교육활동은 의학·간호학·사회복지학의 학생에 대한 교육, ④ 조사연구는 의학의 사회적 측면에 대한 연구 및 개인과 환경과의 상호관계 등을 규정하고 있다.[48)]

미국 병원에 있어서 의료사회사업의 최저기준으로서 그 기능을 ① 의료개별지도, ② 의료기관의 내부에 있어서 의료사회문제와 관련된 사업계획의 실천, ③ 지역사회에 있어서 보건의료의 사회문제에 대한 대책활동 참가, ④ 각종 전문가의 교육에 참가, ⑤ 의료사회문제에 관한 조사연구를 말하고 있다.[49)]

우리 나라의 의료복지는 재활원, 재활병원 등에서 비교적 발달하여 있고 일반 병원에 까지 보편화 되어 있지 못하다. 그러나 종합병원은 의무적으로 환자의 5%에 대한 무료서비스 제도가 있기 때문에 이것을 사회복지에 활용하는 것이 긴요하다.

나. 정신사회사업

1) 개 념

정신사회사업 *psychiatric social work* 은 정신과 의사들이 정신적 · 정서적인 질환을 치료하는 병원 또는 임상에서 실시하는 개별사회사업을 말한다.[50)]

정신적 질환이 옛날에는 종교적 마귀로서 취급되었지만 근대의

---

48) Council of the Institute of Almoners, *Medical Work*, A Statement on the Organization and Function of an Almoners, 1958

49) A Minimum Standard for Medical Social Services in Hospital, *Manual of Hospital Standardization*, American College of Surgeons, 1942.

50) Arthur E. Fink & others, *The Field of Social Work*, p.252.

학의 발달로 뇌조직의 질적 변화에서 일어난 것으로만 생각하여 의술로서 치료될 수 있는 것으로 생각하여 왔다. 그러나 반드시 그렇지 않다. 정신질환자는 자기 스스로 생각하지도 않았던 정신적 갈등이 내재하여 있는데 이것은 오히려 정신분석학·심리학 및 사회학적 연구대상이라 할 수 있다. 이러한 갈등은 사회적 경험에서 일어나고 있다. 다시 말하면, 인간의 사회화 과정 *socialization* 에서 퍼스낼리티의 분열현상이 나타나게 되었고, 정신적 이상이 나타나게 되었다. 그래서 정신사회사업가는 클라이언트의 생활사 *career history* 와 생활환경 및 인간관계를 조사하여 심리적 갈등의 원인을 규명하려고 노력한다.

현대 대중사회의 문명이 지나치게 기계화 되어 있고 조직인간으로서 기능하기 때문에 인간의 소외현상이 일어나게 된다. 여기에서 고독한 군중의 심리 즉 고독·긴장·불안 등이 나타난다. 우리 나라의 경우 입시경쟁과 재수 등으로 소위 문화병이라는 정신분열·우울증·신경쇠약의 현상이 많이 일어나고 있다.

이러한 정신적 질환은 해가 갈수록 급증하고 있는 실정이다. 특히, 선진국가에서는 이러한 질환이 크게 문제되어 사회사업도 정신분야에 커다란 발전을 보여주고 있다. 그러나, 우리 나라의 경우 많은 정신질환자에 대한 약물치료 조차 제대로 받지 못하고 기도원과 같은 비전문시설에 방치되어 있는 실정이다.

2) 방 법

정신사회사업은 정신병에 대한 의료·보건시설에서 사회사업가가 행하는 일이다. 따라서 정신사회사업의 방법은 사회사업가가 자기의 개별지도에 대한 지식과 기술을 정신분야에 적용시키면 될 것이다. 특히, 정신위생이나 퍼스낼리티의 조직에 대한 지식을 구비하는 것이 좋을 것이다. 이러한 지식을 구비한 사회사업가가 정신병자의 공포와 갈등을 표현하도록 하고, 이를 제거하여 주도록 하며, 질환에 대한 이해를 시켜주는 것이다.

일반적으로 정신병 환자는 사회사업가가 그들과 접하면서 가장 협력 *rapport* 을 얻기 힘든 직무라고 하지 않을 수 없다. 그러나 사회사업가는 환자가 병원에 있을 동안 환자의 가족 및 그 지역사회와의 밀접한 관련을 맺고, 의학적 정신적 치료를 계속하는 것이 좋을 것이다. 사회사업가는 환자들에게 영향을 미치는 심리요인이나 질환의 의미를 다루는데 주력한다.

우리 나라의 정신사회사업은 그 이론과 지식이 종합병원, 특히 정신신경과에서 필요하나 이것을 감당할 수 있는 지적 · 인적 능력이 대단히 부족하다. 우리 나라의 정신병환자는 최근 농촌에서도 한 부락에 2~3명 정도 있는 실정이고 도시에서는 급격한 사회변화와 가치갈등, 특히 입시경쟁과 실업 · 가정결손 등으로 정신질환이 많이 일어나고 있다. 아직도 정신병은 문화병으로 간주하고 있기 때문에 그렇게 문제시 하지 않고 있으나 잠재된 환자는 많은 것이다.

1997년 말 현재 정신질환으로 치료를 받고 있는 인구는 전 인구의 2.2%(약 100만명)으로 추정하고 이중 11.6%가 입원치료를 요구한다. 한국인의 25.3%가 경증이상 우울증상을 가지고 있는데 이것은 선진국의 경우(10% 내외)에 비하면 대단히 높다. 1997년 말 현재 정신의료기관은 593개이고(병상수는 28, 551개), 2004년 정신요양시설은 55개소인데 여기에 12,531명이 보호를 받고 있다. 정신요양시설에 수용된 자는 정신분열증이 전체의 85.5%를 차지하고, 그 다음은 약물중독(7.5%), 정신지체(3.9%), 우울증(1.6%), 간질(1.2%) 등이다.

다. 학교사회사업

1) 개 념

학교사회사업 *school social work* 은 1906~1907년 사이에 New York, Boston, Hartford에서 시작되었다.[51] 종래의 학교교육이 아동들에게 지나친 주입식 교육이었고 더욱이 대량교육 *mass education* 의 폐단으로 말미암아 아동의 개성을 살린다든가, 또는 그들의 흥미에 적합한 교육을 한다는 것이 불가능하였다. 이러한 교육이념에 대한 비판에서 학교사회사업이 발달하게 되었다. 초기의 학교사회사업은 방문교사의 기능을 수행하고 있었으나, 오늘날에는 학교와 가정간 상호 긴밀한 유기적 관계를 맺으면서 아동을 도와 주는 것이다.

또한, 학교사회사업은 학교 생활계획의 일부로서 아동의 학교 적응상 나타나는 곤란한 원인을 규명하고 사회적·정서적 문제를 일으키는 아동을 도와주는 것이다.[52] 학교사회사업가는 직접 학습지도를 하는 것이 아니라 학습지도의 책임자인 교사를 보좌하면서 사회적·심리적·경제적 문제를 가지고 있는 아동을 도와 주는 것이다.

아동이 가지고 있는 문제는 일반적으로 ① 아동의 행동이 크게 문제가 되거나 만성적 일 때, ② 오랫동안 고립되어 있거나 학교에 가기 싫어하거나 또는 교제하기를 싫어하는 아동, ③ 자기의 능력 내에서 정상적인 발전을 하지 못하고 있는 아동, ④ 이해할 수 없는 갑작스러운 변화를 보여주는 아동, ⑤ 학교에서 문제를 일으키는 아

---

51) *Ibid,* p.394
52) Russell Kurz(ed.), *Social Work Year Book,* 1960, p.521

동, ⑥ 특수한 학급, ⑦ 만성적인 무단결석아동 및 ⑧ 간호가 불가능한 아동의 경우를 말하고 있다.[53] 다시 말하면, 아동으로서 자기의 신분에 맞지 않는 행동을 하거나, 친구로 부터 소외(소위 왕따) 또는 반사회적 행동을 하거나, 그렇지 않으면 자기 생활에 불충실할 때 학교사회사업가의 도움이 필요한 것이다.

2) 방 법

학교사회사업은 학교 카운셀링과는 다르다. 학교 사회사업은 생활지도의 기술로서 ① 면접 및 카운슬링, ② 심리요법, ③ 집단지도, ④ 환경조절법 등을 말한다. 다시 말하면, 카운셀링은 클라이언트 자신을 깨우쳐서 사회생활을 가능케 하는 인성교육의 한 방법이다. 그러나 학교사회사업은 클라이언트의 내적 자원을 개발하는 심리요법이 필요한 것은 공통된 특징이겠으나 사회자원을 동원하여 클라이언트를 원조한다는 것이 다른 점이다. 다시 말하면 후자는 학급변경 · 친구형성 · 여가지도 · 가정교사 알선 · 수업료 면제 · 식비부조 · 직업보도 등과 같은 것을 위한 개별지도 · 집단지도 및 지역사회조직화를 필요로 한다.

학교사회사업의 방법은 학교의 활동계획의 일부이기 때문에 해당 학교의 기본 방침 및 특성에 따라 차이가 날 수 있다. 학교사회사업가는 자기의 복지활동을 임의로 행할 수 있는 것이 아니다. 클라이언트의 취급 *intake* 과 종결 *termination* 도 학교장과 교직원과의 상의결과에 의해서 행해야 하며, 그들의 협조 없이 성공하기는 대단히 어렵다. 그리고 학교사회사업이 아동에 대한 개별지도 뿐만 아니

---

53) Sikkema, *Report of a Study of School Work Practice in Twelve Communities,* 1953, pp.16～23.

라 아동이 속해 있는 가족(집단) · 교우관계 및 지역사회와의 상관성에서 치료의 필요성이 있기 때문에, 사회사업가는 집단지도와 지역사회조직화에 의한 아동 및 그 가족의 복지를 증진시키도록 하여야 될 것이다.

우리 나라 학교사회사업의 대상은 주로 미취학자 · 미진학자 · 중퇴자 · 결식학생이며, 이들이 문제아동으로 되어 있기 때문에 하루빨리 학교사회사업이 학교에 도입되어야 한다. 현재 사회복지공동모금회의 지원으로(64개 초 · 중 · 고교에서 실시함) 현재 학교에 카운셀러는 있지만 우리 나라의 실정에는 오히려 학교사회사업이 더욱 필요하다.

< 참 고 문 헌 >

구자헌,「아동복지」, 한국사회복지연구소, 1968

김범수 편저,「재가복지론」, 홍익제, 1992

김범수 외,「사회복지시설론」, 범론사, 1990

김성이 외,「비교지역사회복지」, 한국사회복지관협회, 1997

김성순, 「노인복지론」, 이우출판사, 1985

김성순, 「고령화 사회와 복지행정」, 홍익제, 1990

김영모 편,「지역사회복지론」, 고헌출판부, 2001

김영모 · 심재호 · 김연명 · 이재완,「사회복지관 평가지표」, 한복연 출판부, 2001

김영모 편,「현대사회보장론」,한국복지정책연구소 출판부, 1988, 1999

김영모,「한국노인복지정책연구」,한국복지정책연구소 출판부, 1990

김영모,「한국가족정책연구」, 한국복지정책연구소 출판부, 1990

김영모,「빈곤, 가족해체, 시설보호」, 중앙대 출판부, 2000

김영모·권오구·최경석·표갑수 공저, 「한국아동복지연구」, 한국복지정책연구소 출판부, 1983

복지연구회,「현대아동복지론」,한국복지정책연구소 출판부, 1984

신섭중,「사회보장정책론」, 복지출판사, 1980
아산재단, 「아동복지편람」, 1997
아산재단,「장애인복지편람」, 1984
아산재단,「노인복지편람」, 1985
우재현,「산업복지개론」, 경진사, 1985
장인협,「아동복지론」, 서울대 출판부, 1989
장인협·최성재,「노인복지학」,서울대 출판부, 1987
잔젠 · 해리스 편저, 김성천 편역 「가족치료」, 원광대 출판국, 1987
표갑수, 「아동 · 청소년복지론」,충주대 출판부, 1998
한국복지정책연구소, 「노인수발보험제도 도입에 따른 민간복지계의 대응」, 한국사회복지협의회, 2006
Harper E.B., Dunham, A., *Community Organization in Action,* 1966
Kamerman, S.B & Kahn, A.F.(eds), *Family Policy,* Columbia University Press. N. Y., 1978
Eustis, N.,Greenberg, J., Patten, S., *Long-Term Care Older Persons;A Policy Perspective,* Brook/Core Publishing Co., 1984
Kadushin Alfred, *Child Welfare Services*, Macmillan Publishing Co., 1980
Costin, LeLa B., *Child Welfare Practice,* Mac Graw-Hill, Inc., 1972
Minuchin, S., *Families and Therapy*, Harvard University Press, 1979
Tester, Susan. *Community Care for Older People, A Comparative Perspective,* Macmillan Press, 1996

제 10장 사회복지의 재원

1. 사회복지 재원의 개념

사회복지는 지역사회와 정부조직 뿐만 아니라 수많은 개인들에 의해 이루어진다. 사회복지는 삶의 최소한 욕구 충족이라는 의미가 포함되어 있다. 최소한 욕구를 충족시키기 위해서는 현물 혹은 현금, 또는 상담으로 욕구를 충족시킬 것인가 하는 문제와 재원 fund을 어떻게 마련할 것인가에 관한 문제가 있다. 보통 사람들은 교육이나 보완적 보호 같은 형태는 정부기관에서 이루어지므로 정부재정(세금)에서 나오고, 사적 기관에서 행해지는 서비스는 재원(모금)이 사적으로 충당되어야 한다고 생각하기 쉽다. 그러나 그렇게 단순하지 않다. 재원은 혼합된 방법(사적+공적)으로 마련되기도 하고, 여러 경로로 서비스가 행해지나 한 기관에서 재원이 나오기도 하는 등 다양한 형태가 있기 때문이다.

공적 재원은 공적으로 공급되거나 생산되는 서비스를 가리킨다. 이것은 정부 혹은 선거를 통해 선출된 것에 의해서 이루어진다. 선거에서 선출된 것은 중앙정부가 될 수도 있고, 지역보건당국, 지방의회와 같은 것이 될 수 있다. 한편, 사적 재원은 비정부기관에서 사적으로 공급되는 서비스를 말한다. 사적 영리회사, 비영리기관, 자조집단, 개인 등이 될 수 있다.

이와 같이 현대의 사회복지는 개인을 단위로 하는 전통적인 상호부조나 혹은 종교단체 등 자선의 형태를 벗어나 국가와 기업에 의한 사회복지가 상대적으로 중요한 부분을 차지하고 있다. 그러므로 사회복지사업에 반드시 수반되는 비용의 문제 역시, 개인과 사회(민간)단체 등에서 나오는 전통적인 형태의 재원과 더불어 국가와 기업이 부담하는 재원도 매우 중요한 사회복지 재원의 한 형태이다.

이와 같이 사회복지사업에 소용되는 재원을 조달하는 형태는 재원의 부담주체별로 보면 국가, 기업, 개인 그리고 사회단체 등 4가지 형태로 구분할 수 있다.[1]

2. 사회복지 재원의 종류

가. 국가 재정

국가가 사회복지비로 사용하는 재원은 일반 재정에서 충당되거나 혹은 별도의 목적세(사회복지세)에서 충당되며 세입의 근원은 소득세, 소비세, 사회보험기여금, 지방세 그리고 기타의 수익 및 차입금 등이다.[2]

사회복지의 재원으로서 국가재정을 살펴 볼 때 두 가지 측면이 가장 중요하다. 첫째는 국가의 세입구조가 소득역진적 성격을 갖는 소득세, 재산세 등 직접세 위주인가 하는 점과 국민의 조세부담률이며, 둘째는 전체 예산 중에서 사회복지비로 지출되는 예산의 비율이 어느 정도 되는가 하는 점이다.

---

1) 사회복지 재원조달에 관한 보다 자세한 논의는 H. Glennerster, *Paying for Welfare.* Basil Blackwell, 1985 참조

2) K. Jones., J. Brown., et. al, *Issues in Social Policy*, Routledge & Kegan Paul, 1978, pp.35～36

1) 세입 및 세출구조

국가의 총 세입 중에서 소득역진적 성격을 갖고 있는 간접세의 비중이 월등하게 높을 경우 국가재정 중에서 아무리 사회복지비용이 많이 지출된다 하더라도 그것은 사회복지제도를 통한 불평등의 완화라는 측면에 큰 영향을 주지 않을 것이다. 그러나, 소득재분배적 성격을 갖고 있는 직접세 위주인 세입구조에서 사회복지비에 많은 지출을 한다면 사회복지제도를 통한 소득재분배 효과가 높아질 것이다.

우리 나라 일반회계 세입예산은 2005년도 국세가 전체 세입(약 121조원)의 90.1%를 차지하고 내국세는 75.8%이다. 나머지는 교통세(8.6%), 관세(5.7%), 교육세(3.0%)의 순이다. 내국세는 부가가치세가 31.2%로 가장 많고 그 다음은 소득세(20.4%)와 법인세(21.1%)가 비슷하며 나머지는 특별소비세(4.1%), 상속세(1.6%), 증권거래소(1.3%), 인지세(0.4%), 기타(1.4%)이다.

한편, 일반회계 세출예산은 경제개발비(20.9%)와 교육비(20.4%)가 가장 많고, 그 다음은 방위비(6.2%)와 사회개발비(13.0%), 지방재정지원(14.5%)이며, 나머지는 일반행정비(10.9%, 5.4% 사법경찰비 임)와 채무상환(2.3%) 등이다.[3]

한편, 사회복지와 조세부담률을 비교하여 보면, 사회보장세를 제외한 조세부담률은 2004년 19.5%로서 우리보다 경제력 수준이 높은 일본(15.6%), 미국(18.8%), 영국(29.0%), 독일(21.1%), 프랑스(27.0%) 등 선진국과 비교할 때 상대적으로 매우 높은 편이다. 다시 말하면 우리나라는 선진국에 비하여 일반 조세부담은 큰 차이가 없으나 복지비

3) 「2006 정부예산 개요」, p.6

는 매우 적다는 것이다.

2) 세출구조와 사회복지비

국가는 조세를 통해 거두어들인 재원의 일부를 빈곤층을 위한 공적 부조제도와 각종 사회보험 등 국가부담 그리고 노인·아동을 위한 사회복지서비스 등 사회보장비와 주택·보건의료 등, 넓은 의미의 사회복지비로 투여하게 된다. 우리 나라의 정부예산 지출 중에서 사회복지비가 차지하는 비중을 본다.

우리 나라 정부예산 중 사회개발비에 지출되는 것은 2005년 13.0%이고 이것은 조금씩 증가하는 추세이다. 사회개발비중 가장 많이 차지하는 것은 약 76.1%의 사회보장비(13조 3,270억원)이다.[4] 사회보장비는 과거에 비하여 증가되었지만 다른 나라에 비하면 아주 적은 편이다.

한편, GDP대비 방위비에 대한 공공지출 비율은 3.4%로 다른 국가들에 비해 상당히 높은 반면, 사회서비스의 비율은 고소득 국가인 스웨덴의 60.5%에 훨씬 미치지 못하며, 중하위 소득국가 태국의 38.1%에 비해서도 상당히 낮은 수준에 있다. 즉 우리 나라는 사회복지의 재원 중에서 국가재원이 차지하는 비중이 다른 나라에 비해 상당히 낮다는 것을 알 수 있다.[5]

우리 나라 사회복지에 대한 정부예산의 지출비율이 낮은 것은 그 동안 경제성장을 위한 경제개발비와 남북의 대치상태에서 오는 방위비에 상대적으로 많은 정부재원을 지출하기 때문이다.

---

4) 기획예산처, 「2005년 예산개요 참고자료」, p.6, 26

5) World Bank, *World Development Report,* 1998, Oxford Univ. Press

나. 정부의 사회보장비

우리 나라 사회복지가 어느 정도 발달하였는가를 알 수 있는 것은 정부의 복지예산이다. 우리 나라 복지예산은 1990년 이전 GNP의 1%를 넘어서지 못하는 수준이었고 국가예산중 사회보장비가 차지하는 비율도 6%에 미달하였다. 2005년 보건복지부의 예산은 국가의 일반회계 세출예산의 약 6.4%에 불과하다.

표 10-1을 보면, 정부의 사회복지 예산이 지난 20년간 많이 증가되었음을 알 수 있다. 특히 사회보장비는 정부 예산의 3배가 증가된 10.7%를 차지하고 공적 부조와 사회복지서비스는 약 2배 이상 증가되었다. 그러나 선진국가에 비하여 많이 낙후되어 있다.

<표 10-1> 정부의 사회복지예산 비율

	GDP 대비			정부예산대비			사회보장대비		
	1984	1994	2004	1984	1994	2004	1984	1994	2004
사 회 보 장	0.5	0.9	1.9	3.3	6.0	10.7			
공 적 부 조	0.2	0.2	0.6	1.2	1.2	3.3	35.1	20.6	30.5
사회복지서비스	0.1	0.3	0.7	0.7	1.1	3.9	20.4	18.3	36.3
정부예산(억원)				111	432	1,201	3.6	26.1	128.3

(자료) 보건복지부, 「보건복지통계연보」, 각 년도
(비고) 일반회계기준 예산자료임

이와 같이 사회복지비가 적은 이유는 사회복지는 소비적인 것이라고 해서, 사회개발계획이 경제성장의 논리에 밀려 '선성장 후분배', '재정중립', '수익자부담 원칙'이 적용되었기 때문이다. 따라서 경제개발비와 국방비에 비하여 적을 수 밖에 없었다.

사회보장비가 정부 예산의 6.4%에 불과하다는 것은 일반적으로 후진국가에서 찾아볼 수 있는 현상이다. 오늘날 서구 복지국가의 경우 사회보장비 지출이 정부예산의 30~50%이고 미국·일본의 경우도 20%수준이다. 이러한 것을 보면, 우리 나라는 세금을 많이 거두어들이지만(담세율 약 20%) 국민에게 나누어주는 것은 매우 적다는 것을 의미한다.

2005년 우리 나라 사회보장비는 약 13조 3,270억원인데 이 중에서 41.3%가 저소득층 지원사업에 지출되고 있다. 1998년도 저소득층 지원예산 중 의료보호가 전체의 36.0%를 차지하고 다음으로 생계보호가 28.7%를 차지한다. 양곡 등을 제공하는 거택보호비가 전체의 24.8%를 차지하고 그 다음이 시설보호(3.7%)이며 나머지는 교육보호(3.7%), 자원체계의 효율화(2.8%), 자활보호(0.1%)이다. 그 다음으로 사회복지서비스에 투자되는 예산 비중은, 1998년 노인복지비(38.7%), 보육사업(24.6%) 및 장애인복지비(22.1%)가 가장 많고 나머지는 아동복지비(10.6%)와 여성복지비(4.0%)이다.

2000년대 사회복지사업비 중에서 장애인복지비와 여성복지비는 거의 변화가 일어나지 않고 있으나, 노인복지비는 급속히 증가되고 있으며, 보육사업과 아동복지비는 감소되고 있다.

이러한 것을 본다면, 사회변화에 따라 새로운 사회적 욕구(문제)와 정권에 따라 정책 비중의 차이가 나타나고 있음을 알 수 있다.

다. 기업의 복리비

기업의 사회복지 재원은 국가와는 달리 조세에서 나오지 않고 기업 이윤의 사회적 환원이라는 가치에서 나온다. 기업의 사회복지비 지출은 첫째, 기업 내 종업원을 대상으로 하는 지출(기업복리비)과 둘째, 기업 밖의 사회복지지원 활동 등에 소요되는 지출로 크게 나누어 볼 수 있다.

1) 기업내 복리비

기업이 종업원을 대상으로 하여 실시하는 사회복지의 한 가지 형태를 흔히 기업복지라고 한다. 우리 나라 기업복지의 내용을 중심으로 보기로 하자.

1996년 우리 나라 제조업체에서 총 노동비용 중 현금급여로 나가는 비용이 전체의 78.9%를 차지하는 반면, 퇴직금이 8.2%, 법정복리비가 4.2% 그리고 법정외 복리비가 8.3%로 기업복리비로 포함할 수 있는 비용은 총 20.9%이다. 1996년 기업의 복리비용이 10년 전에 비하여 현금 급여가 약간 감소되고 퇴직금과 법정외 복리비가 약 2배 증가되고 있다.

한편, 법정복리비는 국민연금의 비중이 가장 많고 의료보험과 산재보험이 0.9%로 동일한 비중을 보이고 있다. 법정외 복리비 중에서는 식사에 관한 비용이 3.0%를 차지하여 가장 많고 학비보조의 비용과 주거에 관한 비용이 각각 0.7%, 0.6%로 그 다음을 차지하고 있다.[6)]

기업의 복리비 지출은 해석상 주의를 기울일 필요가 있다. 즉 기업복리비의 비율이 많다고 하여 그 기업이 종업원 복지를 위해 많은 노력을 한다고 단정하기 힘든 측면이 있다. 예를 들어 산재보험료가 높은 것은 그 기업이 산업재해가 많이 발생한다는 것이며, 또한 식사비율이 법정외 복리비의 절반 정도를 차지한다는 것은 초과근무(야근)시간이 많다는 것을 반영하는 것이다. 그리고 기업복리비의 증가는 대기업과 중소기업 그리고 임금근로자와 비임금근로자

---

6) 노동부, 「기업체 노동비용조사보고서」, 1989
노동부, 「노동통계연감」, 1997

간 불평등을 조장하는 측면이 있다.

2) 기업의 사회복지 지원

기업은 기업 내 종업원을 대상으로 하는 복리비 지출 외에 기업 외부의 각종 사회복지 활동에 재원을 투입한다.

전경련 조사에 의하면, 2002년 기업의 사회공헌 활동비는 기업당 연간 평균 약 53억 7천만원이다.(총 매출액의 0.17%, 경상이익의 1.25%) 기부금에 대한 세금 혜택이 2002년 기부금의 65.6%였고 1998년에는 95.6%였다. 그리고 기업의 사회공헌은 대개 자사재단을 비롯한 특정 공익재단에 전체의 47.7%을 내고(자사재단에 1.2%) 나머지 지정 기부금에 16.7%, 국가지방자치단체에 15.9%를 낸다.[7]

최근 대기업들(삼성, 현대자동차, SK 등)의 비자금 형성과 그 횡령 및 배임 등으로 그 총수가 입건되자 사회공헌비로 1조원 내외를 기부하고 있다.

최근 기업의 사회적 책임에 대한 역할이 부각되면서 몇몇 대기업을 중심으로 사회복지재단을 만들어 각종 복지사업을 시행하고 있다. 그 대표적인 것이 현대그룹의 아산사회복지사업재단, LG그룹의 LG복지재단 그리고 삼성그룹의 삼성복지재단 등 10여개가 있다.

라. 개인의 복지부담금

위에서 살펴 본 국가와 기업의 복지비 외에 사회보험료 그리고 사회복지제도(시설) 이용시 이용자가 부담하는 요금 charge 등이 있다.

개인에게서 나오는 사회복지 재원은 강제성을 띤 세금(이것은 다

7) 전국경제인연합회, 「사회공헌백서」, 2003, pp.56~58

시 국가의 사회복지비 형태로 지출된다). 사회보험 등 기여금, 그리고 이용자 부담금(혹은 회비 등) 그리고 자발적인 성격을 띤 각종 성금과 후원금이 있다. 여기서는 세금을 제외한 나머지 재원에 대해 살펴본다.

먼저 개인에게서 나오는 사회복지 재원 중 가장 중요한 것이 사회보장(보험)의 기여금이며 우리 나라 사회보장의 총 재원중 개인의 기여금이 1989년 29.2%를 차지하고 있다. 개인이 내는 대표적인 사회보장 기여금은 의료보험과 연금이 있다.

우리 나라의 의료보험과 연금의 기여금은 임금근로자와 비임금근로자를 구분하여 부과방법과 부과요소를 달리 적용하고 있다. 임금근로자는 연금, 의료보험 모두 임금소득을 부과요소로 하여 임금에 대한 정율제와 정액제(상하한선)의 형태를 취하고 있다. 반면 자영자의 경우 의료보험은 소득 외 재산과 자동차 등을 포함하여 소득비례 보험료와 재산비례 보험료로 구성되어 있다.

이용자 부담금(혹은 본인부담금)은 원래 공적으로 제공되는 사회복지서비스의 과도한 이용을 방지함으로써 불필요한 서비스 남용을 줄이는 기능을 갖고 있다. 이용자 부담금의 대표적인 경우 의료보험제도의 본인부담금을 들 수 있다. 의료보험의 재정 중 본인 분담금이 차지하는 비중은 법령상으로는 3할이지만 현실적으로는 약 52% 이상이다. 본인부담금은 또한 기여금과는 다르게 소득수준에 따라 차등적으로 부담되지 않기 때문에(상한제 등) 소득역진성을 띠고 있다. 이 외에도 사회복지관 혹은 어린이집 등을 이용할 때 부담하는 비용도 이용자 부담금의 일종이다.

기여금과 이용자 부담금 외에도 개인은 각종 성금과 후원금을 자발적으로 부담하고 자원봉사 활동을 통하여 사회복지 재원의 한

가지 형태를 이루고 있다. 불우이웃돕기 성금은 사회복지성금의 일종이고 소년·소녀가장세대 혹은 양로원·아동보호시설 등 노인, 아동과 개인적인 결연을 맺어 이들을 금전적으로 도와주는 경우 후원금의 일종이다.

마. 복지단체의 재원

사회복지단체라 하면 사회복지사업을 행하는 사회복지법인을 모두 포함시킬 수 있으나 여기에서는 이러한 사회복지법인 중 중간집단(위원회, 협의회 등)을 의미한다. 사회복지법인은 주로 사회복지사업법 제 2조에 명시된 생활보호법을 제외한 아동복지법, 노인복지법, 장애인복지법, 모자복지법, 영유아보육법 등 복지 13법과 사회복지상담, 부랑인보호, 직업보도, 지역사회복지, 재가복지, 사회복지관운영, 정신질환자 및 나환치자 사회복귀, 자원봉사 등의 사업을 수행하고 있다. 사회복지법인은 주로 정부의 재정지원에 의존하여 사업을 운영하고 있고[8], 그들의 사업을 전문화 및 효율화하기 위한 중간집단이 각 영역별로 조직되어 있다.

이러한 중간집단이 제 기능을 발휘하고 있는 경우는 거의 없고 오히려 개별 사회복지법인이나 다른 법정단체가 모금운동을 통하여 사회복지 활동에 적극 참여하고 있는 실정이다. 개별 사회복지법인은 그들의 사업운영을 위한 자금을 마련하기 위하여 각종 모금운동을 전개하고 법정단체의 경우 범국민모금운동을 언론 및 행정기관의 협조를 통하여 전개하고 있다. 범국민 모금운동이란 것은 국무회

---

8) 사회복지법인은 사회복지시설 운영재원중 10%~20%를 자부담하게 되어 있으나 대부분의 법인이 정부지원 (80%이상)과 사회지원에 의존하고 있다.

의의 결의에 의하여 추진되는 사회복지활동을 말한다.

사회복지 분야에 있어서 비교적 모금활동이 활발한 것은 주로 특정한 단체의 사업비를 마련하기 위한 것이고 또 특정한 목적을 위하여 언론 및 정부기관의 협조를 받아 관 주도의 방법에 의하여 모금운동을 전개하고 있는 것이다.

모금운동은 불우한 사람(이웃)을 도와 주기 위한 자선 및 박애사상을 조장하고 사회적 연대감을 조성하는데 기여할 수 있다. 우리나라의 경우 대부분 비자발성에 기초하여 있기 때문에 모금운동의 본래 취지에 어긋나는 경우가 많다.

그러나, 1999년 7월 부터 사회복지 공동모금법에 의하여 전국 및 시도별 모금회가 자발적 민간주도 모금사업을 하도록 되었다. 2000년 사회복지 공동모금회는 지난 1년간 약 396억 원을 모금하였고 약 1천 2백건에 108억원을 지원하였으며, 2006년 1월에는 2개월간 1천 579억원을 모금하였다.

사회복지 공동모금회는 주로 방송·언론 및 대기업 모금에 의존하고 있는데 이것은 미국식 공동모금과는 다르다. 즉 공동모금이라기 보다 기부금이라 할 수 있다.

한편, 특정한 사회복지단체는 '기부금품 모금규제법'과 방송국의 동의 하에 ARS에 의한 방송모금을 실시하고 있는데 영세한 복지법인은 이러한 모금운동을 하기 어렵다. 과거 사회복지 모금운동은 한국사회복지협의회, 전국재해대책협의회, 대한적십자 등이 주도하였으나 실제로 정부주도형 모금운동이었다. 과거 1975년 부터 연말에 불우이웃돕기 모금운동이 전개되었고, 이것이 1980년대 사회복지사업기금법으로 통합되었으나 1997년 이후는 사회복지 공동모금법으로 넘어가게 되었다.

바. 종교기관의 봉사비

종교기관은 동서양을 막론하고 사회복지사업에 많은 기여를 하였다. 특히 서구에 있어서는 일찍 발달한 교회의 자선사업이 현대사회복지사업의 원류를 형성하였다고 해도 과언이 아니다. 교회는 해당 교회의 신자를 위한 자선사업 뿐만 아니라 지역사회의 일반주민들을 위한 공동사업(예컨대 자선조직협회운동)도 행하여 왔다. 중세사회에 있어서는 정교가 분리되어 있지 못하였기 때문에 교구의 장이 지역사회주민(신자)의 복지에 대한 책임을 지녔던 것이다.

현대사회에 있어서는 비록 정교가 분리되어 있을지라도 많은 교회와 신자가 있기 때문에 그들을 위한 사회복지 활동을 행하고 있다. 교회의 사회복지 활동과 같은 사회적 기능이 오히려 효과적인 선교활동이 될 수 있는 것이다. 특히 교회는 교회법에 따라 신자로부터 십일조와 헌금을 받기 때문에 이러한 재원을 이용하여 교회의 여러 가지 사업(선교 및 구제사업 등)을 행할 수 있다.

미국에 있어서 가톨릭, 개신교 및 유대교 등이 자기들의 신자를 위한 공동모금운동 등을 전국적으로 행하고 있다. 우리 나라에 있어서도 해방이후 많은 교회가 설립되었고 신자가 급속히 늘어났다.[9] 그리고 교회의 재정수입도 증가되었다. 그러나, 교회재정의 지출 내용에 있어서는 십일조의 중요한 목적이라 볼 수 있는 교회의 사회적 기능, 즉 사회복지 지출이 매우 경시되고 있다.[10] 즉 교회가 사

9) 미국의 280여개 종파가 한국에도 그대로 있다고 한다.

10) 교회 예산의 지출내용은 예배비(23.2%), 선교비(16.7%), 관리비(15.9%), 시설비(14.8%) 등이 대부분이고 구제비(1.8%)와 봉사비(2.0%), 교육비(9.7%) 등 복지비는 극히 적다. 한국기독교신도연맹, 「교회재정의 이론과 실제」, 1988, p.219

회복지활동을 거의 하지 않고 있는 것이다. 따라서 교회는 십일조의 기본정신에 따라 교인과 지역사회주민을 위한 사회복지 활동에 일차적 관심을 가지고 노력할 필요성이 있다. 교회의 지역사회조직사업은 먼저 교단중심으로 전개되는 것이 효과적이겠지만 지역사회 수준에서는 여러 교회가 설립되어 있기 때문에 교회의 연합운동을 통하여 접근하는 것이 바람직하다. 이것이 제대로 전개되지 못하고 있는 것은 교회지도자의 사회복지운동에 대한 관심이 약하다는 것과 이것을 추진하기 위한 전문가가 없기 때문에 나타난 현상인 것 같다.

< 참고 문헌 >

김영모,「지방자치와 사회복지의 과제」, 집문당, 1998

김영모,「한국사회복지사업연구」, 한국복지정책연구소 출판부, 1993

한국보건사회연구원, 「한국적 복지모형의 정립과 정책방향」,1995

Glennerster. H., *Paying for Welfare*, Basil Blackwell, 1985

Le Grand, Julian & Ray Robinson, *The Economics of Social Problems,* The Macmillan Press, 1976

Knapp, Martin, *The Economics of Social Care,* Macmillan Education, 1984

제 11장 사회복지의 형성과 평가

1. 사회복지 프로그램의 형성

사회복지의 주체는 국가가 될 수 있고, 또한 기업 또는 민간이 될 수도 있다. 사회복지 프로그램은 실시 주체가 누구인가에 따라 많은 영향을 받으며, 주체에 따라 다양한 프로그램이 형성, 개발된다. 그러나 가장 중요한 것은 행정관료의 역할이다.

일반적으로 정책결정은 전문가 및 행정관료의 통찰력과 지식 및 숙고에 의하여 이루어지는 경향이 있다. 정책개발은 3P, 즉 과정 *process,* 생산 *product* 및 달성 *performance* 에 의하여 이루어지고, 또 분석·평가될 수 있지만 이것은 일차적으로 계획 *planning,* 행정 *administration* 및 조사 *research* 의 전문적 역할과 관련되어 있고 특정한 의문과 관련되어 사회복지정책을 검토할 수 있다.[1)]

이러한 3P 중에서 첫째의 과정과 매우 관련이 깊은 정책형성과정이 어떻게 이루어져 있는가 하는 것이다 이에 대한 주요 학자들의 견해를 살펴 본다.

여기에서는 칸 Kahn 이 지적한 계획과정의 6단계와 퍼먼 *Perman* 과 거린 *Gurin* 이 지적한 문제해결과정의 5단계, 프리만 *Freeman* 과 셔우드 *Sherwood* 가 지적한 사회정책개발과정의 3단계, 그리고 이러한 정책형성단계에 있어서 전문적 역할에 관한 길버트와 스펙트의

---

1) N. Gilbert and H. Specht, *op. cit.*, p.9

견해를 간추려 보면 표 11-1과 같다.

< 표 11-1 > 프로그램개발의 모형

칸의 모델	퍼먼의 모델	프리만의 모델	길버트의 모델
1. 계획입안자 2. 탐구 3. 계획사업의 규정 4. 정책형성 5. 프로그래밍 6. 평가와 피드백	1. 문제의 규정 2. 문제를 고려하기 위한 구조적 소통관계형성 3. 정책의 선택적 해결과 채용의 연구 4. 프로그램계획의 개발과 실행 5. 권고와 피드백	1. 계획 2. 프로그램 개발과실행 3. 평가	1. 문제발견-직접서비스 2. 분석-조사 3. 공공홍보-지역사회조직 4. 정책목표개발-계획 5. 공공지지와 합법성 개발-지역사회조직 6. 프로그램설계-계획 7. 집행-행정 및 직접봉사 8. 평가와 사정-조사와 직접봉사

비록 프로그램개발과정에 대하여 학자들에 따라 상이한 모델을 제시하고 있지만 프리만과 셔우드가 지적한 ① 계획, ② 프로그램 개발 및 실행, ③ 평가의 3단계가 가장 중요한 것이며, 이에 대한 전문적 역할로서 길버트와 스펙트가 말한 ① 직접서비스, ② 조사, ③ 지역사회조직, ④ 행정 및 ⑤ 계획의 5가지가 중요한 것이다. 비록 5가지 역할을 세분하였지만 이러한 역할은 한 사람에 의하여 수행될 수도 있다.

사회복지의 정책(프로그램)을 형성할 때 가장 중요한 것은 사회적 욕구와 문제가 무엇이며 이것을 해결하기 위한 자원이 있는지를 먼저 조사해야 한다. 비록 이것이 가능하다고 할지라도 기존의 정책(프로그램)이나 주민들의 가치에 적합한 가를 동시에 고려하여야 한다. 그렇기 때문에 사회복지의 프로그램형성은 일차적으로 지역사회 또는 국민의 욕구를 파악(측정)하는 것에서 출발한다.

사회복지 욕구 측정은 일정한 지역 내 사회적 욕구 또는 그 지역사회가 필요로 하는 것을 식별하기 위한 방법이다. 욕구 측정을 통해서 적어도 네 가지 목적을 달성할 수 있다.2)

첫째, 주민들이 필요로 하는 각종 서비스 또는 프로그램을 식별해서 이의 우선 순위를 정한다.
둘째, 프로그램 운영자금의 할당기준을 마련한다.
셋째, 현재 진행되고 있는 사업들의 운영상태를 평가한다.
넷째, 프로그램 운영기관들간 상호의존 및 협동상황을 파악한다.

프로그램이 크든 작든 원칙적으로 주민이 필요로 하는 프로그램의 종류, 범위, 정도를 가능한 한 과학적으로 조사하여 파악한 후 계획을 수립해야 한다.

욕구충족에서 밝혀진 주민의 욕구에 의거하여 프로그램의 목표가 형성되며, 이 목적에 준거해서 그 프로그램의 결과가 평가된다. 따라서 전기한 바와 같이 욕구 측정과 프로그램 평가는 서로 연결이 되어 있다. 즉, 욕구 측정은 프로그램을 위한 정책수립-집행-평가 과정에서 필요 불가결한 요건이 된다.

그러나, 현실적으로 프로그램 계획자들은 흔히 프로그램을 둘러싸고 일어나는 가치관의 대립, 자금 제공자로 부터 오는 영향력, 이권단체들의 간섭, 주민들의 압력 등을 받아 적당히 수립되는 경우가 많다. 그래서 결과적으로 조정과 통합이 잘 이루어지지 못한 프로그램들이 난립·중복되고, 부족한 인적 및 물적 자원이 가장 긴요한 프로그램에 적절히 투입되지 못하는 경우가 발생한다. 욕구 측정을 행하지 않고서는 이러한 폐단을 없애기 힘들다.

---

2) 성규탁, 「사회복지행정론」, 법문사, 1988, pp.96~97

그리하여 복지욕구와 사회문제를 측정하여 그것을 프로그램화 즉, 정책화 시키는데 있어서 항상 그것의 인과관계를 규명하고 또 정책 프로그램을 수행하기 위한 자원(예산)이 있는지를 고려하여야 한다. 이러한 것이 제대로 파악되지 않으면 아무리 좋은 프로그램이라 할지라도 탁상공론에 불과한 것이다.

2. 사회지표 및 욕구지표

사회지표는 사회분석과 사회정책에 기여할 수 있다. 특히 사회지표는 정부의 공적 프로그램을 평가하고 사회적 목적을 설립하고, 사회정책을 설정하는 수단으로서 매우 중요하게 인식된다. 사회지표는 경제지표에 대립적인 개념으로서 규정되고 있는 경향이 있다.

경제기획원은 사회지표를 역사적 흐름 속에서 우리가 처해있는 사회적 상태를 총체적이고도 집약적으로 나타내어 생활의 양적인 측면은 물론 질적인 측면까지도 측정함으로써 인간생활의 전반적인 복지정도를 파악 가능케 하여 주는 척도라고 한다.[3)]

①일반적으로 사회지표의 필요성은 사회정책의 합리성, 사회변동의 합리성, 사회보고의 합리성에서 필요하다고 주장한다.[4)]

첫째로 사회정책에 대한 사회지표의 필요성은 대개 다음의 세 가지로 지적되고 있다.

① 특수한 공공사업 *public program* 을 평가하고,
② 국가경제회계에 유추한 사회회계제도 *system of accounts* 를 설치하며,
③ 사회적 목표와 사회정책을 설정하기 위한 것이다.

---

3) 경제기획원,「한국의 사회지표」,1979. p.14
4) Kenneth C. Land and Seymour Spilerman(eds.), *Social Indicator Methods,* Russel Sage Foundation, N.Y., p.15

여기에서 특히 사회회계제도는 투자와 서비스의 사회적 급여와 사회적 비용을 강조하고 이것은 생산의 참된 비용을 반영한다는 것이다. 이러한 사회회계제도는 사회적, 경제적 진보의 의미에 대하여 광범위하고 균형된 인식을 하게 만들고 다음과 같은 4가지 영역에서 인간 자원의 유용성에 대한 대책을 강구하여 준다. 즉, ① 사회비용의 대책과 경제적 쇄신의 순이득, ② 사회적 질환(예; 범죄, 가족분열)에 대한 대책, ③ 사회적 욕구(예; 주택, 교육)의 영역에 있어서 실행예산 고려, ④ 경제적 기회와 이동의 지표가 그것이다.

이러한 것은 결과적으로 정책결정을 분명히 하는데 유용한 대차대조표를 만들어 주고 경제적 사회적 변화의 이득 뿐만 아니라 비용까지도 기록하도록 도와 주며 이러한 비용이 어떻게 배분되고 발생되는지를 가르쳐 준다.

둘째로 사회변동에 대한 사회지표의 필요성은 다음의 세 가지로 정리할 수 있다.[5]

① 사회조건(사회상태)의 측정
② 생활의 질 또는 인간 존재의 조건에 대한 정보를 지닌 경제지표 보완
③ 사회변동(사회조건의 변화)의 측정

이러한 것은 최근 생활의 질을 복지의 개념으로 파악하고 있는 사람들에게 큰 지침이 되었다. 복지의 질적 내용을 양화 시킬 수 있는 것으로 생각하여 사회지표의 개발에 관심이 많다.

셋째로 사회보고의 필요성은 다음의 두 가지에서 필요하다고 한다.

① 사회보고의 개선
② 미래의 사회적 사건과 사회생활의 예측

---

5) *Ibid.*, p.12

이것은 사회정책과 사회변동의 합리성의 공통된 해결기반이 되는 것이며 과거의 실천성이 현재 까지도 지속되기 때문에 가능한 것이다.

경제기획원은 사회지표의 기능으로서 ① 국민생활 수준 측정, ② 사회상태의 종합적 측정, ③ 사회변화의 예측, ④ 사회개발정책의 성과 측정의 4가지가 있다고 한다.

사회지표의 구체적인 내용들은 학자들에 따라 매우 다양하게 제시되고 있는데 그 대표적인 것을 소개한다. 먼저, 샐던 Saldon 과 랜드 Land 가 여러 가지 사회지표에 관한 지표에서 정리한 결과는 다음과 같다.[6)]

< 표 11-2 > 사회지표 체계

(가) 사회경제적 복지

① 인 구(구성, 성장, 배분)
② 노동력과 고용
③ 소 득
④ 지식과 기술
⑤ 교 육
⑥ 보 건
⑦ 여 가
⑧ 공공안전과 형사정책
⑨ 주 택
⑩ 교 통
⑪ 물리적 환경
⑫ 사회이동과 계층

(나) 사회참여와 소외

① 가 족
② 종 교
③ 정 치
④ 자발적 결사
⑤ 소 외

(다) 시간의 이용

(라) 소비행위

(마) 열망, 만족, 수용, 사기 등

6) *Ibid.*, pp.21～22

<표 11-3> 인간의 욕구지표

(가) 제 1차적 욕구

(1) 생물학적, 사회물리학적인 것
- ① 음식, 영양
- ② 성
- ③ 의 복
- ④ 주 택

(2) 경제적인 것
- ① 소 득
- ② 일체감과 신분의식

(3) 보 건
- ① 신체적
- ② 정서적
- ③ 보호와 안정

(4) 심리적인 것
- ① 애정, 반응, 보장
- ② 유용성, 신경험

(나) 제 2차적 욕구

(1) 사회적인 것
- ① 상호작용적 역할과 상호인간관계
- ② 가 족
- ③ 또래 집단
- ④ 비또래 집단
- ⑤ 조직과의 상호관계
- ⑥ 사회제도

(2) 활 동
- ① 직 업(일)
- ② 이 동

(3) 여 가
- ① 레크리에이션

(4) 문화적인 것
- ① 정보, 지식
- ② 아름다움
- ③ 놀 이

(5) 정치적인 것
- ① 법적 지위, 보호
- ② 참여, 지역사회와 국가의 일

(6) 정신적(종교적)인 것
- ① 존재의 의미
- ② 미지의 세계(죽음 등)

일반적인 사회지표에는 욕구, 문제, 평등, 보장 등 복지에 관해 매우 소홀하게 반영되어 있다. 사실 사회복지지표는 일차적으로 욕구지표 *need indicators* 라 해도 과언이 아니다. 욕구지표는 사회지표와는 상당한 차이가 있다. 욕구지표는 의, 식, 주, 열과 같은 일차적 욕구와 교육, 보건, 주택, 교통, 스포츠, 레크리에이션, 문화 등 이차적 욕구에 대한 지표를 말한다.

이러한 욕구지표가 아직 체계화 되어 있는 것은 아니지만 로리

가 만든 인간의 욕구지표를 소개하고자 한다.[7)]

3. 사회복지 프로그램의 분석

사회복지 프로그램을 형성하여 실시하는데 있어서 그 효과가 어느 정도 나타나고 있는가를 항상 평가하여야 한다. 이러한 평가를 위하여 사회복지 프로그램의 분석이 필요하다. 저자의 사회복지(정책) 분석 틀은 이미 제 1장 제 1절에서 주체(운영기관), 객체(적용대상), 기능(접근방법), 재원(재정), 이념(이데오르기) 등으로 제시하였기 때문에 여기에서는 주로 미국의 대표적인 것을 소개한다.

사회복지 프로그램의 분석 틀(모델)은 정책을 형성하는데 체계적인 틀을 제시하여 주기도 하지만 그 보다도 정책에 대한 분석적 이해를 도와 준다. 이러한 분석모델을 많은 학자들이 자기 나름대로 주장하고 있다. 이미 앞에서 본 바와 같이 칸, 펄먼, 길버트 등의 모델이 있는데 이 중에서 비교적 널리 알려진 길버트와 스펙트의 모델, 그리고 프리그모어 *Prigmore* 와 에더톤 *Atherton* 의 모델을 소개한다.

1) 길버트와 스펙트의 분석틀

길버트와 스펙트는 정책의 분석틀에 있어서 다음과 같은 4가지의 중요한 선택 차원을 지적하고 있다.[8)]

① 사회적 할당 *social allocation* 의 기초는 무엇인가?

---

7) Louis Lowly, *Social Welfare and the Aging,* M. Spencer & J. Dorr(eds), *Understanding Aging*, Prentice-Hall., 1975
8) Neil Gilbert & Harry Specht, *op. cit.,* p.29

② 할당된 사회적 대책 *social provision* 의 형태는 무엇인가?
③ 이러한 대책의 전달전략 *strategies for delivery* 은 무엇인가?
④ 이러한 대책을 위한 재원조달의 방법 *methods of financing* 은 무엇인가?

사회적 할당의 기초는 사회복지정책(프로그램)의 수혜자를 말한다. 이러한 수혜자의 설정기준은 보편주의와 선택주의의 원칙이 있다. 전자는 모든 사람에게 사회적 권리로서 수혜를 주어야 한다는 것이다. 이것은 받는 자간 차별이 없음으로 사회적 통합과 개인적 존경을 강조하는 장점이 있다. 반면, 후자는 개인의 욕구에 기초한 자산조사에 의하여 수혜가 주어진다. 이것은 반드시 필요한 사람에게 주어짐으로서 사회적 비용 효과를 가져다 주지만 수혜자에게 낙인감을 준다는 것이 단점이다.

사회적 대책의 기본적 형태는 현물급여와 현금급여의 두 가지가 있다. 현물급여는 비용이 적게 들고 급여 효과가 공정하며 효과적이다. 그러나 개인의 창의성을 무시하는 단점이 있다. 반면, 현금급여는 선택의 자유와 소비권의 극대화와 같은 장점, 그리고 경쟁에 의한 비용 절감의 장점도 있으나 낭비의 위험이 있다고 한다.

사회적 대책의 전달전략은 일반적으로 다음과 같은 6가지의 형태 중에 하나와 일치한다.

(가) 정책결정의 권위와 통제 등 재구조하는 전략
  a. 조정
  b. 시민 참여
(나) 과업의 할당을 재조직하는 전략
  a. 역할 부과
  b. 전문적 해방(유리)
(다) 전달체계의 구성(즉 단위의 수와 형태)을 변화시키는 전략

a. 특수화된 접근구조
b. 목적적인 이중성

이러한 각각의 전략은 서비스 전달을 강화시키는 방법으로, 지방의 전달체계를 재조직하려고 한다.

① 정책형성에 있어서 재원 조달방법의 기본적인 선택은 재원의 원천과 이전체계가 상호관련 되어 있다. 재원 조달의 방법은 재원의 원천이 공적인가 아니면 사적인가 하는 것이다.

민간사회봉사는 조세제도가 아닌 자발적으로 재원이 마련되고 그것이 가끔 공적 제도와 관련된 것도 있다. 그러나 공적 프로그램과 서비스는 법령에 의한 정부의 재원에 의하여 지원되고 있다.

또한, 사회복지 급여의 수혜자는 대개 두 가지 방법에 의하여 재원 조달사업에 직접 참여하고 있다. 하나는 강제적인 사회보험사업의 기여금이고 다른 것은 서비스에 대하여 지불하는 회비(본인부담금)이다. 전자는 정부의 국세에 의하여 교환조건이 이루어지고 있으며 또한 비영리적인 것이다. 그러나 회비는 사적인 기능을 한다.

이와 같은 준거 틀은 기존의 정책을 분석하고 그것의 구성 요소를 구체화 시키는데 도움이 될 것이다.

2) 길 및 프리그모어의 분석틀

①길 Gil 은 사회정책(프로그램)의 대안을 개발하고 연구하는 것은 정책분석에 있어서 가장 중요한 일면일 것이라고 주장한다. 그는 정책의 대안을 분석하기 위해서 다음과 같은 사실이 고려되어야 한다고 주장한다. 즉, 자원을 개발하는 방법과 다양한 상품과 서비스를 제공하는 우선 순위, 사회가 구성원에게 지위, 기능 및 과업을

할당하는 방법, 특권을 분배하는 방법 등이다.[9)]

한편, 프리그모어와 아더톤은 사회복지정책이 그 나라의 문화에 따른 가치와 지식에 관련이 깊다고 하면서 다음 4가지 영역에서 중요한 요인들을 지적하고 있다.[10)]

① 문화적 가치와 관련된 고려사항 ;
- 고려되고 있는 정책이 이른바 현대적인 '스타일'과 양립하는가?
- 정책은 공평 equity 과 정의에 기여하는가?
- 정책은 사회사업의 가치와 양립하는가?
- 정책은 사회의 다른 중요한 가치와 양립하는가?

② 영향력의 차원과 의사결정 ;
- 정책은 정치적으로 수용 가능한가?
- 정책은 합법적인가?
- 정책은 관련 이익집단을 만족시키는가?

③ 지식에 관한 고려사항 ;
- 정책은 과학적으로 온전한가?
- 정책은 합리적인가?

④ 비용 및 급여에 관련된 요소 ;
- 정책은 경제적으로 실현가능하고, 다른 대안보다 더 경제적인가?
- 정책은 시행 가능한가?
- 정책은 효율적인가?
- 정책은 그 밖의 다른 사회문제를 야기 시키지 않을 것 같은가?

이와 같은 정책분석에 있어서 주요한 요인들을 질문하여 그것의 가부를 확인하여 평가하는 방법도 매우 유익하리라고 생각한다.

---

9) D. Gil, *Unravelling Social Policy,* Schenkman, Cambridge, Mass., 1973, pp.18~23

10) C.S. Prigmore & C.R. Atherton, *Social Welfare Policy* ; Analysis and Formulation, 신섭중 역, 「사회복지정책」, 부산대 출판부, 1984, p.57

4. 사회복지 프로그램의 평가

1) 평가 목적

사회복지 프로그램은 국민의 욕구를 충족시키고 사회문제를 완화하기 위해 실시되는 사회적 노력으로서 정부 차원에서 실시하는 공적 부조, 사회보험, 사회복지서비스와, 민간차원에서 실시하는 각종의 사회복지서비스가 있다. 특히 국민이 낸 세금인 국고의 보조를 받는 프로그램일 경우 책임성(*accountbility*)의 문제가 더욱 강조된다.

미국에 있어서 사회복지의 평가는 주로 프로그램에 대한 평가이다. 정부와 사회복지기관(시설)간에 맺은 위탁계약의 실효성을 평가하기 위한 것이다. 그런데 우리나라에서는 프로그램 뿐만 아니라 법인·시설, 심지어 대상까지 평가하려고 한다. 이것은 잘 못된 것이다.

이러한 책임성 추궁에 대처하기 위해 미국에서는 회계 감사원을 두고 프로그램의 순응성 또는 합법성에 대한 평가 이외에 프로그램의 성과 정도를 사정하기 위한 효과성과 능률성 평가를 중시하는 움직임을 보이고 있다. 이러한 노력은 프로그램 집행상의 합법성과 정확성을 제공하려는 목적 이외에 프로그램의 집행 결과로 국민에게 준 영향을 사정함으로써 프로그램의 가치를 판단하고 프로그램 성패의 원인을 파악하여 프로그램의 결함에 수정을 가하거나 보다 나은 대안을 선택하여 프로그램을 개선하자는 적극적인 의미가 있는 것이다. 특히 그 평가 대상이 사회복지 프로그램의 경우 그 주요 기능이 재분배에 있고 궁극적 목적이 국민생활의 질 향상, 청소년의 복지 향상, 아동 복지의 실현 등 금전적인 가치로 평가될 수 없는 질적인 가치판단에 의해 프로그램의 성패를 결정해야 하므로 과거의 합법성 감사나 회계감사 이외에 사회복지 프로그램의 특성을 고려한 평가기준을 선택하고 질적인 평가를 위한 평가방법에 의해 감사를 해야 한다.

그러나, 이제까지 사회복지 프로그램에 관한 의사결정은 체계적이고 과학적인 평가방법에 의한 객관적인 사정에 의해서 보다는 정치적인 관심, 평가 이용자 개인의 영향, 경제적인 제약, 프로그램 수행에 필요한 자원의 양, 서비스 기법의 이용 가능성에 의해 제약이 되어 왔다. 그 이유는 사회복지 프로그램에 할당되는 재원이 너무 적고 서비스 수준도 열악하여 평가할 필요조차 느낄 수 없었거나, 평가활동에 재원을 소비할 형편이 아니었다는 복지재원과 관련된 문제이거나 아니면 사회복지 고유의 성격 때문에 프로그램의 성과를 사정하기 위한 평가기법이 미발달한 상태에 있고 실제로 그 방법을 적용하는데 어려움이 있다는 기술적인 문제에 의한 것이다.

2) 평가방법

일반적으로 대부분의 사회복지 프로그램에 대한 평가방법은 기관이 사업기간 수행한 활동양, 예를 들면 프로그램의 수혜 대상자 수, 상담 회수, 진료 건수 등을 가지고 특정 기관의 복지 프로그램의 상태를 평가하였다.

또한, 사회복지 프로그램의 재정부분에 대한 비용·급여분석이나 설문지를 이용한 만족도 조사, 사례조사 등 일부 평가방법만을 이용함으로써 각 평가 방법의 한계를 극복하지 못하고 있다. 따라서 사회복지 프로그램을 감사하는 감사원이나 의사결정자 그리고 기관 내부의 사업운영자나 직원은 사회복지 고유의 특성을 고려한 평가

기준과 적합한 방법에 대한 지식을 갖춤으로써 보다 타당하고 신뢰성 있는 평가 결과를 얻을 수 있을 것이다. 평가기준은 평가를 위한 척도를 말한다. 사회복지사업의 평가는 사회복지프로그램의 가치 전제적이고 전문적인 특성을 고려한 평가기준에 의한 평가를 함으로써 평가 결과의 타당성과 신뢰성을 높이는데 있다.[11]

전통적인 감사에 있어서는 프로그램이 규정된 지침대로 운영되었는가, 재원은 어떻게 쓰여졌는가 하는 합법성 감사가 감사와 동의어처럼 사용되어 왔다. 또 그 초점이 프로그램의 집행과정에 두어졌으나 현대의 감사는 프로그램이 소정의 목표를 달성한 정도를 사정하는 효과성 평가와 최소의 비용으로 최대의 성과를 달성했는가를 사정하는 능률성 평가를 중시하는 경향으로 나아가고 있다.

3) 평가기준

사회복지의 평가 기준을 설정하기 위해서 두 가지 과제가 있다. 첫째는, 일반적으로 학자들이 제시하는 기준, 노력성 *imput,* 효과성 *effectiveness,* 그리고 효율성 *efficiency* 등 기준을 참고로 하되, 실제 프로그램 운영에 도움이 될 수 있는 보다 창의적이고 다양한 기준 개발이 필요하다는 것이다. 예컨대 접근 용이성(지역성), 전문성, 공평성, 형평성 등도 고려될 수 있다. 둘째는 이러한 기준들을 실용화시키는 과제이다.[12] 설정된 평가의 준거, 수집된 평가지표, 그리고 결정된 평가기준을 판단 근거로 삼아 최종적인 판단을 내는 활동이 요청되는데, 이를 평가적 판단이라 한다.

---

11) 강숙자, '사회복지사업 평가 모형 설정을 위한 일시론', 「사회정책연구」 제 7집, 한국복지정책연구소, 1985, pp.182~194

12) 김형식, 「사회복지 프로그램 평가기법」, 아시아 미디어 리서치, 1997

이러한 판단의 기준으로는 첫째, 가치, 주장, 추론 또는 이론에 따른 판단으로서 특수교육, 장애서비스 분야에서 흔히 적용하고 정상화, 사회통합 등을 예로 들 수 있다. 둘째는 평가의 목적에 따른 평가인데 노력성, 효과성, 효율성, 적합성, 서비스의 질, 이용자 만족도 등을 예로 들 수 있다. 셋째는 '이상적-현실적', '최고-최소'등의 기준에 의한 것이며 네 번째는 총괄적인 판단으로서 준거마다 개별적 판단이 이루어진 다음 준거 전반을 총괄하는 평가적 판단이 이루어지는 단계이다.

그런데 우리나라에서는 사회복지시설이 주로 변두리 지역에 위치해 있어서 평가기준으로 주민의 접근성을 매우 중시한다.

최근 우리 나라에서는 사회복지사업법이 개정되어 모든 사회복지시설은 3년 이내 1회 이상의 평가를 하도록 되어 있다.

< 참고 문헌 >

김영모·김연명·심재호·이재환,「사회복지관 평가지표」, 한복연 출판부, 2000
김학주, 「사회복지 프로그램 평가」, 집문당, 2005
김형식,「사회복지프로그램평가기법」, 아시아 미디어 리서치, 1997
성규탁,「사회복지행정론」, 법문사, 1998
이영환, 「사회복지행정」, 형설출판사, 1963
최성재·남기민, 「사회복지행정론」, 나남출판, 1998
한국보건사회연구원,「사회복지지표의 체계개발에 관한 기초연구」, 1990
한국복지정책연구소 편, 2000년도「서울특별시 사회복지관 평가결과 보고서」, 서울특별시, 2000
한국사회사업(복지)대학협의회,「사회복지전달체계와 사회복지사의 역할」, 한국복지정책 연구소 출판부, 1998
Dobelstein, Andrew W., Social Wealfare., Policy and Analysis, 3rd edition, Thomson, 2003

Ehlers, Walter H., Michael J. Austion Prother., *Administration for the Human Services*, Harper & Row, 1976

Gilbert, Neil & Specht, Harry, *Dimension of Social Welfare Policy*, N. J., 1974

Gruber, Murray L. *Management Systems in the Human Services*, Temple University Press, 1981

York, Reginald O., *Human Service Planning, Concepts, Tools and Methods,* The University of North Carolina Press, 1982

Patti, Rino J., *Welfare Administration,* Prentice-Hall, Englewood Cliffs, New Jersey, 1983

제 12장 사회복지의 과제와 방향

- 새로운 복지 패러다임의 모색

1. 서 론

우리나라는 정권이 바뀔때 마다 새로운 복지 패러다임을 제시하고 있다. 지난 1960~1980년대 까지는 선성장 후분배, 수익자 부담원칙, 재정중립, 선가정보호 후사회보장의 복지이념이 제시되어 왔고, 1990년대 이후에는 성장(경제)과 분배(복지)의 균형발전이라 하였지만 특히 IMF체제 이후 신자유주의(neo-liberalism)와 여권주의의 영향으로 많은 혼란과 문제점이 나타나고 있다.

최근 노무현 정부는 김대중 정부의 생산적 복지(사실 김영삼정부가 처음 주장)와 차별화 하기 위하여 참여복지라는 말을 사용하고 있다. 즉 참여정부는 ① 복지의 보편성(전국민 대상, 생활권 보장), ② 국가의 책임(공공성 향상), ③ 국민의 참여(정책형성의 주체)의 비젼을 제시하고 있다.[1)]

과연 이러한 것이 구현되고 있는지 의문스럽다. 오히려 전통적 복지의 기본 원칙(비영리, 최저수준, 재분배 기능 등)을 지키지 못하고 기존 복지제도의 결함을 개혁하지 못하고 정치적 입김이 작용한 편법이 나타나고 있다. 만약 참여정부가 앞서 지적한 복지이념에 충실

---

1) 대통령직 인수위원회의 「백서」와 보건복지부의 '참여복지 비전 21' 참조

하려면 기존 복지제도의 낭비와 결함을 우선 시정하고, 그 다음에 새로운 복지 패러다임에 기초한 복지제도와 정책을 수립, 실천하여야 할 것이다.

왜 이러한 혼란과 문제에 빠지게 되었는가를 그간 참여정부가 행한, 주요 복지관련 입법 및 정책을 중심으로 검토하여 본다.

본 고에서 참여정부의 복지개념을 광의(사회불평등의 해소)와 협의(최저 욕구의 해결)에서 고찰한다. 전자는 주로 양극화 극복에 따른 소득 및 조세정책을 다루고 후자는 주로 고전적인 사회보장과 사회서비스를 다룰려고 한다.

2. 양극화 극복과 일자리 창출

정부는 '양극화의 극복과 일자리 창출'을 2006년 국정과제로 삼고 있다. 양극화 문제는 노무현 대통령이 2005년 신년 기자회견에서 대기업과 중소기업, 수도권과 지방, 수출과 내수의 균형 발전을 주장한 것이지만, 이것은 과거 금기시 되어온 정치적 의제(agenda)라 할 수 있다.

양극화(polarization)의 개념은 원래 마르크스가 자본주의 체제가 노사간, 빈부간 사회계급의 양극화를 초래한다고 주장하였다. 다시 말하면, 자본주의 사회는 '잉여노동가치설'과 '소외노동설'에 의하여 빈익빈 부익부의 계급 양극화가 나타난다고 하였다. 즉, 이해관계가 대립된 사회에 있어서 양극화는 일어난다는 것이다.

오늘날 정부와 경제계가 양극화의 극복을 위한 최선의 복지정책은 일자리 창출이라고 하는데 오히려 중산층 육성론이 제시되어야 한다. 중산층 육성을 위한 산업, 조세, 교육, 복지 등의 개편론이 나와야 한다. 그래야 현대 국가가 나타나는 것이다. 일자리 창출은 잉여노동가치의 착취와 소외 노동이 없으면 가능한 것인지, 그리고 자본주의 시장경제를 부정하는데 효과적인 일자리 창출이 가능한지 의문이 간다. 시장경제는 실업과 일자리 창출을 위하여 가장 중요하고 효과적이다.

그런데 일자리 창출(고용)을 한다고 해서 많은 문제(실업, 빈곤 등)가 해결되는 것은 아니다. 일자리가 많다는 것은 결국 노동자가 더욱 많아지고 이들은 노동정책이나 경영지침에 따라 더욱 고용불안과 노동조건의 차별이 심하여질 수 있다. 최근 우리나라의 경우처럼 고용불안과 차별이 심한 소위 비정규직(전체 노동자의 약 50%)과 실업자(4%의 실업율) 및 복지의 사각지대(12.1%의 차상위 계층)가 나타날 수 있다. 이들은 양극화(사회불평등구조)의 산물이다.

우리나라에 있어서 사회(계급) 양극화는 해방 이후 최근 중간층(화이트 칼라)이 조금 증가되었지만 기본적으로 계급양극화(중산층의 몰락)가 진행되어 왔다.[2] 이러한 양극화의 심화는 1997년 말에 닥친 외환위기로 IMF를 비롯한 선진국 독점자본의 지배체제가 들어서면서 나타난 것이다.[3]

김대중 정부는 IMF 및 IBRD와의 합의 각서에 따라 소위 구조조정을 행하게 되었다. 즉 자본시장의 개방, 노동시장의 유연성, 규제완화, 민영화 등을 이행하였다. 이것은 신자유주의(neo-liberalism)의 이념적 요구이다.

이러한 신자유주의의 영향을 받은 우리나라는 이미 자본주의 시

---

2) 김영모, 「현대사회계층론」, 한복연 출판부, 1982, 1999, 제 4편 2장과 제 5편 1장 참조.

3) 김영모, 「한국사회의 이해」, 한복연 출판부, 1999, pp.237~261(한국자본주의와 IMF체제) 참조.

장경제로 말미암아 형성된 사회경제적 양극화가 더욱 심화되었다.

그동안 경제성장론자들이 주장한 '파이론'(선성장 후분배)에 심취되었던 국민은 파이를 보기전에 새로운 구렁텅이에 팽개쳐 버려졌고, 최근 성장론자들은 다시금 이것을 주장하고 있다. 그간 파이론(성장론)이 복지를 약속 지키지 못한다는 것을 가르쳐 주었다.

양극화를 해소하기 위하여 일자리를 창출하겠다는 것은 매우 소극적 방안이다. 이것은 공업화에 의한 사회분화, 즉 분업론을 말한다.[4] 오히려 현 사회제도의 구조개혁이 양극화 해소의 효과적 방안이다.

양극화를 해소하기 위한 적극적 방안은 마르크스주의의 체제변혁론(혁명론)이 있고, 기존 체제(특히 소유구조)를 인정하면서 양극화를 개선하겠다는 제도개혁론이 있을 수 있다.

최근 정부가 서울 강남 지역의 주택가격(타 지역의 2~3배)을 억제하기 위한 부동산 정책, 특히 종부세의 신설과 양도세의 강화 등으로 접근하였으나, 많은 불만이 제기되었다. 그 불만의 주요 원인은 기득권(특히 소유구조)을 보유세, 상속세, 증여세 등으로 부정하기 때문이다.[5]

사실 자유민주주의 체제하에서 양극화의 해소는 거의 불가능하고 그것을 약화시키는 방안이 타당성을 지닐 수 있다. 즉 소유구조의 변혁보다도 그 소유구조에서 발생되는 소득에 대한 조세정책에서 가능한 것이다. 다시 말하면 혁명론 보다도 개혁론이나 진화론이 수용될 수 있다.

---

4) 고용정책은 기능주의적 체계이론이고 자유주의적 복지정책이다.

5) 주택 보유율은 전 국민의 54.2%이고 무주택율은 45.4%(재경부) 또는 62.9%(행자부)이다. 그런데 주택 보급률은 102%이다. 한편, 토지는 전국의 5%세대가 전 국토(사유지 57%)의 52.8%를 소유하고 있다.

참여정부가 그간 시도한 서민과 무주택자를 위한 주택분양, 금융융자, 학자금 대여 등은 개혁론이지 혁명론은 아니다.

이와 같이 사회불평등과 특권을 없애려는 개혁적 조치가 서민과 노동자를 위한 복지정책으로 간주하는 것은 광의의 복지개념이라 할 수 있다.

3. 사회보장체계와 소득 재분배

우리나라의 사회보장 프로그램은 가족수당을 제외하면, 선진국가의 경우처럼 거의 모든 형식을 갖추고 있다. 그러나, 그 내용은 개인의 책임을 강조하고 그 질은 매우 낮은 편이다. OECD국가 중 최하위의 사회보장 수준이다.[6] 또한, 정부는 지난 10년간 국가예산 대비 복지예산을 약 10% 증가시켰다고 하지만, 그 결과는 아직 선진국가의 절반 수준도 안된다.[7]

그리하여 대부분의 국민이 사회복지 또는 사회보장의 혜택을 피부로 느끼지 못한다. 퇴직 후 연금의 수급권자는 전체 연금가입자의 34.0%이고 공무원과 교직원 출신(27.1%)을 제외하면 국민연금의 수급액은 최저 생계비에도 미달한다.[8] 그리하여 현재 60세 이상 노인들의 43.5%가 생활비를 본인 또는 배우자가 부담하거나 나머지

6) 유럽국가의 경우 동구권이 40% 이상으로 가장 많고 그 다음은 프랑스(49.3%), 35% 이상인 독일(41.3%), 스페인(37.8%), 스웨덴(32.8%)의 순서이지만 미국(18.1%), 일본(28.1%), 영국(23.8%)의 경우 대단히 낮으며 우리나라의 경우 불과 15.5%이다.

7) 정부는 1994년 국가예산대비 8.3%에서 2004년에 17.9%로 증가시켰지만 이것은 주로 실업대책비(20만명에 약 10조원)와 보육사업비(약 14조원)이다.

8) 2003년 공무원과 교직원 출신의 월 평균 급여액은 각각 142만원과 168만원이며 일반 국민의 경우 16만 8천원이다. (통계청, 「2004 한국의 사회지표」)

(39.1%)는 자녀들의 지원을 받는다.

이러한 것을 보면, 대부분의 국민이 사회보장의 핵심인 연금 수급권자가 되어 있지 못하고, 비록 가입되어 있을지라도 대부분의 국민은 용돈 수준의 급여비를 받고 있다. 이러한 수준으로 공적 연금보험을 한다고 자랑할 수 있을까?

최근 국민연금의 개혁논쟁을 보면, 누구를 위하여, 왜 운영하는가에 대한 의심을 갖게 한다. 만약 정부의 개혁안(16% 기여율, 50%의 급여율) 대로 실시되면 40년 이상 기여하여도 노후 퇴직시에 최저 생계비의 급여도 받지 못하게 되어 있다. 달리 말하면 생계비는 주로 재분배 기능이 없는 사보험에 가입하란 뜻이다. 그런데 일부 정치인이나 전문가들은 '고부담 저급여'라야만 국민연금의 재정위기를 해소할 수 있다고 한다. 생계비도 안되는 연금에 가입하는 것은 무의미하다.

현재의 국민연금은 공무원연금 및 사학교직원연금과 마찬가지로 17% 기여율을 인상하고 33년간 기여로 평균 소득의 75% 급여 수준을 보장하여 주면 사회보장의 효과가 있는 것이다. 이러한 방향에서 국민연금 개혁이 이루어져야 한다. 국민연금을 40년간 기여하도록 되어 있는데 그렇게 오래 재직할 수 있을까?

지금까지 국민연금의 재정적자는 정부의 부실운영에서 비롯되었다. 국민연금의 기여율이 낮았던 것(3~9%)도 문제이지만 연금기금을 정부가 주로 재정금융특별회계에 이용한 것(저렴한 이자율)도 문제이다. 특히 지난 10여년간 보험료 부과체계를 개선하지 않았던 것은 정부의 직무유기이다. 사회보장기본법에 의하면 5년 마다 부과체계를 조정하게 되어 있다. 만약 부과체계(등급별 상한제 등)를 그간 개선하였더라면 장차 재정위기도 예방할 수 있었을 것이다.[9)]

이것은 건강보험의 경우에도 해당된다. 건강보험은 보험료 부과체계의 개선 이외에도 자부담이 진료비의 50% 이상(법정 자부담이 30% 등)을 차지한다는 것은 국민연금과 마찬가지로 건강보험을 왜, 누구를 위해 실시해야하는 가를 의문을 갖게 한다. 이것은 상대적으로 사적 의료보험을 조장하는 것이다. 더욱이 건강보험의 기여 및 급여의 범위를 정부가 마음데로 수정하는 것(예컨대 인심을 얻기 위해 기여가 없는 자에게 급여하거나 생색내기 위한 급여)은 사회보험의 적합성에 대한 의문을 갖게 한다.

한편, 최근 여·야당과 정부는 국민연금의 사각지대를 해소하기 위한 기초연금제도를 제안하고 있다. 이것은 주로 조세방식(한나라당)과 수당방식(정부안) 등이 있는데 기초연금의 필요성과 그 해결방안에 대한 이해의 부족에서 나온 것 같다. 국민연금의 사각지대(비기여자)는 기존의 부과 및 급여체계에서 해결될 수 있다. 즉 기여는 소득비례제를 적용하고 급여는 균등부분(현재 급여액의 약 50%)을 적용하면 된다. 사실 균등부분은 최저생계비가 보장되면 기초연금이라 할 수 있다. 그리고 야당이 주장한 기초연금과 효도연금은 연금(pension)이라기 보다는 수당(grant)이다.

이러한 것을 보면, 국민연금과 건강보험이 매우 부실하게 운영되고 더욱이 정치적 입김에 의하여 좌우되면 오늘날과 같은 사회보험에 대한 근본적 의문을 품게 한다. 따라서 사회보험의 목적과 기본 원칙에 따라 운영되어야 한다.

최근 신자유주의와 사보험론자들이 공보험인 국민연금과 건강보

---

9) 정부의 재특으로 손실을 끼친 금액은 약 2조 6천억원이고(민노총 주장) 만약 평균 보수월액의 상한제(현재 360만원)의 철폐시 현행 소득비례제로 연간 약 8조 8천억원의 보험료 수입이 발생한다.(김헌진, 국민연금보험 부과체계의 정책과제, 「사회정책연구」 제 32집, 2006, pp.67~81)

험의 재정위기론을 주장하여 '고부담 저급여'의 방향으로 개혁을 주장하고 있다. 과거 청와대 사회복지 수석비서관과 보건복지부장관을 지낸 교수들이 이것을 주장하는데 아연 실색하지 않을 수 없다.

정부는 잘못된 사회보험제도를 개혁하지 않고 대기업의 사회공헌비(삼성의 8천억원, 현대자동차의 1조원, SK의 6천억원, 그리고 연말에 삼성의 200억원, LG, SK, 현대기아차가 각각 100억원 이웃돕기성금 등)에 만족할지 몰라도 사실 연금보험료 상한제를 실시하면서 대기업 임원들이 기여하지 않는 사회보험료(연금과 건보 등)는 연간 사회공헌비의 수배가 된다. 이와 같이 보험료 상한정액제는 대기업과 임직원 등 고소득자를 위한 차별제도이다.

4. 공적 부조와 탈빈곤화

우리나라의 빈곤은 IMF 관리체제 이후에 더욱 증가되었다고 한다.[10] IMF가 요구한 구조조정, 즉 노동의 유연성과 기업의 경쟁력 제고로 대량의 실업과 비정규직이 나타났다.[11]

이러한 실업과 빈곤으로 사회보장의 사각지대가 나타났고, 또한 국민기초생활보장의 수급권자가 아닌, 차상위계층(최저생계비의 120% 수준)이 존재하게 되었다.[12] 여기에서 복지 사각지대는 실업과 비정규직과 상관된, 사회복지제도의 산물이라고 볼 수 있다.

---

10) 통계청은 1994년의 빈곤층이 8.8%인데 2001년에는 12.0%로 증가되었고 중산층은 70.2%에서 65.3%로 감소되었다고 한다. 그리고 지니계수도 0.298에서 0.358로 1998년 9월에 올라갔다고 한다.

11) IMF사태로 3%의 실업율이 7.3%로 증가되었다. 5대 그룹은 종업원의 10%

12) 최저생계비 이하의 수급권자는 138만명(2.9%)이고, 차상위계층은 전 인구의 12.1%(578만명)라고 한다.(이현주외, 「차상위계층 실태 분석 및 정책제안」, 한국보건사회연구원, 2005)

오늘날 우리나라의 실업율은 약 4%로서 IMF이전과 큰 차이가 없으나 비정규직은 전체 노동조건의 차별(일용직 임금이 상용직의 48.6%, 각종 복지제도, 4대 보험에서 배제)이 심하기 때문에 외국인 근로자 약 50만명과 함께 소위 신빈곤층 또는 신노동계급을 형성할 수 있다.

과거의 빈곤층은 무의무탁한 요보호자이거나 시장 · 군수 · 구청장이 인정한 최저 생계비 이하인 생활보호의 수급권자를 말하였다. 이러한 수급권자는 그간 전체 국민의 약 3.5%였다. 그런데 건강보험료를 제때에 내지 못하는 장기 체납자가 전체의 5%이고 단기 체납자도 약 5%가 되기 때문에 실제로 빈곤층은 약 15%가 되리라고 짐작할 수 있다. 더욱이 국민연금을 내지 못하는 납부 유예자가 약 800만명(국민연금관리공단)이라고 한다. 실제는 그 절반이다. 소득이 없는 학생, 군인, 실업자들로 납부예외자, 즉 사회보장의 사각지대로 보는 것은 잘 못된 것이다.

우리나라의 빈곤 개념은 아직 절대적 빈곤의 개념에 기초하고 있다. 만약 선진국가처럼 빈곤의 개념이 상대적 빈곤, 즉 평균 월소득의 50% 이하라고 한다면 우리나라의 빈곤율은 더욱 증가할 것이다. 2004년 도시근로자의 월 평균소득이 약 321만 5천원인데 이것을 기준으로 한다면 우리나라의 상대적 빈곤율(월 약 160만원 이하)은 차상위 계층보다도 훨씬 많을 것이다. 그럼에도 불구하고 우리나라의 빈곤정책은 과거 생활보호사업이 국민기초생활보장의 개념으로 바뀌었지만, 여전히 무의무탁하고 최저생계비 이하인 빈민(가구)의 생활보호사업을 행하고 있다.13)

13) 2006년도 최저 생계비는 1인 가구인 경우 418,309원이고, 2인 가구는 700,849원, 3인 가구는 939,849원, 4인 가구는 1,170,422원이고, 수급권자에

그리고 기초생활수급권자 중에서 근로능력이 있는 자는 자활사업에 참여할수 있는데 참여자는 약 7만명에 불과하다.(2004년에 76,093명, 2006년 예산은 2,655억원) 정부는 자활사업의 성공률이 4.9%(2005년)이라고 하지만 우리나라 생보대상자들이 절대 빈곤자라서 미국식의 노동연계복지(workfare)를 실시하기 어렵다. 과거 생활보호사업 시대(2000년 이전)에도 생활보호대상자의 이탈율과 신규율이 매년 각각 10%가 되었다. 따라서 기초생활보장 대상자를 상대적 빈곤 개념에 의하여 파악하고, 이들에 대한 탈빈곤정책(공적부조)도 과거 생활보호사업의 수준을 탈피하여야 할 것이다. 사실 빈민을 위한 생활보호사업을 국민기초생활보장법으로 명칭을 바꾸었으면 그것에 상응한 빈곤정책을 실시하여야 한다.

5. 사회복지서비스와 탈시설화

사회복지서비스는 주로 대인서비스(personal service)를 말한다. 우리나라 대인서비스는 주로 무의무탁한 요보호자를 수용 보호하는 시설보호서비스였다. 시설보호는 6·25전란시에는 주로 고아와 미망인이었지만, 1970년대 이후 가출, 미혼모, 기아가 더욱 많았다. 오늘날에는 빈곤과 결손가정의 자녀와 노인들이 주로 시설보호를 받고 있다. 이와 같이 요보호자의 성격이 변화되고, 따라서 사회서비스의 성격도 변화되고 있다. 다시 말하면 선진국가 처럼 선별적 사회서비스가 이제는 보편적 사회서비스화 되고 있다.

오늘날 장애인복지서비스는 일반 장애인을 위하여 거의 보편적

대한 생계급여액은 주거급여액 등을 제외하면 1인 가구는 324,909천원이고 2인 가구는 566,653원, 3인 가구는 762,143원, 4인 가구는 959,424원이다.

서비스를 제공하고 있으며, 아동 및 노인복지서비스, 지역사회복지서비스(사회복지관 등)는 무의무탁한 요보호자가 아닌 일반 아동 및 노인 등을 위한 서비스를 제공하고 있다. 이러한 대인서비스는 시설보호 뿐만 아니라 재가서비스, 심지어 각종 수당(노인교통수당 등) 까지 제공하고 있다. 비록 서비스의 질적 내용이 빈약하지만 형식은 갖추고 있는 편이다. 그런데 문제는 이러한 보호시설이 너무 많아서 오히려 탈가정보호화 되고 시설의 종류에 따라 과잉 시설화 되어 있다.(특히 생활시설)

사회복지의 기본원리는 시설보호보다 가정보호가 가장 바람직하다.[14] 그럼에도 불구하고 우리나라에서는 최근 많은 복지시설이 난립되고[15] 심지어 가족해체(탈가족)를 조장하는 정책(1995년 개정가족법 등)과 복지시설 확대책(2008년 노인수발보험 실시 계획 등)이 나타나고 있다. 최근 정부가 국회에 제안한 노인수발보험이 그 전형적 예인데 이것이 실시되면 2011년 까지 노인수발시설은 81,874개가 필요하다.

이와 같이 많은 보호(수발)시설이 설치되면, 자녀들은 노부모를 가정에서 부양(보호)하지 않고 거의 모두 보호시설에 보내려고 한다. 그리고 정부는 노인수발보험은 치매, 중풍의 중증 노인만 보호하려고 하기 때문에 재가서비스가 필요한, 다수의 경증노인을 위한 재가서비스는 문을 닫게 된다. 다시 말하면, 노인수발보험이 가족해체를 조장하고, 마침내 '시설 천국'을 만들게 될 것이다.

대부분의 선진국가는 노인보호를 보편적 사회서비스를 제공하고

---

14) 시설보호는 피수용자가 시설병(피부병, 의타심 등)과 비효율성(시설비 및 운영비 등)을 가지게 한다.

15) 2004년도 생활(수용)시설이 950개이고 사회복지관이 379개, 보육시설이 26,903개, 그리고 미신고 시설이 1,096개소 이다.(「보건복지통계연보」, 2006)

있다. 보호가 필요한 노인들은 지방자치단체(시 · 군)에 신청하면, 누구던 간에 그에 필요한 서비스를 제공 받는데, 그 대부분은 재가서비스이다. 그런데 정부는 지방분권을 하겠다면서 지자체의 노인서비스를 다시금 중앙정부(건보공단)가 환수하여 노인수발보험을 건보공단에 맡기겠다는 것은 모순된 정책 방향이다. 또한, 우리 실정에 맞지 않는 노인수발보험을 모방하겠다는 것은 더욱 잘 못된 것이다.[16)]

우리나라의 노인은 시설보호를 싫어하는 경우 6할 이상이 되고 대부분 자녀의 보호를 받으며, 또한 선진국가처럼 고령 노인과 노인성 질환(치매, 중풍 등)이 심각하지 않다.(독일과 일본의 경우 14.8%, 한국의 경우 4.3%) 가정을 해체시켜서는 안된다. 시설보호에 필요한 비용을 재가보호를 하는 노인가정에 현금 급여를 하면 그것으로 충분한 가족보호(부양)가 가능하다.

6. 복지전달체계와 지방분권

사회복지 전달체계는 중앙정부와 지방자치단체(광역, 기초) 그리고 사회복지기관(시설)과 국민(요보호자)간의 공급체계이다. 일반적으로 중앙정부는 국민 통합에 필요한 사회보험 업무를 주로 맡고, 지방자치단체는 공적 부조와 사회서비스를 주로 맡으며, 사회복지기관(시설)은 국민 또는 요보호자에 대한 직접적 서비스를 제공한다.

그런데 지방자치와 지방분권이 제대로 실시되지 못한 과거에는 중앙정부가 지방자치단체의 업무를 직접 제공하였고, 지방자치단체는 그것을 전달하는 역할을 수행하였다. 그리하여 지방자치단체(지역

16) 김영모, 노인수발보험의 문제점과 그 대안「사회정책연구」제 33집, 2006, pp. 1~76

사회)수준에서 사회복지계획의 수립이 거의 이루어지지 않았다.

최근 정부는 지역균형발전과 지방분권화에 따라 사회복지, 특히 사회복지서비스 업무를 지방자치단체에 이양하고 있다. 그런데 지방자치단체의 재정자립도가 약하고 종래의 관행(예컨대 광역단체의 기초단체의 역할)이 있어서 기초자치단체(시 · 군 · 구)의 수준에서 지역사회복지의 자주적, 자립적 계획을 수립하기가 매우 어려운 실정이다. 예컨대 기초자치단체에 필요한 사회복지시설의 입 · 퇴소 등 전문적 조치권을 행하기 위한 종합복지상담소(가칭)가 필요한데 이러한 기능의 일부를 광역단체가 가지고 있다.(예컨대 부녀아동상담소, 청소년수련시설, 여성가족문화회관 등)

한편, 정부는 사회보험의 업무를 특수법인(예컨대 국민연금공단, 건보공단 등)을 설립하여 직접 대국민서비스를 행하고 지방자치단체는 사회복지사업(시설)을 사회복지법인에 위탁, 운영하고 있는 실정이다.

그리하여 중앙정부와 지방자치단체는 사회복지사업의 운영에 대한 직접적 책임을지지 않고 지도 감독권을 행사하며 사회복지법인(시설)은 사실상 종속적 지위에 놓여 있다. 이러한 전달체계에서 정부 및 지자체와 복지법인(민간시설)간에 협력적 동반자적 관계(partnership)를 유지하기는 매우 어렵다. 심지어 지역사회의 공통된 관심과 욕구를 해결하기 위하여 지역사회의 자원을 동원하거나 조정하는 지역사회복지협의회(community welfare council)나 공동모금회(community chest)도 자주적 자립적인 중간집단의 역할을 하기가 대단히 어렵다.(예컨대 한국사회복지협의회와 한국사회복지공동모금회 등)

최근 기초자치단체는 지역사회복지계획을 수립하기 위하여 시 · 군 · 구의 사회복지과와 지역사회복지협의체가 주도적 역할을 하게 되어 있지만 사회복지 또는 지역사회복지에 대한 전문적 지식이 없어서 매우 어려움을 겪고 있다.

또한, 지역사회복지계획에 지역사회주민들의 참여가 가능하지만 그들의 대부분은 자기의 복지욕구를 제대로 표현하지 못하는 실정이다. 따라서 사회복지에 대한 국민교육이 초등학교에서 실시되어야 할 것 같다.

사회복지에 대한 올바른 이해가 부족하기 때문에 우리나라의 정치인이나 기업인 및 행정관료들은 아직도 사회복지를 시혜적, 구호적인 것으로 알고 있으며, 심지어 교수들은 대학에서 현실성과 유리된 사회복지의 개념과 이론을 가르치고 있는 실정이다. 이와 같은 사회복지의 이론과 실제의 괴리는 자기가 교육받은 나라 또는 교수의 학문적 모방성에서 비롯되고 있다.

7. 결 론

참여정부의 복지정책은 광의와 협의의 2원화된 패러다임을 구사하고 있는 것 같다. 광의의 복지정책은 부동산(특히 주택)의 소유권을 약화시키기 위한 조세정책의 강화에서 찾아 볼 수 있고, 협의의 경우는 복지의 보편성, 공공성, 국민참여를 주장하면서 이와 모순된 정책을 입안하고 있다.(긴급복지지원법, 공공성이 퇴색된 국민연금 개혁, 지자체에 이관되어야 할 보육사업, 잘못된 퇴직연금제 등) 필자가 볼 때 소득을 중심으로한 조세정책(광의의 경우)과 복지정책(협의의 경우)을 강구하는 것이 바람직할 것 같다.

이와 같이 2원화 되고 비전문적, 비현실적인 복지패러다임은 근본적으로 권력지배층이 복지에 대한 이해의 부족과 시혜적인 복지개념의 추종에서 비롯되었으며, 거기에다 복지관료들의 직무유기에서 비롯된 것 같다. 대통령의 말 한마디, 잘 못된 대선공약 등에서 나온, 참여정부의 복지정책은 많은 문제점을 지니고 있다.

상술한 참여복지(협의)의 이념은 바람직하나 우리 나라의 현실에서는 그것을 구현하기 어려울 것이다. 그리고 우리나라의 복지정책은 그 형식에 있어서 선진국가의 틀을 지니고 있으나 그 내용(질)은 대단히 미흡하다. 특히 연금과 건강보험에 있어서 급여의 최저수준을 보장하여야 되고, 불공평성(직장과 지역연금의 상이한 부과체계 등), 비형평성 및 차별(상한제 등)을 시급히 시정하여야 되며, 또한 지난 10여년간 보험료 부과체계의 개선이 없었다는 것은 자성해야 할 일이다.

이와 같이, 매우 중요하면서 용이한 제도개혁은 하지 않고 항상 사회보험의 재정적자론과 고부담 저급여의 보험개혁론에서 맴돌면, 국민적 설득력을 상실할 것이다. 이미 지적한 바와 같이 빈곤선 이하의 급여를 받기 위하여 30년 이상 보험료를 낼려고 하지 않을 것이며(국민연금의 경우), 50% 이상의 자부담을 하면서 건강보험료의 인상을 좋아하지 않을 것이다.

오늘날 우리나라의 사회복지서비스도 과거처럼 무의무탁한 요보호자를 위한 선택주의(selectivism)가 아니고 선진국가처럼 점차 보편주의(universalism)화 되고 있다. 보편적 서비스가 사회보험에서만 있는 것이 아니라 우리나라의 장애인복지 처럼 국가가 책임(공공성)을 지는 욕구(신청)에 따른 보편적 서비스를 제공하고 있다. 우리나라의 아동 및 노인복지서비스도 보편주의화 되는 경향이 있다.(예컨대 시설보호에서 지역사회보호 등) 그런데 이러한 사회서비스가 국가 재정이 부족하여 신자유주의의 논리대로 노인수발보험처럼 복지서비스의 시장개방, 민영화, 유료화 시킨다면 사회복지의 비영리성, 보편주의, 최저수준, 공공성 등은 사라지게 될 것이다. 반면에 사회복지의 민영화, 선택주의, 최하자격의 원칙, 자조와 개인 책임의 신보수주의적 복지패러다임이 나타날 것이다.

< 참고 문헌 >

김영모, 「한국사회의 이해」, 한국복지정책연구소 출판부, 1997

김영모, 「자주적 사회복지론」, 한국복지정책연구소 출판부, 2003

김영모, 「한국사회보장개혁론」, 중앙대 출판부, 1995

대통령직인수위원회, 「참여정부 국정비젼과 국정과제」, 2003

대통령직인수위원회, 「제 16대 대통령직 인수위원회 백서」, 2003

김영모, 「현대 사회계층론」, 한국복지정책연구소 출판부, 1982. 1999(전문개정판)

중앙사회복지연구회 편, 「한국사회복지와 불평등」, 일조각, 1997

보건사회부, 「보건복지통계연보」, 2006

통계청, 「한국의 사회지표」, 2005

Esping-Anderson, G., *The Three World of Welfare Capiralism*, Policy Press, 1990

Mishra, Ramesh, *Globalization and Welfare State,* Edward Elgar, 1999

찾아 보기

< 저자 소개 >

서울대학교 사회학과 졸업(학사, 석사, 박사)
미국 하버드대 사회학과 수학(객원 교수)
서울대, 고려대, 연세대, 이화여대 및 동 대학원 강사
중앙대학교 문과대학장, 사회개발대학원장, 연구원장, 부총장
국무총리실, 보건사회부, 총무처, 체육청소년부 정책자문위원
한국사회학회장, 한국사회복지학회장
현. 중앙대 명예교수, 한국복지정책연구소장

< 주요 저 · 역서 >

한국사회학(법문사, 1972)
한국사회복지론(경문사, 1973
현대사회계층론(한복연 출판부, 1982, 1999)
현대사회정책론(한복연 출판부, 1982, 1999)
한국사회계층연구(일조각, 1982)
한국빈곤연구(한복연 출판부, 1991)
한국사회보장개혁론(중앙대 출판부, 1985)
지방자치와 사회복지의 과제(집문당, 1997)
빈곤, 가족해체, 시설보호(중앙대 출판부, 2000)
현대사회학(고헌 출판부, 2001)
자주적 사회복지론(한복연 출판부, 2003)
사회정책개론(R.M.Titmuss 저, 일조각, 1980)
복지국가와 복지사회(W.A.Robson 저, 경문사, 1979)

사회복지학(3차 개정판) 〈 정가 22,000 원 〉

1991년 3월 17일 초판 인쇄 · 발행
1999년 3월 5일 1차 개정판 발행
2001년 10월 1일 2차 개정판 발행
2006년 7월 10일 3차 개정판 발행

저 자 : 김 영 모
발행처 : 고헌 출판부

서울특별시 동작구 흑석동 186-64
등록 2000년 1월 27일 제 17-316호
연락처 : TEL 824-3127, 3132 FAX 824-3128

ISBN 89-951213-0-0 93330